"十二五"职业教育国家规划教材

经全国职业教育教材审定委员会审定

U0676877

传媒策划实务（第3版）

主 编 叶奕

主 审 刘洁

重庆大学出版社

图书在版编目（CIP）数据

传媒策划实务／叶奕主编. --3 版. --重庆：重
庆大学出版社，2021.1（2023.2 重印）
全国高职高专印刷与包装类专业教学指导委员会"十
二五"规划教材. 出版类专业系列教材
ISBN 978-7-5689-2397-2

Ⅰ.①传…　Ⅱ.①叶…　Ⅲ.①传播媒介—营销策划—
高等职业教育—教材　Ⅳ.①G206.2

中国版本图书馆 CIP 数据核字(2020)第182125号

传媒策划实务

（第 3 版）

主　编　叶　奕
策划编辑：尚东亮

责任编辑：张红梅　　版式设计：尚东亮
责任校对：关德强　　责任印制：张　策

*

重庆大学出版社出版发行
出版人：饶帮华
社址：重庆市沙坪坝区大学城西路 21 号
邮编：401331
电话：(023)88617190　88617185(中小学)
传真：(023)88617186　88617166
网址：http://www.cqup.com.cn
邮箱：fxk@ cqup.com.cn (营销中心)
全国新华书店经销
重庆华林天美印务有限公司印刷

*

开本：787mm×1092mm　1/16　印张：18.25　字数：447千
2011 年 9 月第 1 版　2021 年 1 月第 3 版　2023 年 2 月第 6 次印刷
印数：10 001—11 500
ISBN 978-7-5689-2397-2　定价：48.00 元

【第 3 版前言】

这是一个策划为王的时代。

古人提出"运筹帷幄之中,决胜千里之外"。如今,传媒组织要在激烈的竞争中生存和发展,更是越来越离不开内容和技术上的策划与创新。可以说,传媒策划能力已经成为凸显传媒特色与优势的关键因素,未来传媒业的竞争在某种程度上就是传媒策划人才的竞争。目前,在新闻传播类专业中普遍开设的策划类课程,也从一个侧面印证了传媒策划人才的重要性与旺盛的市场需求。

作为一门重要的专业课程,传媒策划具有综合性、实践性、创新性的特点。综合性是指该课程以诸多相关知识为先导,并在教学中充分地、综合地运用所学知识;实践性是指该课程以鲜活的传媒策划实际活动为教学内容,指导学生在现实的传媒策划活动中开拓思路、培育灵感、激发创意;创新性是指策划教学追随时代步伐,融入社会潮流,以前瞻性、先导性的创新思维启迪学生,培育学生的创新能力。

自 2011 年 11 月出版以来,本书以内容充实、体例新颖、理论鲜活、案例经典广受好评,并在一定程度上填补了传统高职高专传媒类教材的空白。2014 年,本书入选"十二五"职业教育国家规划教材,并根据职业标准和岗位要求,进行了第 2 版修订。

为了充分体现传媒产业创新发展所需要的创意型策划人才的特点,融入传媒策划的新知识、新方法,打造具有职业教育特色的精品教材,本次第 3 版修订遵循"案例—原理—实务"三位一体的编写思路,更新案例,对个别章节内容安排进行了调整,使其更加符合认知规律。具体来说,本书具有以下特色:

首先,在内容取舍上,本书以工作任务为中心,特别注意理论知识与操作能力的关系,重点突出应用性;在基础知识与操作能力二者关系的处理上依据"是什么""怎样做"的逻辑思维进行陈述,且重在"怎样做"。另外,尽可能将策划的技能要点辅以精选案例,使人能够触类旁通,引发更深层次的思考。

其次,在结构上,本书为读者展示了传媒策划的完整技能领域,完整地提炼了传媒生产各领域、各重要环节策划的技能要素,并结合报纸、图书、广播电视以及新媒体等传媒实际,对传媒策划的知识以及应用加以延伸、放大,呈现传媒策划在不同业态中的创新运用,使读者对传媒策划有一个全面了解。

在篇幅设置上,本书按照策划工作的内容和顺序,分为 10 个项目,每个项目由若干个任务组成,每个任务均由以下部分组成:

- 案例导入：结合课程任务的内涵，选择有针对性的最新案例，使读者可以通过案例深化对课程任务的理解，引导读者将感性认识上升到理性认识。
- 课程内容：主要是对传媒策划基本概念、基本原理进行理论介绍和分析，并对有关传媒策划的一般过程、程序或步骤、技术与方法进行说明，读者可以借此快速了解技能内涵。对应掌握知识点的设计并不以系统和全面为标准，而是选取关键的、核心的内容进行精讲，突出了够用、实用的高职教材特色。
- 实战案例：根据每一章的内容，选择典型实例，并给出简明扼要的分析与点评，力求画龙点睛，对读者有所启迪。
- 课后思考：根据每部分学习的知识点是要求掌握的知识点、技能点，提出若干问题，提供强化训练方法，便于读者复习、总结、提升。
- 综合实训：每个项目均设计了一个模拟实训，旨在通过分析和解决具有一定难度的综合性问题，激发读者积极主动地寻求解决问题的策划思路。

最后，本书突出强调技能的可操作性。传媒策划是一门应用性很强的实用科学，本书通过对理论知识和技能点的提炼分析，帮助读者获得对应用方法的认识，并且最终落实到"是什么"和"怎么做"的问题上来。

本书第3版修订由湖南大众传媒职业技术学院、深圳职业技术学院、江西新闻出版职业技术学院、安徽新闻出版职业技术学院、四川文化产业职业学院、湘潭大学等院校的6位老师共同编写。具体分工如下：叶奕编写项目二、项目五、项目六，肖俊编写项目一、项目三，杨逍编写项目四、项目九，张旻昉编写项目七，陈桃珍编写项目八，张波编写项目十。另外，王小红、王萍、文闻也对本书撰写提供了帮助和支持，在此一并表示感谢。全书由湖南大众传媒职业技术学院叶奕教授提供编写思路、大纲体例、样章并统稿，由华中科技大学教授、博士生导师刘洁主审。

本书在编写过程中，参考了国内外专家学者的大量文献资料，也引用或改编了传媒业的一些案例，在此致以诚挚的谢意。由于编者的学识水平和实践能力有限，特别是对高职教育教材特征的把握可能不够全面，书中不足之处恐难避免，望广大读者批评指正。

编　者
2020 年 2 月

目录

项目一 从传媒策划理念

项目一

树立现代传媒策划理念

学习目标

知识目标

1. 理解传媒策划的基本要素和流程；

2. 理解传媒策划的主要原则；

3. 理解传媒策划人要具备的基本素养与能力。

能力目标

1. 能分析具体传媒策划行为的基本流程和注意事项；

2. 能依据传媒策划的基本原则分析传媒策划的实践活动；

3. 能正确认识传媒策划者应该具备的基本素养与能力。

任务一 认识传媒策划活动

【任务描述】

在市场经济高度发展、科技水平日益提高、先进的传媒技术设备迅速普及以及人们的物质与精神需求多元多变的情况下,传媒业之间的竞争日趋激烈,传媒的策划能力与水平成为凸显媒体特色与优势的重要因素。充分认识传媒策划的特点、主要要素和基本流程,是从事传媒策划实践的前提和先决条件。

【案例导入】

《经典咏流传》让经典流行起来

2018 年,中央电视台策划推出大型诗词文化音乐节目《经典咏流传》,用"和诗以歌"的形式将传统诗词经典与现代流行相融合,在注重节目时代化表达的同时,也深度挖掘诗词背后的内涵,讲述文化知识、阐释人文价值、解读思想观念。节目一经播出,便深受广大观众好评。2020 年第三季播出时,豆瓣网上网友打出了 9.1 的高分。该节目的成功,既得益于中央电视台强大的品牌效应,也得益于定位准确、内容深厚、形式新颖、多元传播的精心策划,是一个成功的传媒策划典型案例。

首先,该节目的定位独具匠心。近年来,致力于挖掘、传承中华优秀传统文化的类型化节目非常火爆,也涌现出了《中国诗词大会》《中国成语大会》《朗读者》这样的现象级节目。《经典咏流传》的独特价值在于其用流行歌曲的演唱方法重新演绎经典诗词,带领观众在一众唱作歌手的演绎中领略诗词之美,赋予了经典诗词文化时代化、时尚化、国际化的表达,让经典从流传走向流行。

其次,内容模式创新。《经典咏流传》一改 PK 竞技、追求戏剧冲突的惯有模式,通过明星或普通人等传唱人,或抚琴低吟,或取瑟而歌,或举杯抒怀,或月下独语,以现代的旋律,营造古朴的意境,让观众在沉浸式的体验中感受时光背后的人文基因和情感张力,令人流连忘返,陶醉其中。歌曲演唱完毕,传唱人讲述歌曲的创作背景、情感故事,令人感动,引人深思。最后,由知名学者组成的鉴赏嘉宾团细心解读经典背后的诗词人文背景,带领观众共同品鉴歌词文化内涵,极具文化内涵和审美特质。

第三,视听元素创新表达。节目组聘请国内外的顶级音响师、灯光师、舞美师,把诗、歌、舞、乐、声、光、电等各种视听元素运用得非常协调,使经典传唱人的故事、思想、情感与诗词的内涵和外延浑然一体,让观众随着音乐的流淌去畅想、去体会、去感受,真正让经典走近全民,再次流行。

第四,多元的传播体系。首先,节目建立了电视宽频、央视网、"CCTV经典咏流传"微信公众号、"CCTV经典咏流传"微博等自身传播网,并吸纳撬动了外部的广播、报刊、电视、门户网站、微信、微博等各类媒体,架构成多渠道、多形式的立体传播网络。其次,节目率先采用了"1+4"(1个现场视频、1个H5互动、1篇微信公众号文章、1个节目短视频、1个音频)融媒体跨屏交互创新模式,观众通过微信"摇一摇"实时分享,同时分发,使得每一首歌都有千万人次的人群进行跨屏交互,从而实现了裂变式传播,最终让每一期节目都形成了现象级传播。

【课程内容】

1.1.1 传媒策划的基本概念

1)传媒策划的定义

(1)传媒

所谓传媒,就是指传播信息资讯的载体,即信息传播过程中从传播者到接受者之间的用以负载、传递、延伸特定符号和信息的物质实体。传媒一词主要有两层含义:

一是指信息传递的载体、渠道、中介物、工具或技术手段,主要包括纸质媒介(报纸、杂志、图书)、电子媒介(广播、电视、电影)、网络媒介和新媒介(数字电视、手机短信、触摸媒体等)。

二是指从事信息采集、加工、制作和传播的社会组织,即传媒机构,如报社、电视台。

需要说明的是,传媒对应的英语是media[1],而这个词在国内有"媒介""媒体""传媒"等多种译法。一般认为,"媒介"主要指向的是信息传播的物理形态,人们用"媒介"一词时,更多强调它的介质属性;而"媒体"通常是"指专门从事大众传播活动以满足社会需要的社会单位和机构"[2],人们用"媒体"一词时,更多是指媒体机构,着重于组织形态。而"传媒"包含媒体(传播机构、传播组织)与媒介(载体、手段、渠道)。

(2)传媒产业的概念

传媒产业是指生产、传播各种以文字、图形、艺术、语言、影像、声音、数码、符号等形式存在的信息产品以及提供各种增值服务的特殊产业。

传媒形态是指各种媒体形式的现实状态,包括传媒在提供信息传播服务时的产品、载体的形式、服务模式的特征及其产品的产业链形态,传媒形态构成了传媒行业的产业结构。传统的传媒产业有图书、报纸、期刊、电影、广播、电视。新媒体产业则包括网络、手机、数字出版、动漫、游戏、电子报刊、手机报刊、数字电影、电视电影、网络广电、数字电视、手机电视、移动电视、楼宇电视、IPTV、电子商务、视频、社交、即时通信、无线增值、在线阅读、显示屏、数据库等。

(3)策划

研究传媒策划,首先要认识什么是策划。我国策划学研究起步较晚,到目前为止对策划的定义也很不一致。概括起来,国内外对策划的解释,大体有以下几种:①策划就是谋划;

---

① Media 是 medium 的复数,意思是传媒,Medium 的意思是介质、媒介。

② 邵培仁.传播学[M].北京:高等教育出版社,2002:146.

②策划是一种思维创新;③策划是一种高级计划;④策划是关于未来的决策。

在综合比较了对策划所作的各个角度的理解后,我们认为,策划是一种策划者依靠自身理性并根据收集到的各种信息来判断事物变化发展的趋势,全面构思、设计、选择合理可行的行动方式,以实现特定目标的创造性活动。策划是一个综合性系统工程,其中目标是策划的起点,信息是策划的基础和前提,创意是策划的核心。

(4)传媒策划

传媒策划是指传媒从业者为了帮助传媒组织达到一定的目标,通过周密的传媒市场调查和分析,在传媒活动的各个领域,运用创新精神和创造思维进行的超常的、有创意的谋划与设计。具体来说,传媒策划既包括对传媒组织生存发展的整体战略规划,又包括对传媒的受众定位、经营方针、产品设计、广告经营、营销活动等进行的运筹和规划。

2)传媒策划的特点

(1)传媒策划是一项具有明确目标性的活动

目标设定是策划的重要任务,对于不同层次、不同类型的传媒行为来说,目标各不相同。策划的首要任务就是确定传媒策划的目标。

(2)传媒策划是一项极为复杂的思维活动

任何传媒策划的本质都是基于传媒个体或群体的某种预设、某种假定进行的创意和谋划。策划者必须运用综合分析等多种思维方式,从中找出已知因素、本质规律,从而达到对未来状况的掌握。

(3)传媒策划是具有创意性的活动

传媒生产的是精神产品,传媒业属创意行业,在传媒策划中,需要运用创意的头脑,经过特殊的构思、别致的手法、周密的计划、精心的安排,来达到出奇制胜的效果。

(4)传媒策划是具有超前性的活动

策划要具有前瞻性,对未来要有指导意义。对于传媒策划而言,不管是战略性的宏观策划,如传媒发展战略策划,还是战役性的中观策划,如重大报道组织策划,或者是战术性的微观策划,如独家新闻报道策划,其目标设计和实施方案都要尽可能超前、具体,能够超越竞争对手。

(5)传媒策划是一项具有风险性的活动

策划的时间指向是未来,从理论上讲,任何策划结果都带有一定的不确定性。传媒策划也是一样,我们要做的是尽可能降低这种不确定性和风险性。

(6)传媒策划是具有多重选择性的活动

为了实现某种策划目标,传媒策划者往往会给决策者提供几套策划方案,决策者经论证、评估、筛选确定最佳方案,或集各套方案之所长,避其所短组合成新的方案。传媒策划只能对各种可能性进行比较、选择,以使策划结果达到或接近必然性。

3)传媒策划的新趋势

(1)重视新媒体渠道和内容布局

随着新媒体时代的到来,传媒生态格局发生了变化,传统媒体与新媒体逐渐融合并协同发展,传媒策划中的经营策划、内容策划、传播策划等三大核心内容发生了相应的变化。一方面,传统媒体积极布局新媒体传播渠道,微信公众号、微博、客户端、App 等新媒体渠道日益成为传统媒体转型的主流形式;另一方面,传媒组织的内容生产和对外传播也日益快捷化、灵活化、多元化。

[案例]

主流媒体入驻快手、抖音、B 站

2019 年 8 月 24 日,《新闻联播》正式入驻短视频平台抖音、快手。在快手的粉丝数瞬间涨到 1 210.9 万;在抖音上发布四条视频后,粉丝数便超过 1 637.9 万。[①]截至 2019 年 11 月,人民日报抖音粉丝数超过 5 000 万、央视新闻快手粉丝数达 2 791 万、西瓜视频粉丝数达 7 264 万、好看粉丝数达 759 万,人民网微视粉丝数达 317 万,在媒体中名列第一。

2019 年 12 月 8 日,央视新闻正式入驻 B 站。除了央视旗下媒体矩阵,包括环球时报、中国日报、诸多地方共青团等机构账号也已入驻 B 站。

(2)重视用户体验

新媒体时代,媒体和受众的关系从单向灌输向双向互动转变,媒体和用户之间随时都要进行信息、观点、情感的交流、交锋、交融,从简单交流到深度参与。"以用户为中心"的私人定制、个性化、情感设计化、交互式的体验成为传媒组织服务用户的主要思维方式。媒体与用户的关系日益成为信息传播的共同体、价值判断的共同体、情感传递的共同体。

(3)重视传媒新技术

2019 年 6 月 6 日,工信部正式向中国电信、中国移动、中国联通、中国广电发放 5G 商用牌照,我国正式进入 5G 商用元年。随着大数据、云计算、人工智能、VR/AR、4K 超清等新技术的广泛应用,传媒内容生产和传播的模式正发生深刻变革,受众的体验感和互动性也得到了极大提升。

例如,中央电视台在 2019 年多个重大报道中实现了"5G+4K+VR"的全流程、全要素直播,同时在庆祝中华人民共和国成立 70 周年阅兵报道的宣传任务中,首次在新闻节目实现 AI 视频剪辑,并首次将庆祝活动在影院进行直播呈现,是 4K 超高清时代电视与电影相融的有益尝试;山东广电"闪电新闻"客户端在 2019 年两会期间实现以上会记者为圆心的"5G+VR"多维超清信号全覆盖,让"全息"更"全效"。

4)传媒策划的意义

(1)能进一步引导和把握正确的舆论导向

传媒的喉舌功能决定了传媒必须保持正确的舆论导向,为社会营造一个良好的舆论氛围。传媒通过对重大题材内容与形式的传播策划,能正确引导各种积极健康的价值取向,增

---

① 祖薇.《新闻联播》入驻快手、抖音一天涨粉超千万[N].北京青年报,2019-08-27(A12).

强新闻舆论的有效性。

(2) 能增强传媒组织的竞争力

近几年,新闻传媒组织间的竞争越来越激烈,而传媒组织间的竞争在某种程度上又表现为策划水平的竞争。匠心独运的策划,不仅能产生巨大的社会效应,也能为传媒组织带来较高的知名度和经济效益,从而使传媒组织在竞争中保持优势。

(3) 能有效整合各种资源

任何一项传媒策划行为,都是对各种传媒外部资源和内部资源的整合过程。策划水平越高,对资源整合的能力也就越强。

(4) 能为受众提供更好的传媒产品

传媒策划的一个重要范畴就是产品策划,即通过策划,以更加专业、细致、贴心的服务,为受众提供他们需要的内容产品及其他信息服务产品。

(5) 能增强传媒产业的实力

传媒策划不仅包括传媒个体策划,也包括传媒产业策划,有效的传媒策划能进一步调整传媒产业结构,促进传媒产业链的成长,进一步增强传媒产业的实力。

1.1.2 传媒策划的要素与层次

1) 传媒策划的要素

策划者、策划依据(策划中运用的信息和知识)、策划手段(方法)、策划对象(目标市场和消费群体)、策划效果预测和评估(事前预测和事后评价)等几个要素构成了策划的主要组成部分,这些部分相互依存,其相互关系如图 1.1.1 所示。

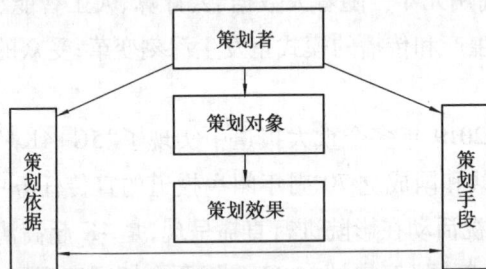

图 1.1.1　传媒策划要素图

(1) 策划者

人是每一项策划活动的主体,所有的策划都由策划主体执行和展开。策划者的数量、素质和能力水平是传媒策划能否取得成功的关键因素。策划者包括策划个体和策划群体两个层面。实践证明,随着社会的快速发展,许多问题的复杂程度与日俱增,许多大型的传媒策划多为群体策划。群体策划不仅可以防止个体策划的片面性,还可以充分调动各方面的积极性,集结各方的智慧。

[案例]

组合拳炒热《厉害了,我的国》

2018年3月2日上映的纪录电影《厉害了,我的国》票房超过4.8亿元。幕后营销团队通过多项创新活动,达到了积极的预热效果。第一,启动"厉害了我的国"内容众筹活动,从纪录片素材,到活动主题logo,通过邮箱、网页、微博、微信等平台,搭建全民征集通道,共征集视频、文字、图片作品10 000余件,电影未映先热;第二,策划一档长达16个小时的大型融媒体直播,在36个平台同时播出,包含升旗仪式、大小屏同时播出的纪录片和节目、各地和景区主题活动连线、校园跑连线等活动;第三,联合花椒、芝士超人、一直播、百万赢家等5家网络直播平台,推出了"厉害了我的国·改革开放"多首主题曲;第四,携手共青团中央共同打造"厉害了我的国"网页游戏,游戏结合《辉煌中国》纪录片元素讲述科幻穿越故事,在橙光游戏平台的点击量达到160多万。

(2)策划对象

策划对象是指策划的客体,是策划主体实施策划手段的对象。传媒策划的实施对象主要是不同形态的传媒组织及其传媒产品。策划对象的选择体现了传媒的立场与理念。

(3)策划手段

策划手段主要指各种策划的方法和注意事项,包括传媒调查的方法、传媒策划的创意方法以及各种为实现策划目的而运用的操作方法。

(4)策划依据

策划依据不仅包括策划者所掌握的信息、知识和经验,还包括策划者对传媒生存环境中的诸多因素,尤其是受众、传媒控制者、广告客户和竞争者等关键因素,以及传媒内部资源的综合把握。

2)传媒策划的层次

传媒策划是一个复杂的系统,它的目标和过程同样也具有多元性和复杂性。为了更好地理解传媒策划,有必要对传媒策划进行层次划分。然而,由于分类标准不同,对于传媒策划的分类也存在不同结果,各种分类之间还存在着相互交叉、重叠的关系。如:

按照传媒策划的规模来分,可分为点子策划、线式策划、面式策划和体式策划;

按照传媒策划的介入过程来分,可分为前期策划、中期策划和后期策划;

按照传媒策划的运作方式来分,可分为传媒生产策划、传播策划和经营策划;

按照传媒策划的层次来分,可分为产品设计层次策划、整体设计层次策划;

按照传媒的不同介质形式来分,可分为报刊策划、图书策划、广播电视策划、网络策划和新媒体策划等。

下面,我们以报纸为例,将传媒策划按照目的进行如下分类:

(1)宏观策划

宏观策划,又叫战略性策划,是对报纸未来发展方向作出的全面谋划和战略决策。它以报纸为策划的客体,以报社的负责人和管理层为策划的主体,主要通过考察报纸面临的环境,评估报纸自身的资源,在整体格局下进行优化配置,以确立报纸定位,并策划出报纸的整体理念和形象。

宏观策划包括报纸的内容定位——走综合化还是专业化;受众定位——定位于区域品牌还是全国性媒体;个性风格定位——采取什么样的风格,以及整体包装效果等。策划的目的是建立品牌,打造其核心竞争力。

(2)中观策划

中观策划,又叫战役性策划,主要以报纸下设的专栏、专版和专刊为策划对象,主要解决可读性的问题。中观策划一般由栏目或版面负责人组织牵头,内容包括版面(栏目)目标、宗旨、内容定位、读者定位、版式设计及包装等。一个优秀专栏、专版和专刊的策划,无论在内容还是形式上,都要新、奇、特,这既是策划的难点,也是策划的亮点所在。

(3)微观策划

微观策划,又叫战术性策划,主要是针对具体报纸生产或经营的某个环节而进行的策划。内容产品生产环节的策划包括报道内容的选择、报道视角和思路的安排、报道时机和报道方式的策划,可以提供独家新闻,极大地提高媒体的阅读率;经营环节的策划则包括具体的发行策划、广告经营策划、公关活动策划等。微观策划是传媒策划的最基层,也是传媒人使用最频繁的策划。

1.1.3 传媒策划的流程

一般来说,传媒策划需要经过以下几个过程,如图1.1.2所示。这是传媒策划的基本程序和操作流程。

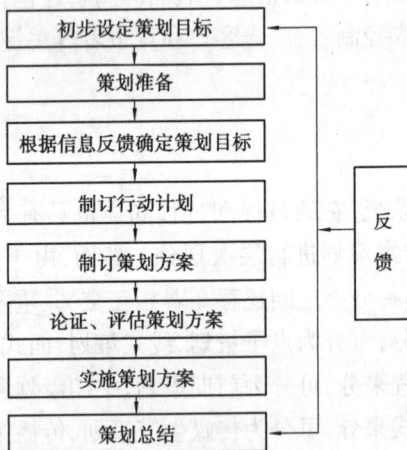

图1.1.2 传媒策划流程图

1)初步设定策划目标

策划是一种目的性很强的活动,因此在策划构思中首先要明确策划目标,才能进入其他流程。策划目标可分为近期、中期、长期目标,这主要是针对宏观、中观、微观策划的不同策划要求而言的。

2）策划准备

（1）广泛搜集、分析素材

素材包括社会、政治、经济、文化、科技、教育、体育等方面的信息资源，以及历史的、国内外的各种信息资源。对于策划者来说，不能丢失任何有价值的信息，积累的素材越多越好。

（2）保障措施的准备

①组织保障：组织指挥，机构设置，内部人力资源配置，与各部门的分工协作等，最好有专门设立的策划部门。

②人、财、物的保障：费用预算、设备添置、人员培训等。

③运行机制的保障：建立灵活的激励、奖惩机制，完善规章制度等。

3）根据信息反馈确定策划目标

受众需求在不断变化，策划目标也不能一成不变。应在收集、分析相关信息资料后，根据信息反馈的新情况补充、修正、改进原有策划目标。

4）制订策划方案

（1）制订行动计划

制订行动计划是策划的细化工作，包括确定何时、何地干什么的日程安排，需要何人、何组织的协助，具体预算是多少，等等。一项策划的具体计划安排越翔实，就越具有现实的可行性，从而越具有说服力。

（2）完善策划创意，制订策划方案

这是传媒策划的核心阶段，也是最能体现策划人创造性的阶段。策划方案是策划主体创意智慧的结晶。一份好的策划方案不但要具有丰富、翔实的内容，能够完全表达策划者的意图，而且要具有生动的、吸引人的表现方式。能否制作一份完整的、有说服力的策划方案，也是策划人策划能力的重要表现之一。

5）论证、评估策划方案

对于初步形成的策划方案，最好聘请一些领导、专家、学者对其进行论证、评估，尤其是宏观层面的战略策划更要谨慎。中观层面的战役性策划、微观层面的战术性策划，也应组织参与者反复讨论、修订。

6）实施策划方案

策划的效用、策划的价值最终体现在对它的组织实施上。策划的组织实施是策划最为关键的阶段。在组织实施阶段，策划实施者应随时根据现实中的新情况灵活修订策划方案，进行局部的微调和改进。

7）策划总结

策划实施后，策划并没有结束。收集反馈信息、评价策划效果、进行策划总结、得出经验教训，是传媒策划逐步走向成熟、策划水平逐步提高的必要阶段。

需要说明的是,策划活动原则上没有不变的框架,上述步骤也只是一个参考。流程总是僵化的,而发扬创新精神、发挥创造性思维才是策划永远的精髓和灵魂。

1.1.4 传媒策划可能产生的负面作用

1)策划新闻事实,违背传媒规律

任何传媒策划都要真实、全面、客观、公正,这是策划者应有的职业道德和职业精神。传媒组织和传媒人不能为追求"眼球经济",热衷主动"策划"各种新闻,从而损害传媒的公信力。

[案例]

2019年11月11日,河南省广播电视台都市频道《7岁女童眼里取出几十张纸片?知道真相所有人都愤怒了》报道称:二年级女孩小花在学校遭到同学欺负,两名小男生按住她,另外一名小男生往她眼睛里塞纸片。从9月29日至今,小花眼睛里会时不时冒出一些小纸片,一个多月的时间,小纸片竟多达几十片!这样一起恶性校园霸凌事件激起了人们的愤怒,全国媒体纷纷转发并跟进报道。然而,11月25日,事发当天接诊的禹州市人民医院副主任医师杨国禹接受媒体采访时说,当时检查,小花眼睛确实有些红,但没发现纸片,"开了些眼药,病人就回去了"。杨国禹认为,往眼睛里塞几十张纸片,"理论上是不可能的,医生也放不了那么多"。如此荒唐的事情,全国一大批媒体并不质疑,而是竞相转发、跟进,发表了一篇篇义正词严的评论,令人大跌眼镜。

2)过度策划,异化为传媒炒作

传媒策划和传媒炒作是完全不同的两个概念,传媒策划要遵循信息传播规律,注重舆论导向,研究受众心理,把握道德底线,社会效益和经济效益并重;而传媒炒作是对传媒活动的一种不恰当的谋划和设计,是传媒策划的一种异化,是过度策划、强行策划,往往只顾及经济效益或者其他单个目的,不管社会效益。

3)媒体在传媒策划中角色不当

媒体的本质身份是精神产品提供者,传媒策划的目的在于提供更好的精神产品,媒体不能借助传媒策划越位担当其他各种角色。媒介权力运用不当所产生的伦理问题屡次出现,如新闻敲诈、权力寻租等有偿新闻现象,媒体遮蔽重大议题等现象,偷拍公众人物侵犯隐私等现象,等等。

【实战案例】

"寻找最美孝心少年"大型公益活动,传递社会正能量①

2019年11月1日,《众里寻你——2019寻找最美孝心少年颁奖典礼》正式播出,自4月

---

① 辛闻.2019寻找最美孝心少年颁奖典礼将于11月1日在央视播出[EB/OL].中国网,2019-10-28.

起,中央电视台开始策划"寻找最美孝心少年"大型公益活动,基调阳光、催人泪下,社会反响巨大,引发了人们对孝老爱亲传统美德的深入思考,传递了社会正能量。本届最美孝心少年评选共征集到1 000多位少年的感人事迹,这些少年孝敬长辈、为家庭排忧解难、担当家庭责任、自强不息、阳光向上、奋发有为的孝亲故事真实感人。经过评选,最终于琪巍、孙美平、肖乃军、韩金锁、王凌云、路子宽、魏蓉、宦井豪、赵泽华、李欣珂等10位获得2019年"最美孝心少年"称号。

"寻找最美孝心少年"大型公益活动自2013年创办起,每年一届,今年是第7届。活动致力于未成年人思想道德建设和少年儿童核心价值观培养,是中央广播电视总台"寻找最美"系列活动中持续时间长、社会效益佳、收视范围广的活动之一。

【案例分析】

这是一个典型的传媒策划案例。首先,该活动以弘扬社会主义核心价值观为目的,延续了中央电视台作为国家级媒体的社会公益形象。作为"寻找最美乡村教师""寻找最美乡村医生"等公益活动之后的又一次"寻找最美","寻找最美孝心少年"继续高举公益大旗,以全国18岁以下的少年儿童为寻找对象,旨在通过寻找、发掘、宣传新时期"孝心少年"的典型代表,展现他们孝敬长辈、自强不息、阳光向上、自立自强的感人事迹和美好情操,讴歌具有时代感的中华民族传统家庭伦理道德,弘扬社会主义核心价值观。借助该活动丰富的表现形式、充实的活动内容和生动的情感表达,中央电视台进一步彰显了主流媒体引领舆论、凝聚爱心、汇聚正能量的形象。

其次,精心组织活动内容,创新活动表现形式,充分发挥电视媒体的影像传播优势。"寻找最美孝心少年"活动主要内容包括:启动仪式、事迹征集、事迹展播、推选委员会推选、颁奖典礼等。以新闻、专题、纪录片等多种节目形态,利用早、午、晚多个时段在《新闻联播》《朝闻天下》《共同关注》《晚间新闻》《新闻袋袋裤》等栏目联动报道,大力宣传孝心少年典型人物事迹。通过历经半年的公益行动,一个个当代"孝"的故事已传遍中华大地,中华民族传统文化再一次得到弘扬。

第三,联动社会各界力量,充分发挥名人效应,为活动积极造势。航天英雄杨利伟、播音员李修平、影视演员吕中、词作家任卫新、少儿节目主持人鞠萍姐姐和小鹿姐姐等广大观众熟悉的人士都以不同形式参与这个活动,为孝行奔走,为善举发声。可以说,这次活动是一次社会道德教育的总动员。此外,团中央、中央文明办、中国关心下一代工作委员会、全国少工委、全国妇联等单位也以不同形式支持该活动,极大地增强了该活动的影响力。

第四、真诚的创作、全心的投入彰显策划者优秀的职业品质。从4月启动开始,历时半年,央视少儿频道和新闻频道的策划团队,翻山越岭,走街串巷,克服酷暑高温、高原反应等种种困难,到孩子们身边去,和他们同吃同住同劳动,了解他们最真实的生活,体验他们最真实的感受,倾听他们最质朴的心声。这种沉下心来做这件几乎不会产生任何经济效益的公益活动的行为,在传媒日益浮躁化和功利化的当代显得弥足珍贵,体现了一个媒体工作者的责任与担当。

【课后思考】

1. 什么是传媒策划？它有什么特点？
2. 传媒策划主要有哪些内容？
3. 传媒策划的基本流程是什么？

【拓展训练】

按照传媒策划流程,对某校园媒体进行一次主题活动策划。

任务二　传媒策划原则

【任务描述】

策划原则是策划活动过程中必须遵循的客观规律的理性表现,也是策划实践经验的概括与总结。具体来说,传媒策划要遵循导向原则、创新原则、效益原则、整合原则、机变原则、可行原则、时机原则。科学地认识和把握这些原则,对于提高传媒策划的水平、加强策划效果至关重要。

【案例导入】

国家广电总局:严格评估偶像类节目　导向正确方可播出①

2018 年,偶像养成类综艺节目异常火爆,人们称之为"偶像团体元年"。所谓偶像养成类综艺选秀节目,就是以唱歌、舞蹈和表演等为表现内容,以舞台演绎为表现形式,以比赛为竞争手段,以明星打造为目的,以练习生制度为节目模式,进行选拔、培养全能艺人,并记录、展示其过程的节目类型。随着"90 后""00 后"受众群体数量的增长,节目受众的占比正在逐渐发生变化。对于这些深受"日流韩流"影响的年轻观众来说,新颖的偶像养成模式恰巧符合他们的审美标准,这些节目打出"全民制作""偶像养成"等概念,设置各种热搜话题和"进阶式"粉丝参与环节,搅动亿万青少年投身其中。

然而,节目火爆的同时,也引发一系列社会问题。

其一,粉丝群体的低龄化问题。相关资料显示,参与"偶像养成"的粉丝主体是大中小学生。以《创造 101》为例,粉丝中 19 ~ 24 岁大学生年龄段的占比最高,达到 41%;其次是 18 岁及以下中小学生年龄段,占比 33%;25 ~ 34 岁研究生年龄段占比 21%。3 个年龄段总占比是 95%。

其二,"偶像养成"的节目模式问题。所谓"全民制作"就是粉丝全过程参与"送偶像出道"的"养成"行为。集资投票是"偶像养成"的真正支撑,偶像的"吸金"能力直接影响其能否"出道"和"出道排名"。以《创造 101》为例,决赛周期内粉丝们为 22 个"偶像练习生"集资总额超过 4 000 万元,其中第一名超过 1 200 万元,第二名超过 900 万元,而这也正是最后的"出道排名"。

其三,节目的审美问题。流量当道、颜值至上、过度炒作,这些节目亚文化助长了浮夸喧

---

① 广电总局:"偶像养成"节目令人担忧[EB/OL].搜狐网,2018-08-14.

嚣的社会风气,混淆了主流的审美观。

2018年7月6日,国家广播电视总局专门下文,要求进一步严把节目导向关、内容关,持续监测清理低俗有害节目,严防不良内容侵害青少年身心健康;对于偶像养成类节目、社会广泛参与选拔的歌唱才艺竞秀类节目,要组织专家从主题立意、价值导向、思想内涵、环节设置等方面进行严格评估,确保节目导向正确、内容健康向上方可播出,坚决遏止节目过度娱乐化和宣扬拜金享乐、急功近利等错误倾向。

【课程内容】

1.2.1 导向原则

导向原则是传媒策划中最重要的一个原则。我国新闻传媒作为党和政府的喉舌,在进行报道时必须遵循正确的舆论导向,传媒策划是通过借助新闻传媒的力量来实现其目的的,确保舆论导向的正确、健康,是传媒策划的重中之重。

导向性原则主要分为以下3种。

1)法规及政策导向

法规及政策导向是指策划内容必须符合我国法律法规,符合党和政府的方针政策,要遵守党的宣传纪律和相关职能部门的政策要求。

[案例]

网络短视频内容审核标准细则100条出台

短视频时代,短视频质量良莠不齐。为提升短视频内容质量,遏制错误虚假有害内容传播蔓延,营造清朗网络空间,根据国家相关法律法规,2019年1月9日,中国网络视听节目服务协会发布《网络短视频内容审核标准细则》,明确规定网络播放的短视频节目及其标题、名称、评论、弹幕、表情包等,其语言、表演、字幕、背景中不得出现21个方面的具体内容,主要包括攻击我国政治制度、法律制度的内容,分裂国家的内容,损害国家形象的内容,损害革命领袖、英雄烈士形象的内容,泄露国家秘密的内容,破坏社会稳定的内容,歪曲贬低民族优秀文化传统的内容,宣扬封建迷信,违背科学精神的内容,宣扬不良、消极颓废的人生观、世界观和价值观的内容,渲染暴力血腥、展示丑恶行为和惊悚情景的内容等。

2)民众心理导向

民众心理导向,是指传媒既要传达也要正确引导广大老百姓共同的价值观、心理和情绪等,分析事物本质,澄清疑惑,避免社会恐慌。比如在一起恶性事故报道中,如果进行全景报道,展示大量血淋淋的场面,就容易在心理上造成恐慌,不利于安定团结;又比如在"5·12"汶川地震中,有些媒体真实再现灾民的各种生活原态,甚至是血淋淋的场景和诉说不堪回首的经历,这既是对灾民的第二次心理和人格上的伤害,又容易引起社会恐慌。

3）社会公益导向

社会公益导向，是指传媒策划的理念和行为要充分体现和维护社会公众利益，着力倡导广大受众的价值观和需求。比如文化传承、公益活动、环保行为、科技发展等。由于这些内容是公众所追求的，也是媒体所宣扬的，因此都可以在传媒策划中被"借力"。

[案例]

2019年5月3日，由中央电视台制作的《等着我》第五季感动上映。作为全国首档国家力量全媒体大型公益寻人节目，其旨在发挥国家力量，搭建全媒体平台帮助更多人实现自己的寻人团聚梦。《等着我》也是与公安部刑侦局打拐办合作的重点节目，开播至今，已经帮助超过19 000个家庭实现团圆梦，它以悲喜交加、情理交融的原生态形式，用泪水和欢笑诠释了社会主义核心价值观；以一个个寻人故事为载体，希望唤起社会上每个人对情感的珍视。"为缘寻找，为爱坚守"的栏目口号深入人心，不仅在电视大屏端收视率稳定，在各大新媒体平台也成绩斐然——在各平台的短视频总播放量超过2亿次，单支暖心人物短视频播放量超过3 000万，公益H5双屏联动访问量破1 200万，#等着我#话题阅读总量超过33亿。

1.2.2　创新原则

创新原则是指传媒策划必须有创造力。一个策划成功与否，创新性至关重要。创新性决定了传媒策划的有效性。传媒策划创新主要有理念创新、内容创新和形式创新3种。

1）理念创新

理念创新指的是思想观念的创新和思维方法的创新。传媒策划应该以公众兴趣为出发点，挖掘有价值的内涵。

[案例]

中央电视台《感动中国》栏目正面人物报道理念创新

2019年2月18日，被媒体誉为"中国人的年度精神史诗"《感动中国》2018年度人物颁奖晚会如期播出，钟扬、杜富国等人当选。长期以来，正面人物报道总是与"毫不利己、专门利人""一心为公、忘我奉献""舍己救人"等字眼联系在一起。这种正面人物报道实际上是以政治话语系统中的"公"与"私"作为确定典型报道主题的"楚河汉界"，即以政治面貌"划线"。改革开放以来，中国社会环境已发生了变化，正面人物报道也应有改革与创新，《感动中国》作为中央电视台倾力打造的一个品牌栏目，从2002年以来，在其他新闻媒介着眼于推出富有崇高性和理想色彩、代表社会主流价值观的正面典型的同时，把目光更多地投向普通人的生活，关注现代化进程中人自身的命运和价值，着力打造"普通人"的正面典型时代，是正面人物报道理念创新的一个典范。

张玉滚，一名普通的民办教师，大学毕业后，放弃在城市工作的机会，回到家乡，从每月拿30元钱补助、年底再分50千克粮食的民办教师干起，一干就是17年；马旭，一位年迈的退休老人,一辈子分毫积攒,却为教育捐赠千万元;王继才、王仕花,守岛卫国32年的夫妇,大半辈子默默坚守,与孤独为伴。这些都是2019年感动中国的"平民英雄",因为做出了不平凡的事,让广大群众产生了强烈共鸣……他们的事迹之所以能够感动亿万中国人,是因为这些"普通人"来自我们的日常生活,具有"可参照度";又因其不普通的经历和精神境界,使之具有显著的新闻价值。

2)内容创新

策划的创新要不断寻找新颖性和时效性的素材,让受众耳目一新。内容为王,不断创新,这样才能激发受众的热情与参与欲望。

3)形式创新

策划的创新不仅要在内容上做到新颖独特,还要在形式上有所突破。

[案例]

爆款H5:《点击!你将随机和一位陌生人视频通话》

2019年3月3日,全国两会期间,人民日报微信公众号推送了互动视频H5产品《点击!你将随机和一位陌生人视频通话》。这一H5录制了40余段生活化、有趣味、有代表性的视频,以模拟"视频通话"的场景。用户连线的另一端可能是医生、教师,也可能是一位可爱的小朋友;你可能看到繁华的首都北京,也可能看到四川藏区、内蒙古的草原。一段段短视频,将宏大的民生议题浓缩到凡人小事中,让用户了解全面、丰富、充满活力、积极向上的中国人生活场景,让读者真切感受全国两会"汇聚你的梦想,关注你的关注"的特点,拉近了全国两会与普通百姓之间的距离,深受广大网民追捧和好评,24小时内,该H5点击互动量就超过了360万,成为网络爆款。

由此可见,在传媒策划中,形式作为内容的载体,对内容价值的显示和实现,有着不可低估的作用。同样的内容,若能别出心裁,用一种独特巧妙的形式,往往能产生意想不到的传播效果。

1.2.3 效益原则

效益分为社会效益和经济效益两种。一方面,传媒作为社会公器,影响广泛,责任巨大,任何策划,都要有利于政治稳定、经济发展、道德规范、人文关怀、文化引导,传播正能量,彰显主流价值观。另一方面,策划实践中也要运用市场化手段和产品化思维,注重成本意识和商业回报,追求喜闻乐见、雅俗共赏的传播效果。

社会效益与经济效益能够和谐统一,两者都能兼顾,作为精神产品的制造者,传媒策划不能以牺牲社会效益去换取经济效益。

[案例]

国家广电总局对"注水剧"说不

近年来,动辄七八十集以上的电视剧网络剧层出不穷,但大都叙事节奏拖沓,拉低艺术水准,影响观看审美,被广大观众形象地称为"注水剧"。电视剧"注水"现象大行其道的背后,是剧组、投资方与播出平台三方博弈的共同结果,集数越长的电视剧网络剧,出品方获得的经济收入越高,播出平台广告招商的收益也越高,但损坏的是广大电视观众的利益。2020年2月,国家广播电视总局发布了《关于进一步加强电视剧网络剧创作生产管理有关工作的通知》,提倡电视剧网络剧拍摄制作不超过40集,鼓励30集以内的短剧创作。对于演员片酬问题,要求每部电视剧网络剧全部演员总片酬不得超过制作总成本的40%,其中主要演员片酬不得超过总片酬的70%。专家表示,反对内容"注水",可以倒逼制作方严格控制成本,减少资源浪费,同时提升观众的观感体验。

1.2.4 整合原则

整合原则要求策划者有通盘战略,从实现整体目标出发,合理整合各个部门、各个层次、各种类型的资源,以实现最优化的管理和效果。整合原则一般涉及以下3个方面:

1)新闻报道资源整合

新闻报道资源整合主要指在策划某些重大、热点新闻报道时整合新闻报道内容(文字、图片、音频、视频等)和新闻报道形式资源,采用多种表现手法,精心加工制作,达到更好的传播效果。

2)传媒经营资源整合

传媒资源不仅包括思想、品牌、文化、信息这些"软资源",也包括人才、资金、技术、设备这些"硬资源"。要生产出有社会影响、有广阔市场、有显著效益的产品,在很大程度上依赖于这些资源的有机整合。例如,当前热门的选秀节目,各家媒体整合了大量的人力资源(选手、评委、观众等)、场地资源、设备资源等,产品就是节目最后产生的"歌星、舞星"等明星。

3)传媒集团发展资源整合

(1)集团内部资源整合

集团内部资源整合包括密集整合、多元整合和资产重组3种。密集整合是指传媒发展到一定规模和实力后,根据原有核心产业的发展需求,完全依托传媒的资源优势进入与核心产业相关的产业。多元整合是指传媒发展到具有相当规模后,进入新的、陌生的行业领域,比如传媒行业涉足房地产业。资源重组是指对传媒原有资源基于新的现实而调整机构。

[案例]

2018年4月19日,新组建的中央广播电视总台正式揭牌。为加强党对重要舆论阵地的集中建设和管理,增强广播电视媒体整体实力和竞争力,推动广播电视媒体、新兴媒体融合发展,加快国际传播能力建设,整合中央电视台(中国国际电视台)、中央人民广播电台、中国国际广播电台,组建中央广播电视总台,作为国务院直属事业单位,归口中共中央宣传部领导。对内保留原呼号,对外统一呼号为"中国之声"。中央广播电视总台的主要职责是,宣传党的理论和路线方针政策,统筹组织重大宣传报道,组织广播电视创作生产,制作和播出广播电视精品,引导社会热点,加强和改进舆论监督,推动多媒体融合发展,加强国际传播能力建设,讲好中国故事等。

(2)集团外部资源整合

传媒策划尤其是宏观策划,不仅要整合传媒集团内部资源,还要借助和整合集团外部的跨行业、跨地区的资源。外部资源整合包括两个方面:一是吸纳外部资源,从而使传媒资源配置更为合理,如传媒的并购;二是与别的传媒或企业共同利用双方的资源,如传媒的联盟。

1.2.5　机变原则

机变原则,就是指在策划进程中,要及时准确地掌握对象及其环境变化的信息,以其发展的调研预测为依据,调整策划目标并修正策划方案。

[案例]

《2020 年中央广播电视总台元宵特别节目》:讲好中国抗击疫情的故事

2020 年 2 月 8 日(农历正月十五),《2020 年中央广播电视总台元宵特别节目》如期拉开帷幕,这是一台特殊的"元宵晚会",台下没有观众,没有掌声,整台节目由单体节目录制再合成。这是节目组在新冠肺炎疫情的严峻形势下,对创作理念、主题、内容、形式等方面作出的因时调整和创新策划,呈现出了很高的策划水准:在节目理念上,围绕讲好中国抗击疫情的故事而展开;在创作主题上,将原来"欢乐闹元宵,喜气洋洋"的主题调整为"万众一心、众志成城、抗击疫情、鼓励信心、为武汉加油、打赢阻击战";在内容编排上,调整原来的 25 个歌舞、相声、小品节目为 13 个抗疫专题节目,以朗诵、情景报告、歌舞为主要内容;在录制形式上,改直播为录播,近 30 年来首次没有观众。节目在央视一、三、四套并机播出,众多观众在不知不觉间泪流满面,被全国人民众志成城、抗击疫情的强大精神力量震撼。开播一小时后,11 个相关话题上微博热搜榜,央视综合、综艺并机总收视率为 6.50%。

1.2.6　可行原则

可行原则是指策划是否具有可操作性,能否按计划一步步有效实施。一个无法有效实施的策划方案,是毫无价值的。

策划的可行性包括两个层面的内容:

1)政策上可行

政策上可行即策划方案符合法规、政策和发展趋势的要求。策划人要保持对法律法规及政策的敏感,尽可能规避风险,同时,还要分析策划实施后可能产生的社会影响等。

2)技术上可行

技术上可行是指传媒策划要合理有效地利用人力、物力、财力和时间,实施效果能达到甚至超过方案设计的具体要求。策划方案要达到有效、可行,一是要用最小的消耗和代价争取最大的利益;二是所冒的风险最小,失败的可能性最小,经过努力基本上有成功的把握;三是要能圆满地实现策划的预定目标。

1.2.7 时机原则

时机原则指传媒策划活动要选择最佳的、能产生最大传播效应的实施时机。在具体操作中,如果选择的策划时机不当,采用的方式错误,就会适得其反。

[案例]

2019 年 1 月 17 日,离电影《小猪佩奇过大年》公映日期 2019 年 2 月 5 日(农历正月初一)仅剩 18 天,电影发行方发布了一支 5 分 40 秒的宣传短片《啥是佩奇》,讲述一个农村留守老汉李玉宝在春节前为孙子准备"佩奇"礼物的神反转喜剧故事。巧妙的题材配合精准的投放时间,使该片一下子成为亿万中国人"春节"的情结催化剂,为电影《小猪佩奇过大年》的上映起到预热的宣传效果。《小猪佩奇过大年》最后取得 1.25 亿元的票房,专家表示,这是 2019 年最成功的春节档电影营销案例。

【实战案例】

哔哩哔哩"2019 最美的夜"跨年晚会

哔哩哔哩(英文名:bilibili,简称"B 站")是国内知名的视频弹幕网站。2019 年 12 月 31 日晚,哔哩哔哩线上直播"2019 最美的夜"跨年晚会,3.5 个小时内共上演由日落、月升、星繁三个篇章组成的 35 个节目,当天播放量达到 8 000 万次,产生了 170 万条弹幕和 1.7 万多条留言评论,在哔哩哔哩自己的评分系统中,3.9 万人打出了平均 9.9 的超高分数,豆瓣网上的分数也高达 9.1 分,被广大网友誉为最燃的跨年晚会。共青团中央、《人民日报》等官方机构和主流媒体纷纷点赞。更具戏剧性的是,2020 年首个交易日,哔哩哔哩在美股迅速上涨,截至当日收盘,涨幅达 12.51%。作为一个相对小众化的视频弹幕网站,能在竞争极为激烈的跨年晚会策划中,在各大一线卫视的重重包围中逆袭胜出,实现社会效益和经济效益的巨大成功,确实可圈可点。

【案例分析】

跨年晚会,作为一个传统的传媒活动,历来是各大主流卫视比拼综合实力的竞技场,无论是电视媒体,还是观众,抑或是广告商,都极为重视。哔哩哔哩"2019 最美的夜"跨年晚会的成功策划,得益于对传媒策划规律和原则的深刻把握和精心实施,具体来讲,有以下三点。

第一,根据受众画像创新编排。哔哩哔哩的招股书显示,该网站82%的用户为1990—2009年出生的年轻人。这个群体极为偏爱动漫、游戏、娱乐、科技,且审美挑剔、爱好小众、热衷于表达自我和评论他人。为了让这些"80后""90后"找寻到共同的群体记忆,策划团队以大数据为依据进行受众画像,精心选取35个节目,突出经典IP作品的呈现,既有《魔兽世界》《英雄联盟》《哈利·波特》《名侦探柯南》《数码宝贝》《火影忍者》等经典内容,又有《权力的游戏》《哪吒》《流浪地球》等新晋作品,集合了影视、动漫、游戏、军乐、中国风、摇滚乐等各种元素,熟悉的题材、主题、人物、场景、道具密集展示,迅速唤醒受众群的集体记忆,增加了共鸣的层次和频次。

第二,温暖积极的价值导向。通过中国与世界、经典与流行的音乐元素的提炼,传递正面、积极、温暖、走心的文化取向。66岁的理查德·克莱德曼亮相晚会,钢琴激情演绎《哈利·波特》主题曲,彰显充盈乐观的精神状态和生活心态;《亮剑》中楚云飞的扮演者张光北和退伍军人合唱团同台演绎《中国军魂》,气势磅礴的交响乐和人声合唱点燃了观众的爱国热情;国乐大师方锦龙与百人交响乐团合作演奏《十面埋伏》《沧海一声笑》《将军令》《哦,苏珊娜》等中外名曲,更是被网友誉为"神仙打架",完美诠释中国传统乐器的迷人魅力。

第三,强大的资源整合能力。基于"音乐可视化"的思路,整合中外资源,用音乐和特效在舞台上呈现经典作品。策划团队邀请了北京奥运会开幕式、闭幕式音乐团队的核心成员赵兆来担任音乐总监和乐团指挥,靳海音弦乐团、新九州爱乐乐团为核心节目伴奏,以及法国钢琴家理查德·克莱德曼、中国现代五弦琵琶代表人物方锦龙、提琴双杰之一Luka Šulić来现场演奏名曲,还有胡彦斌、周笔畅、邓紫棋等实力唱将。硬件上配备2 000多块屏幕、面积达3 000平方米,6台喷火机、60部瞬时烟火、16台干冰、40部彩炮机、8部彩虹机、4条烟火瀑布、18支电子喷泉、4台升降机,以及隐藏式轨道,确保顶级的舞美效果。

锁定受众需求,以受众体验为中心,呈现高品质的内容,传递积极的价值取向和温暖的情感,哔哩哔哩"2019最美的夜"跨年晚会是一次情怀与"潮"的完美结合。

【课后思考】

1. 传媒策划原则与传媒策划特点之间有什么关系?

2. 如何平衡传媒策划经济效益与社会效益之间的关系?

3. 如何理解传媒策划的导向原则?

【拓展训练】

仔细阅读下面的材料,并回答问题。

2019年4月,一段"奔驰女车主哭诉维权"的视频在网络上的疯传,迅速成为社会舆论关注的焦点。相关信息显示,4月11日,陕西西安的W女士花66万元买了一辆新奔驰,可车还没开出门就发现发动机漏油。15天协商中,店家的解决方案从退款、换车变成免费换发动机,逼得W女士不得不坐在车顶上要说法,更揭出金融服务费一事。事件曝光后,引起网友强烈关注,各大媒体纷纷转载、评论、报道,矛头直指奔驰轿车的服务和产品质量问题。4月16日,经多部门协调介入,W女士和西安利之星汽车有限公司达成换车、补偿等和解协议,后者被依法处以合计一百万元罚款。但随后该维权事件出现反转,微博签约自媒体人"一个有点理想的记者"发消息称,W女士曾因经营餐饮店"卷款跑路",拖欠商户、供应商数百万债务,且被警方立案调查,一时间风云突变。网友觉得之前对W女士的支持是打脸,所以舆论也就突然转向,转变成对W女士排山倒海的质疑和抨击。

1. 你如何看待自媒体维权现象?
2. 如果你是一名传媒从业人员,该如何报道该事件?

任务三　传媒策划人的职业定位与策划素养

【任务描述】

策划者的品格、修养、学识、经验、思维方法以及对资源的把握和配置能力决定其综合素质高低，并直接影响传媒策划的水准。传媒策划人的政治素养、生活素养、学识素养、人格品位、审美理想等构成了其个人的综合素养。努力提升自身素质，培养自己的多方面能力，应是传媒策划人孜孜以求的努力方向。

【案例导入】

时尚传媒集团招聘文案策划[①]

诞生于 1993 年的时尚传媒集团是中国最大的高档期刊传媒集团之一。旗下现拥有《时尚芭莎》《时尚 COSMO》《男人装》等 12 个全球闻名的品牌杂志，业务范围已经涵盖期刊编辑、图书策划、网络传媒、广告、印刷、发行、数字出版、影视制作、视频输出等多项领域。2016年集团明确了".1+N" 战略，形成了以杂志品牌为源头，以新媒体内容、视频、活动等为扩展内容的方式，进一步加强"内容+用户+商业伙伴"的模式，全力打造产业层面深度合作的新时尚生态。2018 年，时尚传媒集团正式进军 MCN 产业，有意向在时装、美妆、旅游、健康、美食、娱乐等一系列泛时尚生活方式领域打造 MCN 媒体矩阵。

岗位职责：

1. 根据公司计划需要，负责网络广告文案、新闻稿、博文的撰写；

2. 围绕现时各种热门事件，寻找亮点，撰写软文或新闻稿；

3. 根据目标，对微博、微信、论坛、软文等社会化媒体创意类文案进行编辑及写作；

4. 通过市场调研，深入了解和分析行业信息，负责市场信息和相关数据的整理、分析和管理，定期更新行业资讯，负责撰写行业快讯；

5. 维护与各大媒体的关系，维护公司对外形象。

任职要求：

1. 大专及以上学历，新闻传播、广告策划、展会策划、中文、市场营销类专业；

2. 一年以上市场策划或文案工作经验，较强的网站专题策划和信息采编能力；

3. 熟悉网站推广的常用方法（论坛、软文、微信、微博等）；

---

① 参见时尚集团官方网站。

4.擅长理性分析,感性表达,文字功底好,可独立完成高质量新闻通稿与宣传文案的撰写;

5.有敏锐的市场直觉和一定的创新能力,思想活跃,具有较强的活动策划与执行能力;

6.有良好的团队沟通协作能力,责任心强,工作积极主动,严谨细致,乐于接受挑战。

以上这则招聘广告大致显示了传媒策划人在实际工作岗位的职责以及需要具备的基本能力和素养,根据不同的工作任务,传媒策划的岗位有文案策划、活动策划、广告策划、企业宣传、新媒体运营等不同的职务区别,每个不同的岗位,工作任务和能力要求略有区别。

【课程内容】

1.3.1 传媒策划人的职业定位

1)传媒策划人的内涵

传媒策划人是传媒策划方案的制作者与实施者,他们或来自传媒职场,有丰富的实践经验,或对传媒有深入的了解和研究,懂得运用经营管理和传媒业务知识、经验及技能,从事各项传媒策划的实践活动。

当前,中国传媒策划人的工作职责大致包括:传媒产品的生产制作,广告发行的策划,传媒内容和市场的项目分析、策划、开发,传媒延伸产品的开发与经营,品牌发展和资本运作策划。

2)传媒策划人的类型

第一类是传媒领域的职业经理人。这个群体往往身处传媒管理部门,谙熟传媒运作规律,有深厚的传媒策划经验,能够对传媒业的发展起到方向性的引导作用,如发行人、总经理、总编辑、内容总监、发行总监、广告总监、生产总监、人力资源总监等。

第二类是身处各大学、科研院所的教授(研究员)、副教授(副研究员)群等,这也是传媒知识精英中影响最大、数量分布较广的一个群体。该群体主要特征是:在大学或科研院所里有稳定的教职、稳定的收入、稳定的地位;有训练有素的学术素养和专业的分析工具,有较高的社会影响力、社会知名度;经常主办或参与各种学术论坛、研讨会,活动的舞台广泛分布于课堂、媒体、论坛和书斋之间;有备受推崇的代表性著作或论文,他们的学术观点和思想是传媒策划活动最鲜活的智慧来源。

第三类群体主要是指活跃在传媒一线的、较为敏锐、富于思想、勇于创新的部分一线工作人员,如各传媒的记者、编辑,以及策划部门的工作人员,他们既是策划方案的制订者,更是策划行为的实践者。

1.3.2 传媒策划人的素质与能力

1)策划者的基本素养

策划者,有时也指策划的团队,在策划活动中,始终起着主导作用。提高策划能力的根本途径,是加强策划者创意能力和综合素质的培养、训练。素养是策划者思想意识、文化水平、价值观念、思维方式、生活积累的综合反映,传媒策划人的素养主要表现为政治素养、人格品位、生活素养、审美理想、学识修养等方面的综合素养。

(1)政治素养

政治素养是指包括政治理想、政治信念、政治态度和政治立场在内的一种内在品质。传媒的特性首先要求每一个传媒工作者都应该具备较高的政治素养。

(2)人格品位

策划是一种富于个性的精神劳动,策划者的精神气质和人格品位必然对策划过程产生巨大影响。策划者创意的立意深刻、新颖往往与策划者的人格品位密切相关。

(3)生活素养

生活素养是人们从事一切策划、创造活动的源泉。许多策划创意来自策划者对生活的感受、体验,对生活的独特发现。策划者既要有广博的生活知识,又有深入生活的经验、超越常人的创新思维,以及对未来的把握和预测能力。

(4)审美理想

审美理想是指人们心中关于美的观念和模式的想法,审美理想对人的审美活动具有巨大的反作用。因为传媒产品是精神产品,传媒策划要力图体现传媒产品精神层面的美感。策划人的审美理想可从策划中的创意构想、内容选取、形式创新、形象设计、行为取向等多方面体现出来。策划者的审美理想首先要与时俱进,符合大众审美标准,同时,还要不落俗套,高于生活,卓尔不群,引领时代风气。

(5)学识修养

所谓学识,就是策划活动所需要的知识、学问、见识等,既包括客观世界逻辑结构和运行规律方面的知识,也包括策划者思维所使用的语言概念及其思维程序、规则等方面的知识。

①传媒业态常识。传媒业主要包括报刊、广播、电视、网络等传统媒介和数字媒体等新媒介,了解每种不同属性的媒介特点及其运作规律,传媒策划才具有针对性和实效性。

②传媒管理学知识。每一项管理行为,从某种程度上说,就是一种策划行为的体现。尤其是在中国的传媒业正大力推进制度创新的背景下,更应学习全新的管理观念、管理模式、市场知识、营销知识,才能进行富有前瞻性的传媒策划。

③市场调查知识。传媒策划行为不能凭空产生,只能对市场进行深入调查研究之后产生。由此可见,一个策划人还应该掌握市场调查的有关知识,如抽样、问卷设计、访问员培训、调查数据录入、原始资料整理、统计资料分析、各种调查方法等。

④品牌知识。品牌是无形资产,传媒的品牌常常关系到传媒的长远发展。传媒策划的目的就是通过一系列的策划行为,让传媒的发展更趋于良性,形成品牌。

⑤广告学知识。广告是传媒的重要收入来源。良好的广告策划能为传媒发展带来可观的品牌效益和社会效益。

⑥公共关系知识。策划人常常要为传媒形象推广、传媒产品或服务的市场推广提出公共关系的策略,设计有针对性的公关促销活动等,这就要求策划人了解公共关系知识,具有丰富的公关活动实践经验,以加强策划方案的可行性。

2）策划者的综合能力

（1）创意能力

创意是指具有独创的思维，是对传统的、惯性的、僵化的思维模式的颠覆。创意策划或凭借内容和形式的创新，或凭借运作模式的创新，或凭借运用手段的创新，让人耳目一新，引起社会强烈反响。

（2）市场调研能力

市场调研能力是指策划人对市场现状进行分析进而预测未来趋势的能力。它要求策划人要有深谋远虑、未雨绸缪的战略眼光。市场调研能力如何，会直接影响策划的结果。

（3）组织能力

组织能力是指策划人能够根据策划本身的要求，将策划资源进行有机结合的能力。具体来讲，策划人的组织能力包括内部组织的调配和外部组织协调，包括对策划人才的找寻、策划资料的搜集、策划方案的制订等，也就是对人、物、事实行统筹安排，以达到共同策划、制作、实施的目的。

（4）观察能力

策划人要从过去和现在的资料中，迅速察觉可供方案策划的重要资料，这就需要敏锐的观察力。策划人要有迅速辨出问题症结所在的能力，"察人所未察"是对一个成功策划人的基本要求之一。

（5）社交能力

策划人的职业性质决定了他们必须具备与形形色色的人尤其是客户打交道的能力，因此，社交能力是策划人从事策划工作的又一重要基础。策划人社交能力的强弱，很重要的一点就体现在策划人是否以一种开放式的心态和行为与社会接触，形成自己的社会交际圈，并从中获得大量的策划资源。

（6）准确的表达力

表达能力是指以语言、文字、形象等方式表示意念和行为的能力。书面表达的成果是外界接触该策划案的第一步，也是能否引起他人兴趣的关键。口头表达也不容忽视，既要向整个策划团队清晰、准确、生动地介绍你的策划思路、策略、方法及预期效果，也必须通过语言描述取得委托人或者相关主管领导的理解、支持、配合与执行。

（7）执行能力

执行能力就是传媒策划人将自己的独特创意、构思巧妙地融入传媒策划中，并让每一位具体操作者都能够准确地理解、领悟并支持策划案实施的能力。任何一种好的策划，不实施，就不可能自动产生效益。

【实战案例】

医疗人文纪录片《中国医生》创作分析①

2020 年 1 月 27 日，医疗人文纪录片《中国医生》在爱奇艺视频播出，该片从医生的角度

---

① 参见百度百科、《中国青年报》、《新周刊》等资料。

出发,将镜头对准全国各地六家大型三甲医院,选取最具代表性的科室及医护人员,真实地呈现了很多有血有肉、魅力各不相同的医者形象。节目一经开播就收获超高口碑,连续27天居爱奇艺纪录片热播榜第一名,微博总阅读量高达3.5亿,讨论量达到19.8万次,豆瓣网上拿下9.3分的高分,连续4周蝉联豆瓣华语口碑剧集榜第一名。中央纪委国家监委新闻传播中心、国家广播电视总局监管中心等部门,《人民日报》《光明日报》《环球时报》《中国青年报》《中国新闻周刊》《新周刊》《南方周末》等主流媒体纷纷为《中国医生》撰文点赞。

【案例分析】

《中国医生》获得巨大成功的背后,潜藏着创作者的用心与功力,折射出创作者纪实性的创作理念、敏锐的创作视角、深厚的创作实力和卓越的策划素养。

第一,敏锐独特的创作视角。近年来,医疗题材的影视剧和纪录片很多,但大多注重挖掘题材的社会性,更多的是展现"疾病"与"生死",还少有从医生角度进行创作的。创作团队另辟蹊径,从医生的角度展现他们的真实状态和内心世界。《中国医生》共9集,分别以挚诚、成长、妙手、信念、契约、守护、抉择、希望、初心为题,多视角呈现了医生这一职业的不同面向,进而洞察中国医疗系统的多个侧面,让处于社会变革期的医院和医院里发生的故事成为一个个集中体现各类民生矛盾、感悟人生百态的现实标本。

第二,扎实深入的前期调研。在长达2年的策划阶段,总导演张建珍组建了近60人的创作团队,从四川大学华西医院、南京大学医学院附属鼓楼医院、西安交通大学第一附属医院、浙江省人民医院、中国科技大学附属第一医院、河南省人民医院等六家大型三甲医院选择了200多位医护人员和200多位病人作为采访对象,全天候跟拍,素材总时长3 000多个小时。

第三,丰富的知识技能储备。创作团队在拍摄前都会详细了解基本的医疗专业知识,例如医院的分级诊疗、医生各层级的职责、各部门的分工等。在拍摄时,总导演张建珍要求团队把自己当作患者或家属,若医生讲得过于专业,一定要"打破砂锅问到底",一定要让普通的观众看得懂,听得明白,例如治疗方案的原理、成功率、风险等,避免专业纰漏。在拍摄片中的手术镜头时,拍摄人员要换上医院的无菌衣服,机器也要经过严格消毒。

第四,纪实客观的创作手法。全程跟拍,不渲染,不夸大,让纪录归于记录,是整部纪录片的创作支点。《中国医生》总导演张建珍表示:"这是我想追求的一种叙述方式,不会为了制造冲突和矛盾,而去夸大和渲染一些情感,我们只想把医生真实的状态、医患之间真实的关系展现出来。"

第五,强大的故事呈现能力。为了让高尚但不高冷、有血有肉的医生群像得以细腻体现,创作团队采取了建构人物关系,在人物关系中展现爱与痛的方法来讲故事。他们既是从死神手里抢夺生命的人,也是某个孩子的爸爸或妈妈、某些人的亲人或朋友;既可以是一位骑着电瓶车穿行于车流之中的中年男性,也可以是一名因长期劳累而身体处于亚健康状态的职工;他们既有治愈患者时的成就感与快乐,也有无能为力时的挫败感与伤心。正是这些鲜活的故事,如这部纪录片的宣传语"有时去治愈,常常去帮助,总是去安慰"一样,温暖着人心,传递着正能量,也表达着纪录片创作者试图构建互信的医患生态的初心。

【课后思考】

　　1.请思考传媒策划人的素养与能力之间有何联系。

　　2.请课后查找有关著名传媒策划人的相关资料,并思考一名优秀的传媒策划人应该具备什么样的本领。

　　3.联系实际谈谈你将如何提升自己的素养与能力。

【拓展训练】

　　请阅读如下材料,并回答问题

　　2019 年 1 月 29 日,"咪蒙"旗下微信公众号"才华有限青年"推送的《一个出身寒门的状元之死》一文引发关注。文章讲述了一位出身贫寒却努力上进的高考"状元",坚持道德原则却在生活中屡屡受挫,最终因病早逝的故事。文章使用了纪实的笔法,并在文末声明为了保护隐私,隐去了主人公真实的学校、姓名等。"寒门状元"故事的真实性,很快遭到网友的质疑。2 月 1 日,"咪蒙"团队发布道歉信。2 月 21 日,"咪蒙"及"才华有限青年"微信公众号及各大媒体平台账号被注销。

　　1.你怎样看待上面的媒体行为?

　　2.你认为传媒工作者要遵守什么样的基本规范?

综合项目实训

项目编号	1	项目名称	为指定的校园媒体策划一次大型主题活动
实训背景			为指定的校园媒体策划一次大型主题活动
实训内容			1.收集相关资料,了解该校园媒体的概况:产品内容、受众特点、发展历程及校园反响等; 2.分析该主题活动的背景渊源、特点、主要内容和流程,并加以分析评估; 3.围绕选定的主题活动,进行有针对性的活动策划,并形成策划书; 4.对该主题活动的预期效果进行评估,并形成分析报告
实训目的			1.了解传媒策划的目的,理解传媒策划的重要意义; 2.熟悉传媒策划的基本流程; 3.了解传媒策划应该遵循的基本原则; 4.培养传媒策划人应该具备的基本素质和能力
实训步骤			第一步:全班分成若干小组,分组讨论并确定各小组要策划的主题活动; 第二步:根据设定的主题活动内容,完成对该主题活动的内容和流程的分析; 第三步:每个小组完成主题活动策划书; 第四步:班级进行公开讲评,选出最佳活动策划书
实训成果			1.主题活动策划书; 2.预期效果评估报告; 3.个人实训小结
要求与考核			1.教师负责指导和答疑,学生相互间可以进行讨论,但所有素材不得共享,否则均记0分; 2.指导教师根据学生的课堂表现和所交的作品进行打分,按100分评定成绩; 3.及时交作品,若有特殊情况必须说明

项目二

传媒策划创意

学习目标

知识目标

1. 识记创意、传媒创意的概念，理解创意的基本表现形式；
2. 理解传媒策划与创意的关系；
3. 理解传媒创意开发的步骤；
4. 理解类比法、联想法、移植法、组合法、模仿法、思路提示法、头脑风暴法、希望点列举法等创意技法的内涵及常用形式。

能力目标

1. 能正确判断、分析传媒创意优劣；
2. 能正确运用创意技法进行传媒策划。

任务一 传媒策划创意的开发

【任务描述】

传媒策划是一种创新行为,要创新,就要把创意贯穿于传媒策划的过程之中。可以说,创意是策划的灵魂,创意成功与否是传媒策划能否出新的关键。

从本质上来讲,传媒策划创意是一种创造性思维,其任务是在对传媒市场、产品和目标消费者进行市场调查分析的前提下,根据一定的目标,对传媒产品或服务诉求概念予以艺术的表现,以创造出新理论、新观念、新模式、新产品、新表现方法。创意在传媒策划中有多种表现形式,提升创意水平要从培养创意意识、进行思维训练、突破思维定式入手。

【案例导入】

H5 小游戏《我为港珠澳大桥完成了"深海穿针"》的创意策划①

2017 年 5 月 2 日,港珠澳大桥沉管隧道最终接头安装成功。由于施工空间有限、对接精度要求高,本次工程可以说是一场堪比太空对接的"深海穿针"。为了记录这一世纪工程的关键战役,《珠海特区报》新媒体中心提前一个月准备,详细了解大桥最终接头的运输、安装过程,运用 H5 技术,在最终接头下水前夕,重磅推出《我为港珠澳大桥完成了"深海穿针"》小游戏,向世纪工程致敬。该游戏通过互动,模拟了最终接头出坞运输、放缆下水以及最终对接等过程,其中游戏部分设置在最终对接安装的过程中,让读者可以直观感受最终接头安装的严苛,弥补了平面及视频无法表现的细节。游戏得到了网友和读者的热捧,发布后 24 小时浏览量即破 2 万,最终浏览量约 5 万,而该游戏对项目的还原度也得到了港珠澳大桥建设团队的认可。

作为一项有益的新闻实验,该作品是珠海媒体第一次用 H5 小游戏的形式参与重大新闻事件的报道。作品亦为本次超级工程的整体报道增添了一抹亮色,为重大事件报道中丰富报道形式、拓宽报道维度提供了鲜活的案例。该报道也获得了中国新闻奖融媒互动类三等奖。

---

① 参见中国记协网。

【课程内容】

2.1.1 传媒创意概说

1)创意的内涵

(1)什么是创意

创意是思想、点子、立意、想象等新的思维成果,是创造新事物或新形象的思维方式,就其本质来说是一种辩证思维能力。[1]创意的关键在于创造,而创造意味着产生并构想过去不曾有过的事物或观念,或者将过去毫不相干的事物、观念组合成新的事物或观念。因此,创意从本质上来讲,是一种创造性思维。

本书所谈的传媒创意,其基本内容是指现代传媒面向市场需求和变化,在信息建构与传播以及媒介经营与管理的各个领域、各个层面、各个环节所采取的具有创新性、创造性的策略与构思。[2]涉及的范围包括创意传播、创意经营和创意管理三大领域。

(2)创意元素

创意有3个非常重要的元素:构思概念、选择素材和表现手法。

构思概念是指对未来的目标、功能、范围以及策划涉及的各主要因素和大体轮廓的设想与初步界定。它是策划的基础和首要步骤。构思概念的好坏,不仅直接影响整个策划的成败,而且还影响策划过程的繁简、工作量的大小等。

素材是创意的基本载体,与生活密切相关,也是体现品牌价值、形成创造性思维的重要资源。比如,有人构思了一个创意——字典可不可以讲话?得到这个构思之后,就要找一个素材来表现,这个素材可以是语言学习机、专业翻译,也可以是有声字典,等等。

表现手法是指产生创意的各种手法,如组合、改良、新用途等。

2)创意和策划的关系

创意对策划的意义重大,两者虽然不能等同,但彼此相关。

首先,创意和策划彼此相关。策划需要创意,创意是策划中不可或缺的部分,一个好的策划必然包含一个好的创意,可以说,创意为策划提供了方向上的灵感。

其次,创意绝不等同于策划。虽然一个好的策划必然包含一个好的创意,但一个好的创意尚不能构成一个完整的方案。创意可以是天马行空的,而策划往往由一个创意出发,以一个思路为起点,接下来收集、整理相关信息,最终形成完整的方案,策划更强调科学、周密的统筹安排。从这个角度来

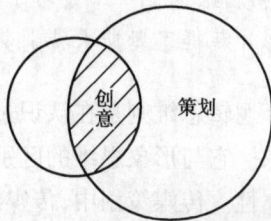

图 2.1.1 创意与策划的关系

---

① 陈初友,王国英.TOP 创意学经典教程[M].北京:北京出版社,1998:1-3.
② 陈勤.媒体创意与策划[M].北京:中国传媒大学出版社,2009:2-3.

说,策划与创意是顺序关系,创意孕育策划。①(见图 2.1.1)

因此,有人说策划与创意的区别在于:策划是宏观战略,创意是微观战术;策划是整体程序,创意是局部环节;策划强调系统性,创意突出跳跃性。

2.1.2 创意的基本表现形式

思维,是人脑对客观现实概括的和间接的反映,它反映的是事物的本质和事物之间规律性的联系。传媒策划的创意过程不仅是一个充满思想与情感认识的过程,也是一个冷静与理智并存的思维过程,往往是多种思维活动的融会贯通,具有敏捷、灵活、变化等特点。创意在传媒策划中有如下几种基本表现形式。

1)形象思维与逻辑思维

形象思维是创意者依据现实生活中的各种现象加以选择、分析、组合,然后进行艺术塑造的思维方式。形象思维的过程中始终不能脱离具体形象,在对社会生活进行深入观察、体验、分析、研究之后,通过想象,运用典型化的方法塑造富有意义的艺术形象。生动性、具体性、实感性是这种方式的特点。在传媒形象策划中,视觉形象系统的创意、传媒产品品牌的确定、传媒理念用语的确定等都需要形象思维。

[案例]

超级明星"米老鼠"的诞生便是形象思维创意的典型。20 世纪 30 年代前夕,美国动画艺术片的先驱沃尔特·迪斯尼在好莱坞一间破旧的老鼠经常出入的汽车房里研究创作动画片。那些日子,他一有空闲,就饶有兴味地观察钻出钻进的小老鼠。于是,一个新"角色"的雏形,就在他脑中浮现。一次,他从纽约乘火车去洛杉矶,在漫长的旅途中闲来无事,便抓起笔即兴作画,一只穿着红天鹅绒裤和黑上衣、带着白手套的小老鼠在画纸上出现了,原本令人讨厌的老鼠,在他笔下,竟如此幽默可爱。当动画片需要新角色时,米老鼠就机灵地登场了,有人还给它取了个人的名字:米奇。不久,经济危机的阴影开始笼罩美国。1928 年 11 月 18 日,苦闷、消沉的人们在纽约的电影院里看到第一部有声动画片《威利号汽艇》,主角就是这只有着大而圆的耳朵、穿着大头靴的小老鼠。它虽然没有说什么,但是会随着轻快的音乐而踩脚、跃动、吹口哨……这可爱的形象博得了观众的喜欢,使他们短暂地忘记了大萧条带来的烦恼,因此一下轰动了纽约。不到两年,米老鼠就成了举世闻名的"明星"。1932 年,这部影片获得了奥斯卡特别奖。②

逻辑思维则是在认识过程中,借助概念、判断、推理,揭示事物的本质,表达认识事物的结果。它与形象思维的区别在于,它以抽象性为特点,撇开事物的具体形象,抽取事物的本质属性。传媒策划中,传媒组织良好形象的树立必须依赖抽象思维创意,以突破窠臼,另辟蹊径。

---

① 雷蔚真.电视策划学[M].北京:中国人民大学出版社,2008:139.
② 资料来源:人民网。

2) 正向思维与逆向思维

正向思维是指人们沿袭某些常规去分析问题,按事物发展的进程进行思考、推测,是一种通过已知来揭示事物本质的思维方法。它具有常规性、传统性等特点。比如,为了提高报纸的发行量而针对营销活动展开创意策划,就是典型的正向思维模式下的行动体现。

逆向思维也称求异思维,是一种从相反的方向来考察事物,或者干脆把思考对象颠倒过来进行思考的方法。在创意过程中,这种思维对司空见惯的似乎已成定论的事物或观点的相反面深入地进行探索,引导人们透过事物的表象探究其本质,树立新思想,创立新形象。在新闻报道中,对同一事件的不同报道角度与主题的选择往往体现了不同的思维方式。

[案例]

动画片《哪吒之魔童降世》可谓是 2019 年暑期档电影中的一匹黑马,自 2019 年 7 月 26 日上映后,口碑票房双丰收,一举成为国产动画冠军。该片如此引人注目,与其颠覆性的创作理念不无关系。

作为中国传奇中最具有反叛精神的少年英雄之一,哪吒的形象可以说在国人心中根深蒂固:眉清目秀,头发乌黑,一袭红裙,加一件长袖外套,还有同款的齐刘海,聪明伶俐;生气的时候,他可能变出三头六臂,手拿火尖枪、乾坤圈、混天绫,大义凛然,敢作敢为,讨人喜爱。但在电影《哪吒之魔童降世》中,哪吒却是穿着时尚的纸袋裤,画着暗黑烟熏眼妆,嘴里叼着野草,睥睨众人,嘴里念着丧丧打油诗的捣蛋魔王。不仅哪吒,其他家喻户晓的角色也发生了颠覆性改变:一向以反派形象出现的敖丙,化身温润如玉、肩负家族重任的翩翩少年;在以往电视与原著中严肃而又高高在上的太乙真人,竟然是一个操着四川方言、腆着大肚腩、骑着小飞猪、嗜酒如命的可爱形象;申公豹这个反面角色,竟也因为口吃有了几分可爱,承担了许多笑点;印象中温柔贤淑的李靖夫人,竟然是一个有点逗的"直性子"母亲。

不仅外形颠覆,剧情的颠覆也远远超出观众的意料。哪吒降生时,因申公豹的掉包捣乱和太乙真人的醉酒失职,错被魔丸投胎,带着魔性和罪孽面世;敖丙,本是妖族、龙王三太子,却是申公豹盗走的"灵珠"与龙族血脉结合的角儿,身负龙族升天的使命;而在各种神话故事里法力无边的龙王竟然被禁锢在海底做"狱卒"。随着剧情的推进,观众从最初不习惯"换装"的哪吒,到认同其"我命由我不由天"的抗争,电影成功塑造了一个拥有独立世界观的新哪吒,引发了当代人的共鸣。

3) 垂直思维和水平思维

垂直思维又称为收敛性思维。它是指人们根据事物本身的发展过程来进行深入的分析和研究,即向上或向下进行垂直思考。这种思考方法就是传统的深思熟虑,思考的重点是深度而不是广度,要求思考问题的人目标集中、用心专一,以思维的逻辑性、严密性和深刻性见长,至今仍然是我们进行传媒创意经常使用的基本的思考方法。例如在广告调研的过程中,没有对环境、市场、竞争者、消费者深入分析、研究与思考的过程,就没有清晰的广告定位;如果没有清晰的广告定位,就不可能有高质量的广告创意。

水平思维是指摆脱对某种事物的思维定式,从与某一事物相互关联的其他事物的分析比较中,寻找突破口,重新建构一种新概念、新创意的思维方式。这里强调的是寻求看待事物的不同方法和不同路径。

4)直觉思维与灵感思维

直觉思维是指对一个问题未经逐步分析,仅依据内因的感知迅速地对问题作出判断、猜想、设想,甚至直接领悟事物本质的一种思维方式。直觉思维的主要特点有:①突发性——突如其来,稍纵即逝;②偶然性——偶然激发,难以预料;③不合逻辑性——并非依照逻辑规则按部就班地进行,可以是荒诞的、怪异的、变形的,等等。

灵感思维是指人们在对某个问题百思不得其解的时候,由于受到某种偶然因素的激发而进行的、快速的、顿悟性的思维。它不是一种简单逻辑或非逻辑的单向思维运动,而是逻辑性与非逻辑性相统一的理性思维的整体过程。

[案例]

一位广告创作者曾这样介绍自己的一个获奖公益广告创意的由来:他在进行一个公益广告创意,冥思苦想了多日仍想不出一个好点子。有一天中午,他无意中看到了桌上的快餐盒,恰似一口棺材,忽觉眼前一亮:有了!他把两双筷子左右一插,就创作出了《地球之丧》。沿着这条线,他又用方便面的碗和筷子作素材创作了《地球之殇》和《地球之墓》系列广告,这一系列广告成为当年绿色公益广告的获奖作品。

5)倾向思维与联系思维

倾向思维一般是指通过接触到的某一事物,从一定倾向出发的思维模式。这是一种基本思维方式,因为人们在思维过程中,往往都带有一定的目的和倾向。

联系思维是指运用事物存在着普遍联系的哲学观点,努力发现事物之间的联系,寻求新的发展机会的思维方式。

[案例]

北京的一位编辑曾经讲过一个选题产生的经过。一天,他给信息员打电话,怎么也打不通,后来得知这位信息员的手机掉进了厕所里。他们又联系另一位信息员,结果也没联系上,一打听才知道,这位信息员的手机掉进马桶里了。在一般人看来,这不过是件很小的事,但这位编辑却开始思考了:怎么这么巧呀,两人的手机都掉进了厕所?他们请来了概率专家,经过一系列复杂的运算得出让人意想不到的结论:手机掉进厕所的概率是千分之三,北京有手机近1 000万部,算下来,光北京就有差不多3万部手机掉进过厕所,这数量还真不少。一件小事经编辑们这么一策划,制作成新闻,几乎让所有的人都产生了深刻记忆。

2.1.3　传媒策划创意的开发

1）传媒创意的开发依据

传媒策划创意不是凭空想象,也不能胡编乱造,它必须以相应条件为依托。

（1）创意必须把握传媒产品的周期

传媒产品和其他产品一样,都有其市场生命周期。传媒创意应根据产品所处的生命周期进行创意策划。比如,一个新创办的电视栏目正处于市场导入期,对它的宣传就应着重于其特性和功能的推介,而非进行品牌巩固式的情感诉求,这样才能激起人们的收视兴趣。

（2）创意必须根据市场调研提供的信息来进行

创意要从自身和外部的条件出发来进行,通过市场调研,可以了解诸如产品信息、消费者偏好、竞争对手诉求点等信息,这也是进行创意的基础。

（3）创意必须适合目标对象

每个传媒产品都有特定的目标对象,策划者应从其特定的文化背景、生活习惯、教育程度、年龄结构和心理特点出发,使创意的主旨与目标消费者的偏好相一致。

2）引发创意的条件

引发创意一般要具备以下 11 个条件:
①灵敏的反应能力;
②卓越的图形感觉;
③丰富的情报信息量;
④清晰的系统概念和思路;
⑤娴熟的战略构造和控制能力;
⑥高度的抽象化提炼能力;
⑦敏锐的关联性反应能力;
⑧丰富的想象力;
⑨广博的阅历与深入的感性体验;
⑩多角度思考问题的灵活性;
⑪同时进行多种工作的能力。

3）传媒策划创意开发的基本步骤

创意本质上应该是丰富多彩、灵活多样、不受拘束的,但为了便于初学者领会创意开发,学者们还是归纳了若干步骤。以下这两种基本的步骤划分方法,虽然并不是针对传媒策划的“独家秘籍”,但对开发传媒策划创意亦有启发作用。

（1）**十五步骤说**①

日本学者江川朗把创意开发过程划分为4个阶段、15个步骤：

第一阶段(含4个步骤)：①发现创意对象；②选出创意对象；③明确认识创意对象；④调查掌握创意对象；

第二阶段(含4个步骤)：⑤描绘创意的轮廓；⑥设立创意目标；⑦探求创意的出发点；⑧酝酿创意,产生构想；

第三阶段(含3个步骤)：⑨整理创意方案；⑩预测结果；⑪选出创意方案；

第四阶段(含4个步骤)：⑫准备创意提案；⑬提案；⑭付诸实行；⑮总结。

（2）**六步骤说**②

中国台湾学者郭泰把创意开发过程划分为6个步骤：

①界定问题：将问题弄明白并界定清楚,使问题突出地显露于众；

②收集资料：从书刊、政府文件、组织档案、财务报表中获取信息,形成创意的基础；

③现场调查：明确目的、对象、方法、工作程序；

④资料整理：将资料进行分析、加工,转换为情报；

⑤产生创意：在分析各种资料的基础上,触发灵感、深入思索,形成符合实际的创意；

⑥实施与检验：实施创意方案,并对创意的结果进行评价。

4）传媒创意开发的基本途径

（1）培养创意意识,克服惰性思维

创意意识的培养既要注意开发人脑,即开发人的创造性思维；同时,还要注意磨炼人的品格,使其养成尊重知识、崇尚科学、勤于思考、善于钻研、勇于质疑的良好习惯,形成勇于探索、锐意求新的创新品质。

（2）突破思维定式,训练发散思维

突破思维定式的途径之一就是训练发散思维。发散思维是指人的思维不是沿着一个确定的方向展开,而是不受任何限制地向四面八方任意展开的一种思维方式。通过训练,激发人们的想象,突破原有的狭隘思路,使人的思维多角度、全方位去寻找新的逻辑链起点,进而求得新的发现和认知。

（3）寻求诱发灵感的契机,提高想象力

有人提出了培养想象力的7个建议：多看童话；多听童言童语；多看科幻故事；多看漫画和笑话；找"非我族类"的人聊天；不要轻易否定；故意连接不相关的事物。

【实战案例】

《声临其境》：从冷门到爆款的创意③

《声临其境》是湖南卫视2018年一季度推出的一档纯原创声音魅力竞演秀,节目以声音

① 杨明刚.营销策划创意与案例解读[M].上海:上海人民出版社,2008:80.
② 杨明刚.营销策划创意与案例解读[M].上海:上海人民出版社,2008:81.
③ 徐晴.《声临其境》:将冷门做成爆款[EB/OL].[2018-08-03].人民网.

为切入点,每期设置一个关于声音的特定主题,每期节目有 4 位顶级演员或配音演员同台竞技,以呈现不同的声音特点。赛制规则很简单,每一期 4 位演员进行 3 轮配音挑战,包括"经典之声""魔力之声"和"声音剧",分别展现演员们对经典影视片段的台词处理能力、声音的可塑性以及舞台表演的综合实力,每期由现场观众选出当期观众最喜欢的声音。前 9 期的"声音之王"参演最后的年度声音大秀,决出本季"声音之王"。整季节目最核心的看点还是才华横溢的演员们之间的高手过招:他们在面对不同角色、不同情境时的声音表现能力如何,能不能在短时间内用声音带观众入戏,用声音读懂人心,震撼人心,温暖人心。

节目播出以来,便在影响力和口碑上成为当之无愧的爆款节目:微博阅读量 26.1 亿,网络播放量 14 亿,豆瓣评分 8.3,96 个新浪热搜。在线上,微博、微信等自媒体平台,无数"自来水"自发对节目展开解读,节目相关热词持续高居热搜榜首;在线下,收视率、收视份额实现"11 连冠","声临其境"成为一个新兴的互动方式代名词,在企业年会、亲朋聚会等各种场合被频频提及。《光明日报》《人民日报》《三联生活周刊》等上百家媒体为《声临其境》点赞,称《声临其境》是"实力派演员担纲综艺,吹来一股清风"。其火爆,是因为节目用声音塑造角色、用声音再现经典画面,传承了文艺工作者对艺术的追求。

题材选择:不走流行,选择冷门

开发《声临其境》的湖南卫视徐晴团队多年来一直埋头于原创,如《非常靠谱》《变形计》《一年级》《书香中国》《声临其境》都是原创节目。在一般电视人眼中,这些原本都是非常冷门的节目创意,不过从播出效果来看,恰恰是"冷门"成了节目的最大难点和亮点。

就《声临其境》来讲,它的成功基于两点:一是立意高,屏读经典("屏幕"的"屏",跟传统的纸质阅读不一样,体现了互联网时代的阅读特点),脱胎于读书晚会的朗读剧环节,紧紧抓住了文化的热点;二是节目带有影视行业的揭秘性,我们看过很多影视作品,却没看过影视作品幕后的制作过程,特别是后期配音这个环节,《声临其境》把它搬上了舞台,并进行了电视加工和放大。

操作路径:专业的人做专业的事

《声临其境》跟一般意义上的综艺节目的最大不同在于,它不是一个游戏,也不是请一帮演员去做与他们本身职业无关的事,而是呈现他们职业范围内的艺术创作。制作团队同样用匠心在创作,通过个人与团队,甚至全频道、全台的投入和支持,尽可能展现这些实力演员全情投入的幕后创作,在《声临其境》舞台上大放异彩。

《声临其境》吸引了很多实力演员来参加,据统计,在第一季全部 40 位表演者中,有 21 位拿过金鹰奖、华鼎奖、飞天奖、白玉兰奖以及国际上表演行业奖项的最佳男女主角奖,换句话说,他们是这个行业里德艺双馨的艺术家。这个比例超过了整季嘉宾演员的 50%。

节目创意也许冷门、垂直、小众,嘉宾也许冷门,可这两个冷门元素在一系列配套元素的加持下产生了叠加、放大效应,成就了热门和独家,也许这就是创新的神奇之处。

【案例分析】

《声临其境》这个节目是运用创造性思维进行节目创新的成功案例。

首先,运用逆向思维找到与众不同的节目门类。梳理近年来社会影响力大的爆款节目,不难发现其共同的特点,那就是:以前大家没看过,是新门类、新领域、新模式的节目。《声临其境》与一般的综艺节目不同,不追逐流行、不选择热点人物和热门形式,不追求大而全的豪华配置。正如节目的总导演徐晴所说:我们不大关心大家看过什么,而是关心大家没有看过什么、可能会想看什么。《声临其境》冲出了传统综艺的壁垒,将演员的专业素质展现细分到声音领域,以"每一个声音,都值得被记录"的节目理念,聚焦于"声音"这个中心元素,以台词为切入点,致力于挖掘在影视剧观看中被观众忽略的配音元素,并将"声"与"境"融合,以声音入境,让观众感受到声音的魅力。在综艺元素丰富的年代,凭借声音这一看似单一的元素"杀出重围",将小众文化带入大众视野,在"小众"门类中实现大众共鸣。

其次,利用归纳思维找准目标受众。作为一档小众的垂直类综艺节目,目标受众定位精准且具体十分重要。尽管目前小众化综艺在市场上看似处于相对弱势地位,难以获得最大程度的受众认可,但基于庞大的人口基数,一旦节目受到观众的青睐,再小众的圈层也会形成可观的受众群,且粉丝的忠诚度相比于一般综艺要高许多。这就为《声临其境》这类垂直类综艺提供了坚实的受众基础。

再次,运用发散思维组织节目内容。在节目配音桥段的选择上,节目组有意将经典影视与大 IP 结合起来,在充分考虑艺术性与观众兴趣点的基础上,选择一些拥有良好受众基础的片段进行配音,节目配音素材的选择则是家喻户晓的影视作品桥段,既有如《还珠格格》《甄嬛传》这样广为人知的影视片段,又有如《魂断蓝桥》《哈姆莱特》这种世界著名的经典对话。如此设置不仅能让节目在文艺性、小众化上站稳脚跟,也能在大 IP 的加持下拓展受众群,培养忠诚观众,进一步扩大节目的影响力与知名度。

最后,运用联系思维整合网络力量,使节目影响力在更大的广度和深度上得以延伸。节目通过与视频网站进行版权合作,将节目的网络播放从芒果 TV 延伸到了爱奇艺;通过与"配音秀"App 的合作,不仅配音秀的配音达人有机会参加《声临其境》节目,同时节目的配音片段也成了 App 用户的表演素材。此外,节目组还制作了海量的短视频在各类网络平台传播,宣传片中的经典配音片段、幕后花絮等都成为电视节目正片的补充,继续发挥效能,扩大了节目的影响力。

【课后思考】

1.举例说明创意与策划的关系。

2.举例说明形象思维、逻辑思维、直觉思维在广告创意中的运用。

3.尽可能地列出一张报纸的用途。

【拓展训练】

策划创意案例演讲赛:收集近期某媒体的某一项或某一方面的策划创意案例,改写成演讲稿,有叙有议,有点评,并以班级为单位,进行演讲。

任务二　传媒策划创意的方法

【任务描述】

创意方法是传媒策划的起点、前提、核心和精髓。根据不同的策划对象,通过类比法、联想法、移植法、组合法、头脑风暴法等各种方法,可以帮助人们突破思维定式,激发创意灵感,进而实现创新策划。

【案例导入】

谁的分量更重?

美国《检查者》报曾经在电视上做了这样一则广告:电视画面推出旧金山电报大楼塔顶的特写,画外音"我们正在重复伽利略的实验,以证明究竟是这台电视机重,还是这份报纸——《检查者》重。"接着,一位著名的报纸出版商将一台电视机和一份报纸同时从塔顶扔下。报纸落下时,竟把人行道撞出个大洞,而电视机仅仅跳了几下。反常的实验结果马上引起人们的争论。一家电台就实验结果发表了一篇措辞激烈的评论,要求记者重复这个实验,以证事实。这件事在美国引起不小反响,不仅地方电视台给予报道,连《纽约时报》也报道了此事。结果,《检查者》报被广泛认识,发行量一升再升。

这则广告模拟伽利略做过的那个家喻户晓的实验,使原本默默无闻的产品得以成功借势,吸引了大家的关注。在受众明知道结果和宣传意图的情况下,却以颠覆常理的结果引起更大范围的质疑,成功地将短期注意力转化为持久争议的话题。而"报纸在人行道上撞出个大洞"和"电视机仅仅跳了几下"的对比,意在说明虽然两者同时落地,与电视机的"跳动"产生的小范围动作相比,《检查者》将更加彻底和深入地发掘事件本身。意味深长的广告创意,当然具有不一般的广告效果。

【课程内容】

2.2.1　个体创意常用技法

1) 类比法

类比法是一种从已知推向未知的方法,主要借助类比手段,把表面上看起来不同而实际上有联系的要素结合起来,以形成创新思路的方法。

（1）**基本原则**

①异质同化——把自己初次接触的事物或新的发现应用到自己早已熟悉的事物中去。

②同质异化——将新视点、新方法应用到自己熟悉的事物中，提出新设想。

（2）**常用技法**

①直接类比——直接寻找相似的东西并由此获得启发。

②拟人类比——也可理解为"扮演角色"，即把自己投入某种产品或事物中去理解其情感、态度、感觉。

③象征类比——从科幻作品、童话作品、谚语等象征因素丰富的文化中得到启发，形成创造性结论。

[案例]

《变形计》是湖南卫视制作的一档青春励志生活类角色互换纪实节目，自2006年9月第一季开播，截至2019年已播出19季。节目秉承"换位思考"这一思维理念，以关爱和反思为视角，以"纪录片+真人秀"模式为创新形式，结合当下社会热点，关注当代中国青少年教育和成长问题。节目模式建构所呈现出的内容和故事很简单，就是城市和农村的主人公进行为期一周的角色交换，城市的"问题少年"进入农村家庭生活，农村的朴素留守儿童进入城市家庭体验，通过角色交换，体验对方的生活，达到改善关系、解决矛盾、收获教益的目的。而在这个基本结构设定中，"互换"行为成为关键，它让节目产生了多重人物关系与戏剧冲突——因环境改变产生的主人公对陌生环境的适应、主人公与陌生社会关系（包括父母、老师、同学等）的相处，以及因此而产生的矛盾或情感等。如此丰富的看点和未知的内容成了《变形计》吸引观众的关键因素。

2）**联想法**

联想法就是借助想象，把相似的、相连的、相对的、相关的或者某一点上有相通之处的事物加以联结，产生新的构想。一般来说，联想主要表现为以下4种情形：

①接近联想：特定时间和空间上的接近而形成的联想。

②类比联想：在性质、形状和内容上相似的事物容易形成联想。

③对比联想：在性质上或特点上相反的事物容易形成联想。

④因果联想：在逻辑上有因果关系的事物容易形成联想。

[案例]

中国台湾有一则提醒人们保护森林资源的公益广告，其广告创意用的是减法："森"→"林"→"木"→"十"。这个由"森"字一路减下去的广告，简洁地表明了一个深刻的道理：人们如果一天天地、无节制地砍伐森林，破坏自己的生存环境，最终将落得个自掘坟墓（以"十"字暗喻"十字架"）的下场。

3）移植法

移植法是指将某一领域的技术、原理、方法、内容、部件或构思等移用到另一个待研究的领域中去，促使其相互渗透、交叉，从而使研究对象产生新的突破而实现创新。这种方法通俗地说就是一种嫁接现象，它为新事物的产生提供了多种途径。在传媒策划中，往往可以通过借鉴其他媒体的内容、表现形式或其他领域的理论、方法来实现自身的创新。

[案例]

《开学第一课》是教育部与中央电视台合作并从 2008 年开播至今的大型公益节目，它以一种课堂教学的形式来传授知识，让专家、现场观众、嘉宾分别充当老师、学生、课代表等不同角色，将课堂教学形式移植到电视节目中。2008 年，首届《开学第一课》在汶川大地震和北京奥运会的背景下，以《知识守护生命》为主题，由"潜能""团队""坚持""快乐""应急避险"五节课完美构成，对全国孩子们进行了应急避险教育和生命意识教育。陈燮霞等 8 位奥运冠军和姚明、易建联等中国球员与来自灾区的孩子们一起，通过互动、讲述等寓教于乐的形式，将奥运精神和抗灾精神紧密结合，让应急避险教育深入人心。此后每年 9 月 1 日，《开学第一课》分别以"我爱你，中国"（2009 年）、"我的梦，中国梦"（2010 年）、"幸福在哪里"（2011 年）、"美在你身边"（2012 年）、"乘着梦想的翅膀"（2013 年）、"父母教会我"（2014年）、"英雄不朽"（2015 年）、"先辈的旗帜"（2016 年）、"中华骄傲"（2017 年）、"创造向未来"（2018 年）、"五星红旗，我为你自豪"（2019 年）为主题，精心策划，和全国孩子一起迎接新学期。2019 年的节目以"国旗下的讲述"为内容主线，选取 70 年来五星红旗飘扬的重要场合和精彩瞬间，挖掘若干组具有时代厚重感、体现青春正能量的人物故事，邀请成果丰硕的科学家、德艺双馨的艺术家、事迹厚重的英雄模范人物、新时代的创新实践者、青少年杰出代表等进行故事讲述，以点带面、以小见大地展现新中国 70 年的发展变化。

4）组合法

组合法就是将原来的旧元素进行巧妙结合、重组或配置，以获得单一元素所不具有的整体功能，并形成创造新成果的创意方法。许多原本不相干的事物，经过巧妙的联系、组合，往往能产生综合效应，形成意想不到的创意。它最基本的要求是各组成要素必须建立某种关系，形成一个系统整体。组合法主要有 4 种类型：

①立体附加：在产品原有的特性中补充或增加新的内容。

②异类组合：两种或两种以上的不同类型的思想或概念或者不同的物质产品的组合。

③同物组合：若干相同事物的组合，组合后产生的新功能、新意义则是事物单独存在时所没有的。

④重新组合：在事物的不同层次上分解原来的组合，然后以新的意图重新组合。重新组合过后会增加新的东西，主要是改变了事物各组成部分间的相互关系①。

---

① 余明阳，陈先红.广告策划创意学[M]. 3 版.上海:复旦大学出版社,2007:302-306.

[案例]

《辛普森一家》(*The Simpsons*)是美国福克斯广播公司出品的动画情景喜剧,是美国历史上最长寿的情景喜剧及动画节目,从1989年至今已经播出了30季(还在继续播),对美国流行文化产生了极大影响。这部专门为成年观众制作的情景喜剧动画片被安排在黄金时段播出,这种电视节目类型及其播出安排史无前例。然而也正是看似无关的两种元素优势互补的组合,打破了原有情景喜剧的类型框架,改变了观众对黄金时段电视剧的预期,产生了充满创意的组合效应:《辛普森一家》成为美国历史上播放时间最长的动画连续剧,同时也是播放时间最长的情景喜剧,每集观众达到约1100万人,在福克斯公司星期天播放的连续剧中排名第一,高居成人节目时段收视率榜首,还获得过31次艾美奖、30次安妮奖和1次乔治·福斯特皮博迪奖,被《时代周刊》(又称《时代》)评为20世纪最优秀的电视剧作。《时代》还将剧中的主角之一巴特·辛普森评为20世纪最具影响力的100个人物之一,他是100位人物中唯一的虚构人物。

5)模仿法

模仿或者"克隆"已有成功传媒品牌的核心理念,可以说是一种最快捷的传媒创意方式,不但能够降低策划风险,还能减少生产成本。模仿创意方法,一般有功能模仿、原理模仿、结构形态模仿、色彩模仿等。

[案例]

湖南卫视推出的一档风靡全国的女性歌唱选秀节目《超级女声》的基本模式事实上借鉴了美国FOX电视台的《美国偶像》。选手PK、专业评委现场点评、观众短信投票决定选手去留等这些使《美国偶像》成功的核心定位,同样在中国成就了《超级女声》。但是可贵的是,《超级女声》并没有完全地照搬,而是做了不少本土化的改造。《美国偶像》的核心理念是"寻找美国流行音乐天王天后",突出选手的个人实现。这个节目将竞争的残酷性展现得淋漓尽致,评委也以其专业性甚至刻薄而著称。而《超级女声》提出"想唱就唱"的核心理念,强调的是普通人的歌唱梦想,不同于《美国偶像》以个人实现作为节目的价值观,因而《超级女声》的比赛更显温情。

6)思路提示法

上海市创造学会研究出一种十二聪明法,称为思路提示法,共12句话36个字。该法已被译成日文、英文在世界各国流传和使用。其内容主要是:

①加一加:在原有的基础上加上一个元素,从而创造一个新的概念。

②减一减:去掉那些普遍认为"理所当然"的元素,使事物产生"置之死地而后生"的变化。众所周知,报纸的时效性是报纸的生命线。但如果剔除了时效性,报纸还有存在的价值吗?在近几年大城市中兴起的"生日珍藏报"为这个问题找到了答案。把保存完好的原版老

报纸,配上精美包装,作为生日礼物,可以满足特殊人群新的消费需求。

③扩一扩:对原事物中的某些元素大幅度扩大。

[案例]

泰德·特纳创办 CNN 时,当时美国三大电视网虽然都有新闻节目,但新闻只在固定时段播出。而 CNN 则做成 24 小时播放新闻的频道,30 分钟一档,每档有更新。观众不管什么时候切换到 CNN,都可以在 30 分钟内对国内外大事有所了解。正是对于新闻报道时效性的追求与不间断的滚动播出,使 CNN 在海湾战争等重大事件的报道中大出风头。

④缩一缩:把原有的东西缩小、降低。

[案例]

上海分众传媒控股有限公司之所以异军突起,就是凭着敏锐的嗅觉,在创新中找准楼宇电视广告这一市场盲点,并利用"剔除、减少、增加、创造"4 个动作,满足广告客户和受众的需求。在这一新平台中,因为"剔除"了新闻、娱乐等节目内容而"减少"了大量制作费用,有效地降低了成本,使经营模式变得简单。因为"增加"视频广告滚动播放量,"创造"白领员工进出电梯零散时间的媒体消费新需求,为广告客户提供了全新体验,也为自己开拓了一片新天地。

⑤变一变:把原有的东西改变一下形状、颜色、次序、音响、味道、气味、型号、形态等。
⑥改一改:分析原有的东西还存在什么缺点和不足之处需要改进。

[案例]

新闻主播抑扬顿挫地播报新闻是广大观众司空见惯的事,不少人觉得新闻腔呆板,缺少亲和力。湖南卫视的《晚间》栏目则一改以往正统播报新闻的形式,采取"说"新闻的方式,在诙谐轻松的传播环境中达到理想的传播效果,成为国内"说"新闻开先河者。

⑦联一联:许多原本不相干或差别很大的事物,一经联系、组合,往往能产生综合效应,形成意想不到的创意。

[案例]

中央电视台播出的公益广告《爱的表达式》,通过对英文单词"Family"字母的另类解读,巧妙地诠释了"家"的温情与内涵。广告创意围绕英文单词"Family"(家)展开剖析演绎,用拆分的方式,将原来作为整体的"Family"这个单词分解成相对独立的 5 个字母,又从每个字母联想出与整体密切关联的一组形象:Family = Father and Mother I Love You! ——代表爸爸的"F"支撑着家,代表妈妈的"M"为孩子(I)打伞呵护,当"F"挂上拐棍、"M"双腿弯曲步履蹒跚,"I"长高长大成为顶梁柱,伸开双臂为爸爸(F)和妈妈(M)遮风避雨……其独特的创意将不相干的事物局部巧妙地联系、组合,产生意想不到的综合效应:不仅完美呈现了"感恩父母从现在开始,有爱就有责任"的主题,更引发了人们对"Family"(家)的内涵的更深层理解和情感共鸣,达到了 1+1+1+1+1>5 的效果。这则公益广告也因此获得了第 26 届中国电视金鹰奖优秀公益广告奖。

⑧学一学:模仿其他事物和情形,结合自己的实际情况,在学习的基础上加以改进。

[案例]

《守护解放西》是由哔哩哔哩影业与中广天择传媒股份有限公司共同出品制作的全国首档警务纪实观察类真人秀。节目以湖南省长沙市坡子街派出所民警为人物核心,通过民警巡逻、多警种联动、疑犯审讯、要案参与等事件,深度展示大都市核心商圈城市警察的日常工作,展现警情复杂地带的法、理、情、事,并通过故事普及相关安全和法律常识,展现有担当、有理性、有人情的人民警察形象,受到了网友的喜爱,特别是年轻观众的一致追捧。《守护解放西》在守住电视传播最内核基因的基础上,很好地继承和融合了多种电视节目类型的特点:有社会新闻的逻辑,以警察为第一视角,直接呈现公权力怎样解决社会问题的一面;有警法类新闻的内涵,把触角伸入日常生活琐细的状态,从中折射出现代社会发展的状况;有纪录片的精神,将纪实的风格加入真人秀当中,拓展了真人秀题材;有警法剧的手法,用影视剧创作的手段讲述真实的警法故事,从而产生了节目形态的新发展、新突破。

⑨代一代:用新的要素、标准、方法替代现有的要素、标准、方法。
⑩搬一搬:把一个想法、道理、技术搬到别的地方,看看是否也能适用。

[案例]

《人民日报》客户端借助人脸识别、融合成像等技术,制作互动 H5《快看呐! 这是我的军装照》(简称《"军装照" H5》),围绕纪念建军 90 周年这一宏大主题,通过 H5 交互页面,帮助网友实现"换装"——个性化生成自己的虚拟"军装照",吸引了各年龄、区域、行业的用户参与。《"军装照" H5》将宏大主题与每个人联系在一起,照片生成页面主题明确,操作简单,将用户参与感、分享性发挥出来,在社交平台上展现了广大网友对党和国家、人民军队的拥护和爱戴,既是一次把爱国主义植入现象级融媒体产品的创新力作,也是融合报道的经典案例,成为刷新传播纪录的现象级作品。从 2017 年 7 月 29 日晚发布,截至 2017 年 8 月 7 日,H5 的浏览次数(PV)超过 10 亿,独立访客(UV)累计 1.55 亿。其中,仅 8 月 1 日建军节当天的浏览次数(PV)就达到 3.94 亿,独立访客(UV)超过 5 700 万,创下业界单个 H5 产品访问量新高,荣获第 28 届中国新闻奖新媒体创意互动一等奖。

⑪定一定:为了解决或改进某个问题,还需要规定些什么吗?
⑫反一反:把一件东西、一个事物的正反、上下、左右、前后、横竖、里外颠倒一下,以打破常规,引发创新。反转的关键是要清楚常规的角度、观点、元素、形态是什么,然后大胆设想如果摒弃这些常规会怎么样。

[案例]

湖南卫视的《百变大咖秀》是国内首档明星模仿秀比赛,也是一个集一流表演、多重笑点于一体的、融合经典与时尚的音乐娱乐节目。节目的成功之处首先在于"草根模仿明星+明星模仿明星"这种"大家乐"式的类型,让戏曲界、曲艺界、歌剧界各路明星以与平时大相径庭的形象神奇登场,颠覆自我,展示了演员们的不同才艺。其次,节目将众多"天王天后"级的大牌云集一堂,争奇斗艳。于是观众可以看到迈克尔·杰克逊和李小龙同台竞技,奥黛丽·赫本给陈奕迅和张学友做点评,张国荣与梅艳芳深情对唱再现,白娘子与转世许仙爆笑主持……各种冲突元素的巧妙组合,带给了观众不一样的视觉效果和心理感受。

2.2.2 群体创意常用技法

1)头脑风暴法

头脑风暴的英文是 Brain Storm,最早是精神病理学上的用语,系指精神病患者头脑的错乱状态。20 世纪 40 年代,美国 BBDO 广告公司的策划人亚历克斯·奥斯本(Alex Osborn)首先提出头脑风暴法。头脑风景法是一种激发个人创造性思维的方法,它的核心是高度自由的联想,常采用小型会议的形式,引导每个参加会议的人,围绕某个中心议题,畅所欲言,彼此产生一种思维共振、互相启发和激励,引起创造性设想的连锁反应。其流程如图 2.2.1 所示。

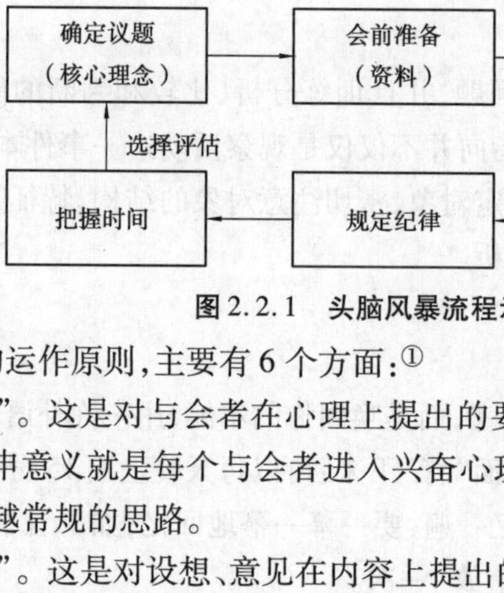

图 2.2.1 头脑风暴流程示意图

头脑风暴法的运作原则,主要有 6 个方面:[1]

①"风暴原则"。这是对与会者在心理上提出的要求。头脑风暴的英文原意是突发性的精神错乱,其引申意义就是每个与会者进入兴奋心理状态,快速闪电般地构思,不断迸发思维火花,提出超越常规的思路。

②"新奇原则"。这是对设想、意见在内容上提出的要求。头脑风暴法欢迎各种离奇的假想,要求与会者尽量多提新奇的设想,或者结合他人见解提出新的思路,而不是简单地附和他人意见。

③"数量原则"。这是对设想、意见在数量上提出的要求,即追求意见的数量,设想越多越好,以量取胜,这样既便于相互启发、改善设想,又便于最后综合优化。

④"自由原则"。这是对会议气氛提出的要求。头脑风暴法强调气氛轻松自由,提倡无拘束地自由联想、自由思考、自由发言;不允许批评他人的设想,即使对某个设想有看法,也应暂缓评价;不能出现"这根本行不通""你这想法太陈旧了""就这一点有用""我提一个不

---

① 蒋旭峰,杜骏飞.广告策划与创意[M].北京:中国人民大学出版社,2006:83.

成熟的看法"等语言。

⑤"简洁原则"。这是对发言语言上提出的要求,即陈述问题的实质、阐述自己的意见时,语言要精练、简洁。

⑥"综合原则"。这是对会议运作机制提出的要求。头脑风暴法不是比赛,不是看谁的主意出得多,召集若干人开会就是要大家提出不同看法,就是为了最终找出解决问题的最佳方案,所以强调相互启发,彼此改进,经过"风暴思维"整合后,形成最优的创造性设想。

2)希望点列举法

希望点列举是让每一个人充分展示自己美好希望的创意技法。它允许人们根据自己的理想和愿望,对设备、材料、方案或管理制度等提出明确的要求,从而找到解决的途径或对策。这种方法可以一个人使用,也可以群体使用,群体使用效果会更好,因为在相互感染的情况下,人的理想或愿望可能会提升得更高。

2.2.3 创意的自我训练

创意并不神秘,创意可以培养。要想培养、提高创意能力,可以通过一些方法进行自我训练。

1)观察训练法

观察训练法就是发现问题、提出问题,并且训练分析、比较和判断的能力。观察行为要靠长期稳定的注意力来实现,而它的指向并不仅仅是观察活动这一事件本身,更多的是观察对象变化发展的规律。因此要自我设定对象,密切注意对象的结构、特征及其变化形态和发展情况,做好相关笔记,并进行细致分析。

2)图像记忆训练法

图像记忆训练不是"取代"语言思考,而是唤回你的本能,用来弥补语言思考的不足。图像记忆训练法的一个重要步骤是把画面"背"下来:可以每天晚上用15分钟时间回忆白天发生的一件事情,用图像的方式把它回忆一遍,要一幕一幕地回忆;如果看了一场电影或电视,要在睡前尽可能仔细地试着在脑中"重放"一次。

3)提问训练法

提问训练法是指面对难题时,不去理会过去有多少问题,而是不断追问:你真正想做的是什么? 你为什么要去做? 你现在正在做些什么? 你正在做的跟你想要做的有什么差别? 其核心是让我们集中精力掌握真正的关键问题。

4)反分析训练法

分析是同中求异,在别人看起来相同的东西中找到不一样的地方。反分析则是异中求同,即在两种不相关的东西中找到其共同的地方。反分析训练法要求人们每天花5分钟时间,试图找出两个不相关的事物之间的共同之处(比如杯子与苍蝇有什么相关之处),另外再花3分钟时间,为两个事物找到一个有用的或者有趣的组合。

【实战案例】

H5作品《长沙有多"长"》的创新思维

在第二十九届中国新闻奖评选中,红网《时刻新闻》的作品《H5│改革开放40年·长沙有多"长"》(以下简称《长沙有多"长"》)获得了媒体融合奖"新媒体报道界面"一等奖。

一座城市的"长度"与"长处",是可以追溯的过去,更是能够通往的明天。《长沙有多"长"》以"手绘长卷+动画+视频+拼图"的融媒体表达形式,新颖灵动地展示了长沙历史之"长"、城市之"长"、经济之"长"、交通之"长"、速度之"长"、活力之"长"、智能之"长"、创新之"长"、信息之"长"、艺术之"长"、幸福之"长",全面呈现了40年改革开放之路、长沙崛起之道。作品画面惊艳,文字灵动,风格大气,蕴深刻时代意义于趣味游戏互动中,以媒体融合的创新表达,实现新闻作品从可读到可视、从静态到动态、从一维到多维的升级。这一作品也因此刷爆了"朋友圈",点击量高达459.24万次,社会各界反响热烈。

【案例分析】

时政新闻往往以严肃的面孔示人,如何借助技术创新传播形式、渠道与场景,让受众更易接受,《长沙有多"长"》在创新时政新闻新媒体报道上做出了一次有益探索。

文案从11个不同的角度展现改革开放40年来长沙市的变化,"长沙"二字刚好又是11画。主创团队以这一小切口,围绕"长"字做文章,追溯过去,通往明天,通过设计11个风格各异的手绘"长"字,以画布形式层层递进,体现长沙的城市气质和精神面貌。就是在这种表达思路的指引下,一个围绕"长"字出发,展现长沙这座幸福之城的"长度"与"长处"的新媒体作品的创意筋骨雏形初现。

如何让每一个"长"字都和对应的内容主题相契合,并通过互动形式,吸引受众来体验长沙独有的幸福感,是主创人员面临的另一个难题。为了把文案中一些概念比较宽泛的名词转化成具体的画面,主创人员利用汉字的方块体特点,解构"长"字,通过字体设计对"长"进行图像化设计,将"长"字作为体现长沙特点的画布形式,融长沙发展变迁于其中。仔细观察《长沙有多"长"》中的每一帧画面,就会发现这11个浓缩着长沙城市变迁的"长"字中,其实别有乾坤。如为了更生动地展现长沙有3000年的历史风云变幻,主创人员在历史之"长"的设计上,巧妙地融入了岳麓书院的标志,以及马王堆汉墓、三国孙吴简牍、铜官窑的陶瓷等视觉元素,凸显了长沙历史文化的底蕴;为了更好地展现城市之"长",又将长沙代表建筑火车站、国金中心、梅溪湖国际文化艺术中心等地标建筑巧妙地糅合进了"长"字中,生动地反映了一座城市生长的力量和时代的美好变迁。

为了提供更优质的用户体验,《长沙有多"长"》还特别采用了游戏拼图互动+嵌入实景视频的形式,将拼图的小游戏植入到作品中,吸引网友主动参与,不仅带给了用户更全面立体、更灵动有趣、更震撼精彩的互动体验,也改变了时政新闻严肃的面孔。

正是这种思维创新,《长沙有多"长"》从最初的手绘长卷变成运用"手绘长卷+动画+视频+拼图"的呈现形式,在从可读到可视、从静态到动态、从一维到多维的升级中,实现了信息传播与接收的"场景化与代入感"。作品不仅使网友耳目一新地感受到长沙的古韵、大气、活力和开放,也在引导重大主题报道从"以传者为主体"彻底转向"以受众为主体",实现从生产链到传播链的一条龙式全链条融合上做出了有益的探索。

(综合红网、中国记协网等资料)

【课后思考】

1.阅读以下案例,谈谈你是如何理解这个广告创意的?

难道这不是最大的新闻吗?

1993 年 1 月 25 日,《文汇报》头版用整个一版为西泠电器公司做了一个别开生面的广告,整版的大白版面上只有几个大字:"西泠冷气全面启动"。许多上海市民看到这张报纸后深感震惊:从没有见过哪家报纸头版居然没有一个新闻报道,而是绝大部分的白纸上寥寥几个黑字广告!不少人致电《文汇报》,质问:"为何今天没有新闻?"得到的回答却是:"这难道不是最大的新闻吗?"

2.举例说明类比法、联想法、移植法、组合法等创意技法在传媒策划中的运用。

3.运用思路提示法,分析一档你所熟悉的电视栏目,并对其进行新的创意策划。

【拓展训练】

请选择自己熟悉的某品牌(产品或服务均可),收集其在报纸、电视、广告、网络、杂志、互联网等不同类别的媒体上的广告,分析其创意表现的异同。

综合项目实训

项目编号	2	项目名称	传媒创意班级赛
实训背景			以正在热播的某一则电视广告为对象,对其创意展开研究
实训内容			1.寻找正在热播的一则电视广告,分析其创意特点和方法; 2.了解同类广告的创意,并加以对比、分析、评估; 3.用你自己的方法重新创意
实训目的			1.了解广告创意的表现形式; 2.了解广告创意的依据; 3.熟悉广告创意的操作方法和程序; 4.了解电视广告创意的评价标准
实训步骤			第一步:上网收集相关资料,选择一则电视广告作为分析对象; 第二步:了解同类电视广告的创意; 第三步:根据设定的实训内容,完成对电视广告的创意分析; 第四步:进行重新创意; 第五点:在班级展示新创意,选出最佳方案
实训成果			1.广告创意特点分析报告; 2.广告新创意策划书; 3.个人实训小结
要求与考核			1.教师负责指导和答疑,学生相互间可以进行讨论,但所有素材不得共享,否则均记0分; 2.指导教师根据学生的课堂表现和所交的作品进行打分,按100分评定成绩; 3.按时交作品,若有特殊情况必须说明

项目三

传媒策划准备

学习目标

知识目标

1. 理解传媒市场调查的内容要素；

2. 理解传媒环境 SWOT 分析法的各要素；

3. 识记阅读率、收视率等统计指标和专业术语；

4. 理解各种调查方法的应用范围和注意事项。

能力目标

1. 能用 SWOT 分析法完成某一媒介的市场环境分析；

2. 能根据实际需要，设计相应主题的调查问卷；

3. 能对调查数据进行整理、统计，得出相应的视听率、占有率等指标数据；

4. 能按照调查报告的格式要求，撰写调查报告。

任务一　传媒市场调查

【任务描述】

　　无论进行传媒产品策划,还是传媒产品营销策划,首先都要进行科学、严谨的传媒市场调查。传媒市场调查是指为了形成科学有效的传媒决策,采用科学的方法,以客观的态度对传媒策划所需的信息进行系统的搜集、记录、整理和分析,以了解策划对象的现状和未来发展趋势的一系列活动过程,主要包括受众调查、传媒组织调查和传媒的传播效果调查,因传媒策划的目的和对象不同,传媒市场调查也应采取不同的调查方法。目前,传媒市场调查领域中使用比较广泛的方法主要有:问卷调查法、控制实验法、访谈法和观察法。有效的传媒市场调查,是确保传媒市场环境各要素的分析科学到位的前提条件,是一切传媒策划行为的起点和基础。

【案例导入】

2019 中国网络视听发展研究报告发布①

　　2019 年 5 月,中国网络视听节目服务协会发布了《2019 中国网络视听发展研究报告》,截至目前已经持续发布了五次。此研究报告基于数据、调研、访谈,共分为中国网络视听市场发展规模和格局、短视频的发展、2018 年度网络视听节目洞察、网络视听节目内容的六个趋势、2019 网络视听报告的八大核心发现等五大部分,客观描述了中国网络视听发展环境、现状及趋势。

　　该报告采用了电话调查法、专家问卷调查法、专家深度访谈法,并采用了中国互联网信息中心、QuestMobile(北京贵士信息科技有限公司)和其他第三方数据公司提供的行业数据,数据周期为 2018 年 1 月 1 日—2019 年 3 月 31 日。

　　● 网络视听市场规模情况。截至 2018 年 12 月底,中国网络视频(含短视频)用户规模达 7.25 亿,占整体网民的 87.5%。其中短视频用户规模 6.48 亿,短视频用户使用时长占总上网时长的 11.4%;网络直播用户规模达 3.97 亿;网络音频用户规模达 3.01 亿,呈男性化、高学历、城镇化特征,以消费能力较强的 20 ~ 39 岁、二线及以上城市人群为主。

　　● 网络视听市场格局。综合视频平台第一梯队为爱奇艺、腾讯视频、优酷,第二梯队为芒果 TV、哔哩哔哩,第三梯队为乐视视频、搜狐视频、PP 视频、咪咕视频。短视频平台第一

---

　　① 《2019 中国网络视听发展研究报告》八个核心发现[EB/OL].央视网,2019-05-27.

梯队为抖音、快手,第二梯队为西瓜视频、火山小视频,第三梯队为土豆视频、波波视频、好看视频等。网络音频市场喜马拉雅一家独大,占据62.8%的市场份额。

- 直播行业情况。用户规模整体下滑,较2017年减少2 533万,第一梯队为斗鱼直播、虎牙直播和YY。第二梯队为花椒直播、映客、企鹅电竞,第三梯队为熊猫直播、触手直播等。
- 网络视频付费市场规模巨大。腾讯视频和爱奇艺付费用户均超过8 700万。2018年爱奇艺会员服务营收为106亿人民币,超过广告收入93亿,成为营收主力。
- 网民消费情况。2018年12月,中国网民平均每天用手机上网5.69小时,主要用来刷短视频、即时通信、综合资讯浏览、电商购物,其中20分钟用来刷短视频,排名第一。短视频忠实用户为"90后""00后"和学生群体,主要集中在二、三、四线城市。
- 网剧网综情况。2018年上线网剧283部,IP剧占38%,原创剧逐年下降,古装剧最多;2018年上线网综162档,以真人秀节目为主,呈现微综艺的趋势。

【课程内容】

3.1.1 分析传媒市场调查内容

传媒市场调查内容是对调查目的的分解和细化。从调查对象的角度来看,一般分为对受众的调查、对传播者的调查、对传播效果的调查和对广告的调查。其中对受众的调查占最大比例。目前,各媒介的传媒市场调查主要由专业的媒介调查公司完成,如央视市场研究股份有限公司(CTR)、中国广视索福瑞媒介研究(CSM)、慧聪网、赛立信市场研究有限公司、新生代市场监测机构等都是国际和国内大型的传媒调查公司。

1)受众调查

受众指的是大众传媒的接触者和大众传播内容的使用者,例如报刊读者、电台听众、电视观众和网民等。受众调查主要需要描述受众的基本状况和特征、受众的生活状态和心理特征、受众对信息的接受情况、受众对所传播内容的使用和满意程度、受众的消费动机,等等。

从受众调查目标来看,受众调查活动分为状态调查、行为调查和态度调查3类。状态调查主要是对受众客观指标(如性别、年龄、职业、收入、文化程度、婚姻状况等)和传媒企业的组织构架、人员规模、发行渠道,以及传媒市场竞争结构等进行客观描述。行为调查主要是指对受众的媒介接触行为和参与行为、受众的媒介需求内容与数量、视听率数据、发行量数据、点击率情况、阅读率、广告到达率等问题展开的各项调查。态度调查主要针对受众对传媒产品的意见、动机、偏好、满意度、价值观和传媒产品客观性、易读性,以及受众使用传媒产品后的效果测量等问题进行的各项调查。

2)传媒组织调查

传媒组织调查主要是对传媒组织生存和发展的市场环境、生产和经营现状(如视听率调查、发行量调查)、竞争对手进行的调查等。传媒市场环境调查包括传媒市场外环境调查和传媒市场内环境调查,外环境调查主要就传媒组织所依托的政治环境因素、法律环境因素、经济环境因素、社会文化环境因素、科技环境因素等内容进行调查;内环境调查主要就传媒组织自身的资源和能力,包括体制与结构、观念定位以及传媒人才和技术等方面的内容和现状进行调查;竞争对手调查主要是围绕性质定位、内容风格、传播对象与自身存在一定重合性的媒介的优势、劣势、机会、威胁进行调查。

3)传播效果调查

传播效果调查一直是传播研究的核心,主要是对包括受众在内的各级个体和组织因接受传播者发出的信息而引起的思想观念、行为方式、社会习惯、发展状况等的变化进行调查。调查的主要范围有广告效果测试、传媒内容的社会效应、受众的使用—满足状况、传媒议程设置功能的实现等。

3.1.2 选择传媒市场调查方法

传媒市场调查的对象复杂,尤其是受众,他们是隐藏在广大人民群众中的不特定的大多数,所以常常无法进行相对精确的普查。因此,常采用抽样调查的方式,对总体的状况进行估计和推算。抽样调查不仅可以节省费用、节省时间,而且在可控的误差范围内其可信度也可以达到很高。

通常,在传媒市场调查领域中使用比较广泛的有以下 4 种抽样调查方法。

1)问卷调查法

问卷调查法是传媒领域中常常使用的一种基础调查方法。设计一份科学合理的问卷,一般应当遵循以下步骤:①确定所需问题;②确定调查方法;③确定设问和措辞;④确定设问答案;⑤调整问题的排列顺序和格式。其中,"确定所需问题"就是把调查主题转化为多个变量的过程,也就是把概念转化为变量的过程。

2)控制实验法

控制实验法在传媒领域应用非常广泛,它是用来研究传播现象之间的因果关系的一种调查方法,是在受控的环境中,研究一个或几个变量变化的引起另一个或几个变量变化的情况。控制实验法是在人为设计的、特定的、非自然的状态下进行的,换言之,就是在研究者的控制下进行的。

[案例]

美国广告公司店内电视广告效果实验①

美国的爱可公司为了检验商店内电视广告在诱导顾客非计划购买(POP 购买)方面的作用,采用了控制实验法。第一步,选定实验对象。按照商店的规模、地理位置、交通流量以

---

① 参见淘豆网。

及经营年头等几个指标,选定了20个统计上可比(相似一致)的商店。随机选择10家作为实验组,另外10家作为控制组。第二步,收集实验前数据。在实验进行之前,收集20家商店7天之内的销售量、销售金额等数据。第三步,开始实验。在实验组商店播放电视广告,而在控制组商店不播放,为期四周。第四步,收集实验后数据。实验后发现,播放电视广告的实验组商店销售量和销售金额成倍增长,因此,得出在不采取其他促销手段的前提下,播放电视广告能有效提升商店销售量的结论。

3)访谈法

访谈法也叫集体访问法或者座谈会法,常常用来测量受众的态度和意向等方面的信息。一般是8～12人为一个小组,在特定的地点,由主持人主导,针对某个主题进行深入讨论。所以,访谈法通常用来找出某种传媒现象背后的原因等。

(1)访谈法的实施方法

第一步,明确访谈主题。例如,广告设计人员希望了解某个作品是否成功,就可以通过小组访谈的形式来了解目标消费者对该广告作品的评价。

第二步,抽样。访谈法一般采用主观抽样方法,由研究者根据自己的判断决定由谁参加。

第三步,准备访谈提纲。古人常说“工欲善其事,必先利其器”。在召开访谈会之前,主持人需要做好准备工作,特别是准备好提问提纲,同时也要准备一些展示实物或者卡片等。

第四步,选择恰当的时间和地点。时间上,访谈应该尽量避开国庆节等重大节日或者其他重要日子,以免访谈内容牵扯到与日期有关的内容上,最好安排在周末的白天或者工作日的晚上,访谈对象可以以相对轻松的心情坦露真实想法。地点上,一般建议选择访谈对象居住集中的地区,具体房间布置应以在椭圆形会议桌边进行为宜。如果需要投影设备,投影屏幕则最好放置在主持人身后。

(2)访谈法的优缺点

访谈法是一种基于主观抽样方法的小型访问活动,其优点是可以得到一些相对深入和具体的信息,从而弥补问卷调查法等方法样本量较大以及标准化问卷不够深入的缺陷。但是,这种调查方法也存在样本量小、耗时、花费高等缺点。

4)观察法

在传媒领域,观察法也是我们经常需要应用的调查方法之一。观察法就是一种观察者根据研究需要,借助眼睛、耳朵等感觉器官和其他仪器与手段,有目的地对观察对象进行考察,以取得研究所需资料的方法。

(1)常用的测量仪器

在广告研究中,发达国家常常借助现代化的测量仪器。

①视向测定器,又称眼睛照相机。这种仪器可以在一秒钟内拍摄十几个视线动作,测出视线停留的位置和时间,用以探测观察对象对广告的反应,由此来分析构成广告的各要素被注意的程度。

②瞬间显露器。此仪器可向观察对象做瞬间性的广告提示,然后询问其对广告的记忆程度,据此对提示时间进行适当的增减调整,以决定构成广告记忆的时间。

③心理反应记录器。人感情变化的强度与脉搏跳动的速度、血压的高低、呼吸的快慢以及出汗的多少息息相关。利用这种仪器,可以根据观察对象的感情变化,测定出他们受到某种信号刺激后心理反应的状况,由此来发现广告的优缺点。[①]

④收视仪。个人收视仪是将 16 mm 胶卷转入电视机,它不仅能记录个人的收视情况,而且还能将这些信息输送到电脑中,并通过分析和处理,十分迅速地得出全国节目收视率。

（2）日记测量法

这是一种收集电视、广播受众人数,个人特征,视听时间,视听选择和视听行为等数据的方法。CSM(兼容性支持模块)的日记法操作过程是,按照随机抽样原则抽取一定样本户,由访问员上门为每户样本户成员留一份日记卡,让对方记录其未来一周的收视行为。日记卡中纵向数字表示每一天的时间分段,每一时间点即为对应的每个时段的起点,每 15 分钟为一个时段。每周日由访问员到样本户家庭收取上一周填好的日记,同时留置一份新的空白日记卡,以备下周记录。

（3）人员观察法在销售终端选址中的运用

书报亭、书店、户外广告牌等销售终端选址是否恰当往往对销售成绩具有显著影响。而选址恰当与否的一个重要表现就是该处的人流量大不大。计算人流量可以采用人员观察法,把总调查时间按照某种标准划分为若干个子时间段,从中随机抽取几个子时间段,那么通过这几个子时间段内的人流量就可以估算出总时间段内的人流数量了。

3.1.3　传媒市场调查数据分析

1）调查数据回收、整理和统计方法

督导员对问卷的复查主要是检查问卷是否完整,也就是该填的是否都已填写正确,有没有错项漏项,是否按要求进行了记录,记录是否清楚完整,问卷的回答是否存在逻辑错误,等等。如果出现上述现象,需要找出原因并设法补救。

督导员在收回问卷时,有下列情况的问卷不予收回:①问卷明显是不完整的,如缺页或破损;②问卷的回答是不完全的,有相当多的地方没有填写;③访问员或被访者没有理解和遵循访问要求,如没有按要求跳答、没有按要求记录等;④访问员没有按要求筛选被访者;⑤问卷的回答有明显的错误或前后矛盾;⑥问卷完成得不认真、不严肃,字迹潦草难辨,涂画得非常乱;⑦答案几乎没有什么变化,如在所有问题中均选择答案"B"等。

2）调查数据分析方法

对传媒调查的数据进行分析,主要是统计分析出常用的传媒统计指标。传媒统计指标既是传媒内容策划的基础,同时也是检验传媒策划效果的"晴雨表"。在报刊和广播电视媒

① 孙江华.媒介调查与分析［M］.北京:经济管理出版社,2005:128.

体中,通常需要考量的统计指标有阅读率、收视率、开机率、到达率等。

(1)阅读率

阅读率是指书报刊总体或者某种报纸某一期或平均每期消费者在区域人口中的阅读比率。阅读率是评判书报刊质量和读者阅读取向的重要依据。

(2)收视率

收视率就是某一时段内收看某一节目的人数(或家户数)占观众总人数(或家户数)的百分比。

$$收视率 = \frac{某一时段内收看某一节目的人数(或家户数)}{观众总人数(或家户数)} \times 100\%$$

(3)开机率

开机率是指某一时段内打开电视机的人数(或家户数)占观众总人数(或家户数)的百分比。

$$开机率 = \frac{某一时段内打开电视机的人数(或家户数)}{观众总人数(或家户数)} \times 100\%$$

(4)到达率

到达率是指在特定时间段内,收看过某一频道的不重复观众人数占观众总数的百分比。到达率考虑的是人数而不是人次,也即是说,不管观众在特定时间段内收看过这个频道几次,到达率都只计算一次。那么是哪一次为有效数据呢?目前调查机构界定为不少于8分钟的那次收视。到达率也适用于其他媒体,只是广播到达率以4周为单位,杂志和报纸以某一发行周期为衡量单位。

3)调查报告的撰写

调查报告是一种应用文体,要求紧扣主题、目的明确,在语言表达上也要用词准确、符合逻辑,写作时尽量采用图表、图形等直观的表达方式,以增加报告的可读性。

一份完整的调查报告一般由报告封面、目录、报告摘要、报告正文、结论和建议、附录等几部分组成。

(1)报告封面

报告封面应该对调查主题、调查的实施者、报告日期等信息进行说明。

(2)目录

目录包含报告所分的章节及其相应的起始页码。通常只编写两个层次的目录,较短的报告也可以只编写第一层次的目录,另外报告中出现的表格和统计图都要在目录中列出。

(3)报告摘要

报告摘要其实是关于调查的简明报告,应该是调查报告正文的浓缩和精华,主要包括对调查问题的描述、处理问题的途径、调查方法、结论及建议。

(4)报告正文

①调查背景和目的。本部分要对为何开展此项调查进行说明,包括相关的背景材料、面临怎样的问题、调查要达到怎样的目的等。

②对调查问题的定义。这里指的是从操作层面上对调查面临的主要问题进行定义,包

括从什么途径、针对哪些对象、测量哪些变量或指标才能获得答案。

③调查方法。本部分应当对调查活动是如何设计的、如何抽样的、如何实施调查的等环节进行说明。

④数据分析方法。调查报告应该说明在数据分析阶段所使用的定量分析软件和主要的分析方法。

⑤调查结果。调查结果是重点撰写内容,也是调查报告中篇幅最多的内容。

⑥调查的局限性说明。报告中还应该指出本次调查的不周之处,例如拒访率和无回答的数据。

（5）**结论和建议**

调查者应该对调查进行总结,也可以提出解决具体问题的建议。

（6）**附录**

附录通常包含调查问卷、一份完整的频数表和调查报告中出现的其他统计分析图表等。

【实战案例】

长沙市民电视剧收视习惯调查问卷

您好:

我们是湖南大众传媒职业技术学院的学生,现在正在做一次课程综合实训项目,内容是关于长沙市民电视剧收视习惯的调查。我们将确保不泄露您的任何个人信息,能否耽误您15 分钟真实填写您的收视信息,感谢您的配合!

1. 您的性别:

○男

○女

2. 您的居住地区:

○雨花区

○天心区

○芙蓉区

○开福区

○岳麓区

3. 您的年龄:

○20 岁以下

○20 ~ 40 岁

○40 ~ 60 岁

○60 岁以上

4. 从周一到周五,您每天大约花多长时间看电视?

○半小时以下

○1 小时以下

○1 ~ 2 小时

○3～5 小时

○5 小时以上

5. 周末您大约花多长时间看电视?

○1 小时以下

○1～2 小时

○3～5 小时

○5～8 小时

○8 小时以上

6. 按照您的习惯,您一般什么时候看电视?（可多选）

○7—11 点

○11—14 点

○14—18 点

○18—19 点

○19—20 点

○20—21 点

○21—22 点

○22—24 点

○24 点以后

7. 您在看电视时,最喜欢看什么类型的剧?（可多选,最多3 项）

○改革题材电视剧,如《乡村爱情故事》《鸡毛飞上天》

○古装题材电视剧,如《汉武大帝》《神探狄仁杰》《庆余年》

○家庭伦理题材电视剧,如《蜗居》《都挺好》《裸婚时代》

○军事谍战电视剧,如《潜伏》《亮剑》《我的团长我的团》

○偶像题材电视剧,如《悲伤逆流成河》《一起来看流星雨》

○反腐刑侦题材剧,如《人民的名义》《省委书记》

8. 您看剧的习惯是:

○只看同一种类型

○随便哪种类型的剧,只要剧情好看

9. 您观看电视的主要原因有哪些?（可多选）

○打发时间

○增长见识

○欣赏演员

○体会剧情

○其他

10. 电视剧吸引您的原因有哪些?（可多选）

○故事情节、矛盾冲突、节奏

○题材类型

○演职人员、编剧、导演

○制作技艺

○媒体宣传,别人推荐

11. 如果看电视剧,您认为一晚上看多少集最能让您接受?

○三集连播(19:30—22:00)

○四集连播(19:30—23:00)

○五集连播(19:30—24:00)

12. 您家里收看哪个频道比较多?

○湖南卫视

○湖南经视

○湖南电视剧频道

○湖南娱乐频道

○潇湘电影频道

○长沙经贸频道

○长沙新闻频道

○中央电视台综合频道

○中央电视台电视剧频道

○其他

13. 您有印象的剧场名有哪些?(可多选)

○经视 730 剧场

○卫视金鹰独播剧场

○经贸频道四集剧场

○电视剧频道首播剧场

○中央电视台综合频道晚间黄金剧场

○中央电视台电视剧频道海外剧场

14. 您对电视剧中插播广告有什么看法?

○可以理解

○不能忍受

○无所谓

15. 两集电视剧之间能接受多长时间插播广告?

○1 分钟以内

○2 分钟以内

○5 分钟以内

○10 分钟以内

○无所谓,只要知道确切时间

16. 在看电视剧过程中,如果出现广告,您一般会做什么?

○看广告

○换台,等广告完了再回来

○做自己的事,等广告播完

○换台看别的好看的,一般都忘了换回来

17.您愿意参加电视剧中设置的互动环节吗?

○愿意

○不愿意

○无所谓

18.吸引您参加互动的原因是?(可多选)

○活动有趣

○奖品丰厚

○展示自己

○无聊打发时间

○其他

19.您认为能吸引您关注某电视剧的手段有哪些?(可多选)

○电视台多放预告、宣传片等

○剧组来长沙做活动

○口耳相传

○开展民意调查

20.在过去的三个月您看过的电视剧中,印象深刻的有哪些?

21.如果让您给湖南本地播放电视剧的频道提意见,您最想说的是什么?

22.晚间掌握遥控器的一般是谁?

【案例分析】

这是笔者所执教的湖南大众传媒职业技术学院传媒策划专业学生设计的一份调查问卷。该调查问卷结构基本合理,思路较为清晰,问题富有层次性,但是,也存在一些不足。

首先,一份规范的调查问卷包括:调查问卷的标题、调查说明、甄别问卷、调查的主体、背景部分、编码、致谢语和问卷记录 7 项。其中,甄别问卷是为了保证被调查者确实是调查的目标而设计的一组问题,主要包括年龄、性别、文化程度、收入等。被调查者信息是指被调查者的一些主要特征,包含年龄、性别、学历、职业、所属行业、个人月收入、家庭月收入等,主要满足对调查资料进行分组研究的需要,同时根据项目调查目的进行取舍,而非多多益善。本问卷目前没有设置关于学历、职业等相关信息,不能全面反映不同社会人群的收视习惯。

其次,关于问卷项目设计问题。问卷项目按问题回答的形式一般可以分为封闭式问题和开放式问题。其中封闭式问题包括两项选择题、单项选择题、多项选择题、程度性问题等。开放式问题一般有完全自由式、语句完成式等。不同的题型都有各自的优缺点,在使用时怎样做到扬长避短是设计调查项目的重点所在。本问卷在问卷项目的设计上是基本合理的,问题类型多样,层次清晰。

再次,关于问题的排序问题。问卷问题在排列时需注意其内在逻辑性。在安排上应先易后难,从一个引起被调查者兴趣的问题开始,再问一般性的问题、需要思考的问题,而将敏感性问题放在最后;封闭式问题放前面,开放式问题放后面;同时,要注意问题的逻辑顺序,可以将问题按时间顺序、类别顺序进行列框,由一般至特殊,循序渐进,逐步启发被调查者,使得被调查者一目了然,符合被调查者的思维程序,在填写的时候自然就会愉快地配合。本问卷也基本考虑到了这个问题,在问题的排序上先易后难,先封闭后开放,有明显的内在逻辑性。

最后,在展开大型调查活动前,最好预先在小范围内进行测试。其目的主要是发现问卷中存在歧义、解释不明确的地方,寻找封闭式问题额外选项,以及了解被调查者对调查问卷的反应,从而对调查问卷进行修改、完善,以保证问卷调查活动的目的顺利达成。

【课后思考】

1. 为什么说当前的收视率调查方法还不能完全准确地反映受众的收视行为?
2. 某新闻网站可以采用哪些指标考量其综合影响力呢?

【拓展训练】

针对××城市市民收视行为调查问卷,进行数据整理、统计分析,并写出调查报告。

任务二 传媒市场环境分析

【任务描述】

任何传媒策划行为都必须建立在现有的传媒环境基础之上,传媒环境无时无刻不在影响着传媒的生存及发展。传媒环境是指以传媒为主体,传媒以外一切事务的总和。按照传媒所处环境的性质,传媒环境可以区分为传媒间相互作用所形成的内环境(即传媒内生态)和传媒所处的社会环境(即传媒的外生态)。传媒市场环境分析,就是通过对影响传媒组织存在和发展的政治法律环境、经济环境、文化环境、科技环境,以及包括体制与结构、观念定位、传媒人才和技术等在内的传媒组织自身资源和能力的分析,指出传媒组织的优势及劣势所在,帮助传媒认清自身的形势,找准自己的位置,在日趋激烈的媒体竞争环境中自如应对。

【案例导入】

自媒体"凯叔讲故事"深耕儿童故事音频市场

"凯叔讲故事"是由原央视节目主持人王凯创办的教育类自媒体,是中国儿童音频内容领域的知名品牌,曾获得"年度影响力新媒体""年度最佳早教幼儿 App"等多个奖项,被誉为"中国孩子的故事大全,亿万父母的育儿宝典"。在创业的最初四年里,"凯叔讲故事"累计播出 8 000 多个故事,总播放量 34 亿次以上,总播放时长 2.67 亿小时,用户超 2 000 万,2018 年 3 月,获得 B+轮 1.56 亿元融资。

"凯叔讲故事"的成功,得益于对市场环境的精准分析和判断。从政策环境上来讲,随着"互联网+教育"的发展,网络教育、移动教育开始步入快车道,国家出台相关政策,大力支持数字出版行业发展,为相关自媒体的发展提供了相对轻松的环境和政策支持。从社会文化上来讲,儿童教育一直是中国家庭教育的"痛点","孩子不能输在起跑线上"的早教理念根深蒂固,然而,费用高昂的早教班、启蒙机构让很多普通的年轻父母望而却步,且效果也是饱受争议。从市场环境来讲,中国儿童教育读物市场缺乏优质、新鲜、系统的内容产品,起步较早的一些音频类自媒体如喜马拉雅 FM、企鹅 FM 主要关注的是年轻的职场群体,而现有的儿童音频读物市场又以儿歌、互动游戏为主。

基于以上分析,"凯叔讲故事"另辟蹊径,瞄准儿童故事内容市场的空白,以极致化的内容产品深耕市场,确定了自己的行业地位。

"凯叔讲故事"的用户多为"80 后""90 后"的年轻妈妈群体,她们具有较强的购买力和消费力,能熟练使用新媒体工具,在子女教育上花费大量时间和精力,尤其具有新时代的育儿观念和教育理念,但是缺少教育经验和技巧。

"凯叔讲故事"自始至终做优质内容的输出者,形成众多 IP 构成的凯叔系列节目,保证其竞争力,如凯叔·西游记、凯叔·三国演义、凯叔讲历史、凯叔·诗词来了、凯叔·声律启蒙、凯叔·神奇图书馆、凯叔·口袋神探、凯叔·封神演义、凯叔·恐龙战士、凯叔·小知识。

"凯叔讲故事"倡导积极向上、自由、阳光、弘扬善念的价值观,其定位是"儿童非课堂式教育","快乐、成长、穿越"是每个产品的定位要求,"快乐"即从孩子的角度出发,让孩子用快乐的心情来听故事,培养阳光向上的性格,"成长"即用有意义的故事为孩子搭建成长的阶梯,"穿越"即要求每个作品都要有穿越时间的魅力,经得住时代的考验。同时,从文案、配图、音质、音效上反复打磨、推敲,使每个内容、每个产品都能成为极致的儿童内容。

【课程内容】

按照传媒所处环境的性质,传媒市场的环境可以分为传媒组织所处的外部环境(包括宏观环境和产业环境)和传媒组织的内部环境(如图 3.2.1),传媒策划者要从这两个框架入手,分类考察各要素对传媒的作用与影响,尽力寻求传媒外部环境的优化之路。

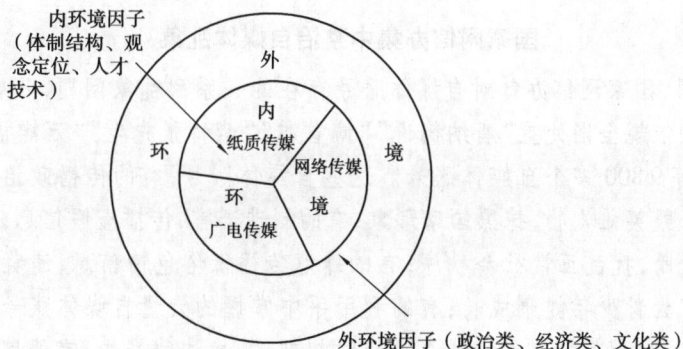

图 3.2.1 传媒环境分析图①

3.2.1 传媒市场的外部环境

1)传媒宏观环境分析

传媒宏观环境,是指给传媒组织造成市场机会和环境影响的社会力量,包括政治环境、法律环境、经济环境、人口环境、自然环境、科学技术环境、社会文化环境。这些都是传媒组织不可控制的社会因素,它们通过微观环境和传媒内部环境对传媒活动产生巨大的影响。

(1)政治法律环境分析

①政治环境分析。传媒一般都和政治有着千丝万缕的关系:政府要通过各种传媒宣传其各种法律法规、方针政策以及其他引导民众舆论和保持政局稳定的言论;不同的政治环境也决定了传媒差异化的传播内容和传播形式。

例如,两岸由于政体不同,传媒报道从内容到形式差异颇大。虽然都表现出政治色彩强

---

① 章芹.生态学视野中的深圳传媒环境研究[D].武汉:华中科技大学,2004:5.

烈的特征,但大陆的电视新闻更为注重正面报道,注重宣传价值,注重教化作用。尤其是时政类新闻,比如政治领袖的活动、重要会议的召开、重大决策的出台等,大都秉持庄重、严肃、谨慎、大度的报道风格。

②法律环境分析。法律环境是指一个国家或地方政府颁布的法律、法规、法令和条例等,包括不同行业的相关管理法规。法律环境对传媒消费需求的形成和实现,具有一定的调节作用。研究并熟悉法律话语,既可保证传媒自身严格依法管理和经营,也可运用法律手段保障传媒自身的权益。

传媒策划者和报道者必须严格遵守我国的各项法律,如《中华人民共和国公司法》《中华人民共和国中外合资经营企业法》《中华人民共和国合同法》《中华人民共和国专利法》《中华人民共和国商标法》《中华人民共和国著作权法》《中华人民共和国广告法》《音像制品管理条例》《电影管理条例》《出版管理条例》《广播电视管理条例》《印刷业管理条例》等,否则会引起法律纠纷,甚至会直接影响传媒组织的生存和发展。

[案例]

国家网信办集中整治自媒体乱象

2018年11月,国家网信办针对自媒体账号存在的一系列乱象问题,开展了集中清理整治专项行动,依法依规全网处置"唐纳德说""傅首尔""紫竹张先生""万能福利吧""野史秘闻""深夜视频"等9 800多个自媒体账号。这些自媒体账号,有的传播政治有害信息,恶意篡改党史国史、诋毁英雄人物、抹黑国家形象;有的制造谣言,传播虚假信息,充当"标题党",以谣获利、以假吸睛,扰乱正常社会秩序;有的肆意传播低俗色情信息,违背公序良俗,挑战道德底线,损害广大青少年健康成长;有的利用手中掌握的大量自媒体账号恶意营销,大搞"黑公关",敲诈勒索,侵害正常企业或个人合法权益,挑战法律底线;有的肆意抄袭侵权,大肆洗稿圈粉,构建虚假流量,破坏正常的传播秩序。国家网信办在有关通报中指出,自媒体乱象,严重践踏法律法规尊严,损害广大人民群众的利益,破坏良好网络舆论生态,社会反映强烈。

(2)经济环境分析

经济环境是指一个国家的经济制度、经济结构、产业布局、资源状况、经济发展水平以及未来的经济走势等。对传媒组织而言,经济发展水平,直接影响传媒组织的运营甚至是生存。传媒策划者可根据当前经济环境的客观变化适时开发新产品,或者进行选题、内容和素材的调整,这些新变化包括新的经济政策、经济制度、经济形势和经济现象,等等。

[案例]

近年来,全面旅游正掀起热潮,中国作为世界第一大出境旅游客源国和第四大入境旅游接待国,旅游资源丰富,旅游产业发展强劲。2017年,中央电视台策划城市旅游特别节目《魅力中国城——2017中国旅游盛典》,节目中,32个旅游城市的市长携手文化专家当起了导游,通过主流媒体平台,为观众献上一场场精彩纷呈的文化秀、旅游秀、民俗秀、非遗秀,生动展现各城市的多元魅力和城市发展。节目采用跨屏互动融媒体的方式,实现线上与线下、城市与观众的强互动,观众反响强烈,口碑很好,该节目既成为一个个城市对外宣传的名片,也多角度呈现了中国城市的旅游资源和文化特色,助力城市发展,助推社会经济转型。

(3)社会文化环境分析

传媒存在于有一定文化背景的社会中,受到特定的社会文化环境的影响:传播的内容、方式要遵从传统的风俗习惯,要体现社会绝大多数人的价值观和道德观;传媒从业人员的思维模式和创作模式,也深受所处环境社会文化的影响,并通过其制作的传媒产品充分体现。

[案例]

为吸引消费者和增加宣传效果,上海台享餐饮管理有限公司通过官方网站、微信公众号"叫了个鸡"及合作门店,利用谐音、漫画等方式进行打擦边球式的低俗宣传,自主创意的广告中包含了违背社会良好风尚的内容,引起了消费者反感和不适,2017 年 3 月 15 日,该公司因广告内容妨碍社会公共秩序或者违背社会良好风尚被罚款 50 万元。专家解释,社会良好风尚是指社会存在和发展所必要的善良习俗,或者某一特定社会所尊重的伦理要求。

(4)科技环境分析

科技环境指传媒所处的社会环境中的技术因素及与该要素直接相关的各种社会现象。如数字技术、卫星通信技术和互联网技术介入传媒,直接催生了诸如数字电视、移动电视、播客等新兴媒体。

2)传媒产业环境分析

传媒产业环境是传媒生存和发展的具体环境,指与传媒的生产、制作、推广、销售等生产经营过程,与传媒的人、财、物、信息、时间等经营要素直接发生关系的客观环境。基于传媒产业经济双重销售的特点,我们认为,传媒产业内部直接决定其产业结构形态的最重要的 4个因素如下:

(1)受众的消费取向

受众对传媒的压力表现为希望以更少的成本支出来满足更多更高的信息需求。受众的消费取向主要由以下因素决定:①受众掌握信息是否快捷而全面;②受众对传媒产品的认识程度和认同程度;③受众的收入水平;④受众目标市场的集中程度;⑤受众购买传媒产品的花费在其开支中的比重;⑥传媒产品对受众的重要性等。

(2)广告商

广告商影响传媒产业竞争的主要方式表现为压低广告价格、索取更多的服务项目,并从传媒组织相互对立的竞争状态中获利。由于广告收入长时间以来是我国部分媒体获取利润的主要甚至唯一的方式,因此,广告商对传媒的议价能力将从整体上直接决定媒体的营利程度。

(3)替代品

对传媒业来说,替代品有 3 层意思:一是大众传媒产品内不同媒体产品之间的替代;二是大众传媒产业与其他生产替代品产业的竞争;三是广义上凡生产信息产品的产业和所有传播载体均可能构成对大众传媒产业信息服务的替代。

（4）现有传媒组织间的竞争与合作

每个传媒都要为增强各自的生存和经营能力而展开竞争。竞争的种类主要体现在不同性质传媒的竞争、相同性质传媒的竞争这两方面；竞争的内容也突出表现在提供信息和娱乐内容、争夺广告客户这两方面；竞争的手段，一般有价格战、产品差异化、广告战、增加和改进服务等方面。

3.2.2　传媒市场的内部环境

传媒内部环境是指传媒组织在一定的经济技术条件下，从事生产经营管理活动的资源和能力，包括传媒组织生产经营的内在客观物质条件和主观工作的各个方面。传媒内部环境因素比较容易控制，是传媒生存和发展的基础。

1) 传媒资源分析

(1) 传媒信息资源分析

传媒信息资源是以一定形式的实体物为载体，针对满足受众和广告用户的需求而传递的具有意义的信息，是传媒企业继人力、物力、财力后的第四基本要素，是传媒组织的主要产品，也是构成传媒双重销售的关键因素。印刷传媒信息资源的实体物主要是版面、印张和空间。电子传媒信息资源的实体物是频道、频率和时间。

(2) 传媒人力资源分析

传媒业的专业分工非常广泛，传媒人力资源分为4类：①传媒管理人才，是传媒发展政策的制定者；②传媒业务人才，主要负责核心内容的生产；③工程技术人才；④生产营销策划创意人才，负责把传媒产品引向市场。

[案例]

湖南卫视工作室制度激励头部人才[①]

人才，一直是湖南卫视强劲发展的关键词。2018年1月，湖南卫视实行工作室制度，并先后分两批成立了刘伟、徐晴、王琴、王恬、沈欣、陈歆宇、刘建立、安德胜、洪啸、孔晓一、秦明和卞合江等12位制作人领衔的工作室。制作人拥有直接人事权，负责方向把握与管理，总导演对内容负责。每个工作室可以挑选最多15人作为核心成员，分享全工作室70%的项目价值奖。鼓励制作人优先指派35岁以下优秀导演担任项目总导演，给工作室增添活力。每个工作室每年必须要有1个创新节目上档播出。据了解，这12个工作室拥有湖南卫视26个节目团队中51%的导演人数，主创完成了湖南卫视接近80%的自办节目量，赢得了超过90%的频道营收，进入样片制作和上档播出的所有创新方案的70%也是来自这12个工作室。

①　林沛.湖南卫视又有大动作！工作室制度2.0版发布[EB/OL].[2019-07-08].流媒体网.

（3）**传媒财力资源分析**

传媒财力资源包括传媒组织拥有的现金、债权、股权、融资渠道和手段等，其核心要素是资金运营。传媒财力资源分析是对传媒生产经营过程中的成本、投资、利润进行核算，对资金资产的使用进行预算、组织、分配和监控的过程。

（4）**传媒物质技术资源分析**

传媒物质技术资源是指传媒组织的办公场所、厂房、基础设施、机器设备及它们的寿命和运行状态等物质资源，它是固定资产中的主要部分。传媒的物质技术资源因媒体的性质不同而不同，但主要的分析内容大致相同。

［案例］

湖南卫视《舞蹈风暴》时空凝结技术

2019年，湖南卫视推出大型舞蹈创编竞技节目《舞蹈风暴》，节目汇聚了一批国内外顶尖的年轻舞者，引爆了观众期待。同时，《舞蹈风暴》节目现场设有128台摄像机对所有表演进行360°实时观测，创新采用时空凝结技术全方位展现舞蹈细节，以前所未有的方式展示舞者魅力，树立电视转播舞蹈比赛的新标杆。

2）传媒环境的分析

（1）**传媒环境SWOT分析方法**

SWOT分析法又称为态势分析法，它是由美国旧金山大学的管理学教授韦里克于20世纪80年代提出的。借鉴这一理论，我们认为，传媒的SWOT分析，就是将传媒具有的各种主要的优势因素（Strength）、劣势因素（Weakness）、机会因素（Opportunity）和威胁因素（Threat），通过调查一一罗列出来，并按照一定的次序，以矩阵形式排列起来，然后运用系统分析的思想，把各种因素互相匹配起来加以分析，从中得出一系列相应的结论。

①传媒的优势（S）是指传媒进行有效竞争和良好经营的因素或能力，通常是相对于传媒竞争者而言的一种相对优势。

②传媒的劣势（W）是一种阻碍因素或者某些能力的缺失，主要是指传媒内部的弱点。

③传媒的机会（O）是影响传媒战略的重要因素，大致可分为产业机会和传媒机会。前者指传媒产业发展过程中出现的机会，后者指因各传媒优势劣势的不同、把握产业机会和能力的不同，使原本平等的产业机会转变为部分传媒才拥有的现实机会。

④传媒的威胁（T）是指外部环境对传媒不利的一面，是影响和制约传媒发展的主要障碍。一般指会影响销售、市场利润的力量。威胁本身并不可怕，可怕的是没有一套预警机制和相应的避免管理风险的机制。

（2）**SWOT分析的步骤**

①分析环境。运用各种调查研究方法，分析外部、内部环境因素。外部环境因素一般归为经济、政治、社会、人口、竞争等范畴。内部环境因素一般归为管理、组织、技术、人力资源等范畴。

②建立矩阵。将调查所得的各种因素根据轻重缓急或影响程度等排列，构成SWOT矩

阵。直接的、重要的、急迫的、久远的影响因素优先排列,间接的、次要的、不急的、短暂的因素排在后面(如图3.2.2)。

优势 1. 2. ……	机会 1. 2. ……
劣势 1. 2. ……	威胁 1. 2. ……

图 3.2.2　SWOT 分析图

③进行选择。在完成内外因素分析和 SWOT 矩阵的构造后,就可以将排列的各种环境因素相互匹配起来加以组合,选择制定出相应的传媒战略,以发挥优势因素,克服弱点因素,利用机会因素,化解威胁因素。

组合分析是对 4 个矩阵元素的基本分析,包括以下 4 个方面(如图3.2.3)。

		内部环境		
外部环境		优势（S） S1 S2 S3	弱势（W） W1 W2 W3	（S+W）
	机会（O） O1 O2 O3	SO组合 （发展型战略） 发挥优势 利用机会	WO组合 （稳定性战略） 利用机会 克服弱点	（S+W）O组合
	威胁（T） T1 T2 T3	ST组合 （多元化战略） 利用优势 回避威胁	WT组合 （控制型战略） 减少弱点 回避威胁	（S+W）T组合
	（O+T）	S（O+T）	W（O+T）组合	（S+W）（O+T）组合

图 3.2.3　SWOT 战略选择图

a. 最大与最大战略(SO 战略):着重考虑优势因素和机会因素,利用自身资源优势去赢得外部环境的多种发展机会。目的在于努力使这两种因素都趋于最大。这应该是四大策略中最重要的,因为很多劣势是难以弥补的,不如突出优势。

b. 最小与最大战略(WO 战略):着重考虑弱点因素和机会因素,创造条件把握机会以减少自身劣势影响,目的是努力使弱点趋于最小,使机会趋于最大。但若负担过重,则应考虑放弃相应的机会。

c. 最大与最小战略(ST 战略):着重考虑优势因素和威胁因素,利用自身资源优势去应对和化解外部环境的威胁和不利变化。目的是努力使优势因素趋于最大,使威胁因素趋于最小。

d.最小与最小战略(WT 战略):考虑弱点因素和威胁因素,应避免这两种因素的组合状态,目的是努力使这些因素都趋于最小。一旦面对,应考虑如何将损失降至最低。

④落实行动。根据以上分析,制订相应的行为计划,基本原则是:发挥优势因素,善用机会因素,化解威胁因素,排除劣势因素。

3)传媒环境预测和调查方法

传媒环境预测,是指传媒策划者在观察和分析传媒外部和内部环境、发展历史及现状的基础上,通过对其规律的认识,推断其未来的状况。传媒环境预测和调查方法详见本书"传媒策划准备"的相关内容,这里不再赘述。

【实战案例】

芒果 TV 的 SWOT 分析[①]

芒果 TV 是湖南广电集团旗下的互联网视频平台,作为湖南广电"一体两翼、双引擎驱动"发展战略中的重要一翼,与国家网络电视台、东方宽频、凤凰宽频并驾齐驱,为中国四大广电"网络电视"之一。2017 年芒果 TV 扭亏为盈,率先实现中国视频行业盈利 4.89 亿元,2018 年成为国内 A 股首家国有控股的视频网站,2019 年实现营收 81 亿元,有效会员超过 1 800 万,连续五年被评为"世界媒体五百强""中国互联网企业百强",被誉为国内视频新媒体的标杆。

【案例分析】

芒果 TV 无疑是国内视频网站中的佼佼者,2014 年成立,短短五年间,已成为继爱奇艺、优酷视频、腾讯视频之后的国内第四大视频网站。本文采用 SWOT 分析法对芒果 TV 生存和发展的竞争优势(Strength)、竞争劣势(Weakness)、竞争机会(Opportunity)和竞争威胁(Threat)进行逐一分析,为其今后的发展提出建议。

一、竞争优势

1. 品牌优势。芒果 TV 是湖南卫视唯一官方视频网站,也是湖南广播电视台旗下唯一互联网视频平台。

2. 资源优势。芒果 TV 拥有湖南广播电视台旗下 11 家电视媒体的网络直播权、点播权及网络版权,能同步推送热门电视剧、电影、综艺和音乐视频内容,包括电视综艺节目 300 多个、17 000 多部整集节目、电视剧 500 多部、电影 200 余部,依托湖南卫视强势的品牌影响力和丰富的节目资料,从而节约大笔版权费用。

3. 平台优势。PC、手机、IPTV、互联网电视四大跨平台集成。

4. 潜在受众群庞大。依托湖南卫视忠实受众群,受众群庞大。湖南卫视在细分目标受

---

① 赵丛敏.芒果 TV 发展现状及对策探析[J].金融经济,2016(12):33-35.

众的基础上,选择年轻群体,并定位"快乐"。芒果 TV 的品牌诉求为"看见好时光",受众群体也以"90 后""00 后"等年轻群体为主,受众契合度高。

5.团队优势。湖南广电集团旗下专业策划团队与互联网运营团队强强联手,为芒果 TV 输送新鲜的创意内容与节目形态。

二、竞争劣势

1.高清技术壁垒。目前芒果 TV 的视频播放模式有两种选择:普通播放和高清播放。由于技术的原因,在高清播放中经常出现播放不畅、画面停滞、语音和画面不同步等问题,尤其是直播节目,大部分用户仍习惯选择普通播放模式,高清技术壁垒亟须突破,从而给观众提供更好的服务。

2.用户收视体验仍需改进。存在视频搜索不优化,入口不明显,手机及 PC、Pad 并没有多屏打通等问题,一定程度上影响了节目的网络整体收视率。

3.网络独播权带来的资金压力。湖南卫视自从收回自制节目的网络播放权,仅在芒果 TV 进行独播后,损失了版权的分销销售收入,而且第三方视频网站不会对节目进行营销支持——意味着湖南卫视和芒果 TV 需要自己来承担自制节目的所有营销推广费,这给芒果 TV 带来了财力负担。虽然芒果 TV 不用承担自制节目的版权费,但需要引入其他节目时面临巨大的资金压力。

4.自制内容需加强。芒果 TV 具备自制内容的资格和实力。目前,除《明星大侦探》《妻子的浪漫旅行》等自制王牌优势节目外,芒果 TV 视频网站的视频内容,高点击率、放在重点窗口和界面的基本上都是湖南电视台自制的热播王牌节目,原创能力并未完全凸显。

三、竞争机会

1.用户互联网入口移动端逐渐超越 PC 端。芒果 TV 移动端的发展已经超越 PC 端,是芒果 TV 多屏互动中最重要的环节。芒果 TV 通过使用摇一摇、体感、语音等不同形式,把传统视频的展示功能拓展为交互、购买,无论是观看节目还是挖掘广告价值,都是新的驱动力。

2.版权环境加速净化。近年来,在国家相关部门加大对网络盗版视频的打击和惩治力度之后,网络视频市场出现了一次大洗牌,视频盗版问题得到极大的改善,这对拥有官方正版视频资源的芒果 TV 的发展提供了良好的竞争环境。

3.广告价值的分类销售。移动互联网时代,广告主更关心广告的传播效果和价值,传统的电视收看广告收视效果和网络视频播放广告收视效果需要分类定价。芒果 TV 有着独立于电视的广告体系,不同的节目在电视端和网络端采用各自独立的产品体系和销售体系。同时,芒果 TV 将为各大品牌提供互联网内容营销的新阵地,让品牌和热门 IP 产生强关联,产生最大的效应。

四、竞争威胁

1.体制因素。体制是一把双刃剑,它既给芒果 TV 的独播提供了有利条件,又为它的发展设置了屏障。民营性质的视频网站可以完全按照市场的规律发展,而以芒果 TV 为代表的广电系视频网站却因为官方电视台的体制因素不仅要顺应市场,还要受政府的严格管控。

2.视频网站的竞争。越来越多的电视台开始布局视频网站。它们也像芒果 TV 视频网站一样使用独播战略。比如东方卫视就把独家的播放权给了风行网;苏宁投资的 PV 视频网站,也获得了江苏卫视的多档综艺节目的独播权。优酷、爱奇艺、腾讯等强势视频网站的竞争也在一定程度上瓜分了芒果 TV 的用户群。

五、结语

从以上分析可以看出,芒果 TV 在发展过程中可以有以下对策:

第一,强化优质原创内容输出战略。优质的视频内容对广大受众群有强烈的吸引力,能有效培养用户群的黏度与忠诚度。一方面,芒果 TV 曾经是优质内容的受益者,要继续重视提倡"以内容为中心"的战略,继续享受优质视频内容带来的红利。另一方面,芒果 TV 需要加大对自制节目的研发力度,参与上游制作环节,把资本转移到上游,像爱奇艺、优酷、腾讯等视频网站一样,成为优秀的上游内容制造者。

第二,细分年轻受众群市场。芒果 TV 的主要用户群是年轻群体。网站可以继续细分年轻受众群,迎合不同个性的年轻人的收视习惯与口味,推出相应的视频内容与营销模式。视频网站的外观设计可以更加炫酷点,与受众群的互动模式可以更加灵活方便点,尝试打造年轻人的视频互动社区的生态圈。从节目内容上来看,可以在进一步细分的基础上使节目类型更加多样化;从宣传推广上,多设置有趣搞笑的话题,满足年轻一代的个性化需求。

第三,技术壁垒的突破。进入 5G 时代,4K、8K 等超高清视频会成为主流,采集、制作、播放内容都会面临提质升级,芒果 TV 应该抓住技术红利期,突破技术的壁垒,保持流畅清晰的用户体验。

第四,规范版权问题。芒果 TV 可以采取与其他版权制作方进行合作的方式引进视频内容。比如采取制播分离的方式,在芒果 TV 平台进行播放,通过广告分成或者直接购买版权进行播放。

第五,采取多元化营销战略。芒果 TV 目前的营利模式比较单一,需要开发多元化的营利模式。平台目前主要的收入就是广告。视频广告可以采取与受众群互动的多元化方向创新,使广告也生动有趣、具有互动性和娱乐性。观众对硬性广告越来越反感,作为视频网站方面,可以与广告商进行深层次的广告植入,进行恰到好处的软植入。

【课后思考】

1. 请联系传媒个案,从传媒环境的角度,分析我国传媒市场的新动向及意义。
2. 以某视频网站为例,思考怎样加强视频网站的核心竞争力。

【拓展训练】

请选择当前有代表性的自媒体,运用 SWOT 分析法进行战略策划。

综合项目实训

项目编号	3	项目名称	以《××大学生手机 App 使用情况调查》为题,开展一次调查活动,并撰写调查报告
实训背景			移动互联网时代,手机成为"00 后"大学生的主要社交工具和信息交流媒介,通过调查他们安装和使用的手机 App 的种类、频次,既可直观了解他们的兴趣、爱好和生活状态,也可为相关手机 App 产品的开发和推广提供依据
实训内容			1.设计调查问卷; 2.进行合理抽样; 3.严格开展调查活动; 4.进行统计分析,绘制统计图表; 5.撰写格式要素齐全的调查报告
实训目的			1.了解调查问卷设计的步骤与注意事项; 2.掌握几种常用的抽样方法,并了解样本量的重要性; 3.通过开展调查活动,提高组织策划团队活动的能力,并锻炼与人交流沟通的能力; 4.掌握数据分析的思路和统计方法
实训步骤			第一步:以小组为单位设计调查问卷; 第二步:根据设定的实训内容,讨论抽样范围、抽样方法和样本量; 第三步:每个小组各自开展调查活动; 第四步:每个小组分别对收回问卷进行整理、统计和分析; 第五步:撰写调查报告
实训成果			调查报告
要求与考核			1.教师负责指导和答疑,学生相互间可以进行讨论,但所有素材不得共享,否则均记 0 分; 2.指导教师根据学生的课堂表现和所交的作品进行打分,按 100 分评定成绩; 3.按时交作品,若有特殊情况必须说明

传媒品牌策划

学习目标

知识目标

1.了解传媒品牌建构策划、传播策划和维护策划的重要战略意义；

2.了解传媒品牌标志系统的基本内容；

3.掌握传媒品牌传播的技巧；

4.了解传媒品牌形象危机的成因以及应对方法。

能力目标

1.能运用品牌标志系统知识,评价具体案例；

2.能运用品牌标志系统知识,为特定传媒初步策划品牌标志；

3.能运用传媒品牌传播的知识,评价具体案例；

4.能运用危机应对知识,评价具体案例；

5.能运用危机应对知识,为特定传媒提出可行性建议。

任务一　传媒品牌建构策划

【任务描述】

经过近30年的高速发展,中国传媒业规模庞大,竞争激烈,目前已经由前期跑马圈地式的发展转入高水平的品牌竞争时代。只有把传媒做精、做细、做出彩,才能得到受众的认识、认可、认同乃至忠诚,才能在竞争中取胜。传媒品牌策划是一个由调研、战略规划、定位、设计标志系统、整合传播、延伸以及品牌保护与危机管理等环节构成的动态过程。本任务着重从战略规划、定位和设计标志系统3个部分来介绍传媒品牌建构的基本知识与方法。

【案例导入】

三沙卫视品牌建构

三沙卫视,全称"海南广播电视总台三沙卫视频道",又称"海南三沙卫视",是我国最年轻的卫星电视频道。2013年9月,三沙卫视正式创建,启播之初打出了"听涛观海,自在三沙"的口号,显示出唯美浪漫的基调和自由闲适的人文内涵;2014年则将宣传口号改为"海内存知己,天涯若比邻",这就增加了由于三沙市作为祖国最南端的城市,是真正意义上的天涯,从而在政治上暗含了与周边国家友好相处、与邻为善的立场。根据受众调查结果,三沙卫视进一步将定位调整为"彰显南海主权";为了更好地充当"中国政府南海问题发言人",发挥舆论引导作用,再次将宣传口号转变为"海洋强国,看三沙卫视"。①

图4.1.1　三沙卫视形象宣传

三沙卫视由于其独特的地理位置和政治意义,不可能像一般电视频道那样建构品牌,但它仍然遵循了媒介规律,从政策需要和自身实际情况出发,尊重受众意见,探索最恰当的品牌建构之道。其宣传口号虽然多有变化,但始终保持一致的是三沙卫视的基本立足点——海洋,而这恰好也是三沙卫视的地域特色和人文特色;从三沙卫视的台标设计中也可以证明这点,台标设计以蓝、绿两色为基础色调,释义为"海洋、时尚、包容"。

---

① 何晶娇.三沙卫视的媒介价值探析[J].传媒,2014(13):43-45.

【课程内容】

4.1.1　认识传媒品牌

1）品牌和传媒品牌

品牌，英文单词 Brand，据说产生于美国西部的农场，主人为了区别牲畜，在其饲养的牲畜身上敲上一个印记；也有说法认为品牌产生于欧洲的酒窖，人们为了识别威士忌，便在装威士忌的橡木桶上打上印记。这说明，品牌是与识别密不可分的。但在现代社会，品牌已经不只是为了识别，它对企业的经营管理还具有更为深远的意义。世界著名广告大师大卫·奥格威提到：品牌是一种错综复杂的象征，它是品牌属性、名称、包装、价格、历史、声誉、广告方式的无形总和。综合各种关于品牌的说法，我们认为品牌是一种以独特的名称、术语、记号或设计及其组合为载体的能够产生增值的无形资产，其增值的源泉是消费者的印象和评价。

传媒品牌就是传媒标志、品质、风格、特色及自身文化等要素的总和。它不仅是区别于其他媒体的符号，而且还是精神文化的象征，是个性和品位的体现，是质量和信誉的保证。鉴于传媒的特殊性，传媒品牌与其他品牌相比，又具有如下特定内涵：

首先，公信力是传媒最具价值的内在品质，也是传媒品牌最重要的内涵。公信力体现了受众对传媒的信任程度，是传媒发挥社会影响力的坚实基础。公信力包括真实准确、严肃高尚、深刻权威3个关键性的因素。

其次，影响力也是传媒品牌的一种表现，它表现为传播者对受众的社会认知、社会判断、社会决策及相关的社会行为所打上的属于自己的"渠道烙印"。某种程度上说，影响力就是传媒对于受众在认知、倾向、意见、态度和信仰等方面的控制能力。

最后，忠诚度和美誉度也是传媒品牌的追求目标之一。传媒希望拥有更多能够持续性购买和使用本媒体的忠诚受众，并且希望在公众心中建立一种美好的印象和评价。

2）传媒品牌的特征

与一般商品品牌相比，传媒品牌既具有共性又有自身的特性，具体来说，主要表现在：

①与一般商品品牌相比，传媒品牌更加强调社会效益。传媒产品是精神产品，具有强烈的意识形态属性，担负着传播信息、传承文明和引导舆论等社会责任，它不能只着眼于经济效益，更要实现自身的社会价值。

②传媒品牌的确立周期较长，注重历史传承。相比商品品牌，传媒品牌的共享度高，受众不易形成依赖性，所以形成更为不易。

③传媒品牌中人的因素更加重要。一定程度上，主持人、记者等人往往成为传媒品牌符号的一部分，具有某种象征意义。

3）中外传媒品牌建设现状

传媒开始有意识地加强自身形象宣传是从 20 世纪 50 年代开始的。1951 年美国哥伦比亚广播公司(CBS)把威廉·戈顿设计的标志借助各种媒介广泛地进行宣传,成功地使公司的标志家喻户晓。从20世纪80年代开始,美国的一些著名电视频道用在宣传和包装自身品牌形象上的年花费占到其总花费的5%~15%;在宣传播出量方面,探索频道每天24小时的内容中,15%用于包装宣传,国家地理是21%。①

在中国,20世纪90年代中后期,报社、电台、电视台等传媒机构开始打造"形象工程",纷纷运用CIS建立有个性的台标、报头、标准色、话筒标志等,形象宣传片和片花频频播出。进入21世纪,由于内容缺乏差异性,市场力量在传媒业发展中的主导作用越来越突出,进行品牌包装和推广越来越受到重视,我国传媒业品牌包装全面整合时代已经到来。

中央电视台开始实施"品牌化战略"以来,经过多年的推行,全台收视份额强劲上升。世界品牌实验室2019年发布的《中国500最具价值品牌》(第16届)显示,中央电视台的品牌价值已近3 000亿元大关,成为极具影响力的世界品牌。作为地方传媒品牌,以"电视湘军"著称的湖南卫视近几年打造了《我是歌手》《中餐厅》等名牌电视节目,推出了何炅、汪涵等多名著名主持人,其极力倡导的"快乐中国"品牌个性也深入人心,品牌价值得到了显著提升。

4.1.2　传媒品牌建构策划的步骤

传媒品牌建构的意义不在于短期的功利目的,它是一个漫长的、连续的、艰巨的过程。它比普通企业品牌建构复杂得多,所需时间甚至需要几十年。严格来说,建构一个传媒品牌要经过以下4个步骤:

第一步,传媒品牌战略规划。所谓传媒品牌战略就是媒体为了提高自身的市场竞争力,围绕品牌所制订的一系列长期性的、根本性的总体发展规划和行动方案。每个传媒组织都需要考虑所生产的产品是采取单品牌战略、复合品牌战略、多品牌战略还是采取分类品牌战略。世界传媒领域中许多著名传媒集团,如维亚康姆集团、时代华纳集团和新闻集团等都采取的是多品牌战略;我国也有许多报业集团采取以党报为母报、以都市报为子报的多品牌战略。

第二步,调查研究。在确定品牌定位、品牌个性和核心价值之前,必须了解媒介政策与媒介技术,了解自身的资源占有情况和受众需求变化情况,了解自身在受众心中的形象,了解自身在竞争中所处的位置等,在此基础上得出客观和科学的结论。对受众的研究,不能仅仅停留在收视率数据上。为了更深入了解自己的受众,国外媒体的研究部门经常会开展一些专项调查研究。例如,CNBC(美国消费者新闻与商业频道)经常委托门德森媒介调查公司调查该频道的受众数量。调查发现,与全国的平均受众相比,CNBC的受众不仅是"三高"(高血脂、高血压、高血糖)人群,而且绝大多数受众习惯于在办公室收看CNBC的节目。调查结果对CNBC受众价值的重新判断,不仅提升了CNBC的广告价值,也为CNBC的节目编排提供了依据。NBC(美国国家广播公司)则是通过互联网建立自己的"受众固定样组",定期发放调查问卷,了解受众的收视习惯、偏好、收视心理及生活形态等,并根据调查反馈的结

---

① 詹成大.试析电视媒体的自我宣传[J].当代传播,2004(4):64-66.

果及时调整自己的市场策略。

相比之下,我国电视受众的地位和价值长期被忽视。大多数电视台对受众的认识仅停留在收视数据分析的技术层面上,对受众缺乏感性的认识。即便是数据分析,除中央台和少数几个实力较强的省级台有资金购买全国范围的收视率数据外,大多数电视台仅购买少量的区域数据,对受众的研究也只是从有限的数据中获得有限的信息。然而,随着受众市场的不断分化,从数据获得的简单信息已不能准确反映出受众的变化。真正了解受众,挖掘受众的价值,这实际上就是提升了媒体自身的品牌价值。

第三步,品牌定位。传媒品牌定位是确定品牌个性的前提,只有针对目标受众与目标市场开展有针对性的宣传,才能扩大市场份额,界定传媒品牌的核心价值。不管是传媒组织,还是节目或栏目,甚至是传媒人物,品牌形象的定位往往不是一成不变的。当传媒产品的生命周期行将结束,当受众的传媒消费发生深刻变化,当传媒科技取得巨大进步,传媒往往需要重新定位,或者说再定位。

第四步,设计品牌识别系统。品牌识别的设计是围绕核心价值,为传媒产品描述差别化,创造独特卖点的过程。传媒品牌识别系统的设计应该有整体的和统一的规划,只有在品牌定位的基础上,对品牌进行完善的设计,其外在形象才能为受众记忆和认可。

4.1.3 传媒品牌战略规划与定位

先做对的事,然后把事情做对。品牌战略规划就是做对的事情。如果品牌的整体运作缺乏长远规划就会导致品牌经营混乱无序,这是对品牌资源的巨大浪费。

一般而言,品牌战略规划有多品牌战略、单一品牌战略和混合型品牌战略 3 种。多品牌战略能针对不同的目标市场进行全面覆盖,最大程度地占有市场。但它是强者的游戏,非强势媒体不能轻易尝试。长期以来,维亚康姆集团旗下拥有哥伦比亚广播公司(CBS,2006 年分拆)、MTV、派拉蒙电影公司等享誉全球的子品牌,甚至每一个子品牌都比集团品牌还响亮,这就是典型的多品牌战略。这些子品牌之间不共享统一的品牌名称和标志。单一品牌战略是指该媒体所有产品都用相同的品牌的情形。国内大多数电视台采用的是单一品牌战略,旗下每个频道都共享电视台共同的台标、话筒标志、标准色等。单一品牌战略可以节省宣传费用,但如果旗下某一产品出现形象问题,那么其他品牌形象可能会被"株连九族"。另外,美国苹果公司在品牌战略规划中使用的是一牌多品的混合型品牌战略。其旗下的智能手机拥有固定的名称 iPhone、掌上电脑 iPad、台式电脑 iMac、音乐播放器 iPod 等,但是它们之间共享苹果产品的共同标志:一个被咬过的苹果。

在充分考虑传媒组织自身的实力,并对受众消费心理与行为趋势进行充分调查的基础上,传媒组织应该根据既定的品牌战略规划,完成品牌定位。品牌定位是确定自身在受众心目中的个性、气质与联想的过程。一般来说,品牌定位要尽可能单纯、精确,切忌多而杂。因为一个复杂的个性让人无所适从,品牌如此就会重点不突出,形象模糊。

[案例]

金鹰网升级芒果 TV

始建于 2004 年的"金鹰网"是湖南电视台官方网站。作为国内最早成功运作网络选秀的媒体平台,金鹰网在信息发布、网台互动、增值拓展等领域具备了丰富的运营经验与行业口碑,并抓住国内视频网站发展的契机相时而动,于2008年起向媒体视听网站转型。金鹰网依托湖南广电集团旗下11个频道的网络视频直播权、点播权等独特的资源优势,整合娱乐资讯、视听体验、线下互动、电子商务及其他在线拓展业务,至2014年改版融合,推出全新"芒果TV"网络视频平台。新平台采用原金鹰网域名,平台品牌呼号"芒果TV"。新的芒果TV一跃而成为既有内容资源、域名资源,又拥有艺人资源、流量资源的汇聚优质视频内容,面向电脑、手机、数字电视三大领域的网络视频平台。芒果TV以视听互动为核心,融网络特色与电视特色于一体,实现"多屏合一",从2017年起,芒果TV已连续三年盈利,并跻身2019年中国互联网企业百强前20强和世界媒体500强,成为国内主流媒体融合发展的标杆。

4.1.4 打造品牌内容单元

品牌依附于产品,传媒品牌的构建也依赖于特定的传媒载体。对于报刊来说,这个内容载体可能是明星记者、主笔、评论员、名牌栏目;对于电视来说,这个内容载体可能是品牌频道、品牌栏目或节目、明星主持人、策划人、记者、评论员、活动;对于电影来说,这个内容载体还可能是电影公司、作品、导演或演员、电影院线或者电影节。总之,传媒品牌的打造,必须在内容载体上寻找合适的支撑。这种内容载体可能意味着专业化、高标准、高审美,也可能意味着人性化、喜剧风格等不一而足。但是传媒内容载体要成为品牌的重要支撑,就离不开处理"变"与"不变"的关系。策划就是处理"变"的艺术,而变化之中总有些"不变"的东西,否则就会失去自我风格。这种"不变"的东西就是其精神内核,或者核心竞争力。

品牌栏目或节目是品牌媒体存在的重要载体。品牌栏目或节目是指标志系统为受众熟知,内容具有较高公信力,格调和审美情趣受到受众认可的传媒内容单元。对媒体而言,"内容为王"是永恒不变的真理。美国电视业有一句行话:"人们不看电视台,他们看的是节目。"这就是说,人们根据节目来选择电视台,而不是根据电视台来选择看什么节目。国内的一些电视频道即便有了差异化的定位,但经营起来收效甚浅,一个重要的原因就是缺乏差异化的内容支撑频道定位,从而使频道定位沦为一句宣传口号。还有一些频道,频频改版,希望通过节目编排创造效益,但在黄金时段却缺少主打节目,难以培养忠实的观众群体。其实一切定位、编排万变不离其宗,归到实质就是"内容",必须拥有自己的优势节目,这才是解决问题的根本。相比之下,国外的电视台都各有各的看家本领,例如NBC的《老友记》(*Friends*)、《实习生》(*The Intern*)、CBS的《犯罪现场调查》(*Crime Scene Investigation*)、ABC的《绝望的主妇》(*Desperate House wives*)等,这些节目在美国的电视历史上都写下过浓墨重彩的一笔。

中央电视台的《新闻联播》《3·15晚会》和《春节联欢晚会》等也都是具有较高知名度、忠诚度、满意度和公信力的品牌栏目。一家传媒组织能够成为品牌媒体,首先依赖于一批品牌栏目或节目。

明星记者和明星主持人往往成为传媒品牌符号系统中的一个部分而关联出现。比如,人们往往一看到某位主持人,就自然而然地联想到某个栏目或节目,也有很多受众喜欢某个电视节目或者某个频道,是因为喜欢该电视台的某位主持人,从而"爱屋及乌"。所以推出明星记者、明星主持人也是有效吸引受众,构建和传播品牌形象的有效手段。

4.1.5 传媒品牌形象策划

传媒品牌形象的塑造主要表现在传媒品牌识别系统(Brand Identity System,BIS)的建立。BIS(Identity System,企业识别系统)是现代企业组织的形象策划和实施系统,它由理念识别(Mind Identity,MI)、行为识别(Behavior Identity,BI)和视觉识别(Visual Identity,VI)三部分组成。理念识别是CIS理论的灵魂,它是企业组织的经营哲学或经营理念,是企业组织独特价值观之所在,反映的是该组织最高层次的中长期决策。而行为识别是CIS中很关键的一个组成部分,它是把企业的理念具体化为员工行为的过程,再好的理念也要通过员工的行为来表现,员工的言行不当产生的影响会异常严重。视觉识别是对企业外显标志的设计和策划,具体到传媒业,它主要是指报头、报徽、台标和话筒标志等商标标志的设计以及频道宣传片和片花、影音文件等,应用非常广泛。

1)运用传媒理念识别(MI),策划品牌宣传广告语

品牌最持久的含义是其价值、文化和个性,揭示了品牌间差异的实质。报纸广告语可通过长期的口号宣传,不断强化给读者带来的价值,宣扬自己的文化,形成鲜明的个性形象。同时,它也会制约和规范传播者的新闻信息选择标准,员工会受其熏陶而形成独特的精神和价值取向,进一步强化传媒内部文化,有利于传媒品牌的建设。好的广告语就是传媒的"嘴巴",它能以最直接的方式向公众传达该传媒组织的理想定位和精神特质。

理念识别(Mind Identity,MI)是CIS的核心,它表达的是该传媒组织的经营理念和组织文化个性。

《今日头条》的宣传口号在2018年由"你关心的,才是头条"改为"信息创造价值"。这意味着《今日头条》的理念不是仅仅追求"流量经济",而是致力于传播有价值的信息,并通过联结人与信息来创造新的价值。我国以反映组织文化和精神追求为诉求点的广告语也不乏经典之作,其中最具代表性的要数《南方周末》的广告语"你看到我们时我们在纸上,没看到我们时我们在路上"。这则广告语将自身的精神追求旗帜鲜明地向天下人做了告白,那就是:勤奋和敬业。读者仿佛可以从这句广告语中看到一群劳碌奔波、日夜兼程、不辞辛劳的报人,而这种理念和精神与新闻报道相互印证之后,编、读之间就形成了某种感动,甚至情感共鸣。品牌文化被读者认同,是品牌持久的最好开端。

除了刊播广告语外,刊播公益广告也是一种非常有效的宣传手段。公益广告的特点不是向公众直接告白,而是以亲切、深情、善意等不同风格,告知、呼吁、劝导人们应该摒弃什么、彰扬什么,因而常常能起到"润物细无声"的效果。2013年,中央电视台推出"关爱老人"系列公益广告。其中名为《打包篇》的广告片将关注点落脚于老年痴呆病人,一句"这是留给我儿子的,我儿子最爱吃这个",再配以画外音"他忘记了很多事情,但他从未忘记爱你"戳中无数人的泪点,人们对回归真善美的强烈渴望被瞬间唤起。刊播公益广告虽然看起来

与传媒经营毫不相关,但却是塑造传媒组织良好社会形象并赢得美誉度的最佳途径之一。2020年中央广播电视总台推出的《野生动物保护》公益广告,呼吁人们帮助自然、敬畏自然,让自然万物和谐共生,非常受欢迎。

2)运用视觉识别,策划外在形象符号

在当前这个信息爆炸、社会高度媒介化的时代,受众的注意力成为稀缺资源。因而,如何设计一个精妙的品牌视觉识别使受众产生独特的品牌联想变得越来越重要。

(1)精心设计有特色和个性的 Logo

Logo(商标)是各家媒体的标志,是非常重要的无形资产。它是传媒理念和传媒特征的高度浓缩,因而是报社、电台和电视台视觉识别的核心内容。Logo 的设计首要的一点是要具有差异性或者说是个性。美国著名社交媒体推特(Twitter)的 Logo(图4.1.2)就很有趣,Logo 的标志性图案是一只叫拉里(Larry)的小鸟。这只小鸟由三个重叠的圆圈制作而成,不是表示要爱护小鸟,而是用一只在飞行中的小鸟最终代表自由、希望和无限可能。

图4.1.2 Twitter 公司 Logo

(2)精心策划形象宣传片

栏目、频道和报刊的宣传画和宣传片、片花也是 CIS 与传媒结合产生的包装和策划方式之一。成功的形象宣传片需要媒体人把核心精神理念、内容特色、受众定位等大量内容压缩在很短的片子里,还要给观众带来强烈的视觉冲击力和审美感受,这就对策划和创意能力提出了很高的要求。中央电视台的经典之作《相信品牌的力量》(水墨篇)就结合中国传统文化彰显出了其国际级大台的阔大气魄。而丹麦公共电视台 TV2 的创意与中国媒体一贯采用的山水地理思维完全不同,可谓独具匠心(图4.1.3)。它将一群看似各不相同的丹麦人请到拍摄现场,然后根据各种兴趣爱好来使人们发现他们之间的共性,这个名叫《我们所共有的一切》的短实验充分展现了丹麦人对和平和包容精神的追求。这说明,媒体组织的旨归和定位始终就像交响乐团的指挥棒一样,主导着其形象宣传片的创意和设计。

图4.1.3 丹麦电视台宣传片

（3）传媒运用标准色进行自身品牌的包装活动

众所周知，颜色在人们的感性心理中有着强烈的感情倾向和"图腾"意识，以及文化传递功能。在英国《金融时报》和法国《费加罗报》等欧洲高级报纸中非常流行的淡橙色新闻纸被认为是身份和地位的象征，近年来也受到了大批国内财经报纸的追捧。同样的道理，中央电视台将蓝色定为基调是强调其海纳百川的气势，而湖南卫视定为橙黄色基调则是为了体现"快乐频道"的定位。湖南卫视还将"橙黄色"进行到底，不论是节目宣传的片花还是频道自身的宣传片，甚至连湖南卫视的官方网站的色彩都是橙黄色，营造出一种亮堂堂的氛围，彰显了蓬勃的生命力。人民网的红色、新华网的蓝色、网易网的红色、腾讯网的蓝色……每一种媒体总有符合自身特质的标准色。

（4）精心设计声音识别系统

利用台标呼号、节目呼号和节目开始/结束曲等声音识别系统也是视觉识别运用于传媒包装业的重要手段。中央电视台《新闻联播》节目开始曲虽然只是一段 16 秒的音乐，但是自1988 年启用后，便每天播放一遍，至今没有更换过，如今已经达到了只闻其声、不看电视也准确辨识的效果，堪称声音识别的经典之作。"您现在收看的是凤凰卫视中文台"之类的台标呼号，不仅仅是一种频率确认手段，同时也是强化受众对该品牌的归属感的重要方式。"好音质，用酷我"则是在一段时长 3 秒钟的快乐音乐之后突出强调酷我音乐在产品品质上的独特优势。

传媒外在形象不仅仅表现为名称、标志、标准字、标准色、明星等，其办公用品、员工制服、交通工具、招牌、旗帜、建筑外观、包装、广告等无不成为其外在形象的一部分。对这些物品的包装策划也应该提高到品牌建设的高度进行统筹考虑。

3）运用行为识别（BI），深化品牌文化

行为识别（BI）是 CIS 的一个重要组成部分，它的含义非常广泛，既包括部门设置、资源配置、人事管理、财务管理，也包括节目品种、服务方式等，总的来说它是传媒理念在员工精神、态度和工作效率上的凝结。

员工的职业道德、专业水平、文化素养、精神面貌、言谈举止、服务态度、仪容仪表都是传媒形象的重要构成。对受众来说，传媒人就是他们心目中传媒的化身，特别是名编辑、名记者、名播音、名主持，作为传媒形象的代表，其实是传媒形象人格化的集中体现，也是传媒竞争力的重要内涵。因此，传媒在形象塑造的过程中，应始终坚持员工个人形象与传媒总体形象的一致。如报社、书店等发行与服务人员的制服、服务态度、服务水平等无一不代表着传媒形象。

【实战案例】

谷歌公司的 CIS 策划

美国谷歌（Google）公司是创始人拉里·佩奇（Larry Page）和赛琪·布林（Sergey Brin）于1998 年以私有股份公司的形式创立的，是当今世界最大的搜索引擎服务提供商。"Google"这个名字源于一个拼写错误。当时佩奇和肖恩·安德森（Sean Anderson）坐在一起冥思苦想

如何取一个好名字时想到 googol 这个词,这个词表示 10 的 100 次幂,其写法为 1 后面有 100 个 0,它可以用来表示互联网上可以获得的海量资源。只是他们在申请域名时,安德森将 "Googol"误写为了"Google",于是有了"Google"。谷歌公司采用这个词显示了其想征服互联网上无穷无尽资源的雄心。谷歌公司的价值观是一切以用户为中心,提供免费、快速、准确、便利的服务,不断挑战技术极限。

谷歌公司如今享誉全球,除了其公司理念,也有 VI 设计的功劳。其品牌视觉设计者鲁斯·凯达尔(Ruth Kedar)介绍说,品牌标志虽然在设计上频繁改动,但其基色一直采用三原色,以更为简约而令人愉悦的品牌形象示人,只是把代表"长"的"l"稍作混合,意味着谷歌公司并不墨守成规。2011—2013 年该公司再次改版 Logo,在继承上一版的基础上,去掉了阴影,显得更加明亮。2015 年,来自世界各地的设计师,同谷歌的创意实验室与 Material Design 团队一起,在纽约进行了为期一周的设计冲刺活动,他们希望保持 Logo 简约、友好而平易近人的风格,通过在不同的数字环境中进行严苛的测试,新的标志采用了几何风格的无衬线体设计,并且结合了多彩的用色和极具趣味性的旋转,但最重要的设计放在了首字母 G 上,在动图状态下首字母 G 由 4 种颜色组成。

图 4.1.4　谷歌公司 Logo 的多个版本

除了基础版 Logo,谷歌公司还常常会为不同地区和不同传统的人群庆祝特殊事件特意推出 Logo 的涂鸦版,这些 Google Doodle 极具趣味性和互动性,颇受欢迎。例如 2000 年 7 月 14 日,谷歌公司创作了首个国际涂鸦,庆祝法国国庆日;2008 年春节前,谷歌公司在北美和中国台湾等地区推出了鼠年春节 Doodle。

图 4.1.5　谷歌公司 Logo 的涂鸦版

【案例分析】

谷歌公司在初创之时就十分重视品牌建设,不但对公司名称、理念识别(MI)等进行集思广益,而且对视觉识别(VI)始终保持高度关注,保证相对统一的风格,又与时俱进有所变化。从内容定位到媒体命名、受众细分市场,与媒体组织的理念识别和视觉识别保持动态互动,展现了谷歌公司在 CIS 策划过程中立体化的品牌传播思维。这种从一开始就思路清晰、步骤明确的品牌建构手法,值得国内很多新生媒体学习借鉴。

【课后思考】

1. 请按照品牌建构的过程步骤,为你所在城市的某地方媒体撰写一份品牌策划书。

2. 请分析你熟悉的一个 App 在品牌标志设计方面有何成功之处,有何不足之处。

【拓展训练】

请你为本校自办的微信公众号设计一则广告语,并开展一次公关活动来推广其品牌形象。

任务二　传媒品牌传播策划

【任务描述】

传媒品牌传播就是品牌所有者通过广告传播、公共关系、营销活动等多种传播策略和传播工具，与内外部目标受众进行的一系列品牌信息交流活动。它以构建品牌、维护品牌与受众间的正向关系为目标，旨在促进目标受众对品牌的理解、认可、信任与体验，从而最优化地增加品牌资产。

【案例导入】

中央电视台公益品牌获高度认可

2019年12月，中央电视台已经连续7年坚持推出"最美"系列大型公益评选节目，包括"寻找最美孝心少年""寻找最美乡村教师""寻找最美乡村医生""寻找最美村官""寻找最美消防员"，以及"美丽中国·湿地行""开学第一课""我的父亲母亲""梦想合唱团"和"感动中国"人物事迹等。这些活动一经推出就在网络上引起了广泛关注，并在全国各行业人士中普遍得到高度评价。这些节目为社会注入正能量，凝聚中华民族的精气神，既体现了中央电视台的社会担当，又为中央电视台的品牌增光添彩。

对"最美"系列活动网民口碑构成进行分析发现网民整体评价积极。两次活动中，正面和中性口碑合计比例占据网民意见的94%，其中正面口碑比例高达43%，充分证明了网民对"最美"系列活动的支持态度，同时也体现出活动对CCTV在网民心目中的品牌印象具有相当大的促进作用。在"最美"活动中，CCTV对活动的整体进度进行了有序安排，不断推出有代表性的优秀乡村医生典型，引发媒体和网民对活动的持续关注，同时CCTV各频道、栏目集中力量，以CCTV记者"走基层"寻访"最美乡村医生"、新闻频道与栏目展播、科学频道《讲述》栏目专题展播、网络宣传、大型颁奖晚会、新闻发布会和企业爱心捐款有机结合的形式，分时段推进，将活动全面立体地呈现给公众。

"最美"活动呈现出鲜明的全媒体特色，尤其是网络媒体资源的有效利用，以人民网、新华网、光明网为代表的主流媒体网站和以新浪网、腾讯网为代表的大型商业网站都对活动进行了深入报道，成为活动信息扩散的一大来源。一方面扩大了活动影响力，另一方面充分展示了央视的台网互动和媒体资源整合力度在逐渐增强。

【课程内容】

4.2.1 品牌广告传播策划

媒体机构与传统意义上的产品生产组织不同。一般认为,媒体机构在 3 个相互依存的领域展开竞争,即:受众、广告商和内容。面对众多的媒体产品,受众常常依赖已有的经验做出选择。同时,传媒产品的成本构成较为特殊,最初生产产品的成本较高,但产品复制的成本却极为低廉:随着受众群的扩大,媒体产品带来的回报也相应提高。因而,品牌对于媒体机构来说意义尤为重大,一个有强大感召力的品牌就意味着更多的受众、更高的受众忠诚度,也意味着企业的进一步发展壮大。另外,媒体机构在相当程度上仍然依赖广告来实现其经济价值,这意味着其塑造和推广品牌不仅要尽可能地吸引受众,还要考虑广告商的因素。从内容这个竞争领域看,品牌的作用更显重要。媒体产品和服务相对而言较易被模仿,因而通过品牌实现差异化是锁定受众群、保证企业长久发展的重要途径。通过以上论述可见,传媒机构必须根据自身特点,在所有可能的平台上塑造和推广自己的品牌。

在准确分析传媒核心理念与核心竞争力的基础上,传媒组织应该运用可视化的手段在各种传媒平台上推广自身形象。形象宣传画、形象宣传片、话筒标志、片花、报名与报头等需要在多种平台上频繁与受众见面方能加深印象,形成选择习惯。

1)选择恰当的投放对象和投放时间

广告一直被认为是品牌传播的主渠道。形象广告应长期稳定投放,方能见其成效。

虽然传媒在刊播形象广告方面拥有一般品牌所不具有的渠道优势,但是随着受众消费方式的日益碎片化,传媒选择刊播自身形象的选择应该更加多样化,特别是新媒体手段的运用更能带来大批年轻受众群体的关注。中央电视台宣传片《相信品牌的力量》最初是作为广告招商片,后来用于媒体品牌宣传,主要投放在中央电视台各频道日常播出。腾讯视频微电影上线"微影院",并以一级子频道的形象出现在腾讯视频首页的显著位置,腾讯视频方面表示,将致力于将微影院频道打造成中国具影响力的微电影首发平台。

另外,传统媒体利用新媒体,新媒体利用传统媒体进行交叉推广成为传媒品牌推广的新趋势。爱奇艺等网站在同质化竞争下渴望突出重围,令受众识记并形成内容选择路径依赖,于是精心制作形象宣传片在主流媒体上滚动播出。

当然,传媒品牌广告介入时机、日播频次、时段与版位以及持续时间也是很难把握的技术操作细节。浙江卫视热播节目《中国好声音》就引入了媒体投票环节——101 家媒体代表分别对参赛选手进行举牌、贴星。这 101 家媒体(包括报纸、网站、音乐公司等)以无缝嵌入节目内容的形式进行品牌宣传就是一种不错的尝试。

2)选择恰当的诉求策略,提高传播效果

广告传播的诉求方式有两种,一种是情感诉求,另一种是理性诉求。传媒产品有的着重向人们传达信息和观念,有的着重给受众带来情感体验。定位高端或者信息性强、观念性强

的传媒产品,诸如《纽约时报》和 BBC 等媒体通常向人们传达其客观、公正等新闻专业主义者形象,中央电视台在品牌识别策划中也成功地塑造了权威大台形象。以娱乐节目为主要特色的传媒组织或者部分商业性传媒组织则侧重以趣味性调动大众兴趣,如湖南卫视则常常旨在"还原你心中的一个梦",使受众获得角色扮演的替代性满足,从而产生情感共鸣。

面对来自各种新媒体,尤其是自媒体平台的竞争,电视媒体的压力进一步加大了,许多电视频道被迫改版,研发新节目,对受众进行全新推广变得更加重要。总的来说,在受众注意力被严重分流的今天,情感诉求比叫卖策略更能柔性打动、撼动心灵,软性诉求正在成为传媒品牌广告的发展趋势。

3)寻找独特卖点,实现精准传播

传媒早已进入市场细分时代,品牌宣传也应该定位精准,不要指望打动所有人,只要打动目标受众就可以了。广告学中,商品品牌推广常常使用 USP 理论,USP 就是英文"Unique Selling Proposition"的缩写,要求每个产品只提供一个独特卖点。正如海飞丝突出去屑,而飘柔强调柔顺一样,传媒组织和传媒产品也需要在分析自身特点和竞争对手特点的基础上,实现定位差异。各类媒体纷纷选择自身特长来完成定位和品牌推广,如中央电视台强调权威性,湖南卫视定位娱乐节目,爱奇艺和腾讯视频强在版权网综和网剧,B 站突出弹幕;但也有不少媒体因为缺少特色而逐渐趋于边缘化,甚至有被市场淘汰的危险。

4.2.2 策划公共活动,进行品牌整合营销传播

"活动"一词来自英文"Event",含有"事件、节庆、活动"等多方面的含义。国外常常把节日(Festival)和特殊事件(Special Event)、盛事(Mega-event)等合在一起作为一个整体,中文译为"节事活动"。西方学者将文化庆典、文艺娱乐事件、体育赛事、教育科学事件、私人事件、社交事件等通通归结到节事范围内。节事活动策划在旅游和零售领域已经得到高度认可,但是在传媒品牌策划领域运用还不够。

实际上,活动策划以注意力稀缺为理论前提,以培养注意力为目标。有些电视台为名记者、名主持召开见面会和发布会,让名记者、名主持带头爱心助学等,通过制造轰动性事件增加媒体名人的曝光率,以此提高传媒品牌知名度。这些公共活动在当时曾引起巨大轰动,但是"事件"结束则渐渐归于平静,这并不是活动策划的必然结局。公共活动策划应该更多地被看作一个平台,一个"内容在这里诞生""注意力在这里聚焦""体验在这里进行""资源在这里整合""周边产品在这里衍生"的综合平台。[①]如果公共活动坚持整合赞助商、企业、公众、传媒等多方资源,坚持连续性,突出文化特质,就能最大限度地实现"多赢"局面。

实际上,传媒通过公共活动建构自身品牌形象可以从以下两个方面突破。

1)策划营销主导型公共活动

这是一种以盈利销售为主、品牌宣传为辅的主题策划活动。这类公共活动由传媒组织

---

① 王伟.活动营销的价值与困惑[J].新营销,2013(9):56-59.

与合作企业共同开发,目的在于吸引公众参与,可以采取展览会、竞赛、周年庆祝活动、运动会、制造争议话题等形式。

[案例]

2014 年,《泉州晚报》利用中国晚报工作者协会副会长单位的有利条件,邀请全国 50 多家晚报的 70 多位总编辑、记者前来福建省安溪县"走基层"。这个县的 110 万人口中,有 90 万人从事与茶产业相关的工作。活动前,整个县只有通联部一个记者驻守,对当地的产业报道开发不足。活动开展后,报社总编辑亲自带队到茶乡走基层、驻点,同时指派几组记者轮番前往采访。在半年多的时间里,累计有 80 多个整版的报道,全方位地展现了茶乡的风采风貌和茶农的生活与经营。在活动开展中,通过对区域内品牌企业的关注,引起适当的竞争,从而让企业主自觉自愿地投放广告,不仅拓展了广告经营领域,也密切了党报与当地企业的联系。"安溪铁观音大型品牌推广活动"评选落幕时,《泉州晚报》推出了一个特刊,原计划 16 个版,但闻风的企业纷纷要求刊登广告,结果特刊增加到 32 个版,其中 16 个版都是企业投放的广告。可见突破单打独斗的思维,把全国的同类媒体都集合起来,不仅能帮助媒体的品牌影响力获得极大提升,而且可以密切全国兄弟媒体间的联系,为今后更大范围、更长远的合作打下基础。[1]

2)策划传播主导型活动

策划传播主导型活动主要指以品牌宣传为主、盈利销售为辅的策划活动,这类品牌宣传活动主要发生在传媒组织内部发生重大事件时,如上市、并购、庆典、获奖、重大决策、高层人物或明星记者、明星主持人出席国内外享有盛誉的论坛和会议、在全国著名高校进行主题演讲、出书等都是传媒组织进行品牌传播的最佳时机。另外也可以策划如"大型乙肝科普咨询义诊活动""诺贝尔经济学奖得主广东行""小区电影巡回展""概念时装秀暨客户联谊会""华语电影传媒大奖"等活动,这类活动注重传媒形象的传播,Logo、报头、图片等以背景板、单册(页)、海报、白皮书、礼品等形式出现;而相关领导参与活动开幕、颁奖、抽奖或闭幕仪式,往往带来令人震撼的一刻。

[案例]

2017 年,《半岛都市报》有一个非常经典的营销策划案例。在当时中央电视台《遇见大咖》栏目关于中国首富万达集团董事长王健林的报道画面中,王健林正在私人飞机上阅读《半岛都市报》,该报记者发现了这一细节,并抓住王健林"先定个赚一亿元的小目标"的金句正在网络上流行这一契机,报社立即策划并推出"看半岛实现小目标"的微信视频内容。这一策划在微信朋友圈迅速传播,起到了较好的传播作用。

参加各种文化、社会、体育、教育等公益事业能够显示传媒的人文关怀和社会责任感,特

---

① 林耀平.策划区域活动 树立党报品牌[J].新闻战线,2014(4):41-42.

别是创意新颖、参与性强、社会关注度高、可持续开发的传媒文化活动更是传媒展示形象、提升品位的重要途径。基于此,传媒在形象塑造战略中要广泛关注公众,通过整合活动资源,举办各种富有特色的传媒文化活动,塑造出传媒关注社会利益的良好形象。

4.2.3 开发衍生产品,进行品牌延伸

在已经确立传媒品牌地位的基础上,将原有品牌运用到新的产品或服务,从而进一步提高传媒品牌的知名度。据统计,美国电视综艺类节目总收入中约有 40% 来自广告收入,60% 来自节目品牌的延伸营销。[①]

传媒衍生品是借助原生内容营造出的深远影响与品牌忠诚,推出相关产品的经营手段。传媒内容要素经过变形、组合以及扩散等方式形成的衍生产品,对充分利用传播的溢出效应、挖掘内容的潜在价值、拓展版权所有者的获利空间、提高相关单位的收益具有重要意义。

传媒组织用来策划开发衍生产品的方式通常包括横向延伸和纵向延伸两种。

1) 横向衍生产品的策划开发

横向延伸是传媒集团在同一传媒产品或不同传媒产品层面的扩展。这种模式是要从单纯向广告主卖观众注意力,转变为不但向广告主卖注意力,还要向消费者卖"关联商品品牌"和"服务品牌",其最大的优势在于发挥范围经济所带来的"立体规模经济",降低生产成本。范围经济就是传媒组织通过扩大经营范围而带来的经济性,它本质上是对企业可以共享的剩余资源的利用。

品牌横向跨越指的是水平方向上进行的涉及支持力、渗透力、认同力和杠杆力的延伸。品牌横向延伸的主要是品牌在产品的品类、受众群体以及关联度上进行的延伸跨越:有在既有的产品范围内扩展,如小品类品牌跨越,或者是系列品牌的跨越;有在不同的产品范围内品牌延伸,如大品类品牌的跨越;有在消费者群体上进行跨越,如小类别的消费者群体跨越和大范围的消费者群体跨越;还有就是品牌横向的协同作用等。

(1)跨地域横向品牌延伸

受到政府规制或者自身实力限制等影响,传媒产品往往局限于某个地域内进行传播。但是随着国际市场的逐渐开放和统一,跨国传媒集团可以将自身旗下的报纸、电视、网络等传媒产品在世界各地进行本土化改造,与当地主流媒体融合,创造本土化的传媒产品。

(2)跨受众群横向品牌延伸

这种类型的品牌延伸一般做法是由主品牌带动几个副品牌,向不同年龄段、性别、受教育程度、趣缘群体的拓宽。例如华纳兄弟娱乐公司的经典作品《超人》就全面覆盖了动画版、青少年版、青年版电影,青年版电视剧等多种作品形式。北京字节跳动科技有限公司接连推出抖音短视频、西瓜视频、火山小视频、悟空问答等多款我们熟知的软件,全面覆盖各种不同受众群体。

---

① 周宁.中国电视传媒企业的产业延伸[M].上海:复旦大学出版社,2008.

（3）跨媒介横向品牌延伸

在新媒体环境下，传统媒体和新媒体企业得以在不同的传媒介质间流动、融通，内容可以共享，利润可以最大化，也实现了传媒间的协同作战特点，宣传效果更佳。在新媒体语境中，故事或内容已经不仅仅是一个平台上的产品，而成为一系列由数字和模拟控制的游戏设置和叙述。同一个故事产品可能基于听觉、视觉、触觉，甚至两种以上感官交互，也可能呈现为报纸、电影、电视节目、DVD、视频游戏、MP3、网络小说、情景短剧、博客等各种媒介形式。媒介融合更使内容产品通过多样化的表现方式呈现在受众面前，横跨多种媒体平台传播流动已经不可避免。这些产品之间或许存在些许差异，但是其关联性、承接性、精神内核往往是统一的。

2）纵向衍生产品的策划开发

所谓纵向衍生产品，主要指的是向产业链的上游或下游进行渗透，达到某种经济活动的垄断效果。产业链原本是产业经济学中的一个概念，是各个产业部门之间基于一定的技术经济关联，并依据特定的逻辑关系和时空布局关系客观形成的链条式关联关系形态。产业链主要基于各个地区客观存在的区域差异，着眼发挥区域比较优势，借助区域市场协调地区间专业化分工和多维性需求的矛盾，以产业合作为实现形式和内容的区域合作载体。产业链中大量存在着上下游关系和相互价值的交换，上游环节向下游环节输送产品或服务，下游环节向上游环节反馈信息。

以电影为例，纵向延伸通常表现为包括电影制片、发行、播放和销售等不同阶段的并购。这种方式的优势在于可以用内部交易代替市场交易来降低成本，同时还可以保证相对稳定的供给关系，防止经营活动受到外部不确定因素的影响。

纵向延伸通常也表现为两种方式：

（1）以核心内容产品为基础的产业链延伸

这种方式包括电视媒体以节目的发行和以节目为中心的上下游产业开发，图书企业以某一"爆款"作品来出版系列小说并改编成影视作品或网络游戏，动漫公司把已经广为人知的动漫形象印到玩具和童装上面。例如芒果TV在湖南卫视正片节目播出时，通常会制作衍生节目来增加节目的吸引力：湖南卫视在播《我是歌手》时，芒果TV播出衍生原创节目《歌手相互论》，通过观看《歌手相互论》，观众可了解到歌手更多方面的信息和不为人知的"小秘密"；《爸爸去哪儿》每周五晚在湖南卫视播出，芒果TV的衍生节目《爸爸带娃记》每周一到周三上午播出，也起到了帮助周播节目稳定收视率的作用。在内容创作之外，2016年8月8日，芒果TV还发布了智能电视系统MUI，标志着它进军硬件行业。除了推出智能电视和电视机顶盒，芒果TV还将内部研发适用于互联网电视的操作系统。

这种以核心内容产品为基础的产业链开发，除节目发行、演出、出版、音像等相关产业外，还广泛涉及房产、旅游、餐饮、零售、制造业、五金家电、食品、室内外装修等第三产业。总之，越来越多的栏目开始围绕自身定位进行产业链的多次开发。比如，相亲类节目可以延伸出婚庆庆典、婚纱影楼、蜜月旅游等与之建立长期的服务关系。

（2）以媒体定位为基础的产业链开发

电视台可以利用自己固有的品牌优势盘活无形资产，结合自己的频道定位，开发延伸产业。频道还可以与其他领域进行电视栏目合作、合办、代理、播出、发行取得版权和效益;通过广告制作、分销、代理、合作、分拆、联营等方式获得经济收入;通过品牌延伸的策略,进行影视后期产品的开发来增加经济效益,可开发的产品有图书、杂志、游戏软件、CD 以及各类纪念品等。

2018 年 3 月,网易云音乐联合人民日报出版社推出了一本乐评笔记书《听什么歌都像在唱自己》,由网易创始人丁磊作序,从 100 万条高赞乐评中精选出 244 条,再加上人民日报的影响力,该乐评书面世当日就在网易云商城预售告罄。之后,网易云商城还推出过网易云音乐线圈笔记本、缤纷计划本等文具周边,云视蓝牙音响、氧气蓝牙耳机等数码影音周边,以及以吉祥物西西和多多为主题的毛绒公仔、T 恤、抱枕、毛毯等其他原创周边产品。①

【实战案例】

腾讯品牌延伸策略

腾讯公司自 1998 年成立以来,产品线越来越多元化,品牌一直在扩张,已经从当初一个即时通信软件公司发展成中国目前影响力最大的互联网公司之一。2018 年《财富》世界 500强排行榜发布,腾讯公司排名第 331 位。

腾讯公司的纵向品牌延伸策略主要抓住核心产品来拓展产业链。从它在国内最早推出QQ 即时通信软件起,QQ 用户注册量就与日俱增。如此庞大的用户群体,带来巨大的品牌延伸潜力,如何产生足够的黏性,把这数亿用户迁移到其他产品上去呢? 腾讯公司紧紧抓住社交性这一新媒体时代的核心特质,不断开发社交产品,而每一款新的社交产品都深深扎根于原有的 QQ 用户身上,每一名 QQ 注册用户,都拥有最先接触和拥有新社交工具的机会。QQ聊天工具为腾讯提供了直达用户的最佳抓手和庞大用户基数。2003 年腾讯推出了"QQ 游戏",仅仅用了一年的时间,到 2004 年年底,QQ 游戏的最高在线人数就发展到了 100 多万人,超过竞争对手,成为国内第一大休闲游戏平台。QQ 邮箱、QQ 秀、Q 币、QQ 空间、微信、微信朋友圈、微信运动等一系列社交工具之间存在高度关联性。甚至其杀毒软件"腾讯电脑管家"、腾讯网、腾讯微博等腾讯名下数十个媒介产品也都受益于 QQ 即时通信软件所建立的用户群。大多数腾讯公司的产品都是依靠 QQ 客户端的宣传渠道间接引导,大大降低了市场进入门槛。

腾讯公司的横向品牌延伸策略综合运用了跨受众群、跨地域、跨媒介等多种方式。2003年 12 月,腾讯推出自己的门户网站"腾讯网"——QQ.com,这是"集新闻信息、互动社区、娱乐产品和基础服务于一体的综合性门户网站,是腾讯公司旗下并列于 QQ 的横向媒体平台"。腾讯网在全国各地推出地方版,在湖北叫大楚网,在湖南叫大湘网,如此一来,不但规避了商业新闻网站不够权威的缺点,而且塑造了其亲民性、本土性的优势。腾讯公司在现有产品的基础上不断纵向细分产品类型,相继推出了面向商务办公人员的即时通信工具 TM、网页浏览器腾讯浏览器、QQ 音乐等产品,同时涉足电子商务,开发"拍拍网"等,后续随着网络视频和短视频热潮先后涌现,腾讯视频、腾讯微视等产品又应运而生。其受众群体从最初

---

① 刘少君.网易云音乐的品牌竞争力研究[D].南宁:广西大学,2019.

的学生群体逐渐扩大到各个年龄层,既满足网络社交需要,也适应网络办公、网络课堂、影音娱乐、了解资讯等各种需要。每一个产品都推出了适应手机、PC、Pad 等多种终端的版本,仅 QQ 游戏就包含手游、小游戏、大中型游戏等多种类型,QQ 聊天工具不仅满足个人交友需求,还推出企业 QQ,微信账号也同时存在个人微信和企业微信等不同类型,多种产品并行不悖,全面覆盖。

【案例分析】

腾讯公司作为中国最成功的互联网公司之一,其品牌延伸既包括纵向产业链的打通,也包括跨受众群、跨媒介、跨地域的横向覆盖,始终抓住用户需求走向,保证品牌延伸的相关性,这些子品牌产品之间的关联性不仅由名字而起,还由受众定位和产品互补性和上下游关系而建立。但值得注意的是,品牌延伸对很多大企业来说是一把"双刃剑",做得好能使新产品占据先机,而且在市场上形成一种遍在效应,但是品牌延伸并不是多多益善,应把握适度原则,在保障关联性的前提下适当延伸,否则一着不慎,满盘皆输。

【拓展训练】

请你结合本小节案例,谈谈《小猪佩奇》的品牌延伸策略是怎样的,你对此有何看法。

【课后思考】

1.有的传媒机构在开展多元化经营时,将产业链延伸到多个领域,如房地产、餐饮、酒店、旅游等,请思考这种延伸可能会给传媒组织带来怎样的威胁。

2.请你结合自己最喜欢的一个广播电视节目,谈谈它是怎样进行品牌延伸的。

任务三　传媒品牌维护策划

【任务描述】

品牌形象是由多种因素构成的综合体,其构建复杂而缓慢,但是却极易受到损害。在企业的形象危机中,传媒通常起到传递、沟通、交流信息等作用,在品牌危机管理中扮演着重要角色。但是传媒自身也有遭遇品牌形象危机的时候,同样需要恰当处理品牌危机。要想保持传媒品牌的新鲜活力,传媒组织应该建立品牌管理观念,培养品牌文化,以确保品牌管理的健康运行。

【案例导入】

奥斯卡金像奖品牌持久之道

成立于 1929 年的美国电影艺术与科学学院奖(简称"学院奖",俗称"奥斯卡金像奖")是世界电影领域中历史悠久、影响力最大的一个奖项。实际上,每个"小金人"物质意义上价值约 350 美元,其主要价值在于精神嘉奖。

探究奥斯卡奖持久的活力,你会发现奥斯卡评审委员会一直在稳定与变革、公正与人性化之间保持动态的平衡。提名、投票、颁奖礼等固定环节是既定模式,但评审委员会从不故步自封,而是根据形势发展对评选规则不断进行调整,对奖项设置不断进行完善,如 1937 年,设立了并非每年都颁发的"欧文·萨尔伯格纪念奖",用以褒奖长期以来维持作品高水准的独立制片人,这反映了评奖机构对评奖结果的不尽完善进行的某种修正。目前奥斯卡金像奖共设有最佳影片、最佳导演、最佳男主角、最佳女主角、最佳男配角、最佳女配角、最佳原创剧本、最佳改编剧本、最佳剪辑等 24 个奖项,并从 2009 年开始最佳影片提名数由 5 部增加到 10 部,以让更多优秀影片加入角逐行列中来。奥斯卡评审委员会还不断地与种族歧视作斗争,淡化参赛片的国籍,促进奖项的国际化。

在维护高标准与公信力方面,奥斯卡金像奖的评选一开始未能免俗,投票权掌握在学院 5 名元老组成的评审团手中。大名鼎鼎的玛丽·碧克馥施展公关手段盛情款待了 5 名评委,如愿成为第二届奥斯卡最佳女主角,结果招来一片非议。这也使得学院作出一项重要决定:取消 5 人评审团,从第三届开始改为所有会员享有提名与投票权。这样一来,便体现了一种建立在公信基础上的"业内民意"。而最重要的统计工作由普华永道会计师事务所承担。为了保证无作弊可能,数十年来奥斯卡始终采用最原始的人工清点方式。

可见,奥斯卡评审委员会自始至终在维护奖项生命力方面不遗余力,并且卓有成效。

【课程内容】

4.3.1　保持传媒品牌产品的稳定性和高质量

传媒说到底是内容产业,每一个传媒组织的品牌形象都是建立在内容产品之上的。先有品牌传媒产品,然后有品牌传媒组织。

以电视栏目为例,受众的媒介接触行为往往具有延迟性,电视因而需要有一个相当长的稳定期,否则很难形成媒介接触习惯。哥伦比亚广播公司(CBS)几十年如一日地播出《60分钟》,几十年如一日地呈现沃尔特·克朗凯特和丹·拉瑟等明星主持人,受众不仅没有"审美疲劳",而是一天不看某节目或某位主持人就不习惯,这就是品牌栏目和品牌主持人的意义所在。

一个品牌节目的创建必须形成统一的生产模式以确定稳定的制作标准、技术和艺术品格。标准化生产是确定产品信任度的重要保证。目前国内许多电视节目的制作和创作水平很不稳定,质量和质素都常常因时、因地、因人而异,无法与受众建立接受契约关系。

当然,在对品牌的维护过程中主要应该处理好变与不变的关系。这主要表现在栏目形态和内容的变与不变,以及从业人员的变与不变。在栏目形态和内容方面,一般来说,栏目的基本形态(如栏目名称、结构、主持人及背景音乐等)应该保持相对稳定;但为了保证品牌栏目的生命力,诸如栏目的理念和选题等方面,要随着时代观念的变化而变化。在必要的时候还可以改版,但必须保持品牌的相对稳定。相对于节目形态而言,创作人员虽是居于幕后的,但要维护一个品牌,就应该有一个相对稳定的创作队伍,才能保证节目有相对稳定的艺术风格和技术水准。与此同时,为了创新,又必须引入新的人员,因为新的人员受栏目的束缚少一些,更容易突破。

品牌的建立不是一朝一夕的事,而是长期积累和发展的结果。这就有一个品牌维护的问题。不仅在品牌的确立过程中要注意维护,而且在品牌得到受众普遍认可后也应该维护,否则品牌就会消失。传媒产品在生产过程当中有不断地自我调节、自我循环的过程,而我国的许多报刊栏目和电视节目缺少一种长远的规划和恒久的理念,许多好栏目到了一定高度就渐渐走向衰落。

4.3.2　传媒品牌形象危机应对[①]

1)传媒品牌形象危机的成因

(1)报道假新闻

真实性是新闻的生命。对于新闻类传媒来说,报道假新闻无疑是对其品牌的沉重打击。前文已经提到,衡量传媒品牌力的一个标准便是媒体的公信力,也就是传媒赢得社会公众信

---

①　薛珂,余明阳.媒体品牌[M].上海:上海交通大学出版社,2009:157-160.

赖的能力,它是传媒自身内在的品质和外在形象在社会公众心目中占据的位置,是衡量传媒权威性、信誉度和社会影响力的标尺。公信力的基本要求便是真实,一个频频造出假新闻的传媒是不可能拥有公信力的。

[案例]

2018年12月19日,一位网友在新浪微博上发布了一条帖子,内容为一个小偷看中了武汉的刘先生放在楼下正在充电的电瓶车,在偷电瓶时意外触电身亡。小偷家属索赔20万元,经法院调解后,刘先生赔偿了5万元精神损失费。这条微博链接的信息出处是《北京青年报》19日刊发的一篇评论《小偷偷电瓶车身亡 车主要不要赔偿》。这桩离奇的判决在网上引起相当大的关注和批评。

20日,武汉市中级人民法院发布通告称:"我市两级法院近年来没有受理过媒体所报道、评述的相关案件或类似案件。我们注意到,报道该'案件'的首发媒体已自行删除了相关文章。"据《楚天都市报》报道,网上最早出现类似消息是在2018年7月13日,但文中没有时间、地点、当事人等信息。此后信息在多轮传播中,增加了"刘先生""武汉的刘先生"等信息。作者以这条三无信息为依据进行讨论,在网上引发了新一轮的大规模传播,给《北京青年报》报社带来了极坏的影响。

(2)违反职业道德

作为社会公器,传媒应当代表人民的利益,表达民众的呼声,传媒有责任和义务向公众提供上乘的精神食粮。减小对采访对象的伤害、杜绝有偿新闻、人和生命的尊严高于一切等原则已经得到全世界的认可。

[案例]

2019年3月15日,在新西兰基克赖斯特彻奇(又译督城)清真寺枪击案的直播过程中,Facebook和Youtube等平台中的自动检测系统没能自动标记出枪手用GoPro做的直播,导致了暴力视频的流出。来自伦敦城市大学的网络安全教授Tom Chen指出,当恐怖视频像视频游戏的时候,很难被自动分类系统识别发现。与此同时,一群用户持续不断地将其再编辑或拍摄电视画面而形成的不同版本的枪击案视频上传网络平台,导致枪击事件的暴力视频大量传播。

(3)缺席重大事件

传媒出于某种原因而迟报、瞒报重大事故伤亡等现象并不鲜见,让人最为印象深刻的就是2003年面对"非典"媒体突发集体失语。面对来势汹汹的"非典"病毒,面对国际组织的警告,传媒瞒报行为受到了多方指责,民众因为得不到官方信息而人心惶惶,国外传媒别有用心地借机丑化中国。可以说,"非典"报道的初期,我国传媒的品牌公信力受到了挑战,在国际、国内都遭遇了集体品牌危机。2020年1月,新型冠状病毒突如其来,实际上也是对中国媒体的一次检验。所幸的是,这次不管是地方媒体还是全国性媒体、传统媒体还是自媒体,都对这一重大疫情给予了高度关注。

2）品牌危机应对的原则

关于品牌危机的处理，商业品牌已经积累了丰富的经验，对于传媒品牌危机同样具有指导意义。

（1）快速反应原则

以最快的速度启动危机处理方案，力争在 24 小时内公布处理结果，如果一个危机发生时不能在 24 小时内作出及时反应，就会造成信息真空，让各种误会和猜疑产生。

（2）主动和真诚原则

任何危机发生后，都不能回避和被动地应付了事，而是要积极地直面危机，有效控制事态发展——可以任命专门的发言人，主动与外界沟通，并且开辟高效的信息传播渠道。如果面对危机，任由"家丑不可外扬"的传统观念作祟，不仅不利于危机的解决，反而可能因隐瞒真相而引起公众更大的愤怒，从而产生更为严重的危机。

（3）统一性原则

在危机处理阶段，传媒应该冷静、有序、果断地指挥协调统一，宣传解释统一，行动步骤统一，全员上下统一，切不可让员工成为旁观者，失序和失控只会造成更大的危机。

（4）人道主义原则

危机在很多时候会造成人身财产的损失，传媒在这时应该本着人道主义精神，对受到财产损失的民众给予相应的补偿，对遭受身体伤害的人员及时给予治疗。

3）品牌危机应对策略

如果遭遇品牌危机，传媒一般都要面对受众、当事人、其他媒体和政府等几类人群和组织，我们可以对他们采取不同的危机应对策略。

（1）对受众的策略

危机发生后，传媒应该尽可能地告知受众危机处理办法。本着主动真诚的原则面对危机，否则，就可能产生更为严重的危机。例如"6·22 山西繁峙矿难记者受贿"中，新华社有 4 名记者违纪，对国家通讯社的形象造成极大损害。新华社很快就公布了对涉案的 4 名记者的处理结果，并向社会作出承诺：坚持报实情、说真话，维护新闻的真实性、公正性；清正廉洁，公道正派，坚决抵制有偿新闻、虚假报道，恪守新闻职业道德。新华社表示，欢迎社会各界对新华社记者和编辑进行监督，并公布了举报电话、电子邮箱等。这些措施不仅向社会表明了新华社坚强自身队伍建设的决心，还弥补了记者受贿事件造成的品牌声誉损失。

（2）对当事人的策略

近年来，由于新闻采访报道的失误而造成对当事人的严重侵权事件时有发生。如果发生此类危机，负有侵权责任的传媒应该在第一时间主动与当事人取得联系，表明态度，尽量不要把事态扩大。在情况查实后，应当向当事人承认错误并取得当事人的谅解。危机在很多时候会造成人身财产的损失，传媒在这时应该本着人道主义精神，对造成财产损失的民众给予相应的补偿，对造成身体伤害的人员及时治疗。

（3）对其他媒体的策略

在市场经济环境下，传媒组织间围绕发行量、收视率、广告市场展开了激烈争夺，期间不免产生摩擦。如果能通过相关部门调解最好,如果不得不对簿公堂,也要注意维护传媒形象,学会在规则基础上竞争、合作,在竞争中开展合作,在合作中友好竞争。

（4）对政府的策略

我国传媒是党和人民的喉舌,必须接受党的领导,为人民群众服务。遇到重大危机,传媒应该及时主动地向上级主管部门与同级党委和政府联系,定期向主管部门汇报事态的发展,获得党委及政府的领导。事件处理后,还应该详细地报告处理经过、解决办法以及今后的预防措施。

4.3.3　传媒品牌危机的防范机制

品牌危机的防范是品牌危机管理的首要任务,也是第一要旨。作为一个管理过程,它表现为媒体内部的品牌危机监测、跟踪和预警系统的建设与运作,同时还需要将防范意识渗透到媒体经营管理的每一个环节中去。

1) 树立危机意识

传媒面对日趋激烈的竞争,也不可能一帆风顺,想要做大做强就必须树立危机意识。只有始终保持对外部环境的警觉并随时作出反应、提高对潜在危机的预判,才能将危机化解于无形。

2) 成立品牌危机管理机构

随着商标等知识产权纠纷的增多,建立专门的媒介品牌管理部门,近几年已成为我国媒介的新趋势。建立品牌管理团队就是成立一支由骨干成员组成的高效率团队,整体制订品牌运营规划,监督品牌标志系统的执行,负责品牌活动的策划,在影响品牌形象的事件发生时能够第一时间介入,并实时监控各种危害品牌资产的行为。另外,还要创造性地培育品牌文化。品牌文化,是指品牌在经营中逐渐形成的文化积淀,它代表着品牌自身价值观、世界观。比如,对受众来说,订阅"澎湃新闻"可能相比订阅"今日头条"更能彰显自己的价值观、个性、品位、格调、生活方式和消费模式;只有品牌文化与受众产生精神上的认同、共鸣,才能保持品牌的持久生命力。

3) 提高传媒从业者的职业素养

传媒品牌危机的发生多数与从业者素质缺失有关系,为了抢新闻而忽视道德和法律规范的事情时有发生。为了防范这类现象,传媒应该定期组织学习法律法规和道德规范,全方位提高从业人员素质。

【实战案例】

脸书数据泄密事件与扎克伯格的危机公关

2018 年 3 月 17 日,美国社交媒体脸书(Facebook)爆出大规模数据泄露丑闻。这一后来被称为"剑桥分析事件"的丑闻源于英国剑桥大学的心理学讲师亚历山大·科根(Aleksandr

Kogan)把脸书与一个"心理测试"小程序结合起来,收集脸书用户的个人信息记录,然后以大价钱卖给一家政治数据公司剑桥分析(Cambridge Analytica)。剑桥分析公司其实是政府和军方的承包商 SCL 集团(其业务范围包括为各国的选举活动提供咨询服务)下的一个分支机构,即是说剑桥分析公司利用脸书数据帮助特朗普当选总统。其具体做法是,他们通过从脸书上收集来的个人用户信息,结合科辛斯基的"五大人格"理论,来分析众多的美国选民的心理特征和个人爱好,然后针对这些选民的特点和爱好来为特朗普的竞选广告出谋划策。他们分析个人的讲话、表情、态度、举止,判断出这个人的性格、喜好,然后根据这个人的人格特点和习惯爱好有针对性地将信息植入社交网络中,从而达到毫无察觉地向用户灌输某种思想,改变用户心理的目的。改变用户心理的这一操作在商业中或许是很好的营销宣传手段,但要是在政治中那就很可怕了,这也就是人们会将其称为"窃国者"的原因。[①]

可怕之处,不只在于数据资料外泄的风险问题,还在于 Facebook 在两年前就知晓事件的情况下并未及时对外披露这一信息。3 月 22 日凌晨,Facebook 创始人兼 CEO 马克·扎克伯格在泄露丑闻后首次发声,他承认对 Facebook 数据泄露事件负有责任,并承诺将对开发者们采取更严格的数据访问限制。3 月 25 日,扎克伯格在 6 份英国报纸和 3 份美国报纸上,为信息泄露一事道歉。扎克伯格称,"这是对信任的违背,我很抱歉我们做得不够好",还称"我承诺会为你们做得更好"。报纸页面上还用较大字体写着:"我们有责任保护你们的信息。如果做不到,我们就不配提供服务。"[②]

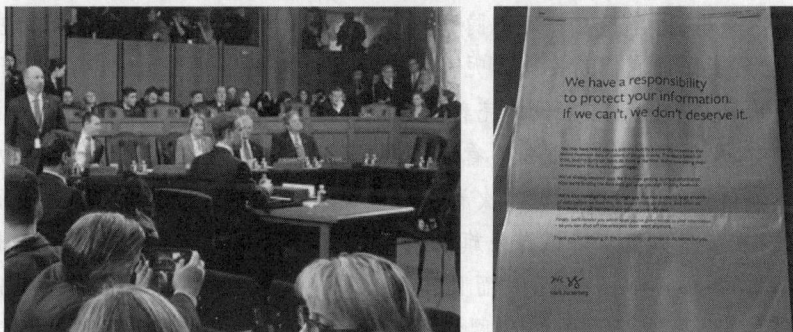

图 4.3.1　扎克伯格参加听证会现场图片及其道歉信

3 月 28 日,脸书宣布今后 6 个月终止与甲骨文云数据和 WPP 集团等多家大数据企业合作,以更好地保护用户隐私,希望扭转外界"保护用户隐私不力"的印象。4 月 10 日,扎克伯格在美国国会参议院司法委员会和商业、科学和交通委员会联合举行的听证会上接受质询,并承认"我们先前没有充分认识到我们的责任,这是一个巨大的错误","没有在用户数据保护方面做出足够努力,导致出现了'剑桥分析'滥用用户数据事件"。4 月 11 日,扎克伯格再次接受美国国会问询,这次他面对的是众议院能源和商务委员会 5 小时的连番质询。扎克伯格没有保证支持新隐私法规立法,也拒绝改变脸书的商业模式。

因为这一丑闻,脸书大受影响,不单是用户开始质疑 Facebook,失去了用户的信任将对

---

① 陈威霖.脸书数据门所折射出的道德危机[J].新媒体研究,2018,4(7):63-117.

② 界面新闻.Facebook 高管接连发声　为数据泄露事件道歉[N].2018-03-22.

品牌未来将产生不可估量的严重影响,而且多个国家的政府也开始对该公司进行调查。最后脸书不得不支付美国联邦通讯委员会开出的创纪录的 50 亿美元罚金,以及英国数据保护机构 50 万英镑的赔偿金,股价遭到重挫,市值蒸发数百亿美元,同时还面临澳大利亚信息专员办公室等其他国家隐私保护机构发起的诉讼。最糟糕的是这家社交媒体内部的一些重要工程师已经要求调离到 WhatsApp 或是 Instagram 等团队,从而离开 Facebook 核心团队,还有其他一些员工选择彻底与该公司撇清关系,直接辞职,其中就包括了脸书产品设计师威斯汀·洛纳,他写道:"从道德层面上看,我现在已经很难继续在这家公司工作下去。"

可是脸书的改进工作似乎成效不大,2018 年 9 月,又有媒体报道,脸书网站存在安全系统漏洞导致受到黑客攻击,有 1 400 万人用户的敏感信息被黑客获取。这些信息包括姓名、联系信息以及搜索记录、登录位置等敏感信息。不幸的是,2019 年 11 月脸书公司第三次发生数据泄露事件,受影响的用户数量高达 2.67 亿,涉及他们的手机号、姓名、ID 等,并且任何人都可以直接在线访问该数据库。面对如此频繁的数据泄露问题,旧金山的法官甚至呼吁用户可以对该公司发起群体诉讼,而政府有关部门有必要对脸书公司进行长期监督。[①]

【案例分析】

当大洋彼岸的脸书公司的数据泄露问题反馈到中国市场时,所引发的关注度小得多。这一现象说明中国的互联网用户隐私权意识与西方不完全相同。在中国,相当比例的用户有时为了方便或省事,愿意牺牲一定的隐私权。现阶段的中国大数据市场,被一些互联网巨头牢牢掌握,谁又能保证它们是安全的呢? 面对中国互联网用户个人信息的泄露现状,隐私权法规建设和政府互联网管理条例的完善等工作都道阻且长。

从案例来看,脸书公司的危机公关看似并不高明,而中国互联网企业的品牌危机公关情况并不比脸书公司更好。百度公司多次卷入广告竞价、售卖百度贴吧信息等泥沼,甚至"魏则西事件"曾引发强烈舆情。腾讯游戏旗下的"王者荣耀"对青少年沉迷电脑游戏缺少必要管控,影响了青少年正常学习和生活;而且腾讯公司代理的 FIFA 足球世界游戏也陷入充值丑闻,投诉不断。乐视 TV 曾经在中国网络视频领域高居云端,但为实现其"平台+内容+终端+应用"的产业链垂直整合野心,不得不大规模融资,大规模烧钱,最终乐视公司创始人贾跃亭申请个人破产重组,乐视股票停牌。传媒品牌若想基业长久,则必须对品牌细心地呵护,始终永葆初心。

【课后思考】

1. 互联网上虚假新闻不时出现,假如你在一家门户网站的公关部门工作,请问你该如何处理最近网站发布的一则假新闻事件?

2. 许多人对传媒提供的统计数据将信将疑,你认为中国传媒面临的这种集体信任危机是什么原因引起的,如何应对?

[①] 中国经济网.因数据泄露,脸书或被重罚 50 亿美元! [N]. 2019-07-14.

综合项目实训

项目编号	4	项目名称	传媒品牌推广
实训背景		请为你所在大学的校园广播电台/电视台设计和推广品牌形象	
实训内容		1.以小组为单位为本校电台/电视台设计一个台标,或者为即将创刊的校园报刊设计报头; 2.根据该校园媒体的定位,拟定一则广告语; 3.以小组为单位,设计一份包含台标或报头以及广告语等要素的广告招贴画,并开展评比; 4.围绕某一主题,为该校园媒体推广品牌形象策划一场公共活动	
实训目的		1.掌握运用创意思维方法从事传媒品牌 Logo 设计和招贴画设计的原则和方法; 2.掌握运用创意思维设计传媒品牌广告语的方法; 3.掌握运用公共活动策划拓展品牌影响力的方法,培养组织、策划能力	
实训步骤		第一步:以小组为单位进行相关资料收集; 第二步:根据设定的实训内容,完成对该校园媒体的分析; 第三步:每个小组集思广益进行创意和策划; 第四步:班级进行公开讲评,选出最佳方案	
实训成果		1.广告招贴画; 2.公共活动录像资料	
要求与考核		1.教师负责指导和答疑,学生相互间可以进行讨论,但所有素材不得共享,否则均记 0 分; 2.指导教师根据学生课堂表现和所交的作品进行打分,按 100 分评定成绩; 3.按时交作品,若有特殊情况必须说明	

项目五

传媒产品策划

学习目标

知识目标

1. 理解传媒产品的市场细分和受众定位原理；
2. 了解传媒整体产品和传媒新产品，把握传媒产品策划内容；
3. 理解传媒产品组合形式和动因。

能力目标

1. 在把握传媒环境的基础上，精准地进行传媒产品的市场定位；
2. 能准确把握传媒整体产品和传媒新产品，掌握传媒产品开发的程序并能够运用于实际工作中；
3. 能正确掌握传媒产品组合的方式和策略。

任务一　传媒产品的定位策划

【任务描述】

　　传媒市场定位是传媒生存与发展的前提,是传媒产品策划的基础。

　　当代传媒生活已经进入了买方时代,几乎每个细分的传媒市场都存在供过于求的现象,为了争夺有限的受众,防止自己的传媒产品被其他产品替代,保持和扩大传媒产品的市场占有率,传媒组织必须为其传媒产品树立独特的形象,塑造与众不同的传媒个性,从而在受众中形成一种特殊的偏好。这就是传媒产品市场定位的意义所在,它可以使传媒组织在激烈的传媒市场竞争中立于不败之地。

　　在准确把握传媒环境的前提下,传媒产品市场定位是建立在市场细分基础上的对目标市场的选择。媒体市场不仅要面对受众,还要面对与其匹配的广告商,所以媒体在进行市场定位时,是双向定位而不是单向定位。

【案例导入】

　　《国家宝藏》是由中央广播电视总台、央视纪录国际传媒有限公司制作的文博探索节目。与传统文化纪录片"影像+解说词"的固有模式和"阳春白雪""曲高和寡"的高冷格调相比,《国家宝藏》无论是在题材选择、节目模式方面还是在内容表现等方面,都选择了不一样的"打开方式",它以文化的内核、综艺的外壳、纪录的气质,融入音乐剧、舞剧、民族器乐剧等多种艺术手法,融合演播室综艺、纪录片、真人秀等多种表现形态,创新展现了中华民族优秀传统文化的深厚底蕴与时代魅力。

　　节目共9期,每期以一个博物馆为主题,亮相3件镇馆之宝,第一季共集结了故宫博物院等九家国内著名博物馆的27件文物和27组国宝守护人。节目引入综艺节目的表现手法,将传统文博节目与时下流行的真人秀节目相融合,采取"流量明星+舞台剧""相关人士+人物访谈""文物专家+专业评点""现场观众+投票竞选"等模式,通过邀请与所要展示的国宝文物有一定关联的"流量明星、实力派演员",以小剧场舞台剧的形式演绎国宝文物的"前世传奇",让受众直观地了解国宝文物的来龙去脉及其背后的历史。同时,栏目通过邀请与国宝文物相关的文博专家、艺术家、科学家、设计师等参与节目,以讲故事的形式,现场讲述守护传承国宝及其文化的"今生故事",在用观众尤其是年轻人喜闻乐见的节目形式和话语体系讲述"大国重器"的前世今生中,解读中华文化的基因密码,感悟文物承载的文明精神内核。

　　厚重真实的文物信息、巧妙设置的剧情设计、明星准确的表演以及高规格的舞美设计,使得这档内核严肃、内容厚重的文博类节目,快速成为收视黑马。

按照美国著名营销学专家杰克·特劳特和艾·里斯(定位理论的创立者)的观点,市场定位是企业对目标消费者或者说目标消费市场的选择。[1]传媒产品市场定位,就是指根据目标市场的竞争形势、传媒本身条件以及消费者追求的关键利益,确定传媒产品在目标市场上的竞争地位。在传媒实践中,定位的确是非常复杂的。科学的传媒市场定位,是在宏观把握传媒环境前提下,建立在市场细分、目标市场选择基础上的系统工程。

5.1.1　市场细分

1)市场细分的定义与类型

(1)市场细分的概念

所谓市场细分,是指传媒按照一定分类标准,把传媒市场细分为若干需要不同的分市场,其中任何一个分市场都有一个相似需求的受众群体,都可以被选为目标市场。市场细分是传媒生存、发展的基本策略。

(2)市场细分的类型

①同质市场,即所有消费者的需求完全相同,没有差异。

②异质市场,即没有任何两个消费者的需求是相同的。

③聚类市场,即不同的人群有不同的需求,这是最常见的需求模式。

(3)市场细分的意义

①市场细分有利于发挥自身资源优势,扬长避短。

②市场细分可以发现新的需求,继而抢占新的市场机会。受众因其价值观的不同而分层分化,传媒为了准确地占领更多的市场份额,赢得受众,必须对市场进行更进一步的细分。

③市场细分可以分散经营风险。

④市场细分可以扩大市场份额。传媒可以选择最适合自己的某个或某几个分市场作为目标市场,在站稳脚跟后,持续推进,巩固、提高这一个或几个目标市场的占有率,以此扩大市场份额。

2)如何进行市场细分

(1)按时间标准划分

按时间标准,报业市场可以分为日报市场(早报市场、午报市场、晚报市场)、周报市场;广播电视市场可以细分为早间节目市场、午间节目市场、晚间节目市场和夜间节目市场。

(2)按地理标准划分

按照媒介覆盖的范围,可以细分为城市市场、地方市场(如长三角、珠三角)、全国市场、区域市场(如亚太地区、伊斯兰地区、欧盟地区)、国际市场。

---

① 严文斌.财经媒体的竞争策略——我任《上海证券报》社社长的亲身经历[G]//李彬,杨芳,等.清华大学新闻传播学前沿讲座录.北京:清华大学出版社,2006.

（3）按内容性质划分

传媒产品是内容产品，按其内容的性质，可以细分为法制类传媒市场、财经类传媒市场、体育类传媒市场、IT类传媒市场、娱乐传媒市场、时尚传媒市场等。

[案例]

作为中国IT媒体开创者的《计算机世界》创刊于1980年，由信息产业部电子科技情报研究所与美国国际数据集团（IDG）合资创办，也是中国新闻出版领域迄今为止唯一一家中外合资新闻出版企业。作为中国第一份面向计算机与信息产业领域的行业报纸，《计算机世界》秉承国际传媒的出版经验，将市场化的经营理念融进办报实践，凭借IDG国际传媒资讯优势，伴随中国信息产业的不断发展迅速崛起，以信息全面、迅捷、准确、权威而成为目前中国IT领域的第一大媒体。每周250版以上的精选信息吸引了每期22万多订户和150万的高素质读者，读者阅读率居全国专业媒体首位（新生代公司"中国媒体与市场调查"结果）；厂商、经销商的认同使《计算机世界》在中国信息产品广告的市场占有率达到50%，是同类媒体总量之和。目前，《计算机世界》的业务已经全面延伸到平面出版、网络、会展、专刊等领域，触角深入到了IT产业和信息化的各个层面。报社拥有中国CEO俱乐部、CTO俱乐部、CIO俱乐部、CSO俱乐部、中国绿色IT联盟等多个实体社区。在中国IT产业和信息化领域，《计算机世界》在引导IT产业舆论、推动市场IT热点、联络厂商与用户方面，形成了独特的资源和舆论影响力量。

（4）按受众特征划分

按受众年龄，传媒市场可以细分为儿童市场、青年市场、老年市场、女性市场、男性市场等。

按受众特征进行市场细分即传媒的受众定位。受众定位就是确定传媒产品明确的传播对象，解决向谁传播的问题，包括一家媒体的整体受众定位和各个版面、频道、栏目的特定受众定位两部分内容。受众定位是传媒市场细分的核心和基础。

[案例]

长期以来，纪录片"叫好的不一定叫座，叫座的不一定叫好"，一些获奖的优秀纪录片也只不过是在圈内小范围展映，受众仅限于参加电视节的业内人士，很少走进百姓的视野，导演拍纪录片很大程度是为了获奖。《舌尖上的中国》——一部讲美食题材的纪录片，从2012年5月14日起在中央电视台综合频道（CCTV-1）开播以来，之所以持续受到社会各界的广泛关注，坚持受众本位是一大因素。该片坚持以受众为本位，实现纪录片传播从小众到大众的转变。《舌尖上的中国》的拍摄没有集中在高档饭店和单纯的介绍美食，而是走到基层，走到各个美食的发源地，到充满乡土人情的农家小院去，更淳朴动人，让每一个家乡人充满自豪感并产生强烈的共鸣。每道美食背后隐藏的是浓浓的人文关怀，每道美食都有它自己的人物故事，每个故事又相互穿插，植根于每一个普通人，有着广泛的接受基础。

大数据时代，精准的受众定位是提升传媒生存质量的保证。受众定位常用模式有：

①受众区域定位。所谓"区域定位",其实就是传媒走地域化发展道路,针对特定区域内受众的需求展开传媒活动。比如,调查表明,北京的读者对体育和娱乐新闻的需求相对较高;上海的受众更关注国内新闻和财经新闻;广州的读者最关注国际新闻和本地新闻;成都读者倾向于关注国内新闻和本地新闻;武汉和西安的读者更倾向于从报纸中获取生活服务类信息。

②受众职业身份定位。不同职业和身份的受众,兴趣爱好常常大相径庭,即使他们同在一个城市。任何一家媒体在进行核心受众定位时,都不可能将所有职业身份的受众的需求和爱好一网打尽。确定传媒所针对的主要传播对象的职业身份范围,是核心受众定位的关键。

③受众年龄定位。不同年龄的人对信息的需要也不尽相同,老人比较喜欢健康知识、养生之道之类的栏目,中年人对"硬新闻"更感兴趣,年轻人则希望了解游戏、娱乐、时尚等信息。所以,年龄定位也是核心受众定位中不可或缺的一环,有时还是影响收视率、发行量甚至广告收入的重要因素。

④受众文化程度定位。不同传媒产品对自身核心受众的文化程度的要求也不一样。一般而言,报纸读者的受教育程度普遍比电视观众的受教育程度高,大型综合性日报的受众比晚报、都市报的受众文化水平高,时政类节目的受众比游戏类节目的受众文化素养高。

⑤受众性别特征定位。这对市场细分同样重要,因为女性往往倾向于感性诉求,轻松有趣的生活服务类、娱乐类和情感类节目比较欢迎;男性则倾向于理性诉求,题材重大的经济类、体育类和新闻调查类节目更受关注。

5.1.2　目标市场选择

传媒组织在划分好细分市场之后,可以进入既定市场中的一个或多个细分市场。目标市场选择是指估计每个细分市场的吸引力程度,并选择进入一个或多个细分市场。

1)无差异性市场策略

无差异性市场策略是指传媒只推出一种产品、只用一套营销方法去招揽消费者。此营销策略以传媒市场的共性为主要依据来设计传媒营销组合,以满足消费者的需求,实际上是一种求同存异的营销策略。

2)差异性市场策略

差异性市场策略是指在市场细分的基础上,传媒经营者选择多个亚市场作为目标市场,并针对各目标市场,分别设计和构思不同的营销组合方案。比如报纸的扩版增张、开设新的专版,电视台增加频道、采取滚动式新闻节目播放方式等。

3)密集性市场策略

密集性市场策略是指传媒经营者选择一个或几个需要和要求相接近的市场作为目标,制订出一套有别于竞争对手的营销策略,极力争取这些子市场份额,而不求在整个市场上占有比较小的份额。如中央电视台的体育频道、电影频道等都是出于这个市场策略考虑而开设的。

5.1.3 传媒市场定位的策略

1）领跑策略

据调查,在信息爆炸的时代,一般消费者只能回想起同类产品中的第一品牌,名列第二的品牌的销售量往往只有第一品牌的一半,名列第三的品牌的销售量往往是名列第二的品牌的一半。领跑策略是追求自己的品牌成为本行业中的领导者,在目标受众心目中加强和提高自己现有的地位。

[案例]

金鹰卡通卫视作为中国首个获批卫星传送的卡通频道、首家高清卡通卫视,以亲子为突破口定位家庭受众,打造"亲子中国",迅速成为同类频道中覆盖范围最广(高清标清同播,30个省份全覆盖)、收视率最高的全国性亲子电视媒体。最新统计数据显示,金鹰卡通卫视全天平均收视一直稳居全国网省级卫视第二、全国网及31省会城市同类卫视第一。

为了强化自身在全国市场的领跑地位,多年来,金鹰卡通卫视不断在产品生产与营销上发力。频道全天17小时播出时长中,国产及自有原创动画片的播出时长占比达70%以上,白天和晚间段全国十大动画剧场金鹰卡通《麦咭首播剧场》《麦咭先锋剧场》《大画连篇剧场》等独占五席。金鹰卡通卫视在《童心撞地球》《童趣大冒险》等常规节目不断创新突破的同时,明星亲子闯关节目《疯狂的麦咭》、大型儿童歌唱节目《中国新声代》、中国首档真人偶综艺秀《人偶总动员》、原创宝贝成长观察秀《爱上幼儿园》、大型青少年趣味竞技综艺节目《运动不一样》、亲子国学传承节目《龙的传人》等季播节目推陈出新,精彩纷呈,不断刷新社会、经济"双效"标高。与此同时,频道节目IP及麦咭等动漫形象之衍生产品及相关产业的开发与营销乘势而上,"麦咭音乐节""疯狂的麦咭嘉年华"等线下活动及麦咭乐园成为金鹰卡通数亿亲子粉丝聚集狂欢的乐园。

2）填补市场空位策略

填补市场空位策略是指专门关注市场上被大的传媒或传媒集团忽视的某些细小部分或者空白市场,在这些小市场上通过专业化经营来获得最大限度的收益。

[案例]

以商业楼宇联网为主的分众传媒自2003年5月成立以来,在全球范围首创电梯媒体,在短短的几年内发展迅速。目前,分众传媒产品线覆盖商业楼宇视频媒体、卖场终端视频媒体、公寓电梯媒体(框架媒介)、户外大型LED彩屏媒体、电影院线广告媒体等多个针对特征受众并可以相互有机整合的媒体网络,所经营的媒体网已经覆盖230个城市、260万个电梯终端,日均触达5亿主流群体,它以独创的商业模式和媒体传播的分众性、生动性赢得了业界的高度认同,已成为中国都市最主流的传媒平台之一,效果被众多广告主所认同和肯定。2005 年,分众传媒成为首家在美国纳斯达克上市的中国广告传媒股,并于 2007 年入选纳斯达克 100 指数。2015 年,分众传媒回归 A 股市场,成为首家回归 A 股的中概股,市值突破 1 000 亿元。2018 年 7 月 18 日,阿里巴巴及其关联方将以约 150 亿元人民币战略入股分众传媒,双方将共同探索新零售大趋势下数字营销的模式创新。

从分众传媒的案例来看,它实行的就是填补市场空位策略,因为它开发了一个特定的细分市场,这个目标市场定位于一个特定群体——在写字楼上班的各类精英。这类人很少关注一般的报纸广告,也无暇去看电视广告,但他们又恰恰是某些品牌和商品的主力消费群。分众传媒正是抓住了这样一个被大众市场忽略的细分市场,在主流城市主流人群必经的办公楼宇、会所和电梯空间中每天形成了高频次有效到达,从而形成了引爆品牌的最核心以及最稀缺的资源。

3)重新定位策略

传媒产品在目标市场上的位置确定后,经过一段时间的运营,传媒组织可能会发现某些新情况,比如有新的竞争者进入选定的目标市场,或者传媒组织原来选定的传媒产品定位与受众心目中对该传媒产品的印象(知觉定位)不相符等,这就促使传媒组织不得不考虑对传媒产品的重新定位。当今新媒体以快捷方便、信息量大、不受时间地点限制等优势,打破过去传统媒体信息垄断的格局,传统媒体遇到了巨大挑战。在新的媒体环境下,传统媒体需要重新定位,寻找创新转型之路。

[案例]

《快乐老人报》是国内首份精准定位"快乐老人生活"的现代都市纸媒,该报从中老年人心理、生理的真实需求出发,为中老年读者量身定做,倡导和推动有品质的老年幸福生活,是中国中老年市场第一媒介品牌,期发量列中国邮政发行报刊第三名。

2019 年,创刊十年的《快乐老人报》发现,原有的核心读者群体是"70 岁+"人群,他们虽一直对纸媒保持着很高的依赖性,但随着这部分核心读者的高龄化,《快乐老人报》的发展也进入了瓶颈期:既有的经营板块收入(重点是报纸广告收入)下滑,新的经营板块没有能够快速地做大做强。

为此,《快乐老人报》将核心产品由单一的报纸转变为《快乐老人报》、新媒体以及快乐老人大学三个核心产品,并将服务重心进行大的调整:一是对《快乐老人报》进行改版,服务于有纸媒阅读习惯的新老两个老年群体,尤其是大力争取 55~65 岁特别是刚进入退休生活的"新老人"作为服务对象,并根据"新老人"的人生经历、心理及生理情况和现实生活场景来调整资讯与服务出发点;二是加大力度扶持新媒体,服务于有上网能力的"新老人",陆续推出 20 多个针对中老年人群的微信公众号,形成微信矩阵,总粉丝数目前逾 1 000 万,远超《快乐老人报》读者;三是大力发展老年大学,服务于最具活力的中老年人群。三大板块,优势互补、受众互补,缔结为更具活力的媒体融合共同体。

"季节变了就要换衣服。"在形势和市场不断变化的今天,要盘活存量、做大市场、发展产业,就要优化资源配置、调整结构,重新定位策略显得尤为重要。

4)高级俱乐部策略

传媒组织如果不能取得第一名或某种有意义的属性,便可以采取高级俱乐部策略。比如有一些传媒市场的竞争者,宣传说自己是六大传媒之一,或者是十大传媒之一(传媒市场上最大的传媒组织不会提出这种概念)等,就是为了表明高级俱乐部的每个成员都是最佳的,包括自己。

5.1.4 传媒市场定位应注意的问题

传媒市场定位是一个精细而又复杂的工作,传媒组织在给自己的产品定位时应注意避免以下几种错误的定位。

1)定位过低

如果传媒组织发现目标受众对传媒产品只有一个模糊的印象,并没有真正地感觉到它有什么特别之处,这种现象就是传媒产品定位过低。这种典型的错误定位,其原因就在于传媒组织没有准确地把握受众最感兴趣的传媒产品的独特属性,或者太过于草率地宣传而没有精心突出本传媒产品的与众不同,从而给目标受众留下了"一般""不过如此"等模糊印象。

2)定位过高

有些传媒组织为了树立高档的市场形象,会为自己的某些高档产品和品牌做过分的宣传,从而冷落了也许是其发行量(收视率、收听率)和利润来源最稳固的大众化产品的宣传。他们很快就会发现,传媒的高档形象还没有建立起来,那些能给它们带来可靠收入的大众化传媒产品的市场却正在一步步地萎缩,再回头可能已经晚了。

3)定位混乱

目标受众对传媒产品的印象模糊不清,这一般是由传媒产品定位混乱造成的。这种混乱可能是由于奉行多元化经营策略的传媒组织,把过多的精力放在了每一个品牌或每一个品种的定位上,从而忽略了保持传媒组织产品整体形象的一致性;也可能是传媒产品定位变换过于频繁造成的。

【实战案例】

《读库》杂志书:成功源于定位在阅读趣味上[①]

2006 年 3 月 8 日,名为《读库 0601》的新书在北京各大书店上架并出现在当当网的推荐

---

① 李静,吴竹筠.杂志书:出版业市场的灵感与挑战——以《读库》为例[J].出版广角,2012(12):13-15.

页面。《读库》为"京城著名文化名人"张立宪主编的综合性人文社科读物,取"大型阅读仓库"之意,自2006年起推出,一般每两个月一辑,一年出6辑,另有别册一份,仅赠送全年订户。每期读库的扉页均附赠藏书票。《读库》以刊发中篇非虚构文章为主体,收录人物、纪实、小说以及阅读、观影、爱乐等文字,据2016—2018年《读库》MOOK统计,主要有科技/推想类、数学类、医学/人物小传、建筑/园林类、文艺类、影视类、游戏/玩具类、时尚类、人物/特写、众生/群像、宗教/律法、历史、事件、声音等几类,知名系列有"文库本""视觉系""文史系""次经典""御宅学"等。除去《读库》的精品套装系列,还有台湾汉声系列、传家精装等种类,例如丰子恺的代表作《护生画集》,具有很高的收藏价值,其独特文化调性得到了越来越多的认同。2018年4月,《读库》排名武汉大学借阅榜第3位、中山大学借阅榜第10位。

自2014年起,除六辑读库外,编辑部还制订了大致六本小册子的出版计划,均为人文社科或艺术类选题。2013年《读库》秉承着"认真对待一个小孩"的态度开发了"读小库系列"童书,覆盖0—12全年龄段。2019年,"读库·漫编室"悄然酝酿,联合独立画家以漫画的形式向读者呈现一些时节小画。

《读库》出版十几年来,销量稳定、读者群体稳定,对于瞬息万变的出版市场而言,《读库》将一个现象变成了稳定的存在。无论是从物理形态还是意识形态,其主编张立宪都实现了个人定位与作家风格以及读者需求之间的平衡。它以"一本书该有的样子"为目标,摒弃传统畅销杂志书的流行元素和时尚文化,旨在成为"留存这个时代忠实的记录者、悲壮的消失者和坚持者"。

【案例分析】

MOOK(Magazine+Book),即杂志书:外表像杂志,有刊号,强调视觉效果,价钱便宜,具有时效性强、内容丰富多样等优点,但主题专一,又能像图书一样长时间摆在书店里销售。杂志书不同于图书,连续出版的特点要求它比图书有更加细致准确的目标市场划分;杂志书也不同于杂志,它的时效性相对较弱,地域性也不强,这使它需要更加独特的划分标准。

在MOOK遍地开花的中国,《读库》是其中一员。作为杂志书,首先符合杂志书的总体特征:使用书号,但在内容上融合图书的深入性、严肃性和杂志的贴近性、连续性。在阅读节奏的把控、阅读方式的整合和书号资源的利用上,《读库》都体现出杂志书的共性因素,但另一方面却没有仅局限于共性因素,而是利用自身特有的定位对这些条件进行了突破,从而达到"出于蓝而胜于蓝"的效果,被业界称为"MOOK出版潮流中最具含金量的一本杂志书"。《读库》的成功源于它精准的定位。

共同趣味:创造"圈子里的书"

《读库》被称为"圈子里的书",这个"圈子"是指张立宪所说的"分布在任何领域、任何地域、任何职业、任何收入、任何阶层"的"读书人"。它摒弃了阶级、地域、性别、年龄等杂志圈定目标市场的常规标准,最后定位在阅读趣味上。张立宪以他个人经历的时代背景和由此形成的阅读兴趣为基础,最终圈定目标读者:约1970年代出生的,成长在改革开放后激荡的30年,目前已成为社会中坚分子的这一代读书人。这种划分方式和现在人们常说的"80后""90后"相似,都是从成长于一个时间段的人群中提炼出共同的生活经历和生活趣味。这种提炼大可到集体经历的历史事件,小可到日常生活的点点滴滴。一旦足够精准,就能建立起属于自己的"圈子"。

通过这样的目标读者圈定,《读库》真正做到了小众化。根据"读库文章检索"的手机App 目录检索显示,历年《读库》杂志书的内容选择多是一些新颖、冷门、小众化的选题,它要求读者拿出专业发烧友的精神去研究透彻。例如关于科学推想类的《关于费米悖论的想象》《未来的人会是怎样》《星象学的预测准确吗?》《区块链与比特币》等。也正是在明确目标读者后,《读库》才能制定独特的收文标准,选择符合目标读者趣味的阅读内容,来满足读者的个性化需求。

内容选择:"错位"的收文标准

杂志书兼具图书与杂志之长,既能汇集多个作者的作品,又能在组稿和编辑上采用图书的流程,辑录更丰富、更有深度的内容。这为杂志书寻找市场空隙提供了机会。

一是"中篇读本",即篇幅在 5 000～50 000 字的好文章。这种篇幅的文章没有太多的发表平台:5 000 字以下在报刊上能够发表,50 000 字以上能够单独出书,正好这个篇幅没有出口。用连续出版的图书来搭建这个平台,就能够占据"中篇读本"的这个出版空白点。这种"错位"的选文标准不仅充分利用了写作资源,又满足了读者对这类篇幅文章的需求。

二是"摆事实不讲道理"的编辑方针和"非学术,非虚构"的要求。所谓"摆事实不讲道理",也就是强调客观化的记述,少主观化的抒情与议论。"非学术,非虚构"则是在学术论文与虚构类作品之间寻找空间。《读库》把焦点对准"改革开放后中国现在进行时",以纪实的方式展示一代人的生活经历,勾勒时代的轨迹,为有思想、有知识、有文化的读者留下思考与判断的空间。较之当今传媒普遍存在的虚浮与浅泛,《读库》让读者感受到真实和真诚,而这一编辑方针也需要通过杂志书这一兼具深度文字与连续出版形式的载体来实现。

【课后思考】

1. 什么是传媒定位?传媒定位方法有哪些?
2. 传媒市场细分的方法是什么?
3. 传媒受众定位模式包括哪些?

【拓展训练】

请运用市场细分理论分析比较湖南卫视、安徽卫视、上海东方卫视这 3 个省级卫视在传媒市场定位上有何不同?

任务二　确定传媒产品规划

【任务描述】

传媒产品是指传媒组织能够提供给目标消费者的传播内容与服务的复合体。它是传媒满足市场需求的手段和途径，传媒的大部分活动都是围绕着传媒产品而展开的。

传媒产品策划是指企业对如何使自己的传媒产品或传媒产品组合适应消费者的需要所进行的动态化的谋划过程，是传媒产品在进入市场以前和在市场运作过程中不断进行开发和调整的过程。在传媒策划中，传媒产品策略处于核心地位，它决定着价格、渠道和促销等策略的制订，是传媒优势的主要体现。

【案例导入】

跨界成就《声入人心》[①]

《声入人心》是由湖南卫视制作的主打美声唱法的原创新形态声乐演唱节目，共12期。节目由舞台公演和真人秀两部分组成，由3位出品人在100天内对36位演唱成员进行分组打磨、陪伴成长，最终选出6位首席演唱者获得美声音乐会全国巡演和发行音乐专辑的机会。观众既可欣赏到顶尖水准的美声歌剧表演，也可以看到出品人和演唱成员之间的激情碰撞，见证演唱成员们的成长蜕变。节目一开播便赢得一片喝彩声，不仅收视率不断攀升，而且还荣获第25届上海电视节白玉兰奖"最佳综艺电视节目"奖项。《声入人心》从"高冷寡众"的美声歌剧、音乐剧变成了全网"小爆款"，与其传播模式、节目内容、节目类型的跨界与特色分不开。

1. 传播模式的跨界。《声入人心》用线上线下、台网联动、推出见面会的传播模式。芒果TV通过线上报名征集和甄选，线下和节目组合作开展见面会活动，提供台网联动模式的全新方向。

2. 节目内容的跨界。《声入人心》在曲目的选择上，不仅有独唱，还有重唱；既有美声唱将带来擅长的经典美声曲目，如《冰凉的小手》等，又有旧曲新编，如将流行歌曲或大家耳熟能详的经典歌曲、影视音乐改编成重唱曲目，影视歌曲《绒花》、动画片《美女与野兽》、民歌《小河淌水》《天边》等作品重新创编演绎，曲目上比较贴近大众的耳朵。

3. 节目类型的跨界。首先，选手选拔不拘一格。参加节目的唱将们，既有国内外一流音

---

① 李芙. 从《声入人心》看电视音乐真人秀节目的跨界与创新[J]. 中国广播电视学刊，2019(4)：116-118.

乐学院的高才生,也有知名流行歌手,还有成熟的歌剧、音乐剧演员等,在节目演进过程中,构成了以往选秀节目的"素素"选秀、明星选秀、"星素"结合等节目类型。其次,在内容流程上兼收并蓄。第1、2期的"试唱"环节就类似于专业音乐节目青歌赛的比赛,重唱时类似于《跨界歌王》一样唱跳结合,演唱歌剧或音乐剧选段时又类似于《幻乐之城》,充满了故事情节和戏剧冲突。另外,"首席"和"替补"的选拔方式并不固定,不断出新,丰富多样的选拔方式和出品人的暖心鼓励,既淡化了比赛性质,又充满了正能量。

4."赛、选、演"一体化产业链。《声入人心》的嘉宾有出品人、演唱者和专家团。专家团一部分是来自各个音乐院校或歌剧音乐剧界的知名音乐家,另一部分是音乐剧或歌剧出品人。因此,"首席"和"替补"的赛场,同时延展为音乐剧和歌剧的选演员现场,构成了歌剧、音乐剧"赛、选、演"一体化的产业链。可见,《声入人心》不仅打破了大众对于声乐的"傲慢与偏见",第一次将声乐艺术带入观众的心里,而且搭建了一个让声乐人才迅速走向演出市场的直通车平台。

【课程内容】

5.2.1　认识传媒产品

1)传媒整体产品

传媒整体产品概念的提出是源于现实生活当中人们对传媒产品的片面理解,人们往往只注意到物质形态的传媒产品,忽略了传媒产品的精神属性。事实上,传媒产品包括内容产品和服务两部分,可分为 3 个层次:核心层、基本层和附加层。

（1）传媒产品的核心层

传媒核心产品又叫传媒产品的核心层。它反映了媒体产品的基本用途,指的是传媒产品能够给使用者带来的实际利益,也可以指传媒产品的功能和效用,常常成为使用者选择的理由,即我们所说的"卖点"。例如大部分人选择《彭博商业周刊》是为了获得与全球商界精英息息相关的最新信息,听交通频道是为了了解路况信息。

（2）传媒产品的基本层

核心特征的外化表现是有形产品,又叫传媒产品的基本层。它是传媒产品出现在传媒市场上,供使用者选择时的面貌,是使用者通过自己的感官可以接触到的、反映传媒产品内外质量的部分特征,包括传媒产品的形态(如版式、演员、情节、页面排版、服装、主持人、节目安排时段等)、质量、特色以及价格等。

[案例]

美国探索频道通过优秀人才和高投入保证优秀的节目质量。主持人讲述内容的方式具有亲和力,富有启发性,提高了节目的趣味性;节目的表现形式丰富多彩,制作者将纪录片、电影镜头、电脑成像和文字、史实、传说等多种元素融合,保证节目的高度娱乐性、欣赏性和知识性;在节目的制作中,无论是前期的拍摄还是后期剪辑、特效制作,都融入高科技手段,声画效果鲜活生动,冲击力和震撼力强,让观众身临其境地融入探索的历程之中。

(3)传媒产品的附加层

传媒产品的附加层包括附加价值、服务、优惠或方便的付款方式和维护、维修等附加在传媒产品基本特征之外的东西。附加层可以给使用者带来更好的需求满足,通常也是同质化竞争中形成差异的主要部分。例如《今晚报》的读者服务不仅包括送报上门、上门收订,还包括旧报纸回收、上门订奶、送煤气、送米面等内容;《华尔街日报》网络版除了本身的信息外,还将《精明生财》、《巴伦周刊》、《财富》、《金融时报》、证券交易委员会、全国有线电视新闻网等其他信息源中的金融信息打包成这个网站的附加价值,吸引了大量金融业务决策核心圈的专业人士。

传媒整体产品概念揭示了传媒产品全面满足消费者不同层次需求的特性,根据这一认识,全面满足消费者的需求常常成为传媒产品策划的出发点。同时,传媒整体产品概念由于深刻挖掘了传媒产品的内涵,对它的全面把握会更加有利于产品策划在某一层面、某一角度的深入诠释,以形成本产品有别于同类竞争产品的独特个性,并有助于从多个侧面树立传媒组织形象,确定传媒组织的市场地位。

2)传媒新产品

(1)传媒新产品的概念

从市场营销角度看,传媒新产品是一个相对广泛的概念,既指绝对的新产品,又指相对的新产品;既可以对市场而言,又可以对传媒组织而言。也就是说,只要是传媒产品整体概念中任何一个要素的创新、变革或改造,都可以被理解为新产品。所以,这里的传媒新产品是指在传媒经营活动中一切新开创的产品,既可以是全新产品,也可以是现有产品的改进、竞争产品的仿制、产品线的延伸和增设等。

(2)传媒新产品的分类

①创新产品。它是指应用科技成果,采用新原理、新技术、新工艺和新材料制造的市场上前所未有的产品,一般是由于科技进步,或是为满足市场上出现的新需求而生产的产品。完全创新的产品往往表示了科技发展史上的一个新转折,如电话、电报、复印机、电视、电影、计算机等,就是19世纪60年代到20世纪60年代,为世界所公认的最重要的传媒新产品。这种产品具有明显的新特征和新功能,通常情况下对市场的影响力比较大。

②换代新产品。它是指通过对产品更新换代,使原有产品的性能得到了改良和提高的产品。如计算机问世以来,从最初的电子管到晶体管到集成电路,再发展到大规模集成电路电子计算机,直到现在的人工智能电脑。从企业的力量与资源来看,开发换代新产品要比创造新产品容易,也能够较快地取得好的效益。

③改良新产品。它是指对现有产品的质量、特点、外观、款式、包装等加以全面或局部改良之后生产出来的产品,也就是现行产品线的增补品。是否符合受众需求,是改良新产品是否成功的关键。例如报纸的改版、扩版,图书装帧方式的变化,纸质杂志到电子杂志再到网络杂志,这类产品与原有产品差别不大,容易为使用者接受;引进版节目即使引进方作了改良,也经常因为不接地气、意识和执行力不到位而收视率不理想。

[案例]

《中国诗词大会》是一档以传统文化为内核的锐意创新类节目,不仅是表现形式,还是技术角度,都把传统中国元素融入了节目当中,以精巧独到的方式来展现传统文化元素。

节目片头采用了中国风水墨画风格,科学运用了古诗词经典意象元素,如明月、青竹等,再加上动态宣传效果,既展现了山水的意境,又烘托出古典雅致的中国风格调。节目在呈现画面的同时辅以长笛、笙箫等具有民族特色的乐器所带来的行云流水般的乐曲,更是给观众带来一种身临其境之感;甚至连演播室嘉宾用到的桌椅以及节目主持人、嘉宾乃至参会选手的服饰,都采用了中国设计,这让整个演播环境实现了有机的和谐和统一。

节目在试题创意中,采用了把诗词融入"九宫格""十二宫格"里的创意设计,不仅使节目更具民族味,而且这种以画解诗的方式也会对选手造成一定的迷惑性,增添了难度与趣味。节目还用画面猜诗句的方法将诗词的意境之美完美地呈现出来,通过线条和图画的结合,将古典诗歌与广大受众现实生活的距离逐渐缩小,更彰显中华诗词寓情于景,景画交融的文人情怀。

④仿制新产品。它是指企业对自己尚未生产过的、市场上已有的产品进行仿造而推出的新产品。从市场上来看,它已不是什么新产品,但是从本企业角度来讲,它却是作为新产品投放市场的。需要注意的是,这种仿制必须是在一定的法律规范之下进行,否则很容易引发纠纷。

当今,创新已成为时代发展的主旋律。传媒的新产品开发,从消费者角度来说,能够满足受众的多样性需求;从传媒角度出发,又能使传媒企业能够永葆青春活力,不断焕发生机。

5.2.2 传媒产品策划的前置条件

1)了解市场需求

在一个传媒产品策划之初,我们首先要了解整个传媒市场的状态。了解市场的基本状况将会对整个传媒产品的开发及其后续环节起决定性作用。比如要制作一个电视栏目,是准备将它放在区域性的平台上,还是放在全国性的平台上?我们是否有通过这样的平台获得高于成本的回报机会?我们需要利用的资源是自己现有的,还是要和其他组织进行合作的?要想找到这些问题的答案,必须要基于对市场概况的基本认识。因此,在做传媒整体产品策划之前,了解其所在的市场环境的基本情况是相当重要的。

2)准确把握目标受众

在传媒产品的生产和消费的过程中,受众不是被动地接受,而是主动地承担了需求者、购买者、原料供应者、生产者和管理者等角色,采取了诸多主动性的行为,传媒产品的效能在于满足受众的需求,这就告诉我们产品策划要围绕受众需求来做。接下来的问题是:谁是我们的受众?这就要求策划人进行生产调研、市场细分、目标市场确定。目标受众的需求是策划成功的关键,必须认真研究。产品策划实际上是寻找目标受众需求和企业资源的交集。

3）认真分析自身实力，量力而行

传媒产品规划必须量力而行。所谓"力"，主要是指传媒本身的人力、物力、财力以及产品开发的适用性。传媒产品开发需要有足够的科研力量、技术力量的支撑，缺乏相关专业领域的专业人才和必备的硬件措施都难以成功。

4）准确定位传媒企业和传媒产品

受众是传媒市场的主要参与者，不同的年龄、不同经历和教育背景的人，都有自己特定的对文化和娱乐的消费需求。因此，对于传媒企业而言，在了解市场需求、准确把握目标受众、量力而行的基础上，只有通过合理的定位，才能在受众的大脑中形成品牌，才能从受众的角度抓住对购买行为有影响的因素。定位不清晰，会导致传媒产品策划的直接失利。

5.2.3　传媒产品规划的内容

1）传媒产品概念策划

（1）创意的产生

传媒产品策划的第一个阶段是创意，也就是在准确定位市场的基础上，指出产品开发的目标。我们通过对内容的不同组合就可以创造出很多传媒产品或服务的生产概念来，比如可以制作早上面向老年人的有生活气息的电视剧，也可以制作下午放学后面向学生的寓教于乐的教育节目，更可以制作以晚间家庭观看为主的娱乐消闲的综艺类节目等。

（2）筛选创意策划

有了很多的创意以后，就需要对其进行分析。首先，传媒组织会用自己要实现的收视率、发行率、收益率等标准对已有的各个概念进行考察和评价。其次，对于评价较高的传媒产品或服务的概念，再利用收集到的新数据重新考察和评价，最终会获得少数几个满意的传媒产品或服务的生产概念。

（3）概念形成策划

在筛选出合适的产品创意后，要再对它们进行评价。评价指从消费者那里收集信息，以确定潜在顾客对产品是否感兴趣。通过调查，产品开发人员可以判断其构思对消费者是否具有足够充分的吸引力，还能提供此类传媒产品与其他产品的比较，以及消费者最理想的目标产品等方面的信息。这一环节又被称为产品概念测试。它通过调查获得需求、差距程度和购买意图程度等信息，判断某个新产品构思是否值得大胆尝试、是否可能成功。

［案例］

电视广播有限公司（一般称为"香港无线电视台"，TVB）的电视剧在海内外一直受到观众的偏爱，具备较强市场把握能力的前期策划和市场测试是 TVB 能生产出深受观众喜爱的电视剧的主要原因。比如在制作方面，在一定数量的电视剧创意产生后，该台会找一些普通的演员制作出片花，并将片花送交广告商听取市场意见。对于广告商普遍感兴趣的创意，该台便会投入一流的主创人员和高额的资金,并作为来年的台庆剧进入制作环节。

2)传媒产品实体策划

(1)传媒产品的视觉表现及情感表现策划

视觉表现包括传媒产品的包装色彩、形状和功能方式及市场上的展示、推广等可利用的视觉因素;情感表现是因为任何视觉在策划环节当中都是针对消费者的语言。所以,如何用好这些无声的语言尤为重要。

(2)传媒产品的名称策划

产品的名称也是需要策划的。一个好的名称可以换来消费者的好感,也可以引发对产品的品质联想、效果联想、欲望联想、愿景联想等。

(3)传媒产品的价格策划

产品的价格策划是根据产品的定位而产生的。根据不同的市场,不同的竞争条件设计不同的价格体系,是传媒组织保证生存和合理利润的最基本的条件。

(4)传媒产品试销策划

产品准备好之后,还需要经过一系列的功能测试和消费者测试,对它进行进一步的检验。产品到底能不能适应市场,前景怎样,受众对它的看法怎样,宣传沟通和流通渠道怎样,都是要进行测试的。对于传媒企业来说,试刊或试播实际上就是产品开发的环节。

3)传媒产品价值的实现

(1)传媒产品上市策划

周密推广计划的安排与沟通协调是传媒产品上市成功的前提。上市时机、上市地点、上市对象、上市保障措施的策划无不为传媒产品进入市场打下坚实的基础。

(2)传媒产品营销渠道策划

不同类别的产品送达的方式是有区别的,产品在不同的阶段采用什么样的送达方式可以完成企业的目标也是不一样的。所以,合理地利用渠道方式,才能达成把传媒产品有效送到消费者手中的目的。

(3)传媒产品品牌策划

品牌策划更注重的是意识形态和心理描述,即对消费者的心理市场进行规划、引导和激发。品牌策划本身并不是无中生有的过程,而是把人们对品牌的模糊认识清晰化的过程。

(4)传媒产品组合策划

消费者的需求是多样的,以不同类型的传媒产品进行搭配组合,从而形成该传媒的产品群,聚集优势和特色,扩大销售,均衡市场风险,巩固竞争优势,提高经营业绩和综合效益,这是传媒可持续发展的动力。

(5)传媒产品生命周期策划

产品是有寿命的,在不同的生命周期,传媒产品所要传达的内容和信息都不一样。所以,不同的阶段,要有针对性地进行策划。

4)传媒产品的衍生品策划

传媒产品作为无形的非物质产品,代表的不仅是具体的物理属性,还是为人们提供的某种体验,具有精神属性,因此有跨媒体领域的销售能力。传媒产品策划有必要以成功的媒体产品为中心,将无形的体验广泛地发散到一系列产品之中,这是扩大成功传媒产品的品牌影响力的必要措施,也是对被证明具有市场吸引力的创意的充分利用。

[案例]

2015 年,电影《西游记之大圣归来》推出的衍生品首日销售超过千万元,打破国产电影衍生品单日销售纪录;2016 年,电影《大鱼海棠》通过众筹方式上线衍生品,当日销售达到300 多万元,两周后销售额超过 5 000 万元;安乐影业在《捉妖记 2》上映前策划了以胡巴为主的衍生品,正版授权胡巴公仔销售近 20 万件,销售收入近 400 万元……电影衍生品的亮眼产值数字成为中国衍生品市场的一个个重要节点,一步步助推着电影衍生品的产业发展。

其中,超级动画 IP "熊出没"是当前国内衍生品产业开发最好的品牌之一。"熊出没"自 2012 年 1 月登陆央视少儿频道以来,先后覆盖全国 200 多家电视台、网络平台。自 2014年起推出的 5 部"熊出没"院线大电影,总票房达 19.53 亿元。而更为耀眼的是"熊出没"系列衍生品,现在有 3 000 多款,品类包括牛奶、零食、玩具、文具、服装、箱包、洗护用品、游戏、图书、儿童医药品等,当前"熊出没"系列的授权产品全年总销售额已突破 25 亿元。

可以说,全品类、大范围地铺排授权是"熊出没"衍生品发展的一种重要手段,也是获得超高年产值的基础,结合影片内容的创意设计则是打开消费者口袋的金钥匙。"熊出没"系列第四部电影《熊出没·奇幻空间》中出现了一个名为 COCO 的小机器人。在进行衍生品设计的时候,一款和片中 COCO 一样的小型智能机器人玩具诞生了,它内置智能语音芯片,能够进行语音控制,可以唱歌跳舞,做出各种 LED 表情变化等,深受消费者喜爱,销售额在电影上映一个季度便已超 600 万元。

【实战案例】

人民日报社新媒体产品"时光博物馆"①

"时光博物馆"是人民日报社新媒体中心在 2018 年推出的一款献礼改革开放 40 周年的新媒体产品。不同于以往的 H5 与视频产品,这款产品以线下的实体店为主体,在有限的空间中,从一个个衣食住行的细小变化与个人记忆着手,将参观者带入时光隧道中,使每个人都能在这改革开放 40 年的时光缩影中找到最打动自己的那个细节:"时光杂货铺"里不同时期的糖果玩具,"奇妙时空屋"里似曾相识的红皮沙发与黑白电视机,"岁月流金墙"上一帧帧风靡一时的电影画面……每晚的"年代音乐秀"更是邀请了具有时代印记的歌手及乐队参加户外音乐会,打造热烈互动的氛围。而 H5 与视频则成了"时光博物馆"的传播媒介,直播、MV、H5 抢票通道,将线下的实体场景与线上的视觉听觉体验相结合,拓展了产品的受众

---

① 郭馨雅.人民日报社新媒体产品的生产策划研究——以"时光博物馆"为例[J].声屏世界.2019(7):10-14.

范围,弥补了实体快闪店的地域和时间限制。

"时光博物馆"一经推出便引起了巨大的反响,体验馆分别在北京、上海、深圳三地作了巡展,线上讨论度达到了2.6亿,实体店的参观人数超过20万。在北京、上海的体验店外,有些观众排队等候4个小时才得以入馆参观,其受欢迎程度可见一斑。"时光博物馆"因其受欢迎程度高更是在中国国家博物馆的"伟大的变革"系列展览中展出。就像参观后的网民所说:"不管是'70后''80后',还是'90后',在这都能找到属于你的那一份记忆,一切仿佛昨日重现。"

【案例分析】

人民日报社新媒体中心"时光博物馆"的线上线下联动产品在改革开放40年之际成为深受用户喜爱的产品之一,成功地将受众兴趣与媒体希望突出的主流价值相结合,推出了引领时代潮流的作品。

基于用户体验的情境内容设计

要将改革开放40年的沧桑巨变在一间小小的体验馆中呈现出来,并且使受众认同并不容易。"时光博物馆"策划的创意点就是,从每个人的年代记忆着手,将能够代表不同时代的生活元素集于一处,使个人记忆与群体记忆在短暂的参观过程中融为一体,从而产生对年代甚至是时代的归属感和认同感。

1. 由场景引发的共情现象

面对生活节奏快、信息接收量巨大的新媒体受众,只有将产品的某一方面做到极致才能更好地抓住受众的注意力。"时光博物馆"将场景设计做到了极致,唤起了个体对于特殊场景的记忆:从"60后""70后"记忆中的黑白电视机、粮油票,到如今依旧活跃在人们脑海中的歌声,几乎每一代人都能在这里找到对自己有特殊意义的事物,在体验店搭建的象征性环境中获得情感上的安慰与共鸣。

2. 针对不同受众的个性化内容设计

针对不同地域的受众进行不同特色的内容设计,也是"时光博物馆"作为新媒体产品贴合分析受众需求,满足不同类型受众喜好的创意设计之一。在北京三里屯的展馆内,安排了富有北京地方特色的小贩叫卖声——"磨剪子嘞戗菜刀",这样富有北方特色的声音勾起了许多参观者的回忆;而在上海的体验馆内,展现的却是40年前弄堂口传呼电话亭传来的叫唤声,30年前外滩的钟声,反映改革开放40年间上海市民生活变迁的老照片,以及特意开辟的"阅读时光"板块……这些都让上海站的参观者们倍感亲切。

提升用户参与感的交互性内容设计

为了突破博物馆式的单纯参观拍照,"时光博物馆"在"受众参与"方面进行了策划与设计:在"时光杂货铺"部分设计了互动型的小游戏,幸运者可获得小礼物;在"声音博物馆"中的"时光留声机"可留下自己的声音,有些声音还会被收录保存在"时光博物馆"的系列视频产品中;将心愿写在明信片上投入时光邮筒之中,以一种接近虚拟化却又不失美感的方式与时光"近距离"接触;为参观者准备的"时光礼包",如用激光铭刻自己名字的可乐罐、参观者出生那一年的《人民日报》、珍藏版的《辉煌中国——纪念改革开放40周年重大事件人民日报》……这些充满仪式感的方式和礼品与纪念物不仅是提升用户参与感的有效道具,将参观者的参与感、融入感推向了高潮,其本身也是长久传播的宣传品,具有一定的保留价值和长远意义。而每晚的"年代音乐秀"则通过邀请具有年代音乐记忆的歌手或乐队的现场演唱和在《人民日报》客户端上的现场直播,将40年的怀旧情结发挥到极致,也更符合了年轻受众群体对于形式感、潮流感的追求。

【课后思考】

1. 传媒整体产品与传媒新产品之间存在怎样的关系?
2. 分析传媒消费者的购买行为,这些购买行为对传媒产品策划有何影响?

【拓展训练】

2011年12月《喜羊羊与灰太狼》荣获中国文化艺术政府奖首届动漫奖"最佳动漫品牌奖"和"最佳动漫形象奖"。迄今,《喜羊羊与灰太狼》已推出玩偶、图书、杂志、舞台剧、电影、手机游戏等相关产品,其中"喜羊羊"系列图书销量过百万,在图书销售排行榜上长期位居前3名;杂志每期销量达50万册,已成为国内最受读者欢迎的儿童杂志;电影连续5年登陆春节档大银幕,累计总票房已超过6亿元。请从新产品策划角度分析《喜羊羊与灰太狼》的产品规划。

任务三　制订传媒产品组合策略

【任务描述】

传媒产品组合是传媒打造自身核心竞争力的要求,是传媒组织资源整合的重要内容,是传媒可持续发展的保障。

制订传媒产品组合策略,就是通过深入了解传媒产品组合的动因和作用,协调传媒组织自身的优势和市场的需求,落实核心产品、结构一致、生命周期等策略,达到资源的优化配置,提高传媒的竞争能力。

【案例导入】

上海报业集团的产品布局

上海报业集团合并组建时,旗下共有正常出版的报刊 32 家,是全国报业集团拥有报刊量最多的。为了推进现代新型主流媒体集团建设,力争在全国各地传媒集团中形成领先一步的新优势,近年来,上海报业以媒体融合发展为突破口推进的这一轮改革,一方面,对《新闻晚报》《东方早报》等近三分之一的报刊进行休刊,使得目前实际运营的报刊为 21 家。另一方面,以"三二四"为标志融合传播新布局:"三"是实施以三大报为代表的传统主流媒体战略转型,有效推进"上观新闻""文汇"和"新民"三大融媒体平台建设。"二"是打造澎湃和界面两大现象级新媒体。澎湃作为上海乃至全国最具改革活力的新媒体,已进入中国互联网原创新闻第一阵营。界面以内容为优势,正成为中国反应最迅速、影响范围最广的财经新媒体之一。"四"是聚焦四大细分领域,打造特色新媒体产品。在国际传播媒体领域,推出了"第六声(Sixth Tone)";在财经服务领域,推出了"摩尔金融";在提供个性化、对象化、定制化信息产品领域,推出了"唔哩";在综合信息服务领域,推出了"周到"等市民生活服务平台。这些产品围绕新技术运用、新语言空间、新商业模式,以特色为支撑,探索市场化发展之路,目前已进入快速发展期。

【课程内容】

5.3.1　传媒产品组合概述

1)传媒产品组合概念

传媒产品组合指传媒组织针对消费者的多样性需求,以不同类型的传媒产品进行搭配组合,从而形成该传媒的产品群,聚集优势和特色,扩大销售,均衡市场风险,巩固竞争优势,提高经营业绩和综合效益。传媒产品组合是传媒组织资源整合的重要内容。

2)传媒产品组合形式

传媒产品组合由产品线构成,产品线由产品项目组成,产品组合形式一般有缩减产品组合、扩大产品组合与产品线延伸3种。

(1)缩减产品组合

市场繁荣时期,较长较广的产品组合会为传媒组织带来更多的盈利机会,但是在市场不景气或原料、能源供应紧张时期,缩减产品组合反而能使总利润上升,因为剔除那些获利小甚至亏损的产品线或产品项目,传媒组织可集中力量发展获利多的产品线和产品项目。

(2)扩大产品组合

扩大产品组合包括开拓产品组合的宽度和加强产品组合的深度,前者指在原产品组合中增加产品线,扩大经营范围;后者指在原有产品线内增加新的产品项目。当传媒组织预测现有产品线的销售额和盈利率在未来可能下降时,就需考虑在现有产品组合中增加新的产品线,或加强其中有发展潜力的产品线。

(3)产品线延伸

每一种传媒产品都有特定的市场定位。产品线延伸策略是指全部或部分地改变原有产品的市场定位。

[案例]

作为年轻人占比最高的视频 App,芒果 TV 结合用户群体个性鲜明、兴趣独特、用户黏性高等独有特征,通过优质 IP 特色节目带吸引用户,引领多元的青年文化。

《爸爸去哪儿》《妈妈是超人》《宝贝的新朋友》等亲子养成类节目,在梳理代际关系方面起到重要作用,也影响了青年文化中同龄人的相处模式,引发用户共鸣。而《明星大侦探》《勇敢的世界》《重返地球》《密室逃脱》等"悬疑+科幻"元素节目带的打造,则以紧张、刺激、烧脑的特色,凸显勇敢无畏、团结一致的青年特性。《放学别走》《童言有计》等脱口秀节目为不同年龄段的青少年提供了观点表达平台,构建"00 后"群体与社会、家庭沟通的桥梁寓教于乐,升级大众对代际关系的认知,引发青少年群体的共鸣和认同感。

整体而言,芒果 TV 通过这几大自制的特色节目类型,多维度地关注全龄段少年儿童的成长,以有原则的包容性接纳该群体的多元思想,并以青春活泼的趣味方式传递主流价值观念,以正能量的青年文化潜移默化地启发这群忠实的新生代用户。

5.3.2 传媒产品组合的动因

1)来源于满足受众需求的市场要求

受众的需求一直是传媒业发展的最大动力,而受众的选择总是处在不断变化当中,单一的产品是不能满足受众的需求的。

以报纸发展为例,在不同的历史时期总会有一批报纸应运而生,开风气之先,冲锋陷阵,从而为大众所钟爱。例如,当大众都关心经济生活时,《经济日报》《中华工商时报》《市场报》便备受青睐;而在大众开始注重休闲生活时,都市类报纸又大行其道,从《中国青年报》到《北京青年报》,从《南方周末》到《新民晚报》,从《参考消息》到《环球时报》,读者的选择总在不断变化。网络普及伊始,电子报瓜分了传统报纸的受众,而现在手机报的普及又进一步威胁到纸质报纸的生存。

传媒市场的发展变化不断向人们证明:靠单一品种的传媒产品在市场竞争中无法适应需要,要提高传媒企业的抗风险能力和利润水平,就必须采取产品组合方式,全方位地覆盖市场,适应消费者不断变化的口味和需要。

2)来源于新技术发展的内在要求

传媒的每一次变革都是技术变化所引起的,技术变革引发传媒运行形态发生巨大变化,在新技术基础上,传媒与其他产业之间,尤其是传媒内部各种类型之间互相渗透共同发展,传媒之间的合作成为主线,即使是竞争也要借助合作战略实现竞争力。网络技术的发展提供了融文字、视频、音频等各种信息于一体的多媒体传播手段,这种数字技术不仅会带来传统媒体的革新,而且会创造出新的媒体形态。随着传媒形式的不断出现和变化,传媒内容、渠道、功能层面的不断融合,全媒体已成为传媒形态大变革中最为崭新的传播形态。

3)来源于传媒打造自身核心竞争力的发展要求

近年来,我国传媒业正从"跑马圈地"的急速扩张阶段过渡到市场整合阶段。要在近乎残酷的竞争格局中脱颖而出,就必须具备自身的核心竞争力,资源整合能力已经成为现代传媒发展的最重要的核心能力之一。传媒集团整合人力资源、技术资源、资金资源、内容资源,从很大程度上就是要锻造自己的核心竞争力,使自身在愈演愈烈的传媒竞争中保持优势和领先地位。传媒的核心竞争力在哪里?就电视来说,其核心竞争力就是电视机构内部卓越的行动能力以及其制作的种类繁多、受核心观众群喜爱的节目;就报纸而言,其核心竞争力就是报社内部卓越的行动能力以及其策划的各类名栏目、名版面、好稿件等。需要特别指出的是,对传媒而言,核心竞争力不仅是一批好的节目、一批好的版面、栏目,它还应包括优秀的组织能力和卓越的行动能力。从这一点来说,传媒产品组合的指向是非常明确的。

5.3.3 传媒产品组合的作用

1)全面覆盖市场

传媒产品种类繁多,在激烈竞争的环境下,每一种传媒产品都只能针对特定的消费群体。因而,受众市场的发展越来越趋向于差异化、个性化和细分化。传媒企业要适应这种变化,就必须以不同类型的传媒产品全面覆盖市场,满足消费者的多样性需求。

2)降低市场风险

由于竞争加剧,传媒产品市场变化越来越快,靠一种传媒产品稳定而持久地占领市场已经越来越困难。传媒产品和传媒企业在某一时期独领风骚、创造奇迹,而在另一时期遭受冷落的情况早已屡见不鲜。南方日报报业集团社长范以锦说:"以我们经营媒体多年的观察认为,靠一份报纸永葆青春,其难度是非常大的。企业发展有周期,过一段时间就会走下坡路,需要在原有的基础上创新。当创新文化还没起来,发展有一定难度时,不同媒体之间互相替补,集团总体在时间上可以有缓冲的余地。战略上是几个曲线的波峰波谷的交叉,使整体的曲线向上。这样风险就分散了,降低了。"①

3)有效配置资源

多种传媒产品的组合搭配,可以使各种物质资源的价值得到充分发挥,为传媒人才的成长和发展提供广阔的平台。传媒大亨默多克手下的记者经常抱怨,他们的老板总是随意地将一家报社记者所写的稿件转载到他的其他报刊上,而且不另付稿费,甚至连通知一声都懒得做。默多克的做法在法律和道德层面都存在问题,然而从资源分配的角度来说,确有其过人之处。

在我国传媒市场上,传媒集团建立之前,传媒组织多以单一产品应对市场,传媒产品组合的问题并不突出。而在进入集团经营阶段后,同一传媒往往拥有几种不同类型和性质的传媒产品,如何协调好它们之间的关系,发挥传媒产品组合的作用,正成为一项重要课题。

5.3.4　传媒产品组合策略

传媒组织通过购买、开发或者行政合并等手段获得产品之后,必须考虑以何种形式将这些不同的传媒产品整合在一起,从而产生 1+1>2 的效应。

1)核心产品策略

传媒产品组合并非不同传媒产品的简单相加或针对传媒市场的平均用力,而应有所侧重突出重点,以一两个核心产品带动整个产品群体,形成自己的竞争优势。因而核心产品往往是传媒组织配置资源最为集中的层次。

[案例]

广州日报报业集团旗下的产品线非常长,几乎覆盖了报纸市场的各个层面,但《广州日报》和《足球报》却始终是该报团的核心产品。广州日报报纸传播力位列全国党报第二、微信传播力位列全国党报第三、微博传播力位列全国党报第四,融合传播力排名第四,以上四项均在地方性党报中排名第一。世界品牌实验室发布的 2019 年(第十六届)"中国 500 最具价值品牌"排行榜上,《广州日报》以 450.75 亿元品牌价值,位列 500 强第 125 位。而创刊于 1980 年的《足球》是全国销量最大的足球类报纸,被誉为"足球第一媒体",从 2004 年 7 月起《足球》推出"劲体育"板块,全面报道各项体育赛事,力争成为中国最有影响力、兼容各种媒体形式的立体化体育媒体。目前,《足球》品牌知名度和阅读率均名列体育类专业媒体首位,

---

① 包国强.媒介营销——理论、方法、案例[M].北京:清华大学出版社,2005:122.

在报业集团内也是唯一在经济上具有举足轻重地位的子报。其他报刊,虽然在社会效益等方面能为报社创造价值,但经济效益并不显著。

2) 结构一致策略

结构一致策略指传媒产品组合在最终价值、分销网络、使用群体以及价格范围等方面应具有某种程度的共性关联度。貌合神离的产品结构只会浪费传媒资源。一般情况下,在尚未积累起足够的市场经验之前,传媒组织应遵循"不熟不做"的产业操作原则,不要盲目进入陌生的产品市场。

[案例]

光线传媒多年来持续布局动画产业,在通过投资、收购等方式加码动漫业务的同时,也不断出品、发行不同角色以推出动漫电影。近年来,多部位于票房榜前列的国产动漫电影背后均有光线传媒的身影,这些国产动漫电影分别是《西游记之大圣归来》《大鱼海棠》《你的名字》《熊出没·变形记》《哪吒之魔童降世》。其中2019年的国产动画电影《哪吒之魔童降世》,最终票房达到50亿元,位列中国电影票房总榜第二名。

尽管从整体环境来看,动漫电影市场还处于发展阶段,但光线传媒仍不断完善动画影视项目前后期制作全流程、有效整合动画影视市场上下游资源、完善产业布局、巩固优势地位,先后投资了20余家动画产业链公司,横跨三维动画、二维动画、漫画、游戏、国外版权等环节。随着《姜子牙》《西游记之大圣闹天宫》《大鱼海棠2》《最后的魁拔》《凤凰》《深海》等多部作品的陆续上映,公司有望通过打造经典IP形成内容系列化制作,实现可持续地生产优质影片,并逐步开拓IP衍生品等新的变现模式。

3) 生命周期策略

传媒产品组合还应结合传媒产品的生命周期特点,对处于不同阶段的传媒产品分别采取不同的策略,达到对传媒产品的动态最佳优化控制,实现传媒产品的最佳组合。

传媒产品的生命周期是指一种传媒产品能够被消费者所接受而存在的时间,指其市场生命的长短,而非使用寿命。

(1)传媒产品生命周期的划分

一般市场营销学中的产品生命周期理论将产品周期分为4个阶段,即导入期、成长期、成熟期和衰退期。

划分产品生命周期不同阶段的主要依据是销售量和利润情况。

①传媒产品导入期。这个时期,传媒产品由于刚刚进入市场,知晓度较低,需要支付巨额营销费用,该期几乎不存在利润。

②传媒产品成长期。在成长期,市场得到拓展,使用者对该产品已经认识并接受,早期使用者喜欢上该产品,其他消费者开始追随领先者,因而使用者数量迅速增长。同时,销售量和生产经验的积累降低了营销成本与制作成本,利润得到快速提高。

③传媒产品成熟期。进入这个时期,因为该产品已经被许多消费者所接受,潜在消费者也已得到充分开发,销售量的增长趋于减缓,产品市场趋于稳定。在这一时期,由于市场竞争,新的产品进入市场,营销费用有所增加,产品利润率呈现稳定水平或略有下滑趋势。这个阶段的持续期一般长于前两个阶段,并给传媒营销者带来最难以应付的挑战。

④传媒产品衰退期。在这一时期,由于技术进步、消费者口味改变、国内外竞争加剧等因素,产品市场需求下降势头明显,销售量迅速滑落,市场占有率急剧减少。

导入期、成长期、成熟期和衰退期之间都有传媒产品销售量和利润率的显著转折点,区别明显,被称为传统型周期。但是并非所有的传媒产品都遵循这一阶段划分原则。有的传媒产品问世之后因销售量持续高速增长,而直接进入成长期,跨越了导入阶段;有的传媒产品在首次导入时销量迅速上升,然后稳定或"僵化"在某个水平上;也有的传媒产品通过不断改变自身形态,持续开发新的产品特征、用途或用户,而使其生命持续向前延伸。

(2)生命周期各阶段的策略

传媒产品生命周期分析的意义在于帮助传媒营销管理者掌握不同阶段传媒产品及其市场的特征,并采取相应的市场策略,从而取得更好的营销效果。

①导入期营销策划。在推出一种新的传媒产品时,营销者要考虑多种营销变量,并分别设立高、低两种水平。这些因素包括价格水平、营销努力、分销方式和产品质量等。如果只考虑价格和促销,则有高价高促销、高价低促销、低价高促销、低价低促销4种策略可供选择。

②成长期销售策略。在这个阶段,传媒为了尽可能地维持市场成长经常采取以下策略:保持足够的率先创新性;改进产品质量,增加具有特色的产品种类,进入新的细分市场;广告策略由提高传媒产品知名度转向说服潜在消费者接受和购买产品;通过适时降价吸引那些对价格敏感的购买者。

③成熟期策划。对于成熟期产品的经营来说,最重要的事情也许是保持该产品的特色和竞争优势。传媒可以利用声誉稍微好一点的产品,或生产与营销成本稍低的一些产品,继续生存下去。

④衰退期策划。对处于衰退期的传媒产品,有两种基本的处理原则:一种是放弃,及早将资源配置到其他领域,将其转让或任其自行衰退、消亡;一种是加大改进力度,强化对市场新需求的满足,以延长产品生命周期。在具体操作上有以下3种策略。

第一,淘汰战略。当传媒产品被确认为软产品时,必要情况下应果断抛弃。不然,它将消耗极不相称的营销管理成本,延误寻找替换品的时间,压低传媒当前的获利能力,同时它在市场上的不适宜性也会引起消费者的疑虑,影响传媒声誉。将保持疲软产品的努力转移到"健康"的产品或者研发新产品上无疑是更为明智的选择。

第二,收割策略。该策略是指传媒决定推出某项业务时,可以考虑将其售出以套现。在这种情况下,营销者应设法加强该业务的吸引力,一方面尽量维持销售额,另一方面从中逐渐减少成本。必须注意的是,这些情况不能让顾客、竞争者和员工知道。否则,收割的结果会大打折扣,甚至计划失败。

第三,复活战略。对处于下降阶段的产品,传媒组织也可以通过增加其价值,实现对传媒产品的重塑,从而使其重新年轻化。

【实战案例】

"综 N 代"如何延长产品生命周期

2019 年的电视综艺荧屏,央视和省级卫视的综艺节目就有上百档,既有《声临其境》《中餐厅》《王牌对王牌》等"综 N 代"节目创新形式、持续发力,又有《故事里的中国》《中国地名大会》《忘不了餐厅》《奇妙的汉字》等崭新节目闪亮登场、频频制造话题,还有《非诚勿扰》《职来职往》《爱情保卫战》等常态化节目坚守自己的一方阵地。

从 2019 年一季度的播映指数来看,一线卫视的"综 N 代"无疑是一季度最具核心价值和竞争力的节目。2019 年,江苏卫视《最强大脑》进入第六季,东方卫视《欢乐喜剧人》迎来第五个年头,浙江卫视《王牌对王牌》也已到第四季,而湖南卫视的《歌手》,若算上前身《我是歌手》,已播出了八季。历经多季考验的品牌季播节目仍呈现出了头部综艺的品质和影响力,几乎占据了收视率排行的头部位置,而且还在社交平台上形成了热门话题,领跑地位基本稳固。虽然与前几季相比,这些算得上"长寿"的季播节目,无论是市场表现和收视反馈,都无法与其鼎盛时期相比较,却扛起一线卫视的收视和热度大旗,仍然取得了"中等偏上"的成绩。可以说,这些"综 N 代"节目依旧坚守对品质的要求和创新的探索,已达到了业界和观众的期许水准。

【案例分析】

由产品生命周期理论可知:产品从进入市场到退出市场,一般划分为四个阶段,即导入期、成长期、成熟期和衰退期。各阶段有其特点:导入期,节目制作相对粗糙,知名度较低,观众规模小;在成长期,节目质量提升后知名度相应提升,观众规模扩大,且没有较高要求,具有一定的忠实观众量;成熟期的节目质量稳定,风格定型,忠实观众规模不再增加;衰退期,同类节目差异小,不能满足观众不断变化的需求,观众开始厌倦,观众流失增加以至于收视率明显下降。专家指出,电视节目"大概 5 年为一个时间单位即可完成导入、成长、成熟、衰落的生命周期。一些节目长久保存下来,也是因为在不同的时期注入了新的元素,刺激了节目的'二次成长''多次成长'。"

从产品周期理论来看,"综 N 代"对于观众而言,已经不再是新鲜的节目,因此也就面对更多的挑战。虽然一档节目做到第 N 季之后,已经拥有了相对稳定的收视群体,但是如果节目不求新求变,那么即便是忠实的"粉丝"也会转向对其他节目的关注。可喜的是,我们从2019 年的"综 N 代"真人秀节目的调整与变化中,看到了节目有针对性地进行分众化市场定位,以品牌的思维去设计和经营,并通过不断创新赢得市场、维系受众忠诚度的诚意与举措。

全新理念升级品牌内涵

从 2013 年《歌手》创办以来,节目组便致力于搭建知音与浩瀚音乐世界的桥梁。在《歌手》的第八个年头,节目组开始转为思考音乐的多样性。从官宣新名字和海报开始,《歌手·当打之年》就得到了外界的高度关注。从之前《歌手》邀请的演唱嘉宾基本上都是歌坛的老将巨擘到 2020 年《歌手·当打之年》参赛主力主要是处于 20~40 岁的黄金年龄的乐坛年轻血液不难看出,节目不再为"乐坛的扛鼎之位"搭舞台,而是要为年轻歌手的"当打之年"站台。从发掘乐坛遗珠，到全民喜爱的强阵容竞演、寻觅和培育新人，这一季则为处在巅峰竞技状态的年轻歌手提供了一个敢唱敢当的舞台。这是年轻歌手的当打之年，也是《歌手》的当打之年，度过"七年之痒"的这一王牌音乐综艺 IP，正在进行一次年轻化的革命，完成底层逻辑的又一次迭代。

全新阵容带来新鲜感

《奔跑吧》打破了长期以来稳定的嘉宾阵容，以全新的互动阵容再次亮相荧屏，带给观众极大的新鲜感。正如节目总导演姚译添所言："全新的阵容更有利于节目组跳出固有的思路，制作出有别于以往的节目。"

全新赛制增加可视性

《欢乐喜剧人》进行了赛制革新，邀请六组返场喜剧人，采用"新老对决""战队 PK""魔王挑战"以及"冠军排位"等方式让新老喜剧人进行正面交锋，增加了可看性。《中国达人秀》新增"黄金按钮"，在选手展示过程中，四位导师每人均有一次按下"黄金按钮"的机会。一旦按下这个"黄金按钮"，无需其他导师的认同，便可将选手直接保送至半决赛。"黄金按钮"的设置既是节目尊重个性审美理念的外显表达，又能让导师们在诙谐的互动中越发斗智斗勇，制造更多才艺之外的精彩。

《声临其境》也进行了赛制升级，加入演员双人合配的新玩法。节目所选择的单个演员的声音塑造能力和变化能力已足够精彩，而双人合配的"声音 CP"则更是精彩不断。新赛制的"声音 CP"不仅能调动演员的配音积极性、提高其表演的欲望，而且能够让节目的悬念感、戏剧性更强。

赛制变化最大的是 2020 年的《歌手·当打之年》节目。本季节目保留两场为一轮的经典模式，但不再设置"补位赛"与"踢馆赛"，取而代之的是奇袭赛制。节目每轮会有 3 位奇袭歌手，每场只有两个奇袭机会，在线歌手演唱过程中，奇袭歌手可以随时发动奇袭一对一挑战，演唱结束，由现场 500 位大众评审电子投票决出胜负。在线歌手会不会被奇袭、会被谁奇袭的悬念贯穿始终。与此同时，奇袭歌手想进入在线歌手行列，挑选一对一奇袭的对象成了他们成功的关键，"手快有，手慢无"的规则也在奇袭歌手中形成了强大竞争压力。全新奇袭赛制使歌手们分为了两大阵营，即在线歌手阵营与奇袭歌手阵营。两个阵营内部都有竞争，双方的对立也更加明显。如果说，《歌手》此前一直采用的是真人秀+舞台交替的单线叙事，悬念只集中在最后的揭晓名次环节，那么《歌手·当打之年》采取奇袭赛制与经典模式的双线并行，则开启了多条支线剧情。节目不仅通过每期引入新类型的歌手进行创新升级，而且通过悬念的增加、前置、分散，牢牢抓住观众的好奇心和参与感，一定程度上可以看作以往概念的整合与提炼。

可见，根据节目的周期性特点进行适当调整，注重品牌差异化发展，可提升市场竞争力。

【课后思考】

1. 简述传媒产品组合策略与传媒整合营销策略的关系。

2. 影响传媒产品组合的主要因素有哪些？

3. 什么是传媒产品的生命周期？在不同的周期，传媒产品有什么特点？

【拓展训练】

1.腾讯公司是目前我国最大的互联网综合服务提供商之一,也是我国服务用户最多的互联网企业之一,主要提供互联网增值服务、移动及电信增值服务和网络广告服务。通过即时通信 QQ、腾讯网、腾讯游戏、QQ 空间、腾讯微博、搜搜、拍拍、财付通、微信等我国领先的网络平台,腾讯打造了我国最大的网络社区,满足互联网用户沟通、资讯、娱乐和电子商务等方面的需求。

根据传媒产品组合理论,绘制腾讯公司的产品组合图,并进行分析。

2.《纽约时报》于1851 年出版,日本《朝日新闻》的评论专栏《天声人语》于1904 年创办……中国有这么"长命"的传媒产品吗? 如果有,请举例说明;如果没有,请分析原因。

综合项目实训

项目编号	5	项目名称	The Daily 的短暂寿命
实训背景			默多克旗下首份 iPad 电子报倒闭,分析其原因,总结经验
实训内容			1. 收集查找相关资料,了解 iPad,了解 The Daily,了解电子报,包括它们的产品概念的形成过程、产品定位、产品特性、营销渠道、价格定位及市场反应等; 2. 解释"The Daily"现象; 3. 分析电子报的发展前景; 4. The Daily 的短暂寿命对其他传媒产品策划有何启示
实训目的			1. 理解市场定位的意义; 2. 熟悉新产品策划的过程; 3. 了解传媒产品的生命周期
实训步骤			第一步:以小组为单位进行相关资料收集; 第二步:分析、整理收集到的资料,形成自己的认识; 第三步:对社会现象进行分析,挖掘它的深层次原因; 第四步:在班级内进行交流,完善认识
实训成果			"The Daily 的短暂寿命"分析报告
要求与考核			1. 教师负责指导和答疑,学生相互间可以进行讨论,但所有素材不得共享,否则均记 0 分; 2. 指导教师根据学生的课堂表现和所交的作品进行打分,按 100 分评定成绩; 3. 按时交作品,若有特殊情况必须说明

项目六

传媒营销策划

学习目标

知识目标

1. 识记传媒渠道、传媒价格、传媒促销、公关促销等概念；

2. 了解传媒价格策划、渠道策划、促销策划的影响因素及策划重点；

3. 理解新媒体营销的主要渠道和营销方式；

4. 理解并掌握新媒体营销策划的重点内容及基本方法。

能力目标

1. 能运用传媒营销策划的基本方法，对不同营销策划案例进行分析评述；

2. 能运用传媒营销策划的常用方法，为传媒营销中的具体问题制订解决方案。

任务一　传媒营销策划的基本策略

【任务描述】

要成功实现传媒产品营销,不仅要依靠合适的产品、合理的价格,还取决于受众获得这些产品的渠道是否畅通、方便。渠道策划是指在市场调研分析的基础上,对备选的产品营销渠道结构进行评估和选择,以求策划出新的市场营销渠道或对已有的市场营销渠道结构进行改进的谋划活动。传媒渠道策划对促进传媒产品销售、降低流通成本、收集市场信息、分担市场风险、提供售后服务等起着重要的作用。

【案例导入】

国外主流传统媒体的"付费墙"模式

目前,国外主流传统媒体主要形成了三种较成熟的付费模式。其一为捐赠模式,指由于与媒体存在共同的事业或价值观,用户自愿对媒体进行捐赠,以支持其发展;其二为会员模式,会员可实现与媒体间的持续、高效互动,共享社交关系、专业知识、个人见解等;其三为订阅模式,指用户需要付费才能访问媒体内容或享有特定内容,主要体现为"付费墙"模式。

付费墙(Pay Walls)是媒体对其数字内容设立的收费门槛,设置付费墙的媒体内容可阻止未付费用户访问,或将其隔离在特定收费内容外。20世纪90年代末,《纽约时报》《华尔街日报》率先试水付费墙模式。2012年,美国25%的报纸建立了付费墙,使该年被称为"付费墙元年"。当前,付费墙主要存在"硬付费墙"和"软付费墙"两种模式,硬付费墙规定必须订阅才能看到报纸内容,访问客户端、PC端产品,这种模式总体上应用较少;软付费墙指媒体提供部分免费内容,访问免费类别外内容,或浏览超过一定数量、时间后,即需要交费。由于其可以追踪和预测读者偏好,进而优化付费方式,目前被普遍使用。

经过多年发展,最早建立起付费墙的《纽约时报》《华尔街日报》等老牌媒体已在稳定运作的基础上,创新出了多元、灵活的收费手段。如《华尔街日报》《纽约时报》《华盛顿邮报》等与聚合新闻网站Blendle合作,开创了小额支付的订阅方式,读者可付费阅读单篇报道,无须按期订阅;《华盛顿邮报》参与了"数字报纸伙伴项目",用户只需订阅项目中任意一份报纸的网络版,就可获得其他报纸的网络版浏览权。根据美国新闻学会的调查,至2015年,美国98家发行量超过5万份的受调查报纸中,有77家使用数字付费订阅模式,比例达78.6%,付费墙已被广泛建立。

但在新媒体、社交媒体日益普及后,众多媒体放弃盲目建设,转而寻求更为理性的付费模式。如2015年,《太阳报》取消付费墙,将其绝大部分内容供访问者免费阅读,同年,《金融时报》也改用"订阅试用"模式。电视媒体如 CBS 则主要通过优质内容收购和独家播出权的争夺,争取付费用户。2018 年,英国《卫报》采取了"会员+捐赠"模式,《华尔街日报》于 2014 年推出了全球读者计划项目(WSJ+)。一些新兴或小型媒体也加入了付费市场。在法国,基于互联网的独立调查媒体《参媒》(Mediapart)完全依赖订阅,至 2017 年底,其网站已实现连续 7 年盈利。《参媒》开创的"记者+读者"俱乐部模式生产出众多轰动性新闻,通过向公众免费开放俱乐部产出内容,收获了巨大阅读量。

通过探索符合自身定位的付费方式,优化实施手段,众多媒体已初步取得付费模式的成功。根据世界报业协会《2017 年世界新闻趋势报告》,读者收入已占到总体数字收入的 30%,全球数字发行收入同比增长 28%,数字广告收入在 2015—2016 年仅增长 5%,表明读者订阅收入超过了广告价值,付费订阅收入对媒体日益关键。①

【课程内容】

6.1.1　传媒价格策划

1)影响传媒价格的主要因素

(1)传媒盈利模式与媒体实力

不同盈利模式下的价格策略有很大不同。目前,"二次销售"是最受重视也是传媒产业收入最高的一种盈利模式。二次销售即以低价销售传媒内容产品,再以较大的市场份额在广告市场资源销售中获得补偿。在这种模式下,资金雄厚、技术力量强的媒体往往能在较长时期内保持低于对手的价格,从而在竞争中处于优势。

(2)传媒产品定位与自身特性

不同的传媒产品满足不同的消费群体,而不同的消费群体对传媒产品价格的接受程度存在较大差别。另外,传媒产品自身的特性,如产品质量、产品生命周期的不同阶段等都将直接影响传媒价格策略的选择。

(3)传媒产品成本

从长远来看,任何产品的价格都要高于成本费用。那些不靠媒介产品销售而通过二次销售盈利的传媒产品(尤其是大众化报刊),产品成本的意义主要在于将营销亏损控制在一定的范围内。

(4)市场需求变化

具有互补性的两个传媒内容产品,某一产品价格上涨会导致另一产品的需求量下降;具有替代性的两个传媒产品,某一传媒产品价格上涨会导致另一传媒产品的需求量上升。

(5)消费心理

通常消费者在选购商品时,对商品都有客观的估价。若定价高于消费者的心理期望值,则很难被消费者所接受。

---

① 黄楚新,王丹丹.国外主流传统媒体付费阅读状况及借鉴意义[J].中国报业,2019(5):102-106.

2）传媒价格策划的目的

传媒价格策划的目的如下：

①维持影响力规模。传媒是一种影响力经济,有时维持市场规模比利润增长重要得多。当因产品趋向饱和、竞争成本居高不下而威胁到传媒市场规模时,传媒组织常常通过大规模的价格折扣来保持市场规模,再通过广告市场的交叉补贴实现利润增长。

②追求利润最大化。传媒通过提高产品价格来减少亏损成本,提高总体收益。

③保持或增加传媒市场占有率,以刺激需求增长,迅速扩大市场占有率。

④树立和改善传媒形象。一些以价值最大化为市场目标的媒体,会重点考虑传媒价格水平是否与目标受众期望的价格水平和传媒的高品质形象相符。

⑤调整市场定位。面临重新定位的媒体往往通过提价或降价来改变原有的受众群体。

3）传媒价格策划方法

（1）传媒定价方法

①成本导向定价法。所谓成本导向定价法,就是以传媒产品成本为基础,加上预期利润,结合销售量等有关情况,确定价格水平。这是最基础的定价方法,其优点是简单易行,缺点是忽视了竞争者的价格以及受众的需求与承受力,一般只有在精确预定销量时才能生效。目前,采用这种定价的多是行业报、各级党报、杂志和文摘类报纸。例如《读者》是一本发行量很大且相对稳定的杂志,其价格的制订就是采取的这种方式。

②以生产能力为导向的定价方法。这种方法是在不同的时间制订不同的价格,即在高峰时段提高价格,而在非高峰时段降低价格。如中央电视台黄金时段与非黄金时段的广告价格相差几倍,就是希望通过价格调整来影响需求量,以保证最优化地利用各个时段,挖掘广告潜力。

③竞争导向定价方法。这是指以竞争对手的价格为主要参考和基础,随市场竞争的变化来确定和调整价格的定价法。竞争导向定价法可以分为追随领导者定价法和掠夺式定价法等。追随领导者定价法是始终保持与市场占有率最高的传媒定价一致;掠夺式定价法是以低于市场平均价的方式进入市场,意在掀起价格战,最终凭借雄厚的经济实力挤垮竞争对手,以取得更大市场份额。

[案例]

2010年12月,当当网在美国纽约证券交易所上市。几乎与此同时,一场网络图书销售领域的"三国演义"迅速上演。从12月14日凌晨开始,京东商城全线下调了图书价格,比原来的京东价低20%;12月15日,另一图书网售巨头卓越亚马逊推出年度最给"利"特惠——数十万种畅销书在全网最低价的基础上再降20%并返券;12月16日,当当网正式宣布斥资4000万元促销,反击京东商城。这场价格战后,几大电商平台的图书价格战日趋常态。业内人士认为,网络书店掀起价格战的主要目的不是直接赢利,而是追求广告效应和市场份额。从财务核算的角度看,一本书赔1~2元,即便一个客户购买10本书,加上物流成本,直接成本不过30元,远比其他营销手段获得新客户便宜得多。

④受众导向定价方法。这种方法是根据受众的收入水平、消费能力、消费态度、对传媒产品的价值认知等因素进行定价。这种定价方法的关键不是传媒产品的成本,而是消费者对这一传媒产品的认同度。以一本新创刊的杂志为例,如果读者认为这本杂志值5元那就定5元,值10元就定10元。

明确了定价方法以后,在确定最终价格的时候,策划者还要思考以下问题:①是否对不同年龄、职业、消费状况的受众实行差异化定价;②是否按传媒产品消费数量和金额的不同定价;③是否按消费传媒产品的时间不同定价;④是否按传媒产品覆盖的地理范围不同定价;⑤是否按产品包装的不同区别定价,等等。

(2)传媒价格策划策略

如果说定价方法确定的是产品的基本价格,那么定价策略则着重于根据市场具体情况,运用价格手段,实现定价目标。

①传媒新产品定价策略。

传媒新产品上市,可根据产品的不同定位和发展战略,采取撇脂定价、渗透定价、温和定价等不同价格策略。

撇脂定价,是指以高价将新产品投入市场,然后再逐渐降低价格,以便在产品市场生命周期的开始阶段取得较大利润,尽快收回投资成本。一般而言,产品较有特色,且产品质量、形象与高价相符,竞争者在短期内不易打入市场的新产品采取此类策略较合理。

渗透定价,是指传媒组织把其创新产品的价格定得相对较低,以吸引大量顾客,尽可能快速打开销路,或阻止竞争者进入,待占领市场后再将价格提高。采取渗透定价一般需具备以下条件:一是潜在市场较大,市场对价格极为敏感;二是生产成本和经营费用会随着销量的增加而减少;三是低价不会引起实际和潜在的竞争。

温和定价,是指在新产品上市之初,将价格定在高价和低价之间,既能使企业获取适当的平均利润,又能兼顾消费者的利益。

②传媒产品组合定价策略。

在系列产品、连带产品和产品群定价中,要采取区别定价策略。比如,对于系列产品而言,首先,制订某种产品的最低价格,使之吸引消费者购买产品线中的其他产品;其次,确定产品线中某种商品的最高价格,使之在产品线中充当品牌标志的角色;对产品线中的其他产品,则分别依据其在产品线中的角色制订不同的价格。为了促销,可将几种传媒产品组合在一起,进行捆绑降价销售。比如,图书经销商将整套书籍一起销售,价格就要比单独购买低得多。

③传媒价格调整策划。

传媒为了适应市场环境和自身内部条件的变化,在成本上涨、产品供不应求等情况下,会将原有价格调高。而在急需回笼大量现金,或出于维持和扩大市场份额等目的时,则有可能将产品价格下调。

对于传媒组织来说,传媒价格调整是适应营销市场环境的一种改变,因此必须做好全面策划,防患于未然。

①要掌握好价格变动时机。一般而言,市场供不应求、原材料上涨、推出新产品都是提价的好时机。

②要控制好价格变动幅度。提价的幅度宜小不宜大,速度宜缓不宜快。

③要选择好价格变动方式。一般应尽可能多地采用间接调整方式,即企业采取一定方法使产品价格保持不变但实际隐性上升/下降。如目前许多都市报在每年的发行大战中,采用的更多是各种折扣形式,如数量折扣、现金折扣、赠送优惠券、有奖销售等,在保持名义价格不变的前提下,降低报刊的实际价格。

④要解释好价格变动原因,减少受众不满,维护传媒形象。

6.1.2 传媒渠道策划

1)传媒渠道的内涵与主要影响因素

(1)传媒渠道的概念

传媒渠道是指传媒产品或服务从传媒生产领域向受众转移过程中所经过的路线和通道,包括传媒生产企业、受众和它们之间的中间层次,含代理商、各地经销商、零售商等。

(2)渠道层次、长度与宽度

在把产品和其所有权一步步转移给最终购买者的过程中,承担若干工作或某一角色的每一个环节即为渠道的一个层次。[1]

渠道的层次数目即为渠道的长度。经过的流通环节或层次越多,分销渠道就越长。渠道长短的利弊不能一概而论,表6.1.1是出版社图书销售长、短渠道的优劣比较。

表6.1.1　出版社图书销售长、短渠道的优劣比较

类别	优点及适用范围	缺点及基本要求
长渠道	提高了图书分销能力,有利于提高市场覆盖面;有利于促进图书出版的专业化分工与协作;有助于缓解出版企业人力、财力、物力资源的不足;可以将渠道优势转化为自身优势	发行中间商的高度介入,可能导致出版企业对图书销售的失控;分销环节的增加,可能导致图书分销费用上涨;可能会影响出版企业与读者之间的信息沟通;可能会延误分销时间,影响分销效率
短渠道	出版社对渠道的控制程度较高;借助规模大、销货能力强、知名度高、影响大的零售书商,可以扩大图书销售;减少了中间环节,可在一定程度上降低图书流通费用;便于出版社与读者之间进行信息交换;适用于时效性较强的图书	市场覆盖面较窄,发行能力有限,难以满足数量庞大而又特别分散的全国各地读者的需求;出版社要承担大部分或全部渠道功能,容易分散精力,冲击图书的出版业务;无原则地扩大直接分销比重会影响广大发行中间商的利益,从而丧失广大发行中间商的支持

分销渠道每个层次使用同种类型的中间商的数目称为分销渠道的宽度,数目多为渠道宽,数目少为渠道窄,并由此分为独家分销、密集分销和选择性经销。独家分销、密集分销及选择性分销的比较见表6.1.2。

---

[1]　王海云,吴玉红,费秀红.出版社营销管理[M]北京:经济管理出版社,2009:161.

表 6.1.2　独家分销、密集分销及选择性分销的比较

分销类型	含义	优点	缺点
独家分销	在既定市场区域内只有第一渠道层次,只有一家经销商运作	市场竞争程度较低;供销双方关系较密切	由于缺乏竞争,独家分销可能导致顾客满意度受影响;经销商对生产者的反控制能力较强
密集分销	凡符合生产者要求的经销商均可参与分销	市场覆盖率高	经销商之间恶性竞争易导致市场混乱,渠道管理成本较高
选择性分销	从入围者中选择一部分作为分销商	介于独家分销与密集分销之间	

（3）直接分销渠道与间接分销渠道

直接分销渠道是指生产者将产品直接供应给消费者或用户,没有中间商介入。直接分销渠道的形式是:生产者—消费者。如图书销售的直接分销渠道有:自设门市部、推销人员向读者直销图书、邮寄书目直销、读者直接向出版社订购图书、出版社利用网上书店直接发行本社图书等。间接分销渠道是指生产者利用中间商将商品供应给消费者或用户,中间商介入交换活动。出版社的销售渠道如图 6.1.1 所示。

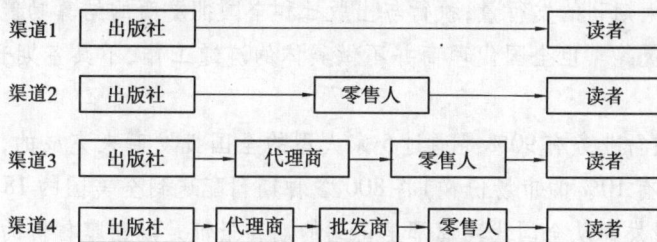

图 6.1.1　出版社分销渠道示意图

图中渠道 1 即为直接分销渠道;渠道 2—4 则为间接分销渠道,指传媒产品从生产企业经过至少一个层级中间机构的转手才流向最终消费者或用户。

2）传媒渠道策划的内容与步骤

（1）确定渠道目标

传媒渠道策划的目标主要有:①确保渠道顺畅;②增加传媒产品销量;③方便顾客购买;④开拓市场;⑤扩大知名度;⑥增加经济效益;⑦扩大市场覆盖率;⑧有效控制渠道。不同的渠道目标直接影响渠道结构的设计与渠道成员的选择。

（2）设计渠道结构

根据产品因素、市场状况、中间商情况、企业本身条件、宏观环境等,策划设计具体的分销渠道形式和范围。根据产品、市场、中间商、企业的具体情况,可以考虑 3 种分销策略的运用,即:密集分销策略、选择分销策略和独家分销策略。

（3）评估渠道方案

渠道策划评估的标准主要有：渠道所提供的服务是否能满足需求；渠道的营销评价成本；渠道的灵活性。具体来说有以下 7 个考察点：①顺畅；②增大流量、开拓市场；③便利；④提高市场占有率；⑤扩大品牌知名度；⑥经济性；⑦控制渠道。

（4）选择渠道成员

经销商的选择是渠道策划的关键环节。一般要从以下 10 个方面对经销商的分销能力进行评估：合法建议资格、目标市场定位、地理位置、营销策略、销售能力、服务水平、储运能力、财务状况、企业形象和管理水平。

（5）进行渠道管理

渠道管理包括渠道权利的使用、渠道忠诚和信任的建立，以及设计合同的技巧等。进行合理的渠道管理可以提高合作满意度。

[案例]

美国期刊的发行系统[①]

美国期刊的发行，采用的是从全国代理商到全国批发商再到零售商的分级代理销售体系，各级之间的关系通过合同和市场规范来制约，因此形成了有序的良性竞争。

在美国，期刊的全国代理商一共有 4 家，共同竞争美国 800 多家出版社的期刊发行代理权，所获得的期刊价格大多为期刊零售定价的 50%。这一层销售组织主要负责宣传和销售杂志，以保持并扩大期刊的发行量；执行与出版社和全国批发商的结算功能；负责数据管理，如销售量、退货情况等。但全国代理商并不做具体的流通工作，不具备期刊的所有权，只有代理权。

美国期刊的发行业务有 90% 是通过 5 家大型的全国批发商来完成的，由他们和其他小型全国批发商（占有 10% 的市场份额）将 800 多种期刊配送到全美国的 18 万个零售商那里进行销售。全国批发商从全国代理商那里得到的期刊报价是期刊零售价的 60%。

期刊的零售商则直接面对终端消费者，例如报刊零售亭、自动售报机、连锁书店、超市、便利店、书店、日用化学用品商店（主要销售洗涤用品、生活用品、保健药品和非处方药等）、银行、火车站和机场等，美国有 4 500～4 700 种消费类期刊通过各种零售渠道发行，由近 20 万家零售商来完成，平均每个超市陈列期刊 700 种，其中 300～400 种期刊会经常出现在货架上。期刊的零售商支付给全国批发商的价格是定价的 80%，然后通常按照定价出售给读者。

3）影响传媒渠道策划的主要因素

（1）受众因素

读者地理分布广、地域分散，宜采用全国总代理商—地区批发商—零售商的渠道模式，

---

① 董璐.媒体营销[M].北京:北京大学出版社,2010:247-248.

比如全国性的报纸、期刊一般都委托邮局发行;如果受众分布地域较窄,则宜采用短渠道模式,如目前大多数都市报采用的都是自办发行方式,就是基于读者分布密集,且多局限于一个城市及周边地区的特点。

(2)产品特点

传媒产品的生产周期、内容特点会影响传媒营销渠道的设计。比如,日报发行的时效性强,因而采用密集性渠道策略;月刊因为发行周期长,则一般采用报摊零售的发行渠道。豪华型期刊由于定价较高,有条件使用层次较多的发行渠道。

(3)传媒技术因素

传媒技术因素对传媒产品营销渠道结构会产生深刻的影响。比如传媒技术的革新,会使传媒营销渠道向直接渠道模式演进。

(4)传媒组织因素

传媒组织的品牌、销售能力、渠道控制力、传媒定位和传媒组织所处的行政级别(是中央级传媒还是地方级传媒)等都会对传媒渠道产生影响。中央级传媒由于其覆盖面广、受众群体庞大,是很难采用直接渠道模式的,且其渠道宽度比地方传媒渠道宽度更宽,渠道长度更长。

4)传媒新渠道的开发策划

(1)从受众新的消费需求或潜在的消费习惯中发掘的新渠道

开创新渠道,关键问题是把握目标受众的生活状况和消费习惯,善于发现不同的消费习惯,也就可以避开竞争对手,发掘到不同的新渠道。

(2)借道其他产品的终端作为新渠道

策划者首先应将传媒产品与消费者市场细分相对应,准确进行有针对性的市场定位,寻找具有高度一致性的目标人群,然后通过与其他产品形成某种特定利益的集合体,从而巧妙地进入其他产品终端。

[案例]

在宣传《所有流过的眼泪,都会变成钻石》一书时,中信出版社与花样生长鲜花品牌联合推出了鲜花礼盒,以"在冬日里一份来自阿雅的暖心诚意之作加上浪漫又充满希望的鲜花礼盒"为主题,展开促销。作者阿雅的人脉以及官方粉丝的助力,让这场营销在网上掀起话题性讨论。在为苏芒自传体图书《为热爱而活》宣传时,中信出版社则极力与"时尚"靠拢,为读者提供的奖品包含了时尚集团自创的品牌口红和其他品牌护肤品礼盒、时尚生活用品等,不仅满足了读者多样的需求,也契合了图书的定位。

(3)开展渠道共建

传媒组织如果已经对受众的某种消费趋势作出准确预测,而营销渠道尚未成熟,那么就要大胆地与相关部门开展渠道共建,从而取得竞争对手没有的优势与渠道资源。

[案例]

2004年,北京少年儿童出版社从美国学者出版社英国分社引进了著名科普图书品牌

《可怕的科学》,但刚引入国内市场时销售并不是十分乐观。为此,北京少年儿童出版社一方面对这套书进行了改版升级:在优化装帧设计、提升图书"颜值"的同时,基于引进版进行了"本土化"的新尝试,将原书分为经典科学、科学新知、自然探秘、经典数学、体验课堂五大系列72种,还推出了《中国特辑·谁来拯救地球》;另一方面,不断创新宣传推广方式,陆续在全国推出形式多样的科普推广活动。截至2019年,"科学家进校园"活动已累计举行了上千场,活动覆盖全国26个省、自治区、直辖市,总受众超过一千万。经过15年精耕细作和深度推广,通过优质出版资源与一流科普演讲资源的结合,《可怕的科学》已被打造成国内知名少儿科普阅读品牌,这套书已经成为少儿科普领域的畅销产品,广获中国小读者的喜爱和欢迎,目前中文版发行量已突破2500万册。

6.1.3 传媒促销策划

1)主要传媒促销手段与特征

传媒促销手段主要有营销推广、广告促销、人员销售、公共关系等。为了取得最佳的传播效果,促销手段乃至整个市场营销组合都必须有机地结合起来(表6.1.3)。

表6.1.3 主要传媒促销手段的比较

促销手段	沟通方式	促销功效	优点	缺点	时效性
营销推广	直接促销手段、单向沟通	短期内增加销售量	直接、见效快、可控性高	某些推广形式成本高	短期
广告促销	靠媒介进行传播、单向沟通	提高企业及产品的知名度	传播范围广、形式多样、可控、人均成本低	信息传播量有限、总成本高	中长期
人员销售	面对面、双向沟通	与顾客建立良好关系	针对性强、灵活性大、见效快	成本高、覆盖范围有限、预算困难	中长期
公共关系	间接促销手段、双向沟通	树立良好的公众形象	客观、可信度高	可控性差	长期

2)传媒营销推广策划

(1)营销推广策划的主要内容

营销推广策划也称销售促进策划,是指为刺激消费者消费和提高经销商效益而设计的、通过一定渠道传播传媒产品信息的手段、措施及活动,包括产品本身的内容、形状、色彩、价格以及传媒组织的整体形象识别系统等,这些都会向受众传递某些促销的信息,具有时效性、刺激性、多样性、直接性等特征。传媒营销推广策划一般有以下几种:

①面向消费者的营销推广策划。如赠送促销、折价券促销、抽奖促销、现场演示促销、参与体验促销等。通过消费者参与各种促销活动,如在报刊发行期间,通过组织面向读者的技能竞赛、知识比赛、报刊内寻宝等活动,使订阅者获取奖励。

②针对终端运营者的营销推广策划。以报刊为例,报刊产品销售终端种类众多,有超市、报亭、报摊、便利店、地铁书店、火车站流动摊、机场书店、新华书店、报刊专卖店、发行站、流动售报员等。常用的营销推广促销形式有发放礼品、开发行推荐会、陌生拜访、产品摆放、贴海报、制作报夹、制作展架、开终端交流会等。

③针对发行商的营销推广策划。它主要包括以下3个方面:向经销商提供广告宣传支持的广告合作、业务会议和贸易展览以及交易推广。如在图书销售中就有通过销售返利、定额奖励、阶梯性折扣、实物奖励、按比例包销不退报、返现金卡等形式促进经销商合作,提高经销商的销售积极性。

(2)传媒促销活动策划重点

①要有鲜明的目的性。传媒促销活动应该围绕整个组织机构的组织形象策略和近期公关目标而确立促销目的。促销目的不同,促销的产品范围、市场范围、促销价值和促销时间就不同。比如,促销目的是防卫,那么就要对那些处于竞争压力之下的产品进行促销;如果促销目的是吸引新的顾客,那么可能就要对一些低风险、低价格的传媒产品进行促销,以引起顾客对传媒企业和媒体产品的注意;如果促销目的是先发制人,就要找到那些可以帮助顾客同企业建立长期关系的媒体产品或服务进行促销。同时,由于促销活动的目的是影响和强化消费行为,因此促销活动要有确定的受益者。例如,新学期开学之际的图书打折应该集中在教科书上,以保证所针对的对象——学生受益。

②要创造活动的亮点。传媒促销活动策划要创造亮点,要有高潮,要把这个环节设计得更有传播性,这是活动创意策划的核心和关键。

③要着力策划能够表达主题的氛围设计。应该重视通过场地的设计、气氛的设计,把活动的主题氛围带出来。这点往往有很多人不太重视,他们只考虑某一个活动环节上的创意,而忽略了场地上的创意。

④要注重促销活动创造性和简便性的平衡。创造性是为了保证活动的与众不同而吸引受众,简易性则是为了便于受众积极参与。过于复杂的促销活动,会使顾客因为弄不明白而不予理睬,或出现不信任感。

3)传媒广告促销策划

(1)广告促销策划的概念

广告促销策划是一种通过对广告促销活动策略和广告促销实施计划进行谋划,实现广告促销进程合理化和广告促销效果最大化的创造性活动。广告促销不仅要告知消费者购买广告所宣传的商品有什么收益,而且要结合营销的其他手段,给予消费者更多附加利益,以引起消费者对广告的兴趣,有力地推动商品销售。

(2)广告促销策划重点

①宣传点的提炼。广告宣传点的提炼与落实是广告促销的关键。策划人应认真挖掘与提炼,使之既能反映传媒内容产品的特色,又能与读者所追求的核心利益结合起来。

[案例]

2008年,广西师范大学出版社为《郎朗 千里之行:我的故事》设计的广告,在《中国新闻出版报》(现称《中国新闻出版广电报》)上一面市便广受关注。画面借图书封面加以放大,突出了郎朗的形象,既巧妙借用"名人效应",又推广了出版物的外观形象,一举两得。广告文案是"一个天才的艰难跋涉,一个家庭的共同奋斗,一段破釜沉舟的逐梦之旅——中国式梦想如何征服世界",以及美国前总统老布什、英国查尔斯王子、联合国前秘书长安南、音乐大师斯特恩、钢琴大师傅聪对郎朗的评价。此广告刊出后,新书立即热销。

②选择适当的宣传方式。传媒产品的广告宣传应与各种媒体密切配合,围绕宣传点快速而又准确地树立产品特有的形象。

③宣传媒体的多样性开发。这一方面,以日本书业界最为典型。日本出版业专家对日本刊载书刊广告的媒体进行了统计,将其归纳为13种类型:报纸、杂志、广播、交通、印刷品、新刊案内、户外、店头、书(封底、腰卷)、图书目录、出版社自有媒体、出版社的专业读书类杂志、出版情报杂志。其中,报纸和杂志是书刊广告的重要发布点,日本的重要报纸《朝日新闻》在每年刊登的全部商业广告中,出版类广告就占到6.4%。①

4)人员销售策划

(1)人员销售策划概念

人员销售策划是指企业派出推销人员与可能成为购买者的人交谈,作口头陈述,以推销商品,促进和扩大销售的一系列过程。其策划内容大体上可以分为两类:一是设计销售人员、组织结构和访问计划等;二是销售人员的招聘、挑选、培训、委派、报酬、激励和控制等。它具有针对性、灵活性和人情味等特点。

[案例]

《经济观察报》聘用一些大学生,在《经济观察报》销量较差的零售点前等待竞争对手的读者到来。读者掏钱或询问的过程中,他们不会干扰;等读者离开报摊10米左右,销售人员追上刚才买报的读者,问他是否看过一份新的报纸《经济观察报》,如果没有,就送他一份,希望他下次能购买。通过这种方式,他们把竞争对手的一些核心读者据为己有。

(2)人员推销的"推动"策略

①刺激—反应策略。这种策略是在不了解客户需要的情况下,事先准备好要说的话,对客户进行试探,然后根据其反应进行说明或宣传。

②配合—成交策略。这种策略是事先基本了解客户某些方面的需要,然后有针对性地进行"说服",当讲到"点子"上引起客户共鸣时,就有可能促成交易。

③诱发—满足策略。这是一种创造性推销,即首先设法激发客户的潜在需求,再说明自己所推销的这种服务产品能较好地满足这种需要。这种策略要求推销人员有较高的推销技术,能在"不知不觉"中促成成交。

---

① 罗紫初.宣传促销 不断升级——世纪之交国外出版业发展新动向透视(之五)[J].出版科学,2001(2):65-66.

5）公共关系策划

公共关系策划是一种策划人员根据传媒组织形象的现状和目标要求,有计划地通过大众传媒传达有关自身的重大措施、计划和事件的创造性工作。公共关系策划并不是推销某个具体的产品,而是要把传媒的经营目的、经营理念、政策措施等传递给社会公众,帮助建立和维护传媒组织与社会公众之间的相互联系,以扩大传媒的知名度、信誉度、美誉度。由于公共关系常常以新闻或各种评论的形式出现,没有直接的商业色彩,所以能够被公众更好地接受和认同,往往比广告有更好的宣传促销效果。而传媒一般都有自己的宣传渠道,或是与其他传媒有着良好的合作关系,这是传媒能够有效地开展公共关系宣传的特有优势。

[案例]

《快乐大本营》举办"快闪嘉年华"回馈粉丝

作为国内首档"现象级"综艺,湖南卫视《快乐大本营》秉承"制造快乐""传递快乐""奉献快乐"的初衷,在赋予快乐焕然一新的面貌的同时,也让观众感受到快乐的温暖和力量。2017年,在举行快乐大本营播出20周年庆典之际,《快乐大本营》举办了100场"快乐大本营快闪嘉年华",将王牌综艺搬到观众的家门口,率先开启国内电视节目的线上和线下零距离互动。"快乐大本营飞鹤快闪嘉年华·长沙站"精选了《快乐大本营》20年来收视最高的经典游戏和道具,进行100%的还原。在快闪嘉年华里,观众也能圆梦快乐大本营舞台,亲身体验"快本"主持人和嘉宾们玩过的游戏,真真切切地感受不一样的快乐。湖南卫视的这一举动被很多人称为"破屏之举"。

公共关系策划的方式多种多样,如创办内部刊物、发布新闻、召开记者招待会、设计各种公益活动、散发宣传资料、开展庆典活动、策划能产生轰动效应的事件活动等,以加强信息沟通,凝聚内外人心,树立健康的公众形象,为企业营造一个和谐、亲善、友好的营销环境,从而间接地促进传媒产品销售。

【实战案例】

《罗辑思维》:一个媒介产品的成功之路①

《罗辑思维》是一个创办于2012年的自媒体,主讲人为罗振宇。短短几年,它便由一款互联网自媒体视频产品,发展成一个包括微信公众订阅号、知识类脱口秀视频节目(《罗辑思维》)和知识服务App(得到)在内的知识服务商和运营商,成为当前最火热、影响力最大的互联网知识社群之一,并构成了其特有的盈利模式。2019年10月,《罗辑思维》以70亿人民币位列"2019胡润全球独角兽榜"第264位。

（一）运营主体:定位自身,打造魅力人格体

《罗辑思维》开办之初就定位于一档读书思考类节目,它企图让受众在读书过程中学会

---

① 刘洋.《罗辑思维》运营策划分析[J].今传媒,2018,26(2):83-84.

思考,获得启迪从而形成自己独到的见解,并在思考的过程中体会学习和获得知识的乐趣。"死磕自己,娱乐大家",这正是《罗辑思维》想要传达出的节目"逻辑"。

《罗辑思维》节目的灵魂人物罗振宇早年曾担任中央电视台节目制片人,他在媒体行业方面拥有的专业素养、丰富经验以及超强的活动能力,尤其是运用互联网思维的能力,使得他成为《罗辑思维》的灵魂人物之一。在团队方面,就《罗辑思维》的视频节目制作而言,无论是选题的搜集、甄选与确定,还是节目策划、广告宣传以及营销活动都由具有互联网观念的专业团队进行头脑风暴。

(二)运营内容:多样选题,打造高质量的有吸引力的内容

1.包罗万象的内容选题。《罗辑思维》的内容选题丰富多样、包罗万象,大多涉及与当今时代有关的人生态度、历史(人物)、政治、教育、思维方式等。《罗辑思维》微信公众号上推送的故事与文章也都征集了广大受众的意见,针对的是当前的社会热点和人们关心的社会问题。

2.回归理性的价值判断。不管是对历史人物的另类解读、政治问题的高度阐释还是对社会问题的深度分析,《罗辑思维》的落脚点都立于强烈的理想启蒙与浓浓的人文关怀上,成为众多猎奇娱乐、低俗八卦节目中的一股清流。

3.简洁诙谐的语言。在节目中,罗振宇的言语之间总会夹杂一些诙谐、自嘲的语言,他以闲聊的姿态和网友打成一片,极具趣味性和亲和力,为节目积累了大量的人气。

(三)运营渠道:打造"线上""线下"推广渠道

1."线上"平台:微博、微信、视频网站、图书及微刊等平台。在微博平台上,《罗辑思维》通过"罗辑思维朋友圈"发起如"今日值得读""罗胖的365天"等话题与网民进行线上互动,全方位推广《罗辑思维》网络视频和宣传"罗胖"个人。在微信平台上,每天早上推送一条60秒语音,旨在培养用户的一种习惯。在视频网站上,罗振宇分享个人读书心得,点评当下社会热点问题,每周一集,每集45分钟。《罗辑思维》图书、《罗辑思维》则是对视频节目和公众号内容的归纳、整理与总结,位于当当网、亚马逊网等畅销书排行榜前列。

2.蓬勃发展的"线下"平台。《罗辑思维》在精心经营其线上平台的同时也在不断开拓其层出不穷的"线下"平台。如举办《罗辑思维》公开课全国巡演、《罗辑思维》沙龙活动、会员High聊会等,线上线下联动,共同打造丰富多样的推广渠道。

(四)盈利模式:社群经济,打造全方位营销

1.基于社群经济视角下的自媒体营销。互联网将散落在各地的人们的分散需求聚拢在新媒体平台上,形成具有新的共同需求的并具有一定规模的群体,我们可以称之为"互联网社群"。《罗辑思维》即知识社群的代名词,它通过激发用户积极参与各种社群活动而加强用户之间的联系,通过共享共创的优质内容与活动将这个群体有效地凝聚起来,进而扩大《罗辑思维》知识社群的品牌影响力。

2.基于互联网思维的全方位营销。互联网的迅猛发展为自媒体的全面发展提供了巨大的可能性,《罗辑思维》就是充分利用互联网思维实施全方位营销,通过优质内容、活动与服务吸引和聚集用户,从而扩大社群影响力、形成品牌、实现盈利目标的。《罗辑思维》的盈利来源有以下几种:①上线优酷视频网站:获得大量点击量并接受粉丝打赏;②付费会员制;③微信商城:购买图书、文具、家居、配饰以及课程等;④罗振宇及其团队在全国各地进行授

课,获得门票收入;⑤为其他商家做宣传获取赞助费。

【案例分析】

《罗辑思维》的成功并不是偶然,它精准地定位自身与受众,找准方向,用"死磕自己"唤醒尊重,用情感共鸣黏住用户,用人格思维凝结社群,用势能思维建立品牌,用社群力量拓展边界,这些都是其成功的因素。

1. 运用互联网思维,扩大社群品牌影响力。《罗辑思维》在其运营过程中,将互联网思维融会贯通,贯穿始终,充分调动社群里的会员对知识的渴望,将其看作一种契机与方式,同时开展了各种各样的社群活动,增加会员之间的情感交流,实现社群内外的深度互动。因而,在运营自媒体时,所有媒体人都要转变思维方式,利用多种渠道了解客户的真正需求,建立社群、树立品牌并在这个过程中不断扩大社群品牌影响力,把媒体变成"魅力人格体",把读者变为粉丝。

2. 内容为王始终是媒体王道。无论是传统媒体还是自媒体,受众与用户除了要关注和体验技术带来的便利性与体验性外,优质的、有吸引力的原创内容更能抓住受众眼睛并获得持续吸引力。因此,要想更好地实现用户的忠诚度与用户黏性,必须以优质的原创内容吸引用户,以优质服务留住用户,"内容为王"依旧是媒体运营的一大重要策略。

3. 多媒体、多渠道、全方位营销是传媒做大做强的重要策略。在当今互联网时代的大背景下,无论是传统媒体还是自媒体,传统的营销模式已经不能适应用户需求,以用户为中心,实现产品形态的多样化,从而打造多媒体、多渠道、全方位营销,应该成为传媒做大做强的重要发展策略。打造多媒体也就是要实现不同媒体之间的整合,充分发挥各种媒体的优势,将传统媒体平台与新媒体平台结合起来,实现视觉、听觉、感觉感官的多重享受,给用户近乎完美的体验式服务;打造多渠道就是要实现多重渠道的有效联结与融合,无论是"线上"还是"线下"渠道,都要使优质的内容与活动在各个渠道得到有效整合传播,从而最大化实现其传播效果。

【课后思考】

1. 影响传媒渠道策划的因素有哪些?请分析当地热销的一本图书、一份报纸与一本杂志在发行渠道上各有何特点。

2. 传媒组织在确定定价目标时应考虑哪些因素?如果一本面向大学生的考研辅导杂志即将面世,你认为哪一种定价法更适合这本杂志?试用调查数据验证你的分析。

3. 试分析中央电视台广告与地方电视台广告的定价目标与方式有何不同。

4. 以一档正在播出的电视节目为例,说明其公共关系策划应从哪些方面展开?

【拓展训练】

走访本地的电影市场,分析近期上映的一部电影是如何进行广告促销的,同时为这部电影的推广设计一份促销方案,并在一定范围内进行推销的模拟操作和推销方案的分析说明。

任务二 传媒的新媒体营销

【导入案例】

《囧妈》全平台免费播放

2020 年春节档原本被业内看作"史上最强"春节档,受新冠肺炎疫情的影响,春节档《唐人街探案 3》(简称《唐探 3》)《夺冠》(原名《中国女排》)《囧妈》《急先锋》《姜子牙》《紧急救援》《熊出没·狂野大陆》七部电影集体撤档。

作为徐峥自导自演的"囧系列"喜剧电影的第三部作品,《囧妈》原定于 2020 年 1 月 24 日在中国上映。然而,《囧妈》出品方之一欢喜传媒 2020 年 1 月 24 日发布公告,宣布公司全资附属公司欢欢喜喜与北京字节跳动网络技术有限公司(简称"字节跳动")签订合作协议,将从大年初一(1 月 25 日)零点起,在 App 端、PC 端、智能电视端免费播出《囧妈》,字节跳动将支付 6.3 亿元人民币作为使用授权内容的代价。《囧妈》因此成为历史上首部在线首播的春节档电影。

这一选择对于观众、片方和字节跳动,是一件三赢的事:对于观众而言,免费看大片自然是意外惊喜;对于花费 6.3 亿元购买播放权的出资方字节跳动,利用贺岁档大片的影响力,给自身产品链吸引了更多的流量,也尝试了新的广告变现方式,消息传出后的几个小时,旗下的 12 个 App 占据了下载排行榜前列;对于电影出品方欢喜传媒而言,选择把版权卖给字节跳动,不仅使前期投入的制作费与宣发费全部回本,在资本市场上引起的反应更加直观——电影出品方欢喜传媒港股股价当天大增 19%。对于导演徐峥来说,面临春节档其他 IP 电影的竞争和有关票房销售对赌协议的压力,免费播出这一举动,不仅赢得了观众的口碑,也提前赢得了下一部电影的保底协议。

然而,有人欢喜有人愁。1 月 24 日晚,超过三位影视行业人士证实,浙江电影行业协会的确曾发布声明谴责《囧妈》网络首播,《囧妈》片方的决定被定义为"一种破坏行业基本规则的行为"。全国诸多院线联名致信国家电影局,认为此举给院线带来了巨大损失,呼吁电影局叫停《囧妈》在线播放的行为。

【课程内容】

6.2.1 认识新媒体营销

1)新媒体营销的定义

1967 年,美国哥伦比亚广播电视网技术研究所的长戈尔首次提出新媒体这一概念。联合国教科文组织将新媒体定义为"以数字技术为基础,以网络为载体进行信息传播的媒介"。

1994年,中国开始出现新媒体。随着新媒体平台数量的增多以及用户对多元化和个性化信息需求的不断增加,新媒体影响力不断扩大。新媒体逐渐成为现代资讯与品牌营销的核心区域,借用新媒体进行营销活动的新媒体营销模式应运而生。

所谓新媒体营销主要是区别于传统媒体(报纸、广播、杂志)营销的一种线上营销,是通过新媒体平台完成媒介产品或服务的传播、营销,进而实现让受众接收信息、提高产品知名度、刺激受众消费、扩大市场占有率或增加经济收益等目的的营销手段。

2)新媒体营销的特征与优势

新媒体是资源整合型的媒体形式,具有传播范围广、互动性强、针对性强、投放灵活、成本低、效果可监控、感官性强等特点。

(1)覆盖人群广且传播效率高

传统媒体营销主要通过报纸、杂志或电视广播等传统媒介发布信息,吸引受众注意,达到大面积、全覆盖的传播效果。新媒体营销主要依托先进的网络技术,极大地突破了时空限制,通过社交平台、视频平台等网络平台,以发布朋友圈、微信软文、短视频、H5小程序等方式实现有效营销。相比传统媒体营销,新媒体营销覆盖的人群更广,传播速度及效果更为显著。

(2)双向互动性强,反馈及时

不同于传统媒体单向传播的特点,新媒体营销不再依赖传统媒体的权威性推荐,而是通过网络进行双向传播,在网络传播的过程中信息的接收者也可能是信息的再传播者。因此,新媒体营销互动性更强,更有助于建立品牌与用户之间的情感联系,有效刺激购买欲望,营销达到的效果也更易于评估,便于及时得到效果反馈。[1]

(3)运营成本及宣传费用低

由于网络传播不受时空限制,信息传播速度更快,因此相较于传统营销模式,新媒体营销成本更低。以电影为例,传统的电影营销方式大多以海报宣传、影院推广为主,无论是电影物料的准备还是线下活动的推广,大都成本较高。而新媒体营销大多采用线上营销的方式,不仅使观众可以通过新媒体平台了解电影,还可自发担任电影推广的角色,进行口碑营销,拓宽电影营销的空间。近年来很多电影都利用网络传播的裂变性达到了未播先热的传播效果。

(4)针对性强,营销推广更精准

通过算法推荐等技术赋能,新媒体营销可以做到精准投放。还是以电影营销为例,数据显示,国产电影的受众主要集中在20~29岁年龄段,而我国15~34岁年龄段的互联网用户占到总用户数的59%,其中15~24岁的比例为27%,25~34岁的比例为32%。通过新媒体营销模式覆盖的用户恰恰是以消费力强劲的中青年群体为主,提高了电影营销宣传的受众契合度,避免了无效营销,达到了小成本、大效果的营销目的。

---

① 彭兰.网络传播学[M].北京:中国人民大学出版社,2009:44-45.

3）新媒体营销与传统媒体营销的区别

新媒体是继传统媒体之后,在互联网背景下出现的媒体形态。Web 2.0 思想和信息技术为新媒体的发展提供了必要的技术保证,技术发展也促进了营销理念与模式的创新。新媒体营销与传统媒体营销可谓各具特色,如表 6.2.1 所示。

表 6.2.1 传统媒体营销与新媒体营销的比较

营销方式	传统媒体营销	新媒体营销
媒体形式	报刊、广播、电视、户外媒体等	社区平台、短视频平台、直播平台、社交平台等
传播者	权威媒体组织	所有人
目的	以交易达成为中心	以用户价值为中心
特点	单向输出、多层级销售、漏斗似获取,反馈周期长	双向互动、直接销售、扩散式获取、反馈周期短
优势	权威性强;资源丰富;机制成熟	信息量大;成本低;传播迅速及时;覆盖面广;交互性强;精准收集用户信息;营销效果较好
劣势	传递信息延迟、时效性差;单向甚至单一渠道传播;受众被动接受,互动性较弱;受政策与技术的制约,影响力有限	严谨性、深刻性、权威性偏弱;信息较杂乱冗余;有时会受到网络制约

6.2.2　新媒体营销渠道与分类

1）常见的新媒体营销渠道

新媒体营销渠道,或称新媒体营销平台,主要包括但不限于门户网站、搜索引擎、微博、微信、SNS、博客、播客、BBS、RSS、百科、手机、移动设备、App 等。新媒体营销并不是单一地通过上述渠道中的一种进行营销,而是需要多种渠道整合营销,甚至在营销资金充裕的情况下,与传统媒介营销相结合,形成全方位立体式营销。

【资料卡片】

新媒体营销平台的分类

第一大类为视频平台,有直播平台(如映客、花椒等)、短视频平台(如抖音、快手等)、长视频平台(如爱奇艺、腾讯、优酷等)、音频平台(如喜马拉雅 FM、荔枝 FM)等,此类平台更有利于 KOL(Key Opinion Leader,关键意见领袖)的打造。

第二大类为社交平台,有微信平台(如公众号平台、个人号、微信群)、微博平台(如企业官方微博)、问答平台(如知乎、百度问答、360 问答)等。此类平台的用户互动性强,活跃度更高。

第三大类为自媒体平台,有自媒体平台(如头条号、百家号等)、论坛平台(如百度贴吧、豆瓣、天涯论坛等)。此类平台的专业性更强,对内容的要求也更高,但由于用户粉丝忠诚度更高,因此营销对象也更精准。

2)新媒体营销新兴平台

(1)方兴未艾的新兴平台

①直播。直播的即时性能让用户更加有参与感,品牌营销业主通过在直播平台投放广告,或通过主播的可欧玩游戏和带货率,与用户互动以带动流量与销量,从而提升营销效果。数据显示,2018年中国直播用户规模达3.97亿人,预计2020年用户规模将达5.01亿人。

②短视频。短视频对内容与品牌的契合度有较高要求,制作难度较大。但是,"场景+情节+情感+创意"的内容原生型短视频广告,能让品牌表达更生动具体,能更有效地触达目标人群,引发用户共鸣。

[案例]

短视频平台的春节营销

近年来,短视频营销成为最为火爆的一个领域,短视频App越来越受到用户喜爱,给品牌营销带来了新的机遇。2020年春节,短视频营销同样火力十足。

2020年《春节联欢晚会》独家互动合作伙伴快手短视频与支付宝,联合发起"寻找中国福娃"原创短视频活动,被选中的幸运儿所在的村或小区将成为"五福村",获得6.66吨年货,也就是一人得奖,全村或全小区的人享福。

抖音则发起了"买啥年货"秀各自的买买买,"2020春节档神仙打架"想看哪部贺岁片等活动,充分调动起消费者的互动性。此外,微视发起"2020一箭好运"模仿柳岩射箭动作、"新春才艺"展示个人能力等活动;好看视频发起"舞动中国年"等活动。

③社会化电子商务(以下简称"社交电商")。社交电商是电子商务的一种新型衍生模式。它借助互联网媒体工具,通过社交互动、用户自生成内容等手段辅助商品的购买和销售行为。社交电商通过搭建可以承载用户社交、搜索、购物等功能的社交平台,聚集用户、聚集内容,再以内容吸引用户进行社交互动,以多种内容输出形式满足用户信息交流需求,扩大信息覆盖面,增强传播效果。社交电商的营销模式符合口碑营销时代的需求,是未来新媒体营销的主要阵地。

(2)新媒体营销形式的比较

以直播和短视频为例,新媒体营销形式的比较如表6.2.2所示。

表6.2.2　新媒体营销形式的比较

形式	直播	短视频
传播性	较难二次传播	时间短,内容精简,短时间内能展现更多元信息。剪辑好的趣味性短视频容易成为爆款。其传播性强,能有效触达目标人群

续表

形式	直播	短视频
即时性、互动性	即时性、互动性较强,观看回放时不再具有互动功能	即时性、互动性较弱
场景限制	不具备利用碎片化时间随时随地观看的特征,在公众场合,一般很少会看整段网红直播	可随时随地利用碎片化时间回放观看
平台的商业操作空间	变现模式有:打赏、广告植入、电商导购	变现模式有:广告、会员收费、品牌植入
未来前景	变现周期长,产出投入不对等,投资回报率相对较低	投资回报率较高

6.2.3 新媒体营销常见模式

1) 病毒营销

病毒营销,又称病毒式营销、病毒性营销、基因营销或核爆式营销,它利用公众的积极性和人际网络,让营销信息像病毒一样迅速传播和扩散,营销信息被快速复制并传向数以万计、百万计的观众,实现短时间内将信息传向更多的受众,最终助力传媒产品推广。在新媒体语境下,病毒营销是一种宣传推广新策略,是一种强大的营销工具。①

要想成功地做好病毒营销,首先,要有独创的病毒营销方案,这样才能获得最大的传播效果。其次,要找到关键利益点以满足大众对新鲜事物的好奇心并为大众提供优质产品,否则产品就将缺乏曝光动力。再次,要找准营销平台及核心的传播人群,如微信。最后,要尽量跟踪、管理病毒营销的反映结果,及时发现问题并进行舆论导向。

[案例]

电影的病毒营销

病毒营销是国产电影营销近两年比较突出的特点,成功典范有《前任3:再见前任》(简称《前任3》)《西虹市首富》《一出好戏》等。以《前任3》为例,电影首先借助抖音、快手等短视频社区与电影上映同步推出《说散就散》《体面》主题曲等相关内容吸引关注,接着将片中经典片段"林佳吃芒果""手势舞"作为抖音等平台同人挑战内容,引发数百人参与挑战。短小精悍、富有创意的短视频内容一经推出就击中用户情绪点,引发用户参与感,实现朋友圈病毒式转发。虽然制作成本仅3 000万元,也没有顶级明星加持,但都市爱情电影《前任3》却能够在上映后一路走高,并获得20亿票房,视频营销的助力确实功不可没。

---

① 邱琳.中小成本电影微营销研究[D].长沙:湖南师范大学,2015.

2）事件营销

事件营销是企业通过策划、组织和利用具有名人效应、新闻价值以及社会影响的人物或事件,吸引媒体、社会团体和消费者的兴趣与关注,以提高企业或产品的知名度、美誉度,树立良好品牌形象,并最终促成产品或服务销售的手段和方式。

事件营销集新闻效应、广告效应、公共关系、形象传播、客户关系于一体,通过把握新闻的规律,制造具有新闻价值的事件,并通过媒介投放和传播安排,让新闻事件得以扩散,从而达到营销的目的。事件本身新闻价值的大小决定了它的传播价值,所以,一般的事件营销都是利用有新闻价值、社会影响以及名人效应的人或事来进行营销的,正向事件对树立良好品牌形象具有积极的作用。

3）口碑营销

口碑营销是指通过客户间的交流,将自己的产品信息进行裂变式的传播。从实践层面分析,在社交平台上使用口碑营销是传媒企业运用各种有效手段,引发消费者之间对其产品、服务以及企业整体形象进行讨论和交流,并激励消费者向其周边人群进行介绍和推荐的营销方式和过程,有助于提升产品知名度,扩大受众群体,进而助力产品营销。口碑营销实现了从关注品牌、产生兴趣、主动搜索,到产品购买向分享的方向影响他人,形成了闭环,因而具有成功率高、可信度强的特点。

4）互动营销

互动营销是指企业在营销过程中充分利用消费者的意见和建议,对产品或服务进行规划和设计,为企业的市场运作服务。通过互动营销,消费者可参与到产品以及品牌活动中,增强消费者与企业之间的联系,让消费者在不知不觉中接受来自企业的营销宣传。

要做好互动营销,首先,要通过已有数据或市场调研,掌握消费者的实际需求,切实实现商品的实用性;其次,要根据消费者属性以及产品属性,构建全面的互动渠道,从渠道上接触消费者,从内容上触动消费者。第三,要通过良性而恰当的反馈机制,相互学习、相互启发、彼此改进,尤其是"换位思考",它会带来全新的观察问题的视角,帮助双方保持有效而持久的沟通。

[案例]

2018年7月27—31日,腾讯视频"夏日电影野餐周"在北京、上海两地登场。活动打出了"大概可爱的人都会来"的口号,联手《城市画报》《博物杂志》、简书、Sir电影、公路商店五家媒体或自媒体,邀请观众一起参加露天电影野餐会。这也是腾讯视频"好时光夏日刷片季"的一部分,放映片单包含了10部经典电影,用社会、人文、奇幻、热血和冒险的视角,用影视作品中的正能量给年轻人提供成长指南,并鼓励年轻人走出家门,寻找到志同道合的朋友,展开基于共同兴趣的高价值社交。

5）IP 营销

IP（Intellectual Property，知识产权）营销，近年来已经逐渐成为一个现象级的营销概念。IP 营销的本质是在品牌与消费者之间架起沟通桥梁，赋予产品温度与人情味。

要做好 IP 营销，首先，要将虚拟或实际存在的产品拟人化，让品牌与消费者互动起来。其次，要在表达意义、呈现形式上具备原创性和独特性。最后，要通过长期持续的内容输出保持 IP 形象生动鲜活，这样才有可能发挥出最大价值。

[案例]

近年来，随着《国家宝藏》以及纪录片《如果国宝会说话》《我在故宫修文物》等一系列节目的热播，高高在上的故宫这个大 IP 也为更多观众所熟知。2018 年，北京卫视热播的大型文化季播节目《上新了，故宫》另辟蹊径，将解密故宫的综艺内容与故宫文创开发相结合，创新性地打开了故宫文化 IP 的另一种解读方式。

据节目总编剧介绍，所谓"上新了"其实就带有"温故知新"的含义，其中"故"就是故宫，希望能够以"温故知新"的方式，结合与时俱进、与时代接轨的新传播手段，把有着近六百年历史的厚重文化宝藏传承下来。节目前两期先后揭秘了从未对外公开的乾隆花园倦勤斋和三层花园大戏楼畅音阁，以故事讲述和演员实景搬演的形式进行了生动诠释。而这两期节目最后推出了两件文创新品：一件是美妆日用品"美什件"，由秘藏在乾隆花园倦勤斋中的江南元素——通景画中的紫藤雀鸟、金丝楠木仿斑竹的竹形，以及双面绣上寓意吉祥如意的云纹创新融合而成，在电商平台的单日抢购达到 5 000 套。第二件则是结合了畅音阁蝙蝠和仙鹤纹样、乾隆时期的戏衣设计而成的真丝睡衣，"蝠即福，福如意；鹤即贺，贺佳音"，将美好吉祥的寓意融入现代生活。据了解，《上新了，故宫》已经跟淘宝众筹合作打通下游产业链，每期节目中的文创新品都能在淘宝网限量预购。

6）社群营销

社群营销是基于相同或相似的兴趣爱好，通过某种载体聚集人气，通过产品或服务满足群体需求而产生的商业形态。

一个好的社群，首先，需要有共同的爱好。其次，一个活跃的社群必然拥有加入原则、管理规范、交流平台、组成人员等完整的社群结构。再次，社群需要精心运营，让社群成员有仪式感、参与感、组织感和归属感，并不断输出高质量内容。最后，社群模式要可复制，这样才能拓展社群规模。

6.2.4　新媒体营销策划要点

1）瞄准用户的关注点和痛点，精心策划营销主推点

在信息爆炸时代，消费者每天被五花八门的信息轰炸，容易对营销信息产生麻痹感。而一个传媒产品往往具有多个营销切入点，但哪一个点更符合品牌特点、更具有独特的传播价

值,往往需要密切关注目标消费者的地域特点、年龄层、流行文化、社会角色、收入水平等,深刻洞察消费者的心理需求,击中用户痛点,引起他们的深层共鸣,进而感知品牌的存在。

[案例]

中信出版社在时尚人物图书出版中,在推广前期十分注意通过不断挖掘书中的内容,找准推广的核心点,使营销主推点具有极强的话题性。如在《为热爱而活》一书中,中信出版社就抓住该书作者、时尚集团总裁苏芒的"热血"特质。以"我不要"和"我要"为主题分别设计了倒计时海报,"碌碌无为的人生"和"为热爱而活"等语句成为这两款海报的主题。海报一经发布,便引发了网友的讨论,配合微博名人的自动转发,形成了极强的话题性。

而在主持人阿雅的新书《所有流过的眼泪,都会变成钻石》的推广中,中信出版社则抓住了"励志""蜕变""成长"等关键词,将"做钻石闺蜜"定为营销主推,一方面符合阿雅在大众中的人物形象,另一方面,也使阿雅与圈内闺蜜的故事更加有话题和关注点,契合当时社会舆论对闺蜜的讨论氛围,击中读者的阅读关注点。

2)发掘、创造具有营销价值的新闻事件

从产品的实际特性出发,发掘、创造具有营销价值的新闻事件,或延展、策划出具有较高新闻传播价值的事件,达到借势造势的营销目的。

借热点事件展开营销是新媒体营销的重要手段,但热点事件的传播力并不一定与产品相关性有直接关联,甚至传播不当还可能造成品牌形象的损害。因此,在策划时要在事件本身的新闻传播价值和产品的相关性之间寻找平衡点,从深度、广度两方面挖掘,引导和激发受众对事件与品牌影响力、知名度产生正相关联系。

3)精耕内容营销,在趣味性、有效性、创新性上寻求提升与突破

大多数受众对新奇、反常、有人情味的信息表现出较强的好奇心,因此,要善于用故事化、具象化、趣味性的方式传递信息,通过故事化、趣味化的包装,将产品特点、场景应用、品牌文化等内容形象化,给人留下深刻印象。

这里需要特别强调的是,设计简单、有价值而又朗朗上口的短句传播信息非常重要。在新媒体平台上,过于正统的口号或赘余的语言会大大增加信息传播的成本,而短小精悍、能够体现产品特点及价值的语言,便会让产品信息在人群中迅速扩散,迅速引起受众及传播者的传播欲望。

4)针对核心人群和意见领袖展开有效营销

核心人群和意见领袖往往是传媒产品或品牌的忠实消费者或群体,往往也是口碑营销的主力军。因此,在营销策划时要调动各种资源来激发核心人群的消费欲和传播欲,使核心用户从产品的消费者转变为产品营销的"策划者",为裂变式传播奠定基础。

5)整合各类资源,用好组合拳,实现全方位引流

要根据用户习惯制定新媒体营销策略,采用组合拳模式进行营销。如在话题内容设计

上,可以从产品、品牌、事件、应用、活动等各个角度展开,采用的传播渠道可包括各类主流网络媒体、主流网络论坛、视频分享网站、博客/微博、搜索引擎、SNS 等;而表现的内容形式则可包括新闻、评论、博客日志、论坛帖子、话题讨论、微文、视频段子、动漫图片、网络专题、数字杂志、电子邮件、电子报等。以多种网络渠道、海量投递的推广方式,从深度、广度等方面展开品牌影响力渗透、知名度扩展,使营销产品获得持续高的关注度。比如,《罗辑思维》定位于多屏发展,除了在微信上分发内容之外,还在优酷发布视频,在喜马拉雅发布音频,通过全方位引流,实现最大化内容的价值。

6.2.5　新媒体营销发展趋势展望[①]

随着新媒体平台日益彰显的影响力和巨大的市场价值,新媒体营销将成为未来营销模式主流,各行业将继续加大新媒体营销上的投入,新媒体营销也将在创新中迎来更大的发展。

1)新媒体营销平台从"两微一端"到全媒体分发

近年来,随着移动互联网的不断发展和完善,新媒体的环境已经发生了深刻的变化,新媒体传播平台,已经从过去的微信、微博以及 App 领域,发展到了更加广泛的层面上,网络电台、网络直播、网络短视频等的出现,进一步丰富了新媒体的表现形式,同时也给内容传播增加了新平台。这样的趋势给新媒体营销带来的最显著变化是,营销内容需要根据不同的平台特征和不同的用户偏好,进行有效的定制化。

2)新媒体营销信息表达从图文语音升级为全面交互

新媒体营销信息的表达方式经历了从早期的"图片+文字",到使用语音、视频进行信息传递的不断变迁。随着移动互联网以及智能终端的快速发展,网络电台、短视频、网络直播等一系列创新的内容样式,逐渐取代图文传播样式,成为下一代新媒体传播的主要内容。此外,传统媒体也在进行升级,通过与互联网的紧密协作,实现着自身的转型发展。比如众多电视台,已经开始引入智能互动环节,通过手机与电视之间的互动,充分发挥内容创作方面的优势,实现与用户之间更好的互动效果。

3)从单向传播升级为多元整合

近年来,用户对信息的二次解读和传播,以及对传播事件的影响越来越大,甚至在部分新媒体平台上成为主流的文化现象。让用户更多地参与品牌互动,通过跨界的品牌联合营销、品牌植入、知识分享、互动营销、游戏营销等,加大用户和品牌之间互动的频率将成为未来新媒体营销的重点。

4)从做广告到讲故事,内容真实性和趣味性将成为发展要点

新媒体的重要特征就是实现用户对内容与形式更加个性化表达的追求,并通过人们的

---

① 参见《艾媒报告|2019 中国新媒体营销价值专题报告》.

转发、分享实现内容传播。未来,内容的趣味性或将成为其是否能有效传达产品信息以及触达用户的主要因素,而品牌内容的故事化表达也将成为目前新媒体传播的主流认识,因为在这个内容资讯如此丰富的时代,实现新媒体价值的传播、激发用户的兴趣,故事无疑是最好的方法。另外,客观性也将成为新媒体营销广告的另一关键点,如何在保留真实性的基础上深耕内容创作将是新媒体营销未来的发展方向。

5)5G助推视频行业发展,短视频或成未来新媒体营销主流

在新媒体营销方面,视频展示具有直观全面、即时、交互性强的特点,与企业营销的目的更加契合。同时,随着大数据以及人工智能技术的进一步应用,视频类营销将实现更高的精准性以及互动性,有效提供营销效果。随着5G行业的进一步发展,直播和短视频营销有望成为新媒体营销主流方式。

【实战案例】

电影《战狼2》的新媒体营销策略分析①

电影《战狼2》是吴京导演的动作军事电影《战狼》系列第二部,2017年7月27日上映,累计票房56.79亿元,刷新多项国产电影票房纪录,成为中国内地电影票房排行榜的总冠军。《战狼2》获得如此佳绩,与它抓住了新媒体传播的特性,采用了"传统媒体+新媒体+跨界"的营销方式不无关系。

一、电影制作时期官方微博营销

电影拍摄期间,官方微博重在聚集《战狼2》的人气以及扩大品牌知名度。

通过电影官方微博发布的内容来看,前期主要是以图片、视频的形式向粉丝展示电影各角度的拍摄花絮和特辑,让网民了解电影进度和制作过程的艰辛,以及电影团队认真负责的专业态度,为高质量国产动作片奠定口碑基础。其间,"坦克漂移"视频通过一些明星的转发获得了二次传播率,《战狼2》的话题一夜间引爆微博。

同时,官方微博对于电影主创的城市路演、首映礼及发布会等活动进行了全程跟踪式报道,都有效地实现了线上线下的粉丝联动,扩大了传播范围和传播形式,以电影的网络影响力配合观众的真实口碑推动票房。

二、电影上映前期的名人关系营销

首先,由电影主演利用微博和直播等平台,通过发布电影相关花絮、视频、图片、文字信息,加强与网民之间的互动交流,让更多的人对电影品牌产生认知从而加深了解,以获得更多的潜在观众。

其次,利用微博大V及明星开展粉丝营销。以电影官博中最有影响力的"战狼日记特辑"视频微博为例,在众多网友及明星大V在对该条微博的传播过程中形成了17个转发层级,其中有效转发数294 624条,覆盖微博用户455 370 456人;此条微博传播的关键用户是

---

① 李心怡.新媒体语境下的国产电影营销策略研究——以《战狼2》与《前任3:再见前任》为例[D].西安:西北大学,2018.06.

谢楠,粉丝数 6 195 835,带动了该微博 363 639 次转发,可见明星的转发助阵功不可没。

三、电影上映中后期的全民口碑营销

1. 建军节上映引发爱国热情

《战狼2》在拍摄期间就已经定档 7 月 28 日上映,一方面抓住了 24 岁以下的学生观众群,另一方面,军事题材的《战狼2》符合八一建军节的爱国主旋律观影需求,获得了更多的排片场次。2017 年内地暑期档总票房为 163 亿元,斩获 55 亿元票房的《战狼2》约占据总票房的三分之一。

2. 观众"自来水效应"促销

"自来水效应"是指观众自发地通过各种渠道为电影进行宣传,以表达对电影的支持和喜爱。电影是一个消费者相互参考意见特征明显的市场,上映前期的观影大众对影片的认可,使得一部分观众以朋友圈晒电影票、发表电影影评、转发电影微博等行为主动宣传电影,使部分潜在观众不自觉地受到从众效应影响,并最终产生观影行为。

3. 影评人的意见领袖作用

在话语权下放的新媒体时代,意见领袖往往具有较强的综合能力和社会认同度,具有影响他人态度的能力。微博影评人就是片方与观众沟通的重要桥梁,他们经过自己再加工发布的信息通常拥有很高的评论转发量及阅读量,在爱好电影的网民中有着举足轻重的作用。如作为国内权威影视评分网站,豆瓣平台上关于《战狼2》的影评超过 8 000 条,短评超过 18 万条,可见《战狼2》的讨论热度之高。

四、《战狼2》的话题营销策略

新浪微博热门话题是指由话题主持人发起话题,对该话题产生兴趣的其他用户进行讨论参与,话题内容写在一对"#"之间,话题产生时讨论群组即产生,且一直存在,不被时间、热度约束。从新浪微博搜索关键词"战狼2"兴趣主页中出现的热门话题中选取阅读量较高的话题进行统计,可以看到,共有 5 个话题的阅读量过亿,#战狼2#话题阅读量更是达到 25.5 亿,战狼2 相关微博话题的总阅读量为 53.7 亿,总共有 308.2 万人参与相关话题讨论。这些话题多以"官方主持+网民互动"的形式展开,主持人通过不断发布话题微博,吸引网友参与互动,大量粉丝群体自发进行转发、评论,形成热门微博,扩大话题的传播范围,使电影的影响力持续扩散。

此外,微信、豆瓣、知乎等社交媒体平台上也伴随微博热门话题的发酵,进行了二次发酵。知乎平台上"战狼2电影"话题的关注人数为 10 640 人,相关问题多达 2 257 个,一些契合电影主题的话题,如"电影《战狼2》中有哪些意味深长或细思恐极的细节""军人看《战狼2》是一种怎样的体验"等,为电影宣传提供了动力。而微信通过情感励志语录"谢楠卖房""原女主临时加价"等话题,激发朋友圈大规模转发。

【案例分析】

《战狼2》的火爆不是偶然的,它以不到 6 000 万人民币的营销费用,为 2 亿元制作费用的电影赢得 56.79 亿元票房,应该说是内容为王、用户体验至上与营销推动的共同结果。

从电影本身的内容创意来说,实力派演员的出演,在"小鲜肉""流量"当道的电影圈亮

出了硬汉的实力;坦克漂移、水下一镜到底、好莱坞级别的音乐团队、丰富的军事装备以及逼真的动作戏等都是电影创作团队的工匠精神的体现;而片中展现的国际力量、军人使命、同胞情感、尊重国际法等价值观,更让观众感受到祖国的强大,并将爱国情感转化为电影的口碑。

成功的电影营销需要核心的营销战略,而《战狼2》的核心营销战略就是爱国激情。《战狼2》从一开始就利用粉丝基础,选准自己的定位,打出爱国主义情感牌,选择建军节前上映,抓住了"爱国主旋律"这一情感营销的突破口。

在营销层次上,从开机制作到上映,各个阶段都有明确的促销策略。作为电影主要宣传方式的官方微博,使用自己掌握的电影相关资源进行主动的"议程设置",形成影片的影响力,成为一级传播;关注《战狼》系列电影的网民既是接收电影信息的受众又是可以发表自己感受、评论的二级信息传播者;微博网友对评论、感受转发到自己微博,使关注他们微博的网友接收到电影的相关信息,对电影产生认知从而形成三级传播。这样无线扩散的传播模式,使电影从大众传播走向群体传播,从而实现口碑营销。

在营销渠道上,既有传统媒体的正面宣传推波助"燃",如《人民日报》发文大赞《战狼2》,电影主创参加中央电视台新闻频道直播间等官方支持的"殊荣",也有来自官微有组织的热点设计及其相应的内容投放,更有来自网络大V明星和普通网民的"自来水效应",使得相关信息得以全方位、高密度地传播。

在营销方式上,事件营销、口碑营销、病毒营销贯穿《战狼2》宣传全程,通过在各个不同时期为受众设置话题,引发受众参与讨论,在继续话题发酵的基础上与受众良性互动,而亿万网民就在以影片为核心链接的现实与虚拟互动社交圈中不由自主地观看,参与了这场营销"直播",共同将《战狼2》送上了年度票房冠军宝座。

【课后思考】

1.新媒体营销与传统营销有哪些区别与联系?以一本新书为例,谈谈如何将新媒体营销与传统营销方式结合起来?

2.新媒体营销中应注意哪些问题?

【拓展训练】

考察当前热门的几个公众号,分析其营销优势和不足。

综合项目实训

项目编号	6	项目名称	电影新片上映前的营销策划分析
实训背景			以一部新上映的电影为对象,对其营销策划展开研究
实训内容			1.收集相关资料,了解该电影出品方的概况、产品定位、营销目标、销售渠道、价格定位、促销方式及市场反响等; 2.了解同类题材电影的市场营销策略,并加以对比、分析和评估; 3.针对影片营销中的不足,进行有针对性的营销策划,并形成策划书
实训目的			1.了解影片营销策划的目的,理解出品方及影院制订营销策略时应注意的问题; 2.了解影片营销策划的市场背景、依据与手段; 3.了解影片策略使用的有效性,并作出简单评价; 4.熟悉影片策划的操作方法和程序
实训步骤			第一步:以小组为单位进行相关资料收集; 第二步:根据设定的实训内容,完成对该影片营销策略的分析; 第三步:每个小组写出改进策划书; 第四步:班级进行公开讲评,选出最佳方案
实训成果			1.影片营销现状调研报告; 2.改进策划书; 3.个人实训小结
要求与考核			1.教师负责指导和答疑,学生相互间可以进行讨论,但所有素材不得共享,否则均记0分; 2.指导教师根据学生课堂表现和所交的作品进行打分,按100分评定成绩; 3.按时交作品,若有特殊情况必须说明

报刊策划

学习目标

知识目标

1. 识记报刊编辑策划流程、报刊专题策划过程、版面语言、发行方式、发行渠道的内涵、数字报刊渠道策划的内涵;

2. 理解报道选题策划的主要内容和思路;了解报刊专题策划的重点;

3. 理解报刊视觉策划的要点;了解重大报刊视觉策划的方法;

4. 理解报刊发行创新策划的重点;了解报刊广告策划的要点;

5. 理解数字报刊的渠道策划;了解数字报刊的渠道类型。

能力目标

1. 能进行简单的报刊报道选题策划;能分析报刊报道选题策划的优劣;

2. 能对报刊视觉策划设计进行分析评述,并提出修改意见;

3. 能对报刊发行渠道及方式进行简要评析;能分析报刊广告经营的策略;

4. 能对数字报刊的渠道策划进行分析评述;能运用其中一种方式进行数字报刊的转型策划。

任务一　　内容策划

【任务描述】

内容策划,是指报刊采编人员在经过广泛调查并对有关信息进行研究之后,根据社会文化走向和文化市场需求做出正确判断,为突出报刊特色,满足受众需要,提高传播效应,对出版活动的具体方案做出设计、决策、监督实施,同时保障最大限度地达到出版目标和出版效果而展开的活动方式。成功的内容策划,对把握受众心理,寻找新闻消息线索,明确内容报道思路,创新报道形式,深度开发信息资源具有重要作用。

【案例导入】

2018 年 6 月,记者从太湖渔民那里得知,太湖围网清拆、补偿方案等已经确定,进入最后实施阶段,养殖户已开始签字。太湖围网清拆具有重大的生态环保意义,自 20 世纪 90 年代以来,风行了近 30 年的太湖围网养蟹的历程值得深刻反思。为此,记者多次往返湖区,深入了解太湖围网养蟹的历史和现状、清拆及补偿方案主要内容、清拆给养殖户和太湖大闸蟹产业造成的多方面影响及有关部门采取的相应对策,掌握了大量鲜活生动的第一手新闻素材。在此基础上,记者还抓住太湖围网清拆进入倒计时的最新进展这条新闻,由表及里,对太湖围网养殖的粗放型发展模式进行了认真反思,经反复推敲、提炼,写成了《新华日报》上的这篇报道《"螃蟹养到太湖里,没想到代价这么大"——太湖围网清拆的调查与思考》。

太湖围网清拆,是江苏螃蟹养殖告别以牺牲环境为代价的传统发展路径的一个标志性事件。稿件抓住这一重大新闻事件,用鲜活生动的新闻事实,首次在党报主流媒体上对太湖大规模围网养殖这种以牺牲环境为代价、先污染后治理的粗放型发展路径进行了深刻反思,具有丰富而深邃的新闻时代内涵。稿件在《新华日报》刊发后,被人民网、新华网等百余家网站、App 转载,总阅读量逾 3 000 万,成为 2018 年度省级党报深度报道的一个现象级产品,并荣获了第二十九届中国新闻奖二等奖。

【课程内容】

7.1.1　报刊编辑策划及其基本原则

在媒体融合时代,传统的新闻内容策划方式已无法满足工作要求,为了可以更好地与媒体融合时代相互适应,在新闻内容策划过程中,应编制完善的计划方案,使用科学合理的方式完成当前任务,在科学研究与创新的情况下,为受众提供高质量服务。

1）报刊编辑策划的流程

事实上,每一份报刊的诞生都是由策划开始的:名称、刊头 Logo、内容定位、栏目构成、标题版面、影像元素、纸张开本、印刷油墨、终端渠道摆放,等等。因此报刊编辑并不只是报道者,他还应该是一名设计者,同时也是懂得策划的高手。

报刊制作流程图如图 7.1.1 所示。图中体现的是一份报刊从主题策划到最终意见回馈的全过程。

2）报刊编辑策划的原则

（1）超前性原则

人们的阅读心理有一个共同特征,就是喜欢阅读自己不了解的事实和道理,或者虽有了一定认识但希望能获得更深入全面的了解。报刊编辑策划必须恪守超前性原则,既要牢记办刊宗旨、内容定位,把握相关领域的发展态势、重大事件,对生活有敏锐的感知能力;又要迅速了解其他媒体反映的社会生活的内容、手段。报刊一定要成为原创首发的"门户网站",而不应当成为"回收站"。

（2）独特性原则

独特性是市场生存的不二法则。面对相同的信息素材来源,独家采访愈加难求,只有在角度、看法和切入点上下功夫,必要时还可以创造新概念。报刊编辑可以适当根据刊出时间,"扬我之长,避己之短",深度加工,打造精品。

例如对欧冠赛事的报道,电视、广播即时进行实况转播;报纸次日刊登消息和评论;足球杂志则是在比赛之前对足球的技术走向和比赛结果进行预测,在比赛期间对球队和球星进行详尽的介绍,在比赛结束以后对经典赛事进行述评并展望足球运动的发展前景,凡此种种,让球迷读者赛前感到喜悦,赛中感到满足,赛后感到回味无穷。

（3）关联性原则

编辑报刊是群体性工作,报刊编辑策划,

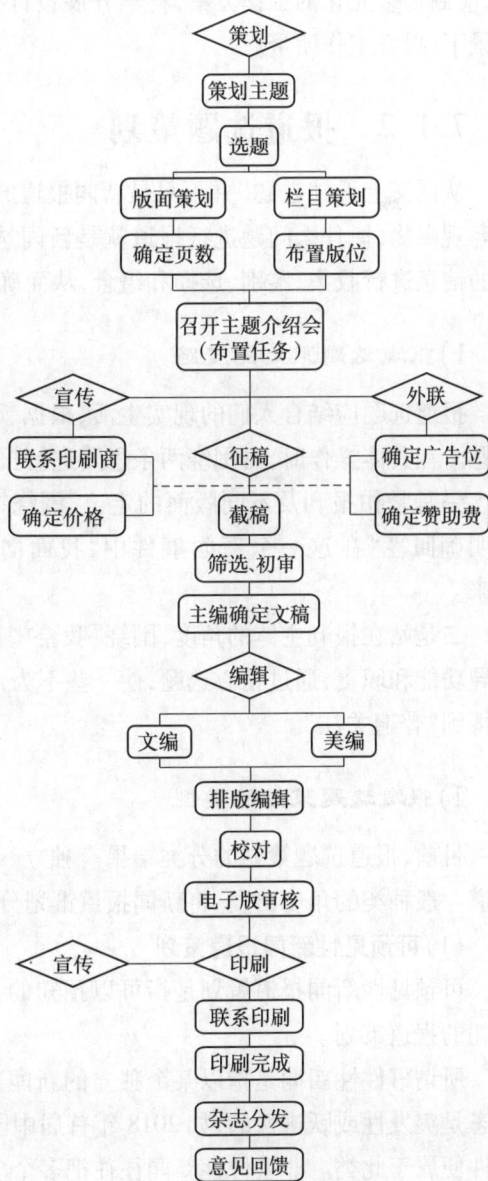

图 7.1.1 报刊制作流程图

既要注重社长、总编辑(主编)的统领作用,也要注重发挥编辑部全体人员的团队作用。这种格调和风格表现在丰富连续的阅读内容、具有个性的版式设计上,便于读者阅读赏析、把玩收藏。不仅如此,关联性原则还体现在每次报道策划的内容跟目标受众的关联上。作为编辑,首先要明确策划的专题跟目标受众的关联是什么,同时要问问自己,这个世界发生了什么,与我、我的事业和亲朋有什么关系。因为这些都是读者读完文章或未读之前考虑的。

(4)多元化原则

新媒体之间的融合,为报刊编辑内容策划提供了较多的发展渠道,为了适应新时期的需求,应制订多元化的工作方案,科学开展设计与协调工作,确保在新闻内容合理策划的时代背景下,提升工作质量。

7.1.2 报道选题策划

从词义上看,"选题"并不只是新闻报道的专用名词,它的基本含义是选择题材。选择哪些客观事物,抓什么问题进行报道就是新闻选题策划。报道选题策划是采编人员对客观存在的信息进行收集、鉴别、选择和组合,从而确定报道对象和报道内容的过程。

1)报道选题策划的思路

报道选题应结合人们的现实生活,根据新闻信息的需求以及进行报道的客观条件进行选题。在具体操作时,可围绕两条思路进行报道选题策划:

一是紧扣报刊及不同版面的定位,围绕"读者需要了解什么"选题。策划人员如果能够明确回答"在这一个新闻事件中,我面向的读者需要了解什么",那么选题就会涌现出来。

二是站在报刊主体的角度,围绕"我希望读者了解什么"选题。报刊应充分发挥自身的引导功能和职责,通过精心选题,使一些不为人所关注的现象或普通读者尚未意识到的问题能得到"普遍关注"。

2)报道选题策划的类型

目前,报道选题策划的分类结果有独立、有交叉,也有重合,本书综合各家观点,从新闻报道一般种类的角度出发,将新闻报道策划分成以下四类:

(1)可预见性新闻报道策划

可预见性新闻报道策划是指可以预知的、有重大社会影响的活动和事件性或非事件性新闻的报道策划。

所谓事件性新闻是指以某个独立的新闻事件为核心而展开的新闻报道,其事物变动的时态是突发性或跃进性的,如2018年首届中国国际进口博览会、2022年北京冬季奥运会等事件便属于此类。非事件性新闻往往把多个事件、人物或地点发生的新闻点结合起来,以点带面,面面为主,综合反映某些人物与事物的变化,注重分析指导和对主题思想的挖掘。庆祝改革开放40周年、庆祝中华人民共和国成立70周年的报道都属于此类。

（2）**突发事件新闻报道策划**

突发事件一般是指那些不可预见的、有重大社会影响的事件。

按突发事件的性质可将其分为自然事件和社会事件。无法预见的突发性事件往往具有很高的新闻价值，是各报刊竞相报道的对象，但对其策划不可能提前进行，对报道过程也无法进行预先控制，只能随新闻的发生、发展作出即时反应和调整。

（3）**联动式新闻报道策划**

联动式新闻报道策划一般是指由报纸自己设置的重大主题性报道、活动性报道。

重大主题性报道是由报纸经过反复酝酿后进行的大规模、长时间的新闻报道过程的总称。这类新闻策划要求事前详细地调查研究，拟订总体报道方案，强调在总体报道思想上统一，在单个典型报道上个性鲜明，在报道形式和角度方面充分调动各种新闻手段。策划得当，很容易出独家新闻。

[案例]

刊登在《珠江晚报》2017 年 5 月 11 日要闻版上的消息稿件《创造港珠澳大桥的"极致"》，不仅题材重大、内涵丰富而且内容生动感人。从报道选题策划的角度来看，该稿件有两点值得学习。

一是打破惯性思维，大胆创新。媒体人一定要保持开放的思想，保持危机意识，打破思维惯性，用警觉、超前、开放的眼光关注传播领域的一举一动，敢于大胆尝试。这篇消息的两位作者，在港珠澳大桥海底隧道最终接头的海量报道中，另辟蹊径，以记者现场穿越海底隧道的最新事实为由头，引出"二次精调"这一鲜为人知而又惊心动魄的创举。这不能不说是记者打破惯性思维，进行大胆创新的胜利。

二是背景材料运用得当。新闻报道要正确反映新闻事实，常常需要介绍与新闻事实有关的背景。新闻背景也是一种事实，它虽然不属于新闻事实本身，但是可以用来说明、映衬新闻事实。如文中所写的"港珠澳大桥海底隧道是世界最长的海底深埋隧道，沉管总长度5 664 米，由 33 节混凝土预制管节和 1 节 12 米长的'最终接头'组成。其中，'最终接头'所采用的'小梁顶推'技术和装备为自主研制并属世界首创"等背景材料，使新闻的价值得到了很大提升。而且背景材料运用灵活，并未像惯常那样将背景材料放在第二段或第三段，黑压压的一片，读来让人头疼，而是把背景材料打散了用，穿插于几个自然段中，让人读来顺畅、自然、深刻。

活动性报道策划又叫新闻事件策划，是指新闻报道策划与其他策划活动（主要为公益性活动）相关联，并相互发生作用的新闻报道策划。在这种策划中，报道策划与活动策划"联动"，编辑、记者既是事件的观察者、报道者，同时还是事件的参与者、组织者、实施者。

（4）**常规性新闻报道策划**

常规性新闻报道策划是一种对日常新闻报道进行策划的活动，具有周期性。日常新闻不像重大新闻和突发事件那样具有让人"一见钟情"的魅力，往往是平淡的、波澜不惊的，这更加需要记者与编辑主动策划，积极思考，从平淡中挖掘精彩，以制度化、规范化的策划运作保证新闻传播效果。

3）报道选题策划误区

（1）误区之一：主观臆断

主要表现为：违反新闻报道选题策划最根本的法则，将新闻策划等同于"策划新闻"。新闻报道选题策划要摒弃平庸，追求创意，彰显独特。但必须注意的是，新闻是新近发生的事实的报道，新闻报道选题策划是对新闻报道的策划，而不是对新闻事实的策划。因此，新闻报道选题策划创意必须以尊重客观存在为前提，必须顺应事物发展的自然规律，不能用主观想象代替或左右事实，随意策划"新闻事件"。

（2）误区之二：小题大做

主要表现为：新闻报道选题策划的目的性不明确，新闻报道策划选题缺乏分量和厚度，难以引起受众共鸣。

（3）误区之三：虎头蛇尾

主要表现为：对新闻报道选题策划的可行性认识不够充分，导致策划陷入有头无尾、不了了之或半途而废的尴尬境地。

（4）误区之四：顾此失彼

主要表现为：新闻报道选题策划缺乏科学性，只注重前期内容策划，而忽视后期形式策划。

7.1.3 报刊专题策划

如今的时代，是信息爆炸、媒体泛滥的时代。报纸、杂志、图书，广播、电视、手机、网络，从平面媒体到声像媒体，从单向接收到互动游戏，无一不在争夺人们有限的注意力。专题策划，就是报刊在市场竞争中制胜的法宝。

1）报刊专题策划概念

所谓专题策划，是指报刊编辑为实现办刊宗旨、突出刊物特色、增强刊物吸引力，针对不同时期的社会热点或本行业的热门话题策划并组织的一组专稿。这组专稿一般是多个作者就一个议题进行讨论的文章组合，并放在同一期中刊发。这些文章可以有不同的观点和见解，也可以从不同的层面和角度论述。

专题的框架，多由主打文章、系列采访、专题调查、个案图片、评述等进行排列组合。专题多以采写加编辑为主，附以"相关链接"介绍背景资料，而外稿通常以"命题作文"形式另约，须符合专题框架之需，不能自由发挥。

2）行业报刊常见专题

行业报刊和大众消费类报刊最明显的不同在于，它不是让读者发现、选择，而是由报刊自己主动去挑选、锁定目标读者。锁定后，通过邮寄或专人派送等方式，让杂志直达目标读者手中。行业报刊一般用于某个行业内部，并具有比较强的专业性。一般行业报刊的专题主要有以下几类：

①地域专题。就某一区域的某一问题进行多方位、多角度、多题材的解读。如金融危机下的珠三角地区。

②单位专题。就某一企业、事业单位的发展进行深入的剖析。如《传媒》杂志曾策划专题《〈时尚〉模式》，深入探讨业界知名的时尚传媒集团各报刊的运作经营模式。

③事件专题。2019年7月继上海开始实施垃圾分类后，许多省市各类报刊都结合自身行业特点，组织了有关垃圾分类的专题。对地区或行业内发生的重大事件、重要的大型会议和活动进行深入的报道、分析，是报刊专题策划经常的选项。

④人物专题。对行业内成功人士或问题人士的方方面面进行报道、分析、评论，使业内人士汲取其成功经验，或从其失败中获得教训。

⑤问题专题。就行业内存在的突出问题或某种新兴的现象进行分析，揭露其背景、问题存在的来龙去脉。如《财经》杂志曾策划专题《基金黑幕》，《大学生》杂志亦曾就大学扩招后的就业问题组织专题。

⑥纪念专题。配合世界、国家、行业或单位重大的纪念活动而策划的专题，如关于中华人民共和国成立七十周年的专题报道即属此类专题。此类专题多以回顾性的图文稿件为重点。

⑦预测专题。如胡愈之为《东方杂志》组织的"新年的梦想"专题。

⑧评比专题。这是当今行业报刊非常流行的一类专题。如《中国国家地理》策划的"选美中国"专题；美国《财富》周刊一年一度的"世界500强排行榜"专题。

⑨事物专题。就行业所辐射的某一特别事物所组织的专题。如《地球》杂志策划的"中国的地质公园"专题，《中国国家地理》策划的"竹子的私密生活"专题等。

3）报刊专题策划过程

一般来说，报刊专题制作流程如图7.1.2所示。

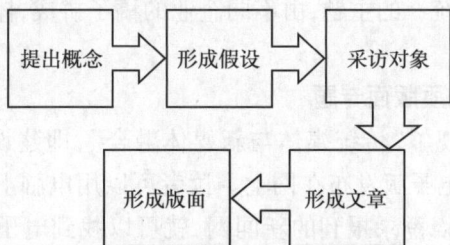

图7.1.2 报刊专题制作流程

提出概念：概念源自长期积累与社会洞察。

形成假设：围绕这个概念先有个判断，形成假设，这些假设往往代表着报刊观点，有时须借助专家咨询将之条理化。

采访对象：当事人、专家学者、意见领袖、一般民众等，按专题所需形成事件的包围群。被访者的代表性及采访不跑题是关键。

形成文章：对照框架和假设，提出修正或推翻假设，有时，向读者呈现某种操作者的"难堪"是必需的，如《新周刊》"寻找刀锋"专题，不得不以"一个不合时宜的问题及调查"做交代。

形成版面:定版前,会将所有专题文章顺序铺开,在逻辑上、阅读习惯上做版面调整,使之顺畅。

4)报刊专题策划重点

(1)填补深度报道与快读时代的间隙

快读时代,网络信息过载,"可快速阅读""易读""可视化""现场感强"等,是当前处于优势地位的微信自媒体、公众号、各类 App 等成功的诀窍。针对大块文字造成的阅读难题,报刊专题报道策划应力求版面美观、时尚、活泼。比如,大量运用巨幅图片、漫画或图案、泼墨的色块衬托版面,或为主打长篇头条配上篇幅短小的核心解读、小配稿、链接、评论或二维码。

为了让专题版面呈现时尚风格,《中国石化报》大胆使用巨幅照片作为报头背景,有时照片占版面的三分之一;大量使用竖版排版方式并配发与文字相关的图片;大量配发链接、核心阅读等小稿,并在文字稿件的可读性、亲和力上下功夫。该报 4 版副刊《生活广角》、8 版《石油文化》等版面,聚焦住房、养老、垃圾处理、消费扶贫等民众关注的热点问题做专题文章。《中国劳动保障报》《健康报》青睐"碎片化"文字,缓解大块文字带来的阅读疲劳。《中国劳动保障报》2 版《综合新闻》,常用 20 个左右的 100 字小稿组成纵列边条。

(2)类型化+微创新

创新,往往要突破旧有范式。不论是采用时尚的风格、聚焦热点,还是紧跟国家大政方针做专题、实现广告与新闻报道的结合,报刊的性质,决定了它们必须选择形成本报深度报道的类型化模式,持续微调创新。例如许多报刊都形成了比较稳定的类型化专题制作模式。《健康报》的专题版面很有特色:版面由 14~20 个小稿子组成,头条的字数也保持在 500~1 000 字。整版给人清新、易读、轻松的感觉;《中国黄金报》版式较为活泼,不仅文字的排版不刻板拘束,而且导语的位置、巨幅的主图、艺术字等方面也给人耳目一新的感觉;《中国石化报》3 版专题通常有统一的主题,由不同企业的稿子拼成,体裁以故事为主,还会配上核心阅读或评论、链接。

(3)用网络平台转化纸质版面专题

当下绝大部分报刊实现了"传统媒体与新媒体融合",即建设新闻网(或称报网、网络报),把纸质的报刊转化为电子版发布在网上。读者可以用电脑上网阅读报刊,也可以通过手机 App、微信或微博读报。登录报刊的新闻网,就可以找到电子报刊,一些新闻网甚至同时挂着 3 种或 3 种以上的电子报刊。比如,《中国财经报》《中国会计报》和《中国政府采购报》的电子报同时挂在一个新闻网上。为让报纸彻底转化成网络媒体,《中国电力报》《人民公安报》《中国民航报》等报纸的新闻网,甚至找不到电子报链接,每天的报纸全部以网络新闻的形式出现。

以报纸版面为基础的行业专题,在转化成网页形式方面做了一些尝试。《中国民航报》的新闻网上,报纸版面专题简化成了一组组纵向排列的新闻标题,白纸黑字,一目了然,便于在手机上阅读。《中国保险报》的报网把"保险十大新闻""聚焦两会""改革开放 40 周年特刊"等报纸专题物化为图片铺排在网页上,点击一张图片就能打开一个内容丰富的版面。《中国劳动保障报》《中国石化报》的新闻网风格繁复,板块划分复杂,美术设计考究,呈现出考究、严谨、专业性强的特点。

【实战案例】

"最燃倒计时！G20，精彩浙江与世界美妙对话"大型专题报道

2016年5月26日，G20杭州峰会开幕前夕，作为主办地媒体，浙江日报报业集团打造了"最燃倒计时！G20，精彩浙江与世界美妙对话"大型专题报道。专题分"特别原创""Hi浙江""浙江实践""浙江风采""浙江故事""浙江探索""图看浙里""我与G20"八大板块，向全世界呈现中国之美、杭州之美。

专题内集纳各类图文、音视频、交互式多媒体报道超过300篇，内容横跨5个月。从2016年5月开始，启动的G20杭州峰会"最燃倒计时大片秀"，打造了一系列"现象级"融媒体产品。在G20杭州峰会倒计时"100天""30天"这两个节点，分别推出两部精彩视频短片：《再过100天，欢迎来我家》《HI世界，我们准备好了》。前者，用动人的故事讲述加上游戏式参与，展现杭州在全球面前令人惊艳的新面貌。后者，则采用数字和杭州本土地标巧妙结合的方式，在80秒时间里展现杭州大街小巷的江南风情和各行各业迎接盛会的场景。

十里琅珰、九溪烟树、八卦田、七里扬帆……以30张倒计时设计图和延时摄影作品为素材，2016年9月3日，在G20杭州峰会倒计时1天之际，浙江日报报业集团推出了时长2分15秒的中英双语视频片：《期盼G20，精彩浙江和你一起倒数》。这组极具杭州本土特色的系列视觉作品，因创意独特、画面精美在朋友圈刷屏。专题内的其他新媒体产品根据时间线发布，也亮点纷呈。手指轻点，青春时尚的气息扑面而来，产品唯美大气的细节设计，一一呼应了杭州的创新、绿色、和谐、文化、开放之美，一经发布就成为传播热点。

【案例分析】

聚焦重大选题，集消息、通讯、图片、视频、音频、交互式网页多种形式于一体，此专题报道在2016年G20杭州峰会报道中独树一帜，一经推出即以其丰富的信息和创意性极强的策划，赢得普遍赞誉，取得很好的传播效果。该新闻专题在《人民日报》刊发的全国新闻界"现象级"融媒体产品综述报道中，被作为典型案例重点介绍，并在之后荣获第二十七届中国新闻奖。

该专题策划不仅采用吸引眼球的图片搭配精练的文字，更注重使用适合新媒体受众阅读习惯的短视频和可视化作品，借助多样性的传播手段和渠道，让"最燃倒计时！G20，精彩浙江与世界美妙对话"专题报道迅速攻占社交媒体，为国内媒体G20峰会报道谱写了浓墨重彩的一笔。"最燃倒计时"三部系列视频产品，因为在朋友圈、微博和各大微信公众号被竞相转载，眼下更成为G20峰会主办地杭州市以及浙江省海内外形象宣传的重要产品。

这是一个突破边界、重组要素的时代，从内容角度而言，媒体融合的专题报道作品表现出对传统叙事、表达、呈现、传播的突破，这一方面基于技术提供的可能，另一方面在于根据用户的体验和观感而对技术的深度挖掘。但归根结底，新技术产生新内容，新技术是为人服务、为内容服务的，越是在技术赋能的新媒体时代，越不能落入技术决定论的误区，而使作品成为炫技的苍白躯壳，难以形成持续的影响力。只有在报道策划中把技术、内容、形态有机

结合起来,将新闻价值挖掘、主题提炼、内容叙事的连贯性、与体验的友好性有机结合起来,才能真正实现媒体的融合发展。

【课后思考】

1. 针对当前新闻报道策划中存在的主要问题,谈谈你的思考。

2. 请分析近期报纸上的重点报道在选题、报道形式等方面的特色。

3. 什么是报刊的专题策划,你印象深刻的专题策划有哪些?

【拓展训练】

请搜集你感兴趣的某一份报刊今年所有的专题策划,试分析各个专题属于哪种类型,以及编辑专题策划的思路和方法是什么。

任务二　视觉策划

【任务描述】

　　报刊作为一种视觉媒体,版面是其给人的"第一印象",因此报刊的视觉策划是报刊整体策划的重要任务,是文章思想与版式设计的高度统一。报刊版式上的字体、色调、图片质量甚至纸张等元素,都构成了报刊的整体形象,它们已不再是单纯的视觉符号,通过搭配、组合传递的是信息资讯的表情、报刊性质及内容的个性和代码。在新闻趋同的今天,通过报纸版面的创新策划,可以加强"版面亲和力",提高"版面竞争力",打造报纸品牌形象,彰显报纸整体实力。

【案例导入】

《济南日报》"建军90周年大阅兵"专版

　　当前的阅读全面进入读图时代,一块版就是一张图。可以说,便于阅读的版面、能让读者眼前一亮的版面,才可能在竞争中立于不败之地。报纸必须顺应这一趋势,积极探索创新,在形式上达到"易读""可读""悦读",增强吸引力,提高竞争力。

　　获得第二十八届中国新闻奖新闻版面三等奖、2017年度山东新闻奖一等奖的2017年7月31日《济南日报》A6版(图7.2.1),围绕"建军90周年大阅兵",大标题"昂首30度　抬起的绝不仅是自豪",配以士兵敬礼角度的通栏大幅照片,有效实现了呼应和映衬。版面语言清晰、章法得当、冲击力强,较好地展示了党报担当。视觉设计气势恢宏、主次分明,独辟蹊径、匠心制作,标题、照片、图表、内文完美结合。

　　大阅兵!除了视觉上的震撼,更重要的是展我国威、扬我军威,充分表现中华民族昂首屹立于世界民族之林的豪迈之情。对于纸媒而言,如何在有限时间里将这一重大事件完美体现在报纸之上,并将其中蕴含的大国风范展现于读者面前,是考验编辑功力的时刻。版面按照阅兵式的先后、受关注程度,对阅兵式中的各大亮点运用"现场照片+重点介绍"的形式巧妙表现,精选、归纳、总结出"首亮相""最先进""大杀器"等阅兵特点,将每一篇字数不同的稿件浓缩成几句照片说明,厚重之下重点更为突出,同时不失飘逸灵动。

　　综观整个版面,信息含量大,又方便阅读,内容和形式和谐统一,版式设计中体现出了舆论导向和新闻价值。阅读完整组阅兵报道后,读者心中会油然生出一股自豪之意、豪迈之气、酣畅淋漓之感。

图 7.2.1　2017 年 7 月 31 日《济南日报》A6 版

【课程内容】

7.2.1　视觉策划的含义

视觉策划,包括头版(封面)策划、内页策划和包装策划 3 部分。它属于编辑美学范畴,既是直观的欣赏形式,又是无声的载体广告。视觉策划对报刊吸引读者、引人入胜起着十分重要的作用。

1)头版(封面)策划

一份报刊的头版(封面)不仅可以吸引读者,还可以为读者提供关于报刊的初步信息,例如通过导读或封面标题了解当期报刊的主要内容,通过头版或封面图片了解报刊主题等。因此,报刊的头版(封面)不仅要有吸引力,更要体现报刊的个性,并且还要有一个统一的风格。

2)内页策划

内页策划主要关涉如何对文字、照片、插图、表格和各个版面进行编排与设计,如何处理字体字号和标题形式,如何处理行宽、行距以及版心同页面空白的关系,如何处理版面色彩等。好的报刊编辑一定懂得用内页的策划语言传情达意。

3)包装策划

报刊的包装策划主要包括如何处理刊物的开本式样、插图插页、装订方法、纸张材料、印刷工艺等。

7.2.2 报刊版面的视觉策划

1)报刊版面的功能

报刊版面是报刊上各种信息按一定编排规则组成的平面体,通过版面设计环节,各类稿件已不是原先各自独立的稿件的混合,也不是简单的数量相加,而是一个有机的整体,并具有以下功能:

(1)导读功能

报刊上的稿件内容丰富,体裁多样,精心编排版面,使之条理清晰、主次恰当,可以帮助读者顺利而方便地阅读内容。

(2)表态功能

编辑在处理稿件的过程中,从取舍稿件、修改稿件到制作标题,每个环节都包含着对稿件的评价。版面是这种评价的继续。编辑人员通过对版面语言的灵活运用,鲜明地体现了报刊的宣传报道意图,体现对稿件的最终评价。

(3)标志功能

报刊版面有"报刊的面孔"之称,它既是报刊的形象,同时也是报刊的思想。报刊的语言,是报刊形式、风格和特色的集中表现。

2)报刊的版面语言

版面语言是指版面特有的表现手段。版面语言的基本形式如下:

(1)版面空间

版面空间是一个版面所提供的用以表现编排思想的内容区域,所包含的主要因素是区域、面积、距离、形状。

(2)编排手段

编排手段是安排版面所采用的物质手段,是版面语言的一种基本形式。版面编排手段包括字符、图像、线条、色彩。

（3）版面布局结构

版面布局结构是版面各组成部分之间相互联系的形式，包括稿件布局结构、题文布局结构以及整体布局结构等。

3）版式与版式设计

版式是指版面的基本形式，是通过版面区域功能划分及稿件布局结构所形成的相对稳定的模式。我国报纸的传统版式主要是由稿件的组合与布局结构决定的，根据版面对内容的组合特点，可分成综合式、重点式、集中式三大类；根据版面上稿件排列的结构特点，又可分为规则对称式、非规则对称式、齐列式三大类。自20世纪末以来，我国报纸版面设计开始借鉴西方报纸的版式及设计方法，垂直与水平混合式版面、静态模块式版面已经在我国报纸上大量出现。

版面设计首先要进行前期版面策划，确定编排思想。编排思想最核心的内容是确定版面上的头条和重点稿件，考虑稿件与广告的关系处理，考虑稿件之间相互关系的处理，考虑版面引导作用、表情作用的发挥。

7.2.3 视觉策划的要点

1）要追求内容与形式表现的融合，强调创意的整体性

报刊版面是新闻内容整体编排布局的产物，整体性是报刊版面设计应该强调的主旨。因此，在版面策划时要将对新闻内容的策划组织与对版面的设计结合为一体，将新闻中最有价值的内容以最恰当的表现形式呈现在读者眼前。

（1）加强版面语言对报道内涵的表现力

将图片、色彩、线条、字符、留白等版面元素作为内容的一部分来看待，恰到好处地使用这些版面元素来组织内容，使新闻的内涵和意义得到最充分的表达。

[案例]

2015年10月7日《中国妇女报》要闻第1、第4版（图7.2.2），全方位报道了获得诺贝尔生理学或医学奖的屠呦呦，本报道获得了第二十六届中国新闻奖二等奖。中国人首次获得这一奖项自然属于重大新闻事件，该报将第1、第4版打通，灵活运用各种元素，使消息、评论、图表等元素合理搭配、层次分明、有点有面，内容与形式结合完美，信息量大且主题鲜明，表现力丰富，形成了较强的冲击力，成功地对屠呦呦获诺奖作了全面报道。

版面左方选取屠呦呦研究过程的关键时间节点，制成图解报道，让研究历程一目了然，增强阅读性。右方用新闻与屠呦呦个人图像和诺贝尔奖奖牌图片构成视觉中心，并以富有特色的版面标题点睛，真正做到了直观、可读、耐读，有效达到了"悦读"的目的。

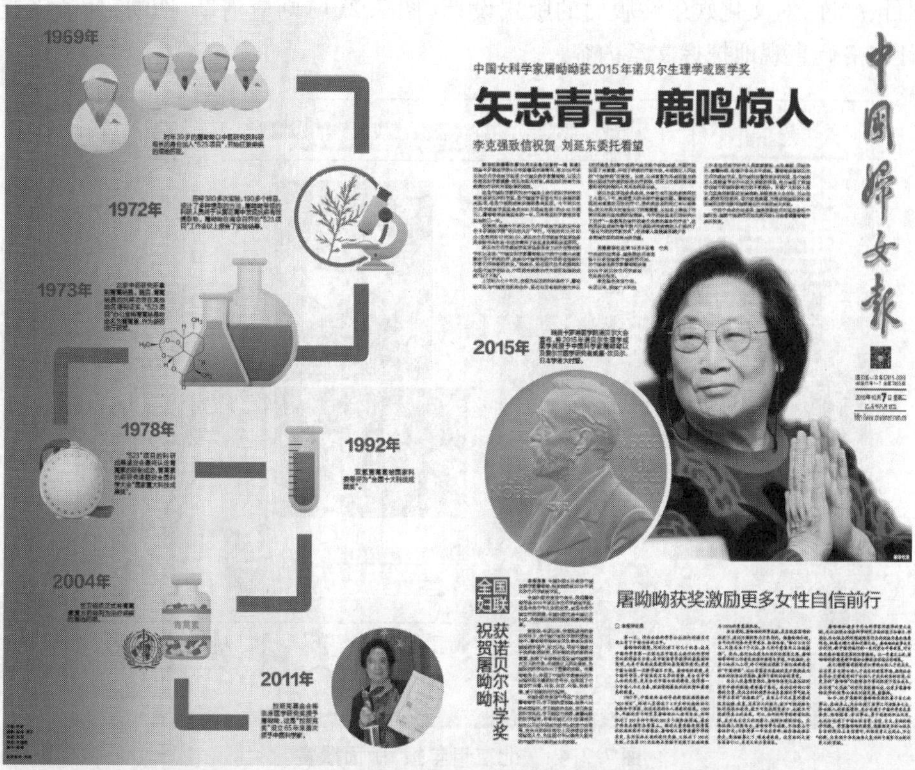

中国妇女报

中国女科学家屠呦呦获2015年诺贝尔生理学或医学奖

矢志青蒿 鹿鸣惊人

李克强致信祝贺 刘延东委托看望

1969年

1972年

1973年

1978年

1992年

2004年

2011年

2015年

全国妇联祝贺屠呦呦获诺贝尔科学奖

屠呦呦获奖激励更多女性自信前行

图 7.2.2　2015 年 10 月 7 日《中国妇女报》要闻第 1、第 4 版

(2)统整报刊版面语言

在报刊竞争异常激烈的今天,个性化的版面风格也是报纸的一种独特竞争力。在进行版面策划时,要对版面语言进行梳理,对各版组及各个版进行统一的规划设计,使报刊在突出个性的同时,保持风格一致,塑造特色鲜明的整体形象。同时,版式设计的定型化和明确性也有助于各报形成自己独有的特色。

比如《人民日报》版面结构简单、层次清晰、照片突出,具有庄严、凝重的风格和统筹全局的气势,与其党中央机关报的性质、地位十分吻合(图 7.2.3);而《南方周末》的版式则追求简约,遵循“少即多”的美学原理,以疏朗的版面布局、适量的留白、淡雅的色彩,体现理性、严谨、沉静的报纸风格,自有另外一种低调的亲和力。另外,不同的版面内容对应的版面设计也应有所区别。例如,对重大要闻版的版式设计宜

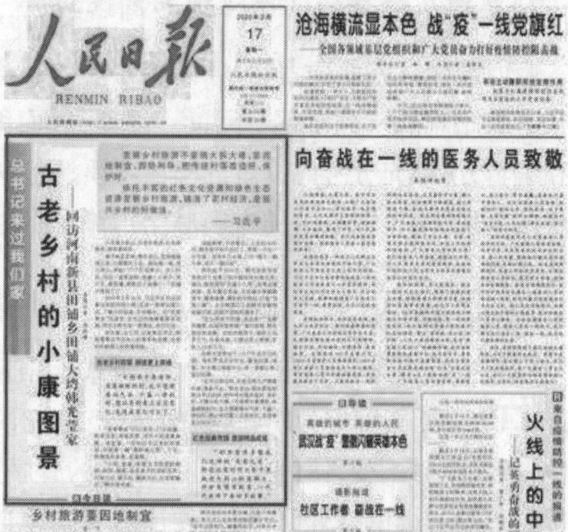

人民日报

RENMIN RIBAO

沧海横流显本色 战“疫”一线党旗红

向奋战在一线的医务人员致敬

古老乡村的小康图景

火线上的中流砥柱

乡村旅游要因地制宜

图 7.2.3　《人民日报》版面欣赏

浓重、醒目、严谨,对文化娱乐性版面的版式设计(图7.2.4)则应清新、明快,使读者能透过版面设计的格调直观地把握文章内容。

图7.2.4 《北京青年报》版面欣赏

2)要顺从读者的阅读心理和阅读习惯,突出功能性

版面设计以方便读者、服务读者为根本出发点和最终目的。当今报纸已进入了"厚报时代",人们很难从头到尾逐一阅读。因此,版面编排人员进行版面设计时首先要结合报纸定位和编辑方针,充分考虑读者的阅读习惯、阅读心理、阅读时效,将希望读者精读的内容进行有序的呈现,使整张报纸的内容脉络清晰、层次分明,方便读者在最短的时间里获取更多的有效信息。

(1)以"静"制"动",细分版面

现代报纸多采用静态式设计,在版式上强调连续性和关联性,采用分叠处理方式,即以A、B、C、D等英文字母为序,将新闻、财经、娱乐、副刊等内容相近的版面集中安排在一组,且组序、版序相对不变,使信息得到主题化的有序呈现,并在版面位置和形式设计上相对固定,以提供一种阅读的常规路径,方便读者阅读和查找。

(2)模块编排,方便阅读

传统的穿插套拼编排方式虽然灵巧、雅致,但因文字露头藏尾,横题竖题搭配使用,跨栏文字比较难寻,阅读费力费时。现在流行的版面设计则不再以"曲"为美,不再过分讲究文章块与块之间的相互咬合,而是强调架构简单、条理清晰、布局合理,普遍采用模块版式,把每篇稿件或图片放在一个个方形的版面空间内,独立成块,不与其他稿件交叉。因而,不论是端庄稳重还是灵秀大方的版面,都具有简洁、整齐、清晰易读的特点,符合现代人追求简约和轻松阅读的理念。

（3）图示信息，轻松解读

《美国报纸视觉设计》的一项读者调查显示，一篇报道如果没有图片相配，则只有12%的读者会去阅读；如果配上一张一栏宽的新闻人物头像图片，阅读率会猛增到42%；如果照片由一栏扩大到二栏，阅读率会增加到55%，而一张四栏宽的照片则能够引起70%的读者的注意。

作为运用最为广泛的图形符号，照片在用形象吸引读者、传达信息以及形成视觉冲击方面的作用已为大家所公认。而另一种"新式武器"——新闻图示正逐渐成为版面上的"新宠"。新闻图示包括图表、图解、地图等，其长处在于"能够在最短的时间内用最少的笔墨和最小的篇幅给读者最多的信息"，大大提高读者阅读效率，如图7.2.5所示。

图7.2.5 《华商报》版面欣赏　　　图7.2.6 《新闻晨报》版面欣赏

3）要注重受众的视觉需求特征，强调便利性

（1）营造视觉中心吸引读者

视觉中心是美国心理学家B.H.斯金纳提出的一个概念。他认为一个有创造性的和谐版面设计就是要在版面上安排一个强有力的视觉中心。一幅信息丰富、具有视觉冲击力的图片，一个制作出色、位置摆放醒目的标题甚至图文框都能成为版面的视觉中心。

作为读者阅读的起点，头版具有"首位效应"，在发挥舆论导向作用、影响读者购买以及展现报纸风格方面具有特别重要的意义，头版也成为各报最为精心经营的一个版，一份报纸要想从报摊上密密麻麻摆放的众多报纸中"跳"出来，头版必须用视觉中心突出其优势，如图7.2.6所示。

（2）发挥导读功能指引读者

如果把报纸比作信息超市的话，那么，内页好比若干"专柜"，而头版就是展示样品的"橱窗"，里面排列着各"专柜"中最好的商品。在版面策划时，要注意运用标题导读、提要导读或图片导读等形式，使内页具有必读性和可读性的报道能在头版上"崭露头角"，为读者了解厚报内容提供了一份目录、索引、提示，如图 7.2.7 所示。

图 7.2.7 《华商报》头版导读

4）要强化报刊的形象识别，彰显差异性

（1）报头展示个性

报头是报纸的招牌，是头版最醒目、最重要的部分，也是整张报纸的形象基调。由深圳报业集团创办的《晶报》在报头设计上更是独具匠心，该报的报头格言是"阳光媒体，非常新闻"，据此，"晶"中的 3 个"日"被刻意设计为不同字体，寓意"苟日新，日日新"，显示其"非常新闻"的定位，如图 7.2.8 所示。

图 7.2.8 《晶报》报头设计欣赏

（2）标准色量身定制

对于读者来说，因文化素养、民族、职业的不同，对色彩的偏好也有不同。

在彩报渐成主流的今天，一些报纸请美术专家来为报纸"量身定色"，以彰显报纸理念和新闻品格。而对于刊物而言，一般设计幼儿刊物的色彩，要针对幼儿娇嫩、单纯、天真、可爱的特点,色调往往处理成高调,减弱各种对比的力度,强调柔和的感觉;女性期刊的色调,则可以根据女性的特征,选择温柔、妩媚、典雅的色彩系列;体育杂志的色彩,则强调刺激、对比、追求色彩的冲击力;而艺术类杂志的色彩,就要求具有丰富的内涵,要有深度,切忌轻浮、媚俗;科普书刊的色彩,可以强调神秘感;时装杂志的色彩要新潮,富有个性;专业性学术杂志的色彩要端庄、严肃、高雅,体现权威感,不宜强调高纯度的色相对比。

[案例]

期刊一般为月刊,一年12期,根据每期主题的不同,制订相应的主打色和辅助色。在设计具体稿件时,期刊会根据稿件图片的颜色或文字提示,将主打色和辅助色进行明度、纯度和色相的变化,使其整体色彩在年度的统一中求得变化。

文学期刊里,《读者》(图7.2.9)、《青年文摘》(图7.2.10)常使用稳重的藏青色或墨绿色,即使有时会用较鲜艳的红色也会用周围的搭配来让它显得更为内敛稳重。

图7.2.9 《读者》封面欣赏   **图7.2.10 《青年文摘》封面欣赏**

科技期刊里,《中国国家地理》使用了暖色,比如红色、黑色、亮黄色,而《大众软件》更偏重采用明度较低、透明度较高的颜色作为版面底色,文字也常常使用与底色相配的颜色,这样即使读者大量阅读也不会感到累。

时尚期刊里,粉色、淡紫色、柠檬黄、亮蓝色或桃红色很明显被大量用到。这些女性化的色彩不仅吸引了女性的目光,也透露出了时尚的气息。在这一点上,《时尚》《瑞丽》与《ELLE》达成了默契。经过调查发现,紫色的使用频率要比其他颜色更高。

(3)合理使用图片

图片以其直观、明确、视觉冲击力强和易与读者产生共鸣等特点,尤其是头版(封面)成为设计要素中的重要部分。这就对图片的设计提出了以下几个要求:

第一,图片设计要和标题内容相符。比如一本主要以旅游为内容的报刊打出题为"50种方法制造浪漫",但图片上却是一个孤独的女人待在一个废弃村庄的空地上,这就匪夷所思了。

第二,注意封面人物照片的吸引力。图片自从作为报刊封面语言以来便发生了质变。作为封面人物的他或她就是封面构成的一个元素,被摆于销售终端,便成为一个立体的户外媒体;人物照片要成为吸引读者视线的第一原力,并在读者产生购买欲的神经点给予直接和致命的诱惑。

第三,对图片大小的选择。这是随着报刊的设计潮流而变化的,以前的图片讲究整体效果,即要有完整的画面;现在有时为了突出人物,图片可以只突出人物的脸等部位,如图7.2.11所示。

图7.2.11 《环球人物》封面欣赏

5)要重视封面设计的构图

封面设计的构图,是将文字、图形、色彩等进行合理安排的过程,其中文字占主导作用,图形、色彩等的作用是衬托刊物名。封面设计的造型要带有明显的年龄特征和文化层次特征。一般来说,要注意以下两点:

(1)整体布局,主次分明

封面元素的编排不但要有主有次、有轻有重、有缓有急,还要有节奏和旋律,不管要素有多少、层次有多少,其目的只有一个,即突出主题、凸显个性、节奏明快、要素和谐、有冲击力、便于识别。

位置的编排上,要把主要要素,如刊名、图片、主要要目排在显著位置,其他次要要素排在次要位置;字号的编排上,由大到小分别为:刊名、主要要目、英文刊名或次要要目、期号、年份;字体笔画的粗细编排上,由大到小分别为:刊名或主要要目、期号或次要要目、英文刊名、年份;色彩色相强弱对比的编排上,由大到小分别为:刊名与底色、图片与底色、主要要目与底色、期号与底色、次要要目与底色、年份与底色、英文刊名与底色;要素在空间的编排上,先后依次为:刊名或主要要目、次要要目或年份期号、英文刊名、图片或底色。

例如,电影类期刊《看电影》便是以密集的信息和重头文章为其封面特点。《看电影》虽然主要是以明星和电影剧照为封面,但其封面最大的特点就是文字的处理与众不同,如图 7.2.12 所示,它并不是循规蹈矩地使用统一大小的文字,而是刻意地突出个别文字或数字。

图 7.2.12 《看电影》封面欣赏

(2)文图搭配,要有美感

我国古代文人墨客论画的形式美的规律中有一条叫作"齐而不齐"。这在封面构图中就是一条基本的形式规律。"齐"常给人一种整齐或者对称的美,与之相关的便是平衡、安定、秩序之感,但单一的"齐"又难免呈现出单调、呆板之势,故以"不齐"来破坏"齐"的状态,形成一种"动中有静、静中有动"的和谐的对立与统一。这里尤其需要注意"空白"这一手段的合理应用。

例如《读者》的封面,如图 7.2.9 所示,它便是以中国书画的美学视角设计的,四周留白,中间为图,刊名置图上,这个设计遂成为《读者》的独有面孔,坚持了 20 年未变。

7.2.4 重大事件报道的视觉策划

重大事件报道是指报刊在一段时间内,组织一定力量,对某一重大新闻事件所进行的集中报道,具有重要性、权威性、显著性等。由于重大事件报道往往社会影响大、受众关注度高,因此其版面的视觉策划就更要正确运用版面语言,将新闻中最有价值的内容以最恰当的表现形式呈现在读者眼前,并通过版面引导读者去认识和思考。

1)以重要元素为核心谋篇布局

重大事件本身往往都有一些重要元素,如事件的重点场所、标志性物件、震撼人心的画面、重要意义和思索,等等。这些重要元素是了解事件的主要渠道,也是人们关注的重点,所以,在重大事件版面视觉策划时,要注意以重要元素为核心来进行版面的谋篇布局,而不仅仅是盲目追求稿件的量多和地域间的平衡分布。

2)多角度立体式全方位展示事件

在重大事件版面策划中要注意,版面上既要有图片,又要有文字;既要有新闻事实,又要有按语短评;既要有面上的概述性介绍,又要有具体生动的事例展示;既要有事件本身的展现,又要有外界对事件的认识和评价。

[案例]

如图7.2.13所示,这个版面的主标题——Years of planning, months of training… DAY OF GLORY,形象、精练地反映了阅兵村战士为国庆阅兵所作的努力。在整体布局上,为突出展现阅兵村战士的艰苦训练以及背后的生活点滴,特别使用了一张战士艰苦训练的特写照片作为底图,尤其突出地展现了战士刚毅的表情、坚定的目光和满脸密布的汗水,视觉冲击力较强。这张照片不但增强了版面的整体感,给读者以身临其境的感受,而且其目光引领读者仔细阅读整个版面,成为整个版面的点睛之笔。版面编辑在其他照片的选择和排列上,也注意从细节入手,以图叙事,以情动人,既有集体训练、整齐划一的宏伟场面,又有战士们互相帮助、亲如一家的感人画面,从不同角度全面反映了阅兵村战士在国庆阅兵式筹备过程中的酸甜苦辣。版面左侧以黑色为背景,文字主颜色为白色,并使用黄色重点标出了标志性数字,以类似图表的形式言简意赅地反映了阅兵筹备过程中的细节。从整体效果上看,整个版面图文并重,图片多而不乱,叙事简练生动,吸引力、感染力和视觉冲击力较强。

图7.2.13　版面欣赏

3)突破常规,达到内容和形式的和谐

重大事件报道本身就有别于常规性新闻的报道,因此,在报道形式上也应该卓然超群,以突出重大事件的重要性。一些成熟的报刊在重大事件报道策划中,往往善于打破常规,通过报刊栏数的灵活划分、图片的超常规使用、标题字号和字体的巧妙运用、稿件长短的搭配、相关背景资料及其他内容的链接等方式,更好地凸显内容,以达到形式和内容的完美统一,形成整个版面的韵律,进而形成自己的版面特色和个性。

【实战案例】

《浙江日报》"梁家河12小时"版面可视化设计

图7.2.14　2018年1月29日《浙江日报》版面欣赏

【案例分析】

纸媒作为传统媒体,在保持自身特色的同时,始终在积极追赶新媒体的脚步。特别是进入读图时代,报纸对新闻产品视觉设计的重视程度,可以说是空前提高。

视觉设计既可以是重大主题报道的"浓墨重彩",亦可以是日常新闻报道中的"小惊喜"。进入读图时代,视觉设计的目的,在于让读者以更快捷的方式掌握更多信息量。这个信息量,可以是但不局限于新闻报道的主要内容。

《浙江日报》2018年1月29日的《梁家河12小时》这一报道,有着独特的体裁——以时间为轴,通过忠实记录当地最平凡的12个小时,来体现时代发展给普通人生活带来的变化。这样,既能在版面形式上与报道的风格保持了一致,又避免了长篇报道大段文字给读者带来的压力,增加了读者的阅读欲望和乐趣。

这样一类采写风格比较独特的稿件,在版面风格和视觉设计的呈现上,与其风格相匹配。版面为内容服务,而最好的版面就是形式与内容相得益彰,既可以放大新闻报道的特色,使受众能够第一时间感受到报道想要表达的主题,也能给读者传递出必要的信息,同时这种视觉上的信息,往往是无法通过简单的文字进行表达的。

【课后思考】

1. 举例说明报刊版面是如何起到导读、表态与标志作用的。

2. 封面设计的构图主要需注意什么?

3. 以一份报刊的版式设计为例,分析其在视觉策划上是如何体现整体性、功能性、便利性与差异性的。

【拓展训练】

选取最近发生的一个重大事件,查找有关该事件报道的各报版面,分析其版面视觉策划的不同特点。

任务三　报刊经营活动策划

【任务描述】

在报刊的经营活动中,我们关注最多的是发行与广告。报刊的经营活动策划一般出于两个考虑:一是拓展新市场,提高知名度,提高发行量;二是直接吸引广告客户的目光,拉动广告的近期投放。那么,如何提高发行量、增加广告量? 报刊的活动策划是一个不可小觑的重要环节,它不但可以带动报刊的经营活动,还能增强报刊的社会效益和经济效益。但是,媒体的活动策划必须把握一个根本原则,即应将媒体的新闻报道与经营活动严格区分开来。只有这样,才能使媒体的活动策划不会因商业化运作而失去媒体新闻报道的公正性和客观性,才能杜绝有偿新闻现象的发生。

【案例导入】

全国广播电视报刊的五大经营模式①

广播电视(以下简称"广电")报刊曾经有过辉煌的历史,发行量动辄几十万份,也培育过不少新闻界名人,白岩松、崔永元都曾是《中国广播报》记者,孟非也是从《江苏广播电视报》走出来的。

整体来讲,在传统纸媒尤其是都市报下滑的大背景下,广电报刊随着时代的变化,注入了很多新的内容,比如读者喜闻乐见的文化、经济、社会新闻等。事实证明,只要内容跟得上读者的变化,传统的广电报模式仍然有市场、有空间。比如江苏的城市广电报总体态势很好,苏州、无锡等地的广电报仍然是当地具有影响力的纸媒;扬州广播电视报在媒体转型及新媒体实践方面取得突出成绩(图7.3.1)。其他省、市的一些城市广电报的经营发展也出现了不同程度的逆势上

图7.3.1　《扬州广播电视》

① 梁刚建.全国广播电视报刊转型与经营的几种模式[J].南方传媒研究,2018(4):93-97.

扬,如湖州广播电视报、佛山广播电视周报都紧密依托当地优势资源,深化内部改革,积极创新,近年来不断取得好成绩,在当地广播电视集团的考核中排名前列。还有一些曾经面临极大困难几乎办不下去的广电报,如哈尔滨《广播电视周报》《阜新广播电视报》等,经过多方面努力,起死回生。值得一提的是,我们的"老牌"先进——《百湖早报》(原《大庆广播电视报》)近年来进行多方面的转型尝试,包括承接国际性的赛事等,继续走在了前列。《黑龙江广播电视报》《福建广播电视报》发行量都有较大提升。这些都说明广电报转型发展有着顽强的生命力。

在目前的经营模式上,各广播电视报刊大体有以下做法:

一是多种经营。如《扬州广播电视》的 LED 大屏广告,《镇江广播电视报》的新疆农产品专卖,《泸州广播电视报》的酒类销售。再如《安阳广播电视》的爱心卡,实际上进入了金融理财行业。

二是生活服务。泸州广播电视报与泸州市餐饮行业协会共同开发"泸州市电子商务点餐地图";日照广播电视报出版《日照市民手册》;丹东广播电视报编辑《家庭健康手册》。更多的是旅游,如山东广播电视报组织读者分期分批到省内外旅游。各广电报利用区域优势,组织读者旅行团互相出游,互利互惠,合作共赢。重庆广播电视报举办了多场老年婚礼,老夫妻重新穿上西装婚纱,而且一搞就是几十对上百对,声势浩大、参加者众多。

三是与广播电视捆绑。比较多的是与有线网络公司捆绑经营,报纸随着有线电视入户,低价甚至免费发行,之后依托比较大的发行量进行广告经营和活动推广;或者与广电的优势频道、频率合并经营,一方面拉动了广电报的经营,另一方面也给频道、频率的观众、听众带来了落地的服务。

四是涉足新媒体。广电报普遍实力较弱,不大可能大做新媒体,但并不意味着就不搞媒体融合。承德广电报运营着市委市政府的网站和手机报;扬州广电报的《名城扬州》在当地很有名气。潍坊广电报的微信公众号、温州广电报的畅购商城,都有相当多的粉丝和用户。

五是积极开展对外合作。一些广电报在政策范围内,与有资源、有能力的公司开展经营方面的合作。2012 年以南京广电报为开端,广电报社与赛银投资集团合作建立了第一家读者生活馆,截至目前,已与 100 余家报社合作,在全国开设了 400 余家读者生活馆;从北上广深这样的一线城市,到三四线城市,覆盖了全国多数省区市;其中建馆最多的城市为北京,有23 家;面积最大的生活馆在上海闵行区,共 2 000 平方米。读者生活馆的开设,有效地扩大了广电报的发行量,提升了报纸的影响力和品牌,同时为读者带来了健康养生、旅游休闲、社会交往等多方面的实惠。

在广电报刊转型发展的过程中,除了各广电报刊的上级单位全力支持外,行业协会的作用也功不可没。中国广播电影电视报刊协会作为国家一级协会,勇于承担责任,急会员单位之所急,想会员单位之所想,利用每年两次全国性广电报刊会议的平台,邀请媒体专家给大家切脉问诊,介绍国内外报刊转型的经验教训,还紧扣实际安排转型成功的报刊介绍自己的经验,受到大家的欢迎。

【课程内容】

7.3.1　报刊发行策划

1）概说

报刊的发行,即报刊编辑、印刷完成后,由印刷厂传递到读者手中的流通过程。

(1)报刊发行方式

我国报刊的发行方式,综合起来可分为两个基本的大类:无偿发行和有偿发行。无偿发行,即免费赠阅,不收取读者的阅报费用,这主要用于报刊的促销和宣传,属于特殊发行。有偿发行,是指通过买卖关系把报刊销售给读者。

报刊的有偿发行方式有两种,其一为订阅,其二为零售。订阅是指报刊读者预交一段时间的报刊费用,由专门的投送人员在该时间段把读者所订的报刊按期投送到读者指定的地点。对报刊经营来说,订阅的最大好处是可以先期获得大笔资金,且发行量稳定。

零售则是指由报刊发行部门向报刊零售点提供报刊,由报刊零售点将报刊一份一份地销售给读者。零售的好处是可以减少发行支出,还可以通过零售了解读者的兴趣所在,以及时调整编辑方针;不利之处是零售销量不稳定,易受市场的非确定因素影响。

(2)报刊发行渠道

报刊的发行渠道是指报刊产品或服务从报刊社送达报刊消费者手中所要经历的组织或个人,其基本渠道成员包括报刊社、批发商、代理商、零售商和报刊消费者。我国报刊的发行渠道有3种:

一是完全邮发渠道,即报刊社将报刊发行全部委托给邮局,由邮局帮助开展零售、征订、收报刊款、投递发行。

二是完全自办发行渠道,即由报刊社自己创办的发行渠道,一般由报刊社组建发行公司,拥有一支专职发行队伍,上门征订和投递到户,或同时设多个发行站或连锁商店。

三是多渠道发行,即一家报刊社的发行渠道既有邮局发行渠道,也有自办发行,或其他代理渠道,实际上是一种混合发行渠道。

(3)报刊发行特点

①报刊发行的多样化。报刊发行渠道已从早期单一的邮局发行发展到如今的自办发行、第三方发行、海外发行,甚至出现了网络征订等数字发行渠道。

除了传统的报刊亭外,超市和便利店、酒店、机场、地铁、社区,甚至书店、医院、学校、商场都成了新的报刊零售网点。出于广告业务的需要,赠阅渠道也已经成为报刊发行的重要组成部分。例如,时尚传媒集团和《周末画报》的赠阅渠道涉及餐饮场所、汽车4S店、休闲场所(如 SPA 店)、银行网点以及四五星级酒店等其目标人群经常出入的场所等。

②报刊发行的细分化。报刊发行的细分不仅是目标读者的细分,还涉及空间和时间的细分、内容和包装的细分、广告的细分、服务的细分、宣传和推广的细分、发行渠道的细分等。

③报刊发行的集中化。随着报刊市场竞争程度的加深,报刊市场的集中化趋势越来越

明显。经营优势明显的报刊,发行量要远远超过众多一般报刊,占有更大比例的市场份额。

④报刊发行的数字化。在数字化传播成为主流的当下,报刊的跨国发展中,"数字为先"的特点也更显见。英国经济学家查尔斯·汉迪认为:数字化的浪潮正强烈地冲击着传统图书出版业的堡垒。网络内容范围及传播速度的改变将颠覆现在的出版产业模式,带来信息行业的"去物质化"和"去中介化",而不再需要纸媒的中介作用。

2)报刊发行创新策划重点

"发行是报刊的生命线",这句话道出了发行的重要性。面对日趋激烈的竞争,报刊发行策划就是要不断进行发行理念和发行方式的创新,通过整合多种可用资源,从宏观上把握发行经营的发展方向,规划报刊发行的战略决策,在微观上制订切实可靠的计策方略,解决发行中遇到的具体问题,以提高报刊发行量。

(1)树立效益发行观念,从追求发行数量向追求发行质量转变

开展有效发行,优化发行结构。所谓有效发行是指在报刊的行销过程中,能够有效地扩大报刊的市场占有率、阅读率和影响力,并能直接带来广告回报或对广告有吸附力的发行。发行策划重点之一,就是要科学地制订发行目标市场定位,开展有效发行,通过对重点发行区域和重点目标读者群的界定与开发,改变发行结构,以最佳的发行量争取到最大的广告量,从而获得最佳的经济效益。

(2)树立整合营销观念,加强资源整合

一是整合采编、广告资源。通过与广告联合起来开展活动促销,如报刊为广告商刊登广告,广告商将广告费用于给自己的目标客户订阅该报刊;或者开展订报送相应金额的广告版面等,通过这些活动,实现发行与广告的共赢。

二是整合渠道资源,开展规模经营。积极投身媒体融合实践,大力发展新兴媒体,比如同一家报业集团内部的多家报刊、一家报刊中的多种形式形态,可以在集团的协调和组织下走上联合发行、融合发展之路,共享资源带来的成本节约。

如江西日报社近年来就按照"正能量、接地气、多形态、能盈利"的思路,以先进技术引领新兴媒体加快发展,以重大项目带动传统产业转型升级,大力推进媒体融合发展。目前已形成报纸、杂志、网站、微博、微信、户外、手机报、移动客户端等8种媒介形态,端口载体达63个的媒体矩阵,覆盖用户总数超过5 000万。

(3)树立经营的观念,再造发行价值链

报刊发行的产业链延伸包含几个层次:一是由发行本报延伸至代理外报外刊发行业务;二是由单一的报刊发行向商务配送领域延伸,如机票、快递和家电等物流服务项目;三是向广告领域延伸,利用报刊社的品牌和网络优势,开展广告类业务,如夹报广告、分类广告收集,经营DM报刊等;四是向社会化服务类业务延伸,如开展废旧回收、家政等;五是向简单加工或包装等业务挺进,例如开展矿泉水或"生日报"的生产销售等。

(4)多元化营销方式共同发力

①网络营销。当前各种网络营销手段被普遍应用于报刊市场。继博客营销、微博营销后,随着微信的兴起,许多报刊纷纷入驻微信。通过报刊提供的二维码,读者用手机"扫一扫"就能成为报刊的微信订阅者,参加报刊的各种线上活动。

[案例]

《城市画报》利用微信的语音互动功能,开发了《旁听微信,城市发声》栏目,抛出一个话题,收集用户的语音消息并加以整理、筛选,之后又统一发出去,获得了很好的反响。

此外,还有邮件营销、搜索引擎营销、病毒营销、BBS营销等多种网络营销方式。随着网络技术、网上支付和信用体制的发展以及网络用户的增长,网络营销将在报刊发行中发挥更大的作用和优势。

②公共关系营销。

报刊的公共关系营销主要包括新闻营销和活动营销。

新闻营销是报刊利用新闻报道易受关注和易被接受的优势,运用新闻为自身宣传,创造出宣传效果远高于广告的宣传效果的一种方式。

根据活动性质,活动营销分为公益活动营销和商业活动营销。报刊的公益活动营销可以涉及方方面面,活动形式也多种多样。例如,《伊周 femina》的创刊号特设 1 元爱心价,将全国所有零售所得捐赠给"汶川大地震孤儿救助专项基金";《时尚芭莎》每年一度的"芭莎明星慈善夜"等。

报刊进行商业营销活动,要充分发挥自身的资源优势,结合自身的定位及风格特点选择活动营销的形式。比如,时尚类报刊可举办服装、美容大赛;科普类报刊可推出科普问卷有奖征答、创新发明竞赛;财经类报刊可与银行联手推出以其品牌名称命名的金融卡,或推出系列大众化财经知识讲座。同时,要全方位、立体化地开展活动,与报纸、电视、广播、网站、杂志、户外等多种媒体形成互动式宣传,以获得传播效益的最大化。

[案例]

2017 年 8 月 23 日,《齐鲁晚报》的头版(图 7.3.2)上只有"你敢要,我就给"6 个大字及一个二维码。当你用手机扫描二维码后,呈现的是一张海报,字里行间可以看出这是一个通过参加视频比赛选拔代言人的活动,最后还会送汽车的免费使用权。

图 7.3.2 《齐鲁晚报》头版

③概念营销。报刊作为一种特殊的精神文化产品,更适合运用概念营销,即挖掘报刊的文化内涵并提炼成概念,通过这一概念引起读者关注并获得认同,唤起消费者对新产品的期待。

[案例]

享有传媒界"话题发源地"美誉的《新周刊》,一直致力于发现新问题、展现新文化、构造新观念,并将新观念提升到概念化的高度,以开放性的话题设置展开讨论,进行反思,展现多元意见,启迪读者思考,从而将概念炒热。时至今日,在《新周刊》推出的众多概念中,较有影响力的有"中国不踢球""砸烂电视""弱智的中国电视""F40""飘一代""她世纪""第四城""无厘头.com""80年代下的蛋""忽然中产""贱客来了""女人生猛"等。至今仍在不断被引用和演绎。

《新周刊》每年发布的"四大榜"也是其概念营销的一部分——"中国年度新锐榜""生活方式创意榜""中国电视节目榜"和"中国城市魅力榜",对时代生活、经济、文化、城市发展有风向标的作用。

④个性化营销。个性化营销的核心是建立与管理目标客户数据库。利用数据库和各种网络交流平台,报刊不仅可以和读者进行一对一的互动交流和服务,还可根据读者的需求制作出个性化的产品。《广州日报》提出的"比太阳更早,比昨天更好",还有《今晚报》提出的"订阅今晚报,服务更周到",都贯穿着某种独特的服务理念在里面。

(5)重塑内容付费模式

将阅读者向客户转化,将阅读者体验提升作为重点。根据阅读中分众化发展趋势,构建更加新颖的发展体系,将知识作为报刊价值链的基础,将知识由二次售卖向多次售卖转化。

传统报刊结合自身发展特点,借助移动手机、客户端、网络等新媒体渠道优势,对自身劣势进行适当补充。同时在传统文图符号模式的基础上,打破以往编辑、客体泾渭分明的形式,构建多元化编辑、客体的采集售卖模式,即在发行、广告等报刊收入来源开放的基础上,在新的传播环境中重塑内容付费模式,如数字版阅读收费模式、版权收费模式、争取非市场性收入等。其中数字版阅读收费模式主要将传统报刊稿件划分为两个模块,其中一个模块可以免费阅读,另外一个模块则需要用户每月支付费用或者每年支付费用阅读。

[案例]

在2014年底,《南方都市报》宣布对南都数字报开启收费阅读模式,阅读者需在注册后每月支付30元或者每季度支付90元,方可无限制阅读数字报内容;而版权收费模式则是向转载、使用自己的新媒体收费。

2014年上海报业集团新媒体项目"界面"上线运营后采用颁发"最快抄袭奖"的方式维护原创权;非市场性收入主要是针对现阶段传统报刊面临的经济压力,以非市场形式,为新闻媒体提供扶持、资助。如《解放日报》每年可获得5 000万元的财政补贴;而《上海观察》主要通过销售收费阅读卡的形式获得资金支持。

7.3.2 报刊广告策划

如果说报刊的第一身份是编辑产品,那么它的第二身份便是广告载体。在国外,报刊社的收入主要来自广告,如美国报刊有70%的收入来自广告。在我国,以品牌导向型定位的报刊,主要盈利模式便是建立在广告收入上。因此,报刊的广告策划是报刊营销策划中必不可少的一部分。

1)报刊广告策划概念

所谓报刊广告策划,就是指报刊从业者在报刊广告传播活动中的各个领域,通过有计划、有组织、有目的地有效整合各种资源,对广告活动进行整体规划或战略决策的一切策划活动。具体来说,报刊广告策划包括两方面内容,一是对一则报刊广告的具体制作策划;二是对报刊广告经营发展的整体规划或战略决策,涉及报刊的受众定位、经营方针、营销理念与战略战术,具体包括广告客户市场及市场开发的策划、广告产品体系(含广告占用版面的数量与版面划分、广告版面秩序及其价格制订等)的开发策划、广告消费者的开发策划等。

广告策划活动是一项系统工程。优秀的广告策划可以使报刊广告准确、独到、及时、有效地传播,既要具有普遍的社会意义,符合广大读者、消费者的切身利益,又有利于广告客户促进销售、提高形象、发展自我,还能扩大报刊的市场影响,增强报刊经济实力,是一种多赢的经营策略。

2)报刊广告策划要点

(1)注重读者调查和广告客户购买行为分析

广告主、广告代理公司在选择报刊投放广告时,都有自己的评价体系,其中包含种种关于目标受众和报刊自身的定量指标和定性指标。因此,报刊应掌握翔实的读者数据和自身发行数据,并在不更改和违反报刊出版宗旨和方向的原则下,按广告主的需求方向调整报刊内容和编排方式,使市场向着更有利于广告客户的方向发展。在数据的获取上,除利用自身媒体外,还可借助专业调查公司、传媒咨询机构等第三方力量,以增加数据的权威性和客观性。

(2)层次丰富的广告产品体系是报刊广告策划的关键

广告产品是广告经营的基础与出发点,也是广告策划的关键。只有按照市场和读者细分的原则,根据报刊自身个性,有针对性地策划广告版面、广告栏目,设计创新的广告产品销售组合,才能建立自身的广告经营优势。

例如党报的特点是"权威",党报可以与各行业主管部门联手策划行业广告和形象广告;都市类报刊、生活类报刊、晚报类报刊,主打"服务牌""市民牌",则可以开辟都市类分类广告、房地产专版广告、求职招聘专版广告、饮食类专业广告、医疗广告等。针对不同的行业应有不同的广告策略,如针对长期的消费品市场的规模客户设计超越年度的长期合作框架;针对金融理财、连锁商业、旅游地产、物流品牌、节能产业、城市传播、电子商务等新产业,则要制定鼓励性的合作政策,而不是使用简单一致的销售模式。这样不仅拓展了广告源,扩大了社会效益,提高了报社经济效益,还增加了报刊发行量,扩大了读者群,可谓一举多得。

[案例]

澎湃新闻广告服务平台以澎湃新闻采编一体原创内容报道为依托,持有互联网新闻信息服务一类资质,并拥有自身专业采编团队和广告运营团队。全媒体产品创新平台包括

App端、Web端、Wap端、官方微博微信矩阵,8个频道79个栏目,在内容层面全方面涵盖新闻时事热点、金融投资、地产、汽车、文化艺术、体育娱乐等各个领域。自2014年7月正式上线至2019年,澎湃新闻已覆盖全国2亿网站用户,4 500万客户端用户,2 600万微博微信用户,并在持续增长中。澎湃新闻在原创媒体、新媒体和广告服务行业多年的深耕不仅为广告客户提供了深度内容价值和广大受众基础,更以自身资历为广告客户品牌进行了隐形背书。

在专业深度内容报道和百人专业营销团队的加持下,澎湃新闻广告服务平台已积累超过300位长期合作广告客户,其中以汽车、房地产、电子商务行业领衔,以各行业中高端品牌为重点合作伙伴。澎湃新闻营销产品体系以硬性广告投放和原生广告定制为主:硬性广告投放包括开机屏、头条轮播区、通栏、信息流等核心广告点位,原生广告定制包括新闻冠名、专题策划、品牌定制3个领域,结合了图文、视频、直播、VR360度全景视频、H5及线下会议/展会活动等丰富的呈现形式。

2019年,澎湃新闻重点广告营销案例包括:中国邮政储蓄银行全程冠名的《最美的中国:探路国家公园》系列线上线下宣传报道,链家定制拍摄的"链家品质服务"系列微电影,汇丰银行联合策划的《丰言锋语》真人访谈节目,关注顺丰扶贫助农项目的《多式联运,顺丰黑科技助力甘孜松茸飞出大山》视频直播专题等。在各个合作案例中,澎湃新闻营销团队与客户保持深入沟通,在前期创意策划、嘉宾人员筹备、内容采编拍摄、视频制作、广告投放等领域展现了专业度、灵活度和高效性,实现了客户品牌和产品在全网达到更大更深远的传播声量和广告投放效益。

(3)整合各种资源,做好广告组合策划

报刊广告策划的过程是整合资源的过程,其实质上是信息、人力资源、资金、文化在各层面上的结合。报刊广告部门可以整合的资源首先是版面资源,其次是受众资源,第三是采编等部门人员的社会协作网。具体策划重点有以下几方面:

①围绕重大事件和节假日做好广告战役组合策划。

利用重大事件和节假日策划广告,搞好广告战役组合策划,可以使传播活动最大化,传播成本最小,是新形势下开发广告市场的有效手段。这一策划的核心要求是广告策划和重大新闻战役策划同步,以强大的新闻策划开路,形成社会舆论的关注中心,进而形成强大的广告冲击力,吸引客户刊登广告。

[案例]

在2017年5月8日的《深圳晚报》11版(图7.3.3)上,出现了一份花钱学校的入学考试试卷。试卷里有七道题,这些问题涵盖了很多生活热点甚至娱乐热点,非常能够引发用户的共鸣。比如说第一道题:如果你月薪2万元,每月不吃零食、不"剁手"购物可以省下1万元,五年后在深圳买下一套价值400万元的房产,请问你爸妈赞助了多少钱?随手记的这份"试卷广告"从刊登开始,就引发了全民做题高潮与广泛传播。整个活动和用户的互动频次非常高,也带来了随手记产品整个网络搜索量和百度指数的提升,48个小时内斩获了约4 000万微博阅读量、近100万微信阅读量。

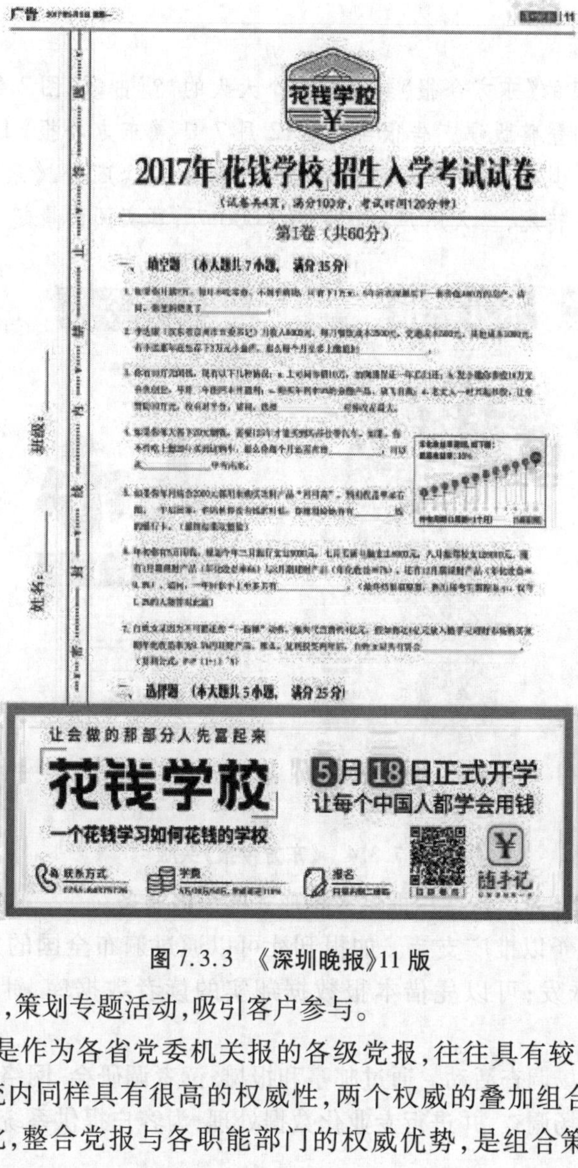

图7.3.3 《深圳晚报》11版

②整合社会资源,策划专题活动,吸引客户参与。

我国报刊,尤其是作为各省党委机关报的各级党报,往往具有较高的权威性,而各个职能部门在各自系统内同样具有很高的权威性,两个权威的叠加组合也就产生了一种更高层次的权威。因此,整合党报与各职能部门的权威优势,是组合策划广告的一个重要方面。

近年来,一些报刊联合消费者协会、质量检验协会、建设委员会等部门开展"消费者信得过产品""质量信得过产品""建筑优良工程"等系列公告活动,在消费者心目中享有较高的威望。还有一些党报开办"地方政府名片""市场流行品牌""政府采购推荐品牌"等广告栏目,吸引了众多的政府机构和企业前来刊登广告。

③整合多媒体优势,进行立体营销。

广告客户产品的市场销售,具有自身独特的规律,需要报刊、广播、电视等媒体的整体配合,才能达到"四两拨千斤"的最佳效果。因此,报刊从广告市场规律出发,摒弃门户之见,针对客户的特点和需求,有效整合媒体资源,为客户提供最优策划传媒组合方案,使客户获得最佳广告效果和最大化回报,是广告组合策划的又一个重要体现。

[案例]

2017年12月6日的《东方今报》封面被一个大大的"？"占领[图7.3.4(a)]。都市报封面一般是新闻导读，刊登整版硬广告很罕见。12月7日，《东方今报》封面又做了一版创意广告[图7.3.4(b)]。其实，这两个是江南春温泉的整版悬念广告，《东方今报》全网分发动用了25个新媒体平台转发，当天用户到达量超1000万，真实阅读量超100万。

图7.3.4 《东方今报》头版

(4)利用自身优势，为广告客户提供多种形式的增值服务

①对客户新产品予以推广支持。如报刊社可以通过遍布全国的发行网络，进行客户产品样品的试用与派发；可以凭借本报数据翔实的读者数据库，针对目标消费群进行直投。

②为客户开展市场调查活动。通过邮亭和报摊、读者调研会、网络点击率、客户终端回访等多种形式开展市场调查，并进行专业化数据处理，为客户提供系统、准确的专题性调研分析报告。

(5)增强品牌意识，做好自我营销

①做好自身的形象包装，做好日常传播。

广告宣传是报刊自我营销的一部分，其主旨是找到一个主打策略，进行创意表现，然后在媒体上投放。报刊的日常宣传要有准确的定位宣传语，要从宣传报刊的功能性、内容主张到宣传报刊的思想性所指、观念上的追求等，以便品牌形象的树立。

②搭载强势媒体借力发展。

单靠报刊自身宣传有一定的局限性，与相关各大媒体进行版面交换，可以提升报刊的影响，刺激广告商的投资热情，扩大广告客户来源。

[案例]

2017年11月30日,全国7家地铁报同时讲述一个江南故事,7个版面(图7.3.5)分别用7句话连接起当地和苏州的关系,共贺在古镇同里举办的"第九届全国地铁报联盟峰会"。

苏州《城市商报》"同"——君子和而不同。

南京《东方卫报》"里"——乌衣巷口的斜阳散落在了平江府的弄堂里,取自刘禹锡描写南京的名句"朱雀桥边野草花,乌衣巷口夕阳斜"。苏州古称平江。

重庆《都市热报》"自"——我住长江头,君住长江尾。自有火锅始,微辣是我的底线,鸳鸯锅是君的专权。重要的不是能不能吃辣,而是长江上下游城市对火锅的真爱。

沈阳《地铁第一时间》"然"——当"北方供暖"遇上"江浙沪包邮",相爱依然。

杭州《城报》"有"——天堂无须仰望,吴越自有晴天。感谢老祖宗给了苏杭文案狗百用不厌的天堂梗。

广州《羊城地铁报》"故"——孔雀街穗东南飞,原是故人归。来自穗城的孔雀,猴赛雷。

成都《新城快报》"事"——乐不思蜀,乐不思苏,都不是事。

每个版面的底纹都来自同里第一本时尚旅游口袋书《情归同里》的手绘插图:古戏台、乌篷船、江南民居、鱼鹰,还原原汁原味的同里古镇。

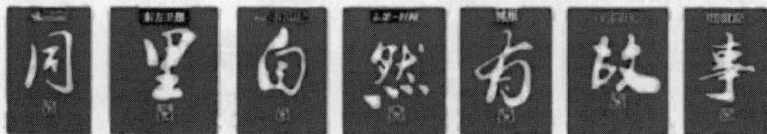

图7.3.5　7家地铁报版面图欣赏

(6)强化编辑与广告的互动性

编辑与广告的互动性具体体现在文字风格、版面位置、数量比例等多方面的细节处理上。报刊专题广告是近几年兴起的一种新型广告媒体,其特点是报刊的文章配合广告,大多以软性和感性文章见长,加以丰富的产品信息和免费赠阅,是读者喜闻乐见的报刊形式。

[案例]

中国轻工业出版社和北京红番茄工作室合作推出的月刊杂志《北京漫步》以城市白领核心读者群为主,以介绍流行趋势、指导时尚消费为宗旨,全面报道京城衣、食、住、行等方面的信息。如其曾做过一则广告专题,报道北京四十多家超人气火锅店的经营特色等诸多内容,并在介绍消费场所时配有地图说明,具有极强的实用性。《北京漫步》发行至今,已成为北京市政府指定的唯一一本在出租车内供乘客免费阅读的平面杂志,如今在北京市65 000辆出租车上,以及高档酒店、高尔夫球场、热门餐厅中都可以看到。因此《北京漫步》广告代理业务极多。

(7)创新广告内容与形式

报刊的繁荣与广告内容和形式的创新不无关系。在广告形式上,除了常见的形式外,还可以设计成如插页、夹送礼品、立体画面等形式。在版面利用上，可以开展征集战略合作伙伴活动，推出定期的报刊封面人物、专题报道，让企业形象广告和报刊紧密联系在一起。此外，还可以联合广告主大力开展事件营销，通过举办各种专题的营销活动，开发新的读者或目标受众，提升报刊的知名度和客户品牌的认知度，最终达成合作双方的促销。

[案例]

2017 年 8 月 16 日和 8 月 18 日，《济南时报》的头版做了形式类似的两则广告——《水浒传》(图 7.3.6) 和《稀香记》(图 7.3.7)。8 月 21 日，该报发表文章《"名著系"脑洞大开"泉香型"一鸣惊人　本报三期创意广告引发各界关注趵突泉新品白酒今上市》，揭开了这个系列广告的面纱。相对于传统的广告形式，创意广告可以深度介入酒厂的新品宣传和推广，而不是简单地发布新品上市的消息。正所谓不破不立，这组创意本身出发点是将传统经典与新品白酒进行巧妙融合，文案逐字逐句推敲，达到第一眼感觉惊艳，细细品读又在情理之中的效果。

图 7.3.6　《济南时报》头版广告　　　　图 7.3.7　《济南时报》头版广告

7.3.3　数字报刊渠道策划

1) 数字报刊的内涵

数字报刊，又称网络报刊、互动报刊、电子报刊、数字多媒体报刊，是以文字、图片、Flash动画、音频、视频等多媒体信息为表现形式，以在线阅读或下载阅读为主要信息传播方式的定期出版的电子报刊。数字报刊具有内容产品更新速度快、制作成本低廉、系统易维护、视觉效果突出、互动性强、可选择范围较广以及获取便捷等特点，有着极其广泛的受众群体和广阔发展空间。

2）数字报刊的渠道类型

（1）报刊自建网站或公众号直销渠道

在数字化阅读潮流席卷全球的趋势下，不少报刊企业纷纷自建网站或者公众号。例如，各地的晚报、日报等均有相应的网站，杂志《瑞丽》有瑞丽网（图7.3.8）、《昕薇》有昕薇网、《三联生活周刊》有自己的公众号（图7.3.9）等。报刊网站或在公众号上一般均设有数字报刊在线订阅和下载业务。以消费类数字报刊为代表，很多数字报刊均免费提供，以吸引受众的注意和广告商的兴趣。

图 7.3.8　瑞丽网首页

图 7.3.9　《三联生活周刊》公众号

（2）数字报刊发行平台渠道

除了通过报刊自建网站外，当前国内数字报刊的发行基本为几大数字报刊发行平台所垄断。

国内知名的消费类数字报刊发行平台有 ZCOM 电子杂志（图 7.3.10）、POCO、读览天下、悦读网。国内免费的网络消费传统，使得几家平台的数字报刊多为免费提供，平台的盈利模式主要是依靠网络广告收入。现阶段这些平台的运营维持在很大程度上还是依靠风险投资的注资。

图 7.3.10　ZCOM 电子杂志首页

　　国内学术报刊的电子版或数字报刊的发行平台,由于所提供产品内容的专业性和独特性,其主要收入来源为用户订阅费用。例如中国知网(图 7.3.11)的主要盈利模式是为高校、研究院等主要客户提供数字图书馆服务,并向付费会员提供以流量计算的查询资料费。国内类似的平台还包括维普资讯、万方报刊数据库、龙源报刊网等。它们凭借其掌握新技术的优势,将国内纸质学术报刊几乎全部揽入,然后再将内容分类打包出售,获取了高额的利润并形成了垄断。这些平台又被称为大型集成学术报刊数据库或学术报刊网络出版机构。

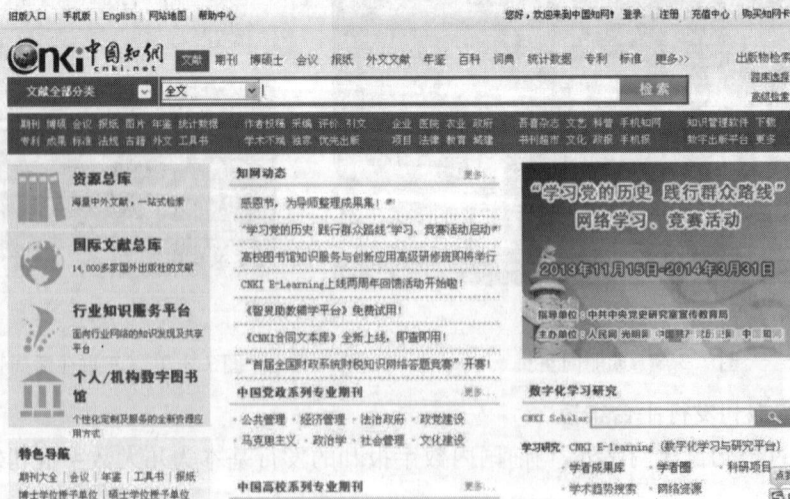

图 7.3.11　中国知网首页

(3)手机媒体渠道

　　目前手机报刊媒体的发行方式主要是技术运营商与各杂志社签约,整合大量的内容资源,通过基于移动互联网的手机客户端软件发布。手机报刊主要采用原版阅读的方式呈现给读者,点击原版页面上的热区,显示详细内容。当前国内的手机报刊发行平台有中国移动手机阅读基地、中国电信天翼阅读基地、中国联通沃阅读基地等。

3)数字报刊的渠道策划

(1)加强报刊自身网站建设,拓展多种终端服务方式

报刊自建网站须注重整合最新的资讯信息资源,且应具有风格独特、更新速度快、覆盖面广、专业化强、到达率较高、受众信息反馈及时等优点,从而成为报刊展示产品内容和传播形象品牌的广阔平台。

例如,瑞丽网依托《瑞丽》报刊的品牌特色和产品定位,通过整合信息服务、功能服务和商务服务,致力为目标受众提供全方位和多角度的内容服务、提供轻松休闲的阅读体验,是目前我国消费类报刊自建网站中运营较好、制作较完善的媒体平台典型代表。

另外,为方便读者,数字报刊应拓展多种终端服务方式,如 iPad 等移动客户端版、手机版、在线版、镜像版等。

(2)创建媒体中心,开启媒体融合发展新局势

传统报刊与新媒体存在相互借鉴、相互依存的关系,通过创建媒体中心的形式,开启媒体融合发展新局势。传统报刊可以利用官方网站、官方微信公众平台、官方微博,以现场原音与图文信息结合的形式,强化传统报刊与新媒体的互动。地方报刊可以在内部构建融媒体中心,采用线上与线下结合的模式,构建一次采集、多元生成、多渠道传播、资源整合渠道,为新型主流媒体舆论引导力的进一步提升提供依据。

如《朔州日报》利用官方微信公众平台,在 2017 年全国两会期间实时推出了 H5 互动产品。H5 主要是通过跨平台的方式,在传统报纸与新媒体间构建信息交互体系。依托 H5 互动应用,《朔州日报》利用"2017 年朔州市两会全景巡游"的 VR 全景图形式,展示了两会盛况。同时在现场 720° 全景图呈现的基础上,设置现场原音报道板块,阅读者可以通过滑动手机屏幕变换手机角度"进入"两会现场。结合画面拉近、推远、俯视、仰视还可以完成会场内部各方位体验。

(3)整合内部资源,加强传统和数字的互动

整合传统报刊与新媒体内部资源,在优势新闻产品的打造过程中,传统媒体、新媒体均应全面贯彻落实"内容为王"的理念,充分发挥自身优势,围绕发展核心理念,增强报刊信息专业性、权威性及服务性,进一步拓展主题宣传渠道,做好一般性政策解读及政治经济实时报道。同时改进文风,紧密贴合受众群需求。传统报刊必须借助新媒体在无线通信技术、互联网技术方面的优势,对自身服务内容进行增值处理。将新闻素材生产、新闻素材深加工、产品营销、广告信息、渠道服务进行有机结合,促使新闻信息及时渗入互联网平台。打通传统报刊线下、新媒体线上资源,形成新的运营渠道。同步强化品牌形象、报网互动,以促使自身尽快适应新媒体传播环境。

同时,微信二维码技术使得纸质报刊的读者可以轻松实现网上数字报刊的阅读下载,同样,报刊网站和报刊发行平台也纷纷开办了纸质报刊的订阅业务。另外,通过策划多种线上线下联合的促销活动,可以吸引不少纸质报刊用户成为数字报刊的新客户,进而扩大报刊品牌的影响力。

（4）开通微信平台，推动媒体融合发展

转型升级、融合发展是纸媒面临的挑战和发展的趋势。新媒体与传统媒体之间的优势互补与深度融合是转型发展的必经之路。媒体融合发展主要以技术为支撑，以内容建设为根本，以优质项目来推动。只有积极向融媒体转型，利用新媒体技术开发适应读者阅读习惯的产品，才能有效满足粉丝群体的阅读需要。知识付费时代，向融媒体转型是报刊发展的必经之路，只有借助新媒体技术将内容优势综合转化为经营优势，以 IP 实现知识服务盈利，才能为报刊寻找新的发展空间。

[案例]

《小龙人学习报》是由宁夏日报报业集团主办，自治区教育厅协办的宁夏唯一一份少儿报。在顺应移动化大趋势下，《小龙人学习报》也在不断地探索和尝试媒体融合的各种方式。自 2015 年开通《小龙人学习报》微信公众平台以来，发表的学生作文、教育政策信息、时效新闻等内容点击量稳步上升。2017 年又利用微信公众平台，策划了《我给习爷爷说句心里话》《为封面小精灵投票》等活动，增强了报社的影响力，上线几天，点击量突破 1 万。当然，报社还是在用传统媒体的思维经营新媒体，离真正的媒体融合还有一定的距离，但微信的开通，至少使报社在形态上具备了新媒体的特征。

【实战案例】

《三联生活周刊》的融媒体转型实践①

《三联生活周刊》的前身为邹韬奋先生在 20 世纪 20 年代于上海创办的《生活周刊》，1995 年，由三联书店在继承传统的基础上于北京正式复刊。经过二十余年的发展，《三联生活周刊》形成了自己独有的办刊特色，其办刊宗旨是：以敏锐姿态反馈新时代、新观念、新潮流，以鲜明个性评论新热点、新人类、新生活。该刊既有采访深入、报道角度新颖的深度报道，又有高雅、前卫、风趣的报道，文字力求生动、简洁，强调与读者的交流。知识付费时代，《三联生活周刊》以内容升级为基础，围绕 IP 资源，为用户提供图书、音频和视频等不同形式的知识服务，以项目开发促进融媒体的成功转型。

1. 利用新技术开发融媒体平台促进成功转型

一是依靠数字技术和互联网技术，搭建网络平台。2000 年，《三联生活周刊》创建新浪博客，至今该平台已持续运营 19 年，同时，选择新浪网为战略合作伙伴，每期杂志选择 30% 的重要稿件在新浪网发布。2003 年，《三联生活周刊》开通了自己的门户网站，为杂志提供展示窗口和营销平台。

二是依托微信和微博等社交媒体，搭建社交化聚合平台，2010 年，《三联生活周刊》成立新媒体发展中心，利用新浪微博的影响力搭建社交媒体平台。2012 年 11 月，《三联生活周刊》开通微信公众号 Lifeweek，利用微信公众号服务广大用户是《三联生活周刊》融媒体建设的又一重要发展方向。截至 2019 年 2 月 11 日，《三联生活周刊》新浪微博粉丝达 15 544 149

---

① 崔香丹.《三联生活周刊》融媒体转型探索[J]. 出版广角，2019(24)：50-52.

人,发布微博共 33 711 条。

三是依托今日头条,搭建个性化内容分发平台,充分发挥技术优势,推动媒体融合向纵深发展。2017 年,《三联生活周刊》与今日头条签署战略合作协议,除内容分发外,双方在商业化和 IP 产业开发等多个领域展开合作。《三联生活周刊》旗下的杂志和产品全部入驻今日头条,通过发挥人工智能和大数据优势,实现优质内容的个性化分发。

四是依托多媒体和服务端,打造全方位的数字阅读平台。为满足受众多样化的阅读习惯,《三联生活周刊》从 2011 年起开始研发全媒体产品,先后开发 iPad 端、iPhone 端、Android 端和彩信手机报等 8 个新媒体服务端,实现了受众群体全方位、多层次的覆盖。

2. 不断发展新项目,延伸产业链条

由《三联生活周刊》开发的知识付费项目一经推出,便备受社会各界的广泛关注,获得了较高的社会效益和经济收益。《三联生活周刊》在发展新项目、延伸产业链条时,主要开展了以下实践。

一是积极转型,开发新项目——松果生活 App。松果生活 App 是《三联生活周刊》融媒体转型发展的第一个项目,该项目以线下活动"阅读汇"和"生活汇"为平台,结合视频、公众号和 H5 等线上资源,为读者提供文化、生活、艺术等多个领域的信息。2016 年,松果生活 App 仅上线一年便聚合了 500 位"生活家",组织线下活动超过 4 000 场,App 下载量超过 50 万次。

二是立足新媒体时代,孵化"熊猫茶园"项目。该项目是《三联生活周刊》在多年茶叶报道经验基础上实现的"茶 IP 资源"开发。在"熊猫茶园"项目中,《三联生活周刊》以互联网思维为基础,通过挖掘经典 IP 资源,打造了 OFFICE 茶、茶杯和茶礼等一系列文创产品,实现了价值链条的全面延伸。该项目既拓展了杂志的收入渠道,也为杂志的转型突围找到了新方向。

三是整合内容资源,开发付费知识阅读新平台。《三联生活周刊》通过挖掘纸质内容、开发新媒体精品课程,打造了付费知识阅读社交平台——中读 App,实现了传统纸媒与互联网应用的深度融合。"中读"意为传统杂志"慢阅读"和碎片化"快阅读"的"中间阅读状态",诠释了读者对阅读的最佳期待。因此,中读 App 也是知识链接与阅读方式转化的平台,在这一平台中,《三联生活周刊》与出版社、网络视频公司等合作,使用 VR、AR 等新媒体技术,实现内容 IP 资源的全产业开发。2019 年,《三联生活周刊》开发精品课程、年卡、个人专栏和电子书(有声书)四大产品,进一步挖掘付费知识阅读项目的潜力。

【案例分析】

结合《三联生活周刊》成功转型的经验来看,纸媒转型发展要坚守自身的价值优势,树立融媒思维,立足读者,深化分工。

一是要发挥优势,打造融媒体平台。纸媒首先要明确自身定位,探寻发展方向,打造"资源共融、平台共建、价值共用"的融媒体平台,为用户提供优质的阅读体验,并打造出多种传播渠道,开发出多种产品,才能占领融媒阵地。同时,内容优势是成功转型的基础,因此,传统纸媒转型要将内容优势转化为知识资源,提炼 IP 资源、开发图书、音频和视频等多类型产品,打造纸媒、门户网站、微博、微信和 App 客户端等多种传播渠道。

二是要站在市场的角度,深化内容创新。传统纸媒转型升级要适应传播活动的新时代特征,整合大众诉求,满足读者的阅读需要。知识付费时代为纸媒转型提供了内容的深化与创新空间。因此,传统纸媒要依托品牌优势深化内容,从自身资源中提炼 IP,并实施产业开发,实现社会效益与经济效益的双丰收。

三是要全部门通力合作,深化媒体分工。传统纸媒转型发展要秉持新理念、使用新技术、研发新产品;要结合融媒体的时代特征,深化分工、立足协作、优化内部管理体系、整合内部资源,为传统纸媒社会效益与经济效益的持续增长提供保障。

知识付费时代,《三联生活周刊》在融合转型进程中确立了"新闻+文化+生活"的办刊道路,发挥自身的内容优势和品牌影响力,从中提炼和运作 IP 资源,研发知识付费项目;实现了以项目建设推进转型发展、以 IP 实现知识服务盈利的理想效果,为其他纸媒的融媒体转型提供了有效借鉴。

【课后思考】

1.结合所在地区的报刊实例,说明该报刊的发行和广告的基本类型。

2.报刊的数字化营销还有哪些表现形式? 试举例说明。

3.参考教材中列出的案例,请为某个报刊策划一个网络营销推广方案。

【拓展训练】

以所在城市的某活跃报刊为例,试举例分析它的融媒体转型特征。

综合项目实训

项目编号	7	项目名称	为所在的班级制作一本电子报刊
实训背景			结合自己的专业,为自己所在的班级制作一本电子报刊
实训内容			1. 收集关于本专业的相关资料,了解专业发展的概况,进行相关的信息采集工作; 2. 根据所收集的资料以及读者对象的需求,进行栏目设置和内容编排; 3. 围绕相关的主题,进行专题策划; 4. 对班级报刊的封面(头版)和内页进行视觉策划,并制作出班级报刊成品; 5. 在校园内,对制作出的班级报刊进行相关的模拟宣传营销
实训目的			1. 了解报刊编辑策划的基本原则、栏目策划的重要性; 2. 了解专题策划概念及意义、视觉策划包含的要素; 3. 熟悉报刊策划的基本流程,掌握报刊设计思想; 4. 掌握报刊栏目策划和专题策划的策略与重点
实训步骤			第一步:以小组为单位,进行资料收集,整理专业介绍的资料信息; 第二步:按照栏目设置的要求进行报刊的栏目设计,并按栏目要求收集相关内容; 第三步:确定班级报刊的本期栏目主打专题,进行专题策划; 第四步:对班级报刊封面和班级报刊内容页分别进行视觉策划; 第五步:各小组完成本组的班级报刊制作; 第六步:制作出班级报刊营销宣传策划书; 第七步:由学生互评和教师讲评,在班级中评出最佳报刊
实训成果			1. 班级报刊栏目设计书; 2. 班级报刊专题策划书; 3. 班级报刊营销宣传策划书; 4. 班级报刊成品; 5. 个人实训小结
要求与考核			1. 教室负责指导和答疑,学生相互间可以进行讨论,但所有素材不得共享,否则均记 0 分; 2. 指导教师根据学生的课堂表现和所交的作品进行打分,按 100 分评定成绩; 3. 及时交作品,若有特殊情况必须说明

项目八

图书策划

学习目标

知识目标

1. 识记图书选题策划的概念；

2. 了解选题策划的作用；

3. 了解选题策划的基本程序；

4. 掌握图书选题策划的常用方法；

5. 理解和掌握图书营销策划的常用方法。

能力目标

1. 能按照图书选题策划的基本程序和常用方法进行图书选题策划；

2. 能分析图书营销的要素，能运用图书营销策划的方法进行图书宣传营销。

任务一　图书选题策划

【任务描述】

出版产业是内容产业,出版社的"内容"能否在图书市场上称"王",很大程度上取决于选题策划的质量。因此,作为出版业最具知识经济特征的智力活动,选题策划应作为出版企业可持续发展的一种重要战略资源和核心竞争力加以重点开发与管理,必须从调研市场、定位市场、物色作者、编辑加工和设计制作以及确定价格等方面精心策划,才有可能做好图书选题策划,进而在激烈的市场竞争中占有一席之地,使图书既做出特色,又做成品牌。

【案例导入】

《半小时漫画中国史》系列图书为什么会畅销?[1][2]

2017年,《半小时漫画中国史》横空出世,短短一年内就火到"90后""00后"几乎人手一册,在全国掀起"漫画读史"风潮。2019年5月,新书《半小时漫画唐诗》上市,又将"漫画科普"风潮刮到诗词界,成为中小学生唐诗入门的必读书。这位"80后"作家还以1 200万元的版税登上了2019年作家富豪榜。那么,畅销书《半小时漫画中国史》系列为什么会对读者有那么大的吸引力呢?

该书的畅销起源于公众号积聚的广泛人气。作者陈磊(笔名:二混子),漫画式科普的开创者,创立了拥有全网700万粉丝的知识类公众号"混子曰""混子谈钱""着迷小课"及"混子谈命",以讲解历史、汽车、科技为主,文章图文并茂,在成人和青少年中赢得了广泛追捧,总阅读量超过2.5亿人次,在"混子曰"公众号大获成功的基础上,作者和编辑将内容进一步策划编辑,连续推出了《半小时漫画中国史》《半小时漫画中国史2》《半小时漫画世界史》《半小时漫画唐诗》等系列畅销书。

这套由新媒体公众号延伸开发的图书选题,给我们提供了图书选题策划的一种新思路。一是作者陈磊擅长用漫画解说历史,严肃的历史在他笔下变成了逗趣的小品。他在文中灵活地加入打油诗、网络流行语、漫画、笑话、比喻等,着眼于"原来课本上没讲明白的是这么回事",符合目标读者的胃口。二是"又贱又蠢萌"的画风,一反循规蹈矩的传统插图风格,抓住了读图时代人们好奇的心态,赢得了大量粉丝。三是此书定位是"浅层次科普",用娱乐化的姿态讲解历史,将教科书语焉不详的主题变得耳目一新,为严肃的历史注入了新鲜感,不

① 宋华丽.历史如何讲述——从出版角度看青少年历史读物[J].出版参考,2019(5):76-78.
② 赵晓林.陈磊:有趣桥段不是凭空冒出来的[N].济南日报,2019-09-07(A07).

求深入,但求有趣,让人愉悦地走进历史的大门。

为了让该套图书走近读者,编辑组织作者进行了一系列线上线下的宣传营销活动。线下既有"唐朝迷宫""唐诗签"现场互动,还有"混子曰"团队现场作画与读者互动的"你画我猜";线上也举办了"抖音方言唐诗大赛""摇一摇抢 Q 版头像"等有趣的游戏活动,这些宣传活动让系列图书越来越畅销。

当然,过度娱乐化也带来一些不足,需要不断解决。如《半小时漫画中国史》的内容源自网络,初版时出现了一些不文明、不规范用语,带来了不良影响。好在编辑在修订版下大力气改掉了不规范用语,添加了相应历史时段的"大事记整理",提高了学习辅助功能,让畅销图书能够持续热销。

【课程内容】

8.1.1　选题策划概述

1)选题策划的概念

(1)狭义的选题策划

狭义的选题策划,是指对具体选题的策划,即对将要出书的题目及其基本要素的构思、设计。选题的基本要素有 10 个:书名、出版宗旨(目的、意义)、内容简介(章节提纲)、读者对象、主要特点(与同类书比较)、体裁、体例、篇幅、作者、效益预测。狭义的选题策划就是对以上 10 个基本要素进行策划。

(2)广义的选题策划

广义的选题策划,是指对选题、选题计划、选题战略的策划。

它有 3 个层次:一是对选题的策划,即上文所说的策划选题,这是微观层次,一般由普通编辑人员来做;二是对选题计划的策划,这是一家出版社在未来一定时期(一般为一年)内出书的整体规划,属于中观层次,由社长或总编辑主持策划;三是对选题战略的策划,即对未来相当长时期(如五年、十年甚至更长)内某社或某省市(区)等在选题工作方面的总体构想,属于宏观层次,一般由出版社、出版集团、出版局的主管领导负责。

8.1.2　图书选题策划的基本程序

从出版社的角度来探讨,选题策划有以下 7 个步骤:确定选题目标→采集与加工选题信息→产生选题创意,策划初拟选题→选题论证(室内论证、社内论证、集团论证)→选题决策,形成选题计划→上报审批选题→实施选题。

1)确定选题目标

确定选题目标是整个选题策划过程的起点。选题策划的目标大约有 4 个层次:创造利润、传播文化、积累文化、打造品牌;策划的对象也有 4 个层次:畅销书、常销书、精品书、品牌书。选题策划对象是选题策划目标的具体体现,因此,可以把策划畅销书、常销书、精品书与品牌书视为选题策划的具体目标。

2）采集与加工选题信息

选题信息是选题策划的基础，也有人说是编辑工作的起点，是选题策划的重要依据。"不是缺少美，而是缺少发现"，选题信息无处不在，无时不有，关键就看选题策划人能否注意到，能否捕捉到，能否提炼出来，能否加以利用。

[案例]

《每日一膳》图书自2017年8月出版后，多次重印，全套总印数达15万多册。2018年6月入选了"BIBF遇见的50本好书"。该图书的前身是广东省中医院微信公众号和"南方+"App客户端每日推送的一款药膳栏目"每日一膳"。[①]

编辑跟踪该栏目多年，发现原来每篇几百次的阅读转发量增加到了1万多次，粉丝量持续增加。另外，通过开卷监测数据还发现中医食疗类图书的同比增长率在10%以上，远高于整体市场水平。鉴于作者的知名度、栏目的粉丝基础、大众对中医食疗知识的迫切需求，具备了优质选题的潜质。同时，编辑还利用广东省中医院微信公众号和App客户端组织了用户调研。对"每日一膳"栏目的粉丝做了有关年龄结构、性别、职业、学历、图书喜好、需求等详细调研。根据读者定位，借鉴同类畅销书，结合"每日一膳"栏目内容特点，明确了选题方向，拟订了落地方案：从"每日一膳"栏目两年发布过的近800种粥、饭、酒、茶、汤、菜、甜品等药膳中，精心挑选根据24节气分类的365种药膳，分为春、夏、秋、冬4本，对每一款药膳的内容重新设置框架结构，使之更适合纸质图书这个载体，最终成功地策划了该选题。

3）选题设计

在提炼选题信息的基础上，编辑人员产生选题创意，然后对构成选题的10个基本要素进行构思，最后草拟出选题策划方案。要指出的是，从选题创意到选题策划方案的形成，是进一步调查的过程，也是进一步思考的过程。

[案例]

著名编辑出版家赵家璧编辑《中国新文学大系》的最初念头是汇集"五四以来文学名著百种"。但当他对这一选题创意作深入调查和冷静思索时，发现一百种名著的版权问题很难解决，于是转而想到以单篇文章结集为主的"大系"。

4）选题论证

选题论证是对图书出版过程的可行性论证。选题论证要素大致分为4种类型，分别为品牌类要素、编辑类要素、营销类要素和生产印制类要素。品牌类要素论证是从战略角度对

---

① 曾永琳.大众健康图书营销探索——《每日一膳》营销实践[J].出版发行研究,2018(8):51-53.

选题进行论证,适用于本社具有品牌效益的重点选题论证,重点论证是否符合本社中长期发展规划。编辑类要素论证是指对图书品牌、同类书比较、内容、外观、读者、作者等方面进行论证。营销类要素论证是对如何在市场上实现产品价值进行论证,特别是对图书初版印数和有无重印价值进行论证。图书营销集中表现在"为读者找书,为书找读者":出版者"为读者找书",是要为自己的特定读者群主动提供产品,为市场需求"量身打造"产品,发掘市场潜在需求;营销还要"为书找读者",将自己的产品推销出去,包括推广诱导市场需求的创新产品。生产印制类要素论证是对如何保证生产印制的周期、印制质量和如何控制印制成本等进行论证。

5)选题决策

选题决策与选题论证有联系,更有区别。所谓选题决策,就是出版社的社长或总编辑在选题论证的基础上对选题进行把关、定夺和进一步优化。可以说,选题决策是一种宏观上、全局上的行为,而选题论证基本上是一种微观上、局部上的行为,可看作选题决策之前的一道必经程序。

选题决策的直接目的是制订科学的选题计划。在我国出版行业,"选题计划"已成为具有特定含义的习惯用语,是指经过论证、决策及审批后可以付诸实施的各种选题的集合,是出版社在一定时期里(一般为一年)图书出版的总体规划。

一般经过出版社选题论证会议之后形成的全社选题计划初稿,由社长或总编辑主持召开选题决策会议进一步讨论,最后由社长或总编辑作出最后决定,形成全社选题计划定稿。

6)上报选题

全社的选题计划定稿必须上报上级行政主管机关(如省、区、市的宣传部新闻出版局及国家广播电视总局),待其审批通过之后,才能成为出版社正式的选题计划,才能付诸实施。某些"重大选题",不但要上报上级主管部门或所在地党委宣传部门审核,还要报国家广播电视总局备案。

7)实施选题

出版社上报的选题计划和重大选题审批通过之后,就可以正式付诸实施了。

当然,在实施选题策划方案和选题计划的时候,可以根据具体情况的变化,适当地作出调整与修订。选题的调整与修订有3种情况:一是撤销计划中原有的选题;二是增补新的选题计划;三是修改计划中原有的选题,如修改内容、推迟出版时间。对选题计划的调整,出版社大多一个季度进行一次。

8.1.3 图书选题策划方法

图书选题的类型是一个综合概念,选题的分类可以依照不同的标准进行,按照社会效益和经济效益的不同,可以分为畅销书、常销书、精品书和品牌书。按照策划的内容标准和读者定位不同,可以分为大众出版、专业出版与教育出版。这几个分类之间既有区别又有联系。本书以畅销书的选题策划为例来分析图书选题策划的方法。

1)畅销书的概念

畅销书(Bestseller),《不列颠百科全书》的解释是:在销售上暂时领先于其他同类的书,可表明公众的文学趣味和评价。"畅销书"一词最初起源于美国。1895年,美国《读书人》登载了19个城市书店中最畅销的6本书的书名,这被认为是历史上第一张畅销书单。1897年,这家杂志社又发表了全美"最好销的书"的书单。自1903年开始,《读书人》月刊每期公布本月内最好销的6本书,称为"畅销书六册"。可以说,"畅销书"一词在这时才首次正式出现。

2)畅销书选题策划方法

对读者、出版社和经销商来说,一本图书一旦成为畅销书,就意味着巨大的经济效益,也可能形成巨大的影响,从而为作者、出版社创下极高的知名度和美誉度。在现代经济制度和市场条件下,畅销书既是出版产业化的产物,反过来又是推动出版业进行规模经营、做大做强的动力。

畅销书的选题策划是一项极其复杂的工作。一般来说,市场调研、作者的物色和培养、图书内容的定位以及编辑的慧眼识珠,是畅销书选题运作的四大关键要素[①],但实际上,畅销书的选题策划还要包括编辑加工、制作和定价,故也有人说选题策划要延伸到营销宣传策划。在如今媒介融合时代,图书策划编辑还必须拥有全媒体视角,进行全媒体选题策划,需要通过一系列创新思维模式对选题进行深度的策划,力争做出立体化、多元化的选题,不断增加图书的附加值,让图书内容得到有效的外延,使图书的产品形态更加丰富,以便取得更好的市场反响,获得更高的社会价值和经济价值。[②]在进行选题策划时应该充分考虑各种媒介的特点,将选题内容进行适当的全媒体整合,在多种载体上进行发布。编辑还应该考虑图书选题内容是否具有多媒体衍生开发的特点,是否可以改编成电影、电视、游戏、App软件脚本等。由于本项目另有篇幅专门谈到图书营销策划,因此本部分不包括此内容。

(1)畅销书策划要细致地调研市场

成功的选题运作必须洞悉图书市场与读者需求走向,这就要进行市场调研,以获取与选题运作有关的信息。新媒体时代,将"互联网+"技术融入当下的图书选题信息采集上,更有助于提升传统信息采集质量。

[案例]

《淘气包马小跳》系列的责任编辑余人认为,编辑看好的书,读者未必叫好;特别是少儿读物,编辑是成年人,他们的眼光不能替代孩子的眼光。在"马小跳"系列出版前,余人在南宁和北京共找了几十个小学三—六年级的男女学生做了一个调查。他把"马小跳"的书稿给

① 伍旭升.30年中国畅销书史[M].北京:中国对外翻译出版公司,江西教育出版社,2009:26-28.
② 刘凯元."互联网+"背景下传统图书出版选题策划及营销思路探析[J].科技风,2019(8):214.

这些孩子阅读,绝大多数孩子是一口气读完的。在孩子们阅读的同时,余人也在仔细观察他们的神态,比如有的孩子看到有趣的情节会忍不住哈哈大笑,有的孩子则会提出这样那样的问题和想法。在观察以及与这些孩子的交谈过程中,余人作出初步的判断:孩子们喜欢"马小跳",因为书里那些故事和他们的生活息息相关;书里的幻想成分也符合孩子们想象力的发挥。事实证明,"马小跳"不但有感染力,也有市场潜力。

与选题运作有关的信息包括政治政策信息、作者信息、出版竞争信息、国内外畅销书出版信息、读者需求信息等,其中需要重点搜集和研究的是读者需求信息。畅销书的真正创造者是读者,读者对图书的需求量越大,图书的市场占有率就越高,图书就越畅销。所以畅销书选题运作应以读者需求为中心。读者需求信息可以通过多种途径获得,可以是直接的读者问卷调查,也可以是对社会现象或社会热点的分析和研究。一般而言,畅销书的目标读者具有广泛性,这是其不同于其他图书之处。春风文艺出版社《幻城》一书的畅销,在很大程度上是因为该社在策划阶段做了充分的市场调查,准确确定了目标读者,找准了目标市场。

[案例]

亚马逊的图书购买网页与 App 是相同的,其中都含有"热卖商品""猜你喜欢"等板块,这就是基于之前用户浏览记录及购买历史记录所给出的人性化提示,为互联网用户节省了时间,同时也为出版社的图书选题信息采集提供了客观的资料。这是一种对目标消费群体个性化数据的集聚,具有信息采集的参考性。

(2)畅销书要物色合适的作者

作者是决定图书畅销的关键因素之一。根据有关资料介绍,国外的出版业在预测一部作品的销售情况时,将读者对作家作品的认知程度作为很重要的参考资料,其中作品内容占12%,作家知名度占36%,作品形式占10%。显然,选择畅销书作者应当考虑其知名度。畅销书的作者主要有两类:一类是凭借自己作品较高的艺术价值取向、较深的文化艺术底蕴及独特的艺术风格特征为广大读者所认同的名作家;另一类是在其社会生活领域如政治、经济及其他文化艺术领域中卓有建树的社会名人。对于广大读者而言,名作家的作品在一定程度上意味着质量和经典,而有关名人的传记或随笔等则可以在很大程度上满足读者对名人的好奇心理和崇拜心理。

[案例]

《时间简史》的作者霍金诞生于 1942 年 1 月 8 日,2018 年 3 月 14 日去世。他是继牛顿和爱因斯坦之后最杰出的物理学家之一,被世人誉为"宇宙之王"。在引力物理领域中,他被广泛尊崇为爱因斯坦之后的最大权威。虽然霍金本人因患卢伽雷氏症被困在轮椅上 40 多年,但生性乐观的他每到一处都告诫听众:科学研究对经济发展有好处,同时勉励身体有残疾的人不要气馁,只要活着,就有希望。作为一个残疾科学家和作家,霍金把黑洞物理和宇宙学的精义以及他几十年的研究生涯浓缩在《时间简史》一书中。该书出版后,立即风靡整个世界,并持续畅销多年,这与作者的世界影响力是分不开的。

为了保证畅销书运作的可持续性,出版社除了根据具体选题物色作者外,还应注重畅销书作者的培养,建立畅销书作者培养机制,解决畅销书稿源问题,同时避免争夺畅销书作者的恶性竞争。

[案例]

杨红樱是 2018 年少儿类图书销量最高的作家,她也是我国少儿类原创畅销书作家的杰出代表,其多部作品进入少儿畅销书榜单。杨红樱 19 岁开始发表儿童文学作品,现已出版童话、儿童小说和散文 80 余种,其"杨红樱童话"系列、"杨红樱成长小说"系列、"淘气包马小跳"系列、"笑猫日记"系列早已成为家喻户晓的畅销品牌图书,其作品总销量超过 1 亿册,作品被译成英、法、德、韩、泰、越等多种语言在全球出版发行。"淘气包马小跳"系列,是杨红樱以先进的儿童观看待儿童,把儿童看成和成人一样的、独立的生命个体,蹲下来和孩子交流,为孩子提供快乐,以诙谐幽默的风格创造出来的,提倡张扬儿童的天性,提倡两代人心灵的沟通。接力出版社经过几年的时间,把这套书发行了 1 000 多万册。这套书还多次获奖,不但被菲利浦比基耶出版社购买了法文版权,还被中国电影集团公司(以下简称"中影集团")购买了影视改编权,被改编成动画片、电影、电视剧。

(3)畅销书的内容定位要准确

"内容为王"说明了图书内容定位的重要性。图书内容是决定图书能否畅销的内在性决定因素。图书内容能够满足读者的新需求,图书就具备了畅销的潜质。儿童文学作家曹文轩的《草房子》面世已有 20 余年,发行量逾百万册,在如今 VR/AR 等新技术、新手段广泛运用于童书的当下,其魅力仍未减弱。可见,"内容为王"依然是畅销书产业的不二法宝。

[案例]

"三体"系列图书以独特的内容品质登上畅销排行榜,成为多年来我国图书市场的常销书和经典作品。《三体》于 2006 年 5 月开始在《科幻世界》上连载,当即就引发了读者的狂热追捧,2008 年由重庆出版社首次出版。2010 年,刘慈欣推出《三体》三部曲的最后一部《三体 3:死神永生》,该书在极短的时间内就售出 10 万册。2015 年 8 月,刘慈欣因获得第 73 届"雨果奖"而受到读者的广泛关注,使科幻小说在中国图书市场中的地位又上升了一个台阶。2019 年,《三体》三部曲已出版 10 年,累计登上月度榜单次数超过 40 次,销量超过 700 万册,成为畅销书中的"明星"。

(4)畅销书编辑要有敏感性

编辑的慧眼,是具有畅销潜质的图书能够被及时发现和出版的保证。曾被其他出版社退稿的《文化苦旅》,能够及时出版并轰动一时,得益于该书编辑王国伟慧眼识珠。编辑要练就慧眼,就必须提高自身的业务素质和文化素养,培养自己对信息的敏感性,能够根据时代特点,强化、培养自己对社会热点的追踪、观察和预测能力。

（5）畅销书的编辑加工和设计制作要精细

作者创作完成的畅销书稿，需要编辑进行加工处理，以进一步提升书稿的内容质量，突出其亮点。编辑的加工处理侧重于3个方面，一是对书稿内容进行润色、修改，消除知识性、政治性错误；二是对书稿中或幽默、或精彩、或煽情、或特立独行的语言加以提炼，对艰涩平淡的部分加以修改或删除，以增加可读性，突出消遣性和大众性；三是善于将畅销书中适合市场营销的元素提取出来，根据市场需求和读者特点，突出或加入确保畅销的内容与形式，并将这些元素转化为市场营销的宣传要点。

从约稿到编辑加工是畅销书内容的生产，从编辑完成加工到印制则是畅销书内容载体的生产。内容载体的生产包括装帧设计、价格核定、印数确定以及与畅销书相关的产品的生产等。

装帧设计是指畅销书的整体设计，它包括的内容很多，如开本、版式、封面、扉页、插图、内容简介等。上乘的装帧设计能够抓住读者的注意力，有效地激发读者的购买欲望；能够提升畅销书的品质，增加畅销书的价值，并使阅读的过程变得更加愉悦；同时还能最大限度地防盗版。上乘的装帧设计是畅销书在市场上得到众多读者青睐的重要原因之一。

封面、扉页和插图设计是装帧设计的三大主体要素。畅销书的封面在设计时应注意3点，一是封面设计应当体现图书的内容特色和主题，保证形式与内容的和谐统一；二是封面设计应当考虑目标读者群的特点和偏好。如《蛋白质女孩》的目标读者群是青少年，该书的封面选择当时流行的橘红色和银光油墨，十分耀眼，迎合了青少年比较喜欢艳丽、奔放色彩的心理；三是封面设计应新颖夺目，具有时尚感，体现时代特征。

书名是畅销书封面的主要构成要素之一。畅销书的书名应有吸引眼球的作用，能令人耳目一新，让人过目难忘。如《草样年华2：后大学时代》的书名就具有较强的视觉冲击力。《梦里花落知多少》的书名来自我国的古诗《春晓》，新颖别致。《水煮三国》《细节决定成败》《左手倒影 右手年华》等畅销书的书名也很有特色。

[案例]

英国著名作家肯·福莱特的《针眼》（*Eye of the Needle*）是以第二次世界大战为背景的小说，被认为是一部"最好的写'二战'的间谍故事"的书。该书塑造了一个出色的间谍形象法伯，代号为"针眼"，从此"针眼"几乎成了超级间谍的代名词。《针眼》受到《时代周刊》《纽约时报书评周刊》等杂志的一再褒扬，畅销全世界，被译成30多种文字，销售量达千万册。这本书的原名叫《暴风岛》（*Storm Island*），图书编辑尼尔·奈伦看到这本书的时候，就被书的内容所吸引，认为这本书很好，但需要更特殊的书名烘托，所以改名为《针眼》，赋予这本小说悬疑感，该书一经出版就进入畅销书排行榜并一路领先，书名的作用功不可没。

（6）畅销书价格定位要适中

畅销书的价格，也是选题策划的题中之义。从核定价格的时间上看，核定价格发生于生产运作环节；从定价的功能上看，价格是市场营销的四大构成要素之一。畅销书的定价高低，与其销量和赢利水平密切相关。定价太高，就会减少销量，但单本书的利润会相对较高；定价太低，其销量可能上升，但又降低了单本书的利润。所以确定畅销书价格，一要考虑目

标读者的购买力,二要综合考虑成本、销量和目标利润三者之间的关系,三要考虑销售目标
定价策略。

【实战案例】

"米小圈上学记"系列选题策划的成功之处①②

多年来,少数儿童文学畅销作家的作品占据少儿畅销书榜,新作者难以挤入榜单。在这样的背景下,北猫的"米小圈上学记"系列图书却创造了码洋破亿的神话,从2012年《米小圈上学记(一年级)》出版开始,到2019年4月,"米小圈上学记"系列读物累积销量超过6000万册。自2017年到2019年5月,"米小圈上学记"系列累积近百次登上开卷少儿图书畅销周榜,每次均占据榜单多个席位,成为名副其实的超级畅销书,同时还获得了"中华优秀出版物奖",是一套"双效"突出的好书。

"米小圈上学记"系列读物出版之初并无名家光环加持,凭内容实力经历了从默默无闻到超级畅销的过程,这个过程就是出版团队在清晰的策划思路指引下,默契配合、踏实耕耘的过程。

【案例分析】

畅销书选题策划包括选题调研、作者策划、内容策划、形式策划、营销策划、品牌策划等内容,"米小圈上学记"系列的畅销也是以下几个主要方面共同作用的结果。

1."米小圈上学记"系列的内容策划——给小读者非常强的代入感

"米小圈上学记"系列的热销,首先缘于文本的内容。该套书以幽默风趣的写作手法,贴近小学生的校园生活,给小读者的代入感非常强;米小圈有个性、有特点,不仅形象非常具有识别性、符号化,也有很多接地气、与小学生息息相关的元素,让每一个孩子几乎都能从中找到自己或同学的影子。作品改编的同名广播剧在互联网平台的点击收听量超过30亿次,在全国小读者中产生了广泛的影响力。

全书以小学生的口吻讲述故事,文字充满童趣,贴近孩子的真实生活和真实心理。故事以短日记形式呈现,记录了米小圈上小学后经历的事情。这是一个孩子在学校成长的点滴经历,同时也是一个孩子的心理成长过程,还有小圈爸、小圈妈的批注点评,一般家庭教育中的常见问题和矛盾也通过这些趣味点评得以巧妙化解。读者能够在其中找到乐观的因子,忘掉烦恼,留取快乐。

2."米小圈上学记"系列的作者策划——策划作家成"偶像明星"

出版社对青睐的作者,要根据其作品找准定位,帮助其打造个人品牌,形成明星效应。该书编辑明琴就是在其他出版社的出版物里发现了北猫的"米小圈上学记"系列。明琴认为:"优秀的儿童文学应该是有个性、有特点、有符号识别性的。"编辑在发现北猫后,对他本人的符号定义为幽默,产品线集中于"趣读""趣学""趣想"等主题。出版社的重新包装不仅

---

① 常青."米小圈"和川少的故事[N].中华读书报,2019-05-08(18).
② 霍聘.少儿畅销书的选题策划研究[J].出版与印刷,2017(1):41-46.

打响了"米小圈"的品牌,更使北猫成为该社的主力作者和畅销书作者。

3."米小圈上学记"系列的形式策划——契合读者的审美趣味和阅读需求

在设计出版形式时,编辑充分考虑小学低年级的审美趣味和阅读需求。比如一、二年级版设计为适合小学低年级孩子的 24 开的大字开本,内文加注拼音;减少每本的总文字量,让小朋友更能产生读完一本书的成就感;内文版式采用彩色阶梯状边缘设计,打造成"日记本"的模样;将封面设计为小学生识字格背景,以切合"上学"的主题。封面醒目活泼的颜色及具有识别性的"米小圈上学记"几个字也与"米小圈"的形象——圆圆的脸、胖胖的身形相得益彰。插画的情节设计也童趣盎然,给读者丰富、立体的阅读体验。

编辑在图书最后还设计了一章"北猫哥哥的日记魔法",针对小朋友写日记的难题,讲解方法,获得了小读者和家长的好评。这类实用性内容的插入,增强了读者的购买热情。

4."米小圈上学记"系列的营销策划——网络先行突破,线上带动线下共同发展

该系列图书从 2012 年到 2017 年登上畅销榜单,再到 2018 年稳坐畅销榜单、成为名副其实的超级畅销书,历时六年。与一些用高额营销费用在短时间内砸出知名度的畅销书不同,"米小圈上学记"系列的畅销更多依靠步步为营的"慢"营销,依靠一点一滴的读者口碑积累。

针对消费者购买习惯的变化,四川少年儿童出版社为"米小圈上学记"系列图书制定了"网络先行,以线上带动线下"的推广策略,先后策划了"米小圈汉语拼音挑战赛"手机小游戏,将《米小圈上学记》改编录制为同名广播剧等项目,还定制了数十万个精美的"米小圈"形象徽章、漫画卡片、书包和文具盒,随订购图书免费赠送,强化"米小圈"形象辨识度和小读者对"米小圈"的认知度。CCTV-1《第一动画乐园》特别推出《米小圈系列儿童栏目剧》,米小圈被搬上电视屏幕和全国的小观众见面。

针对地面渠道特点,四川少年儿童出版社以校园为推广基地,通过媒体宣传和地面活动,拉动地面销售。四川少年儿童出版社通过在《红领巾》等小学生媒体刊登《米小圈上学记》的内文连载、随刊免费派发"米小圈"徽章、开展"北猫哥哥的作文魔法校园公益讲座",邀请作者走到数十万孩子们中间。通过组织"米小圈图书创意陈列活动""米小圈场景体验活动"等各类主题营销活动,保持各类媒体的高频次曝光,形成口碑传播,并促成了米小圈品牌的崛起。

5."米小圈上学记"系列的品牌策划——将"有趣"融入,打造产品线

"米小圈上学记"系列故事书热销后,四川少年儿童出版社对该品牌进行了重新定位,将其开发为一个大型的 IP,又延伸了产品线,开发了"米小圈智力大闯关""米小圈漫画成语"等系列,丰富了 IP 的形象,提高了市场占有率。

四川少年儿童出版社本着"量体裁衣"的原则,对作者的打造从"幽默"出发,围绕"趣读""趣学""趣想""趣写"等主题规划数条产品线,打造书刊互动的产品线集群。"趣读"主题下的《米小圈上学记》和兄弟篇《姜小牙上学记》讲述幽默的成长故事。"趣学"主题下的《米小圈漫画成语》延续了"米小圈"的幽默特色,把成语学习变得有趣。"趣想"主题下的《米小圈脑筋急转弯》鼓励小读者在阅读故事的同时,开动脑筋,拓展思维。"趣写"主题下的《米小圈日记本》《米小圈图画本》,延续"米小圈"系列人物设定创作日记本插画或图画本的学习素材,鼓励小读者用日记和图画的形式记录自己的童年故事,爱上写作,爱上绘画。

"书刊互动"的《米小圈》杂志延续"米小圈"幽默有趣的风格,为读者提供故事和知识,让读者在趣味中成长。

【课后思考】

    1.为什么说选题策划最能体现编辑的创意?

    2.如何运行选题策划的程序?

    3.畅销书的选题策划有何特点?

    4.在融媒体时代,畅销书的选题策划有什么新变化?

【拓展训练】

    联系上述知识并查找资料,以"哈利·波特"系列和《米小圈上学记》为例,对畅销书和精品书的选题策划特点进行比较分析,并就如何围绕图书选题进行产品线策划谈谈你的看法。

任务二　图书营销策划

【任务描述】

创新的营销理念和方式来自创新的营销策划,而分析目标读者及其需求,掌握同类读物的竞争情况,根据目标人群的年龄、社会心理和经济能力确立价格、装帧、销售渠道、铺货方式、宣传营销等都是图书营销策划的题中应有之义。图书营销策划大有学问,只有深入研究选题、研究读者、研究市场,并将它们有机地组合起来,才能在图书市场中出奇制胜。

【案例导入】

《哈利·波特》的魔法营销

排名全球畅销书排行榜前十名的 J. K. 罗琳的《哈利·波特》在英国出过 3 本,基本上无声无息。美国学者出版公司(Scholastic)拿到《哈利·波特》的美国版权后,将其带入美国出版社的包装与营销体制,进行商业化运作,很快《哈利·波特》就变成了誉满全球的香饽饽。从无声无息到誉满全球,到最后成为一个产业,中间只有一个变数,那就是营销。

你见过这样的情景吗?深夜 12 点,在全国的各家书店点着蜡烛,穿着黑斗篷,戴着小眼镜同时销售《哈利·波特》第四册,可以想见,这样的新闻事件又引起了全美媒体的爆炒浪潮。而这种宛如魔法事件般的新书营销不断出现在"哈利·波特"系列小说的营销过程中。由于美国只有两家大型图书连锁店,这给图书宣传策划大型商业活动提供了渠道上的便利;加之美国传媒竞争激烈,这种大型的行为艺术没有哪家媒体会忽略。所以,《哈利·波特》每一次具有创意的营销策划都受到了极大的关注和响应。经过一系列精密的包装、策划、宣传、营销,《哈利·波特与魔法石》很快登上畅销书榜。"哈利·波特"系列第七部(终结版)英文版 2007 年 7 月 21 日首发时,该书在全世界范围内共售出逾 1 500 万册,相当于每秒就售出 800 多册——刷新了世界图书首发日的销量纪录。在随后的十多年间一直占据畅销书榜。到 2019 年为止,"哈利·波特"系列图书已经被翻译成 70 多种文字,销往 200 多个国家与地区,图书的全球累计销售量已经超过 4.5 亿册,市场价值将近 60 亿美元。

【课程内容】

8.2.1　图书营销策划概述

图书营销策划是指出版单位为了扩大图书发行量,通过一系列推介、宣传和造势活动而

有计划、有步骤地实施可以巧妙引导读者购买(订阅)出版物的谋划行为。它具有以下特点:

1)图书营销是一个系统工程

图书营销是伴随选题、编辑、出版、发行、销售进行的,任何割裂开来进行的营销行为都不能达到满意的效果,甚至"适得其反"。生产者的全部活动要以市场需求为出发点,在满足消费者需求中实现自己的目标。在具体运作上,营销绝不等同于那种仅在流通阶段才发挥作用的推销,它要求从产品的设计、开发,到产品的加工制作,直至产品进入流通领域,都应有从消费者需要出发的明确的一以贯之的市场"卖点"。

2)图书营销策划应贯穿图书出版始终

图书营销策划不但应有清晰的目标读者,而且所有环节都应围绕着目标读者的需求展开,要以目标读者需求的满足为选题的源点,并围绕选题开展发行、定价、推广等其他工作,这样才能使出版物营销做到有的放矢。

3)图书营销策划应整合所有资源优势

图书营销强调以"同一种声音"传播。资源优势分散,势必会降低营销效果,如果再以不同宣传主张、不同利益点进行分散推广,就会使营销效果"雪上加霜"。

4)图书营销策划要注意实现综合效益

每一种出版物都有其存在的社会价值和经济价值,在社会价值得到满足之后,最大化实现经济价值是图书营销策划的关键;而对每一个出版单位来讲,不仅要考虑其产品价值,更要考虑整体的品牌价值实现。因此,图书营销策划要力争实现其经济价值和社会价值、产品价值与品牌价值的共赢。

5)图书营销策划应整合运用网络营销手段

随着互联网应用的深入,网络营销已经成为出版企业整体营销战略的重要组成部分,也已经成为其参与市场竞争的重要手段。网络营销不仅可以直接带来图书销售量,而且在提高出版企业品牌知名度、树立品牌形象、拉近读者与作者的距离、提高客户忠诚度等方面也有重要作用。如出版单位联合作者在网上做各种宣传活动,利用网络直播、社交平台进行推广,都是互联网时代的常规方式。

8.2.2　营销策划的市场细分

图书营销策划特别要注意读者市场的细分。出版企业通过市场细分,能够确定自己所要满足的目标读者市场,找到自己的资源条件和客观需求的最佳结合点,这样既有利于出版企业集中人力、物力、财力,有针对性地采取营销策略,也有利于研究潜在读者需要,开发新的选题,取得投入少、产出大的良好经济效益。

图书市场的细分标准,因图书类型不同而各具特色,但是有一些标准是共同的,即地理环境、人口状态、消费心理及行为因素等 4 个方面,各个方面又包括一系列的细分因素(详见本书项目五的相关内容)。

[案例]

中餐美食菜谱的出版在大众生活类图书市场中一直占有很大份额。中国纺织出版社出版的《文怡"心"厨房》系列图书细分市场策划选题,打造了一系列畅销书。

策划编辑在综合分析了作者资源、图书市场等方面后,决定在文怡提供的 100 多道菜谱中选其精华,以"文怡""拿手""家常菜"为切入点,策划出一本每道菜品皆十分家常,皆能按照图文做出成品的家常菜菜谱,并设计了系列名称"文怡'心'厨房",同时,将其新浪博客的名字同步成"文怡'心'厨房",该系列的第一本图书《文怡拿手家常菜》顺利出版,至今单册销量均超 10 万册。

在《文怡拿手家常菜》获得不错的销量后,又推出了《从零开始学下厨》《文怡精选家常菜》等家常菜系列。2012 年,在烘焙渐入中国市场以来,适时推出了《从零开始学烘焙》,成为国内市场烘焙类图书自主原创的先锋。随后又推出了《从零开始用烤箱》,均获得不俗销量。2018 年又推出《文怡心厨房:从零开始学煲汤 2》等图书,几年来系列图书累计销量超 150 万册。

综合分析不难发现,"文怡'心'厨房"主要包括以下几个细分门类:以家常菜为主的《文怡家的私房菜》《文怡精选家常菜》等;从零开始学系列的《从零开始学下厨》《从零开始学煲汤》等;异国料理系列《从零开始学西餐》《从零开始学韩餐》等;情怀系列《伴随一生的家常菜》《妈妈的味道》等;健康系列《悦吃悦瘦》《茶饮好好喝》等,亲子系列的《妈妈宝宝做美食》等,以一个丛书名串起来,系列书种类丰富,本本畅销,在美食类图书中算得上是一个成功的案例。

8.2.3　图书营销策划方法举要

1)找准图书宣传点

所谓图书宣传点,往往就是图书的卖点,是图书的内容特点与社会热点、市场需求的结合点。准确提炼图书的畅销元素,将其作为图书的宣传点,是图书营销策划的关键。找准了宣传点,宣传营销就会事半功倍。即使是同一本图书,宣传侧重点不同,效果也会有很大差异。

[案例]

《一光年的距离有多远》一书,策划编辑刚开始是将宣传重点放在"《我为歌狂》《心的二分之一》的作者又出新作"上,销售虽然不错,但远未达到预期目标。经过市场调研,策划编辑发现该书的目标读者是中学生,原来的宣传点模糊不清,目标不明确,真正的宣传点应该是"青春校园小说"。于是他们及时调整宣传重点,在中学生类报刊上多做宣传,并安排作者去中学校园举办讲座。结果销售业绩迅速提升,短短一个月时间便销售了十几万册。

2）准确定位目标读者群

畅销书读者面比较广,但不同类型的畅销书还是有不同的读者群。目标读者群的定位准确,宣传促销就会更有针对性。如《学习的革命》一书的读者对象非常广泛,但科利华公司并没有将所有读者都纳入目标读者群,而是将目标读者群和宣传重心锁定在教育者和孩子身上,并将"帮助我们改变孩子的一生"作为广告词,收到了很好的宣传效果。

由于存在地区差别,更有文化水平、社会地位、经济实力、性别等差别,因此读者的阅读偏好会有差异。如《大明宫词》在江浙地区畅销,在西北地区却不好卖;《王蒙自述:我的人生哲学》有广泛的读者群,但却不为经济实力一般的群体所接受。因此,要对目标读者群进行细分,并开展有针对性的宣传促销,才会收到事半功倍的效果。

3）合理制定营销费用预算

我国图书的宣传促销大多没有专门预算,资金的使用相对比较盲目、粗放。在策划时,要合理制定营销费用支出预算,并考虑支出与收益的关系,力争以最少的支出获得最佳的效果。

图书宣传营销形式多种多样,主要概括为以下几种:

（1）图书广告

广告是一种重要的图书宣传手段。广告有硬广告与软广告之分。硬广告是指在报纸、杂志、电视、广播、网络等媒体有偿登载的广告。畅销书的硬广告,在业内报刊、网络媒体上登载的多,在大众媒体上登载的少,在电视上播放的就更少,主要原因是电视广告费用高。

[案例]

最早在电视上做广告宣传的图书是《学习的革命》。科利华公司邀请著名电视导演谢晋无偿为该书制作了几条不同的电视广告,首开中国图书制作并播放电视广告的先河。广告在中央电视台黄金时段播出后,在社会上引起的反响之快、范围之广,是以往任何出版企业做图书推广都无法想象的。

软广告一般是无偿的,如书评、书摘、专访、连载、公众号软文等。在畅销书宣传促销过程中,书评的作用很重要。它是深入宣传和持续宣传的重要组成部分,好的书评,特别是有公信力的书评,能够引导读者的购买行为。在大众传媒发达的今天,畅销书的评介主要依托的是大众媒体,不仅有报纸的副刊、读书版和文化版,也包括电视广播里的文化专栏节目。如《尘埃落定》出版后,短短两个月的时间里,在全国各大媒体刊发了80余篇各类评论文章,一时间人人谈论《尘埃落定》,销售火爆也就成为必然。

（2）签名售书与巡回演讲

作者在畅销书营销中的作用主要通过两种基本方式实现:一是签名售书,二是巡回演讲。签名售书既能为图书造势,又能提升书店的人气,颇受出版社和经销商的推崇。但其时机的选择应根据具体情况而有所不同。如果图书作者本身是公众人物,那么图书一上市便可在全国巡回签售,借此将图书的"名人效应"发挥出来。反之,则应该在图书已为人们所熟知,作者的宣传达到一定程度后再进行签售。

巡回演讲是畅销书宣传促销的有效手段。作者熟悉图书的内容、特点和写作的背景,其演讲最具权威性,能激发读者的兴趣和购买行为。

（3）座谈会或研讨会

座谈会或研讨会多是出版企业组织的,围绕作者、图书内容等展开的社会性讨论,其目的主要是制造新闻热点。参与座谈或研讨的,多为专家学者或社会知名人士,他们的观点和意见,极易引起媒体的关注,对读者也具有极大的影响力。

[案例]

在宣传白岩松的《痛并快乐着》时,华艺出版社组织了一次有敬一丹、刘恒、崔永元、余华等人参加的座谈会。座谈会上他们发表的意见迅速引起媒体的关注,《北京晚报》还用半个版面摘录了会议的发言。在媒体的宣传下,市场一下就被激活了。

（4）**媒体互动**

畅销书营销宣传要注意与媒体的互动,要善于制造新闻热点,引起媒体关注。在宣传方式上,要综合利用各种媒介进行立体宣传。许多畅销书一经推出,便在网上设立网站,或者建立讨论专区,或者利用微信公众号、微博等为读者提供一个交流的平台,并及时发布各类信息。

[案例]

电影《芳华》自2017年12月15日上映以来,以每天1亿票房的成绩高歌猛进。同名小说《芳华》的销量也迅速上涨,据不完全统计,小说《芳华》已销售80多万册。电影上映前后,人民文学出版社充分利用电影话题,邀请重点媒体对小说作者严歌苓进行专访,在媒体报道上掀起第一轮热潮。在上海书展、南国书香节期间,邀请作者严歌苓参加了多场活动,引起了读者的关注。在上海书展签售期间,邀请著名学者陈思和与严歌苓进行对谈,现场活动的嘉宾发言为日后整理微信文案提供了绝佳的素材。出版社通过参加中央人民广播电台《品味书香》节目,向听众介绍这部小说。在电影点映期间第一时间写作了《电影〈芳华〉与小说的8个不同》等文章,在人民文学出版社官方微信公众号和豆瓣发布后,有数十个微信公众号联系授权转载,共同扩大了影响。

（5）**借势宣传**

借势宣传也可称为事件营销,指借助重大新闻事件、社会活动、历史事件和体育赛事等进行宣传促销。这些事件本身往往就是社会关注的热点,将畅销书与这些社会热点联系起来,通常可以达到较好的宣传效果。

[案例]

中国青年出版社出版的《没有任何借口》在连续登上全国畅销书榜后,却被媒体指为"伪书",业界一片哗然。国家新闻出版署、中宣部出版局、中国出版工作者协会联合召开了

"坚决制止虚假图书,营造诚信出版环境"的座谈会;国家新闻出版署还下发了《关于对含有虚假宣传信息的图书进行专项检查的紧急通知》,坚决打击"伪书"行为;《中国图书商报》《人民日报》《人民网》等均对"伪书"现象进行了专题系列报道。一时间,引发了社会对"伪书"的大批判。中国社会科学出版社马上借助舆论的导向作用,对其2004年出版的《没有任何借口》进行改版,在该书上附上了版权方美国约翰·威利出版公司宣布的一份授权声明,并在书的腰封上刊印"真正国外原著,正版图书"的律师声明,通过媒体发布正版书与"伪书"在内容和作者思想精髓上的差别,让读者认清"伪书",了解正版的思想精华,将伪书逐出市场,使社科版的《没有任何借口》销量节节攀升。

(6)新媒体营销

目前,微信营销、微博营销、社群营销、视频营销等各类基于互联网技术的图书宣传营销模式,已经被各出版单位广泛采用。出版单位依靠自身的行业资源、作者队伍,建立自己的官方微博、微信公众号等,或依靠作者的行业影响力建立个人微博、微信号等,利用网络强大且快速的传播效应,精准定位目标读者进行有力的宣传营销并取得了很好的效果。如读客文化股份有限公司就在这方面做得不错,2019年1月,其微博粉丝数已经突破了33万。

视频营销是非常重要的宣传推广方式之一。视频中各式人物影像、多样化的声音、丰富的色彩等,让视频具有冲击力,让人记忆深刻。所以,越来越多的出版企业选择视频来传递产品信息,用视频营销来宣传自身的图书产品,促进图书销售。

[案例]

读客不断推出符合读者需求和市场需要的微信公众号,收获了广大读者的好评。同时,也让读客被更多的读者所知晓,助推了读客图书的发展。2015年,读客创建了轰动整个出版业的具有开创性的微信公众号——"书单来了",其主旨是为大家推荐真正的优质经典图书,从读者的实际需求出发,推出有价值、有意义的"书单",让人们可以更加快速地找寻到适合自身需求的经典图书,避免了在网上盲目寻找图书而浪费时间。"书单"里面提到的图书,并不只是读客自身推出的图书,还有根据读者的需求选择加入的各个出版社的图书,紧随这份综合各种信息而创建的优质"书单",读客又推出了创新性的微信公众号——"影单来了"。另外,读客还打造了深受人们喜爱的微信公众号——每晚推一本好书的熊猫君等。"书单来了"取得了极大成功,多次登上各种关于新媒体微信公众号方面的排行榜,2017年年底,其粉丝数就突破了500万。

[案例]

《机·智》一书的作者朱铎先、赵敏是我国制造业领域的专家,他们以制造领域相关企业的人群为主要目标成员,打造专业微信社群。[①]在对该社群的维护过程中,作者尤其注重4个方面,做到了成员吸纳有原则、社群运营有规矩、内容提供有价值、成员维系有温度,不仅确

---

① 李玮.从《机·智》一书谈专业图书营销模式之转变[N].新华书目报,2019-02-22(16).

保成员群体与《机·智》一书的受众读者保持高度一致,还不断给成员分享高质量文章、组织有意义的群内活动以及提供可满足成员需求的服务等,让社群成员对社群产生感情。准确的定位和良好的运营,使得《机·智》社群成员不断增多,并始终维持着较高的活跃度,对《机·智》图书的营销起到了很好的促进作用。

(7)其他宣传促销方式

其他宣传促销方式包括读者俱乐部、有奖促销、公益活动等。宣传促销的方式进行组合,便形成了不同的宣传促销方案。宣传促销方案的实施,需要策划编辑与宣传促销人员的密切配合,也需要经销商的协助。

畅销书的销售一般是以全国市场为目标市场,但也可以以区域市场为目标市场。做精做细区域市场至少有两点好处:一是可以降低市场风险,市场范围缩小了,铺货量就减少了,退货率也相应降低了;二是可以避免盗版,出现盗版的原因之一是出版社铺货存在盲区。在一个地区进行精耕细作,既控制了单本书的成本,又让盗版无机可乘。

网络渠道也是畅销书销售的重要渠道。随着网络技术的发展和网民数量的增加,图书在线销售数量日益增加。很多出版社对网络渠道都非常重视,并与大型的网络书店建立了良好的合作关系。网上销售不仅拓宽了分销渠道,其本身也是一种重要的图书宣传方式。

【实战案例】

《藏地密码》的中国杰出营销奖金奖[①]

2008年,一部被称为"关于西藏文化风俗的百科全书式小说"的《藏地密码》横空出世,作者以西藏和藏文化为背景,讲述了一个紧扣人心的探险故事,其中涉及西藏千年秘史及藏传佛教历史遗案。该书出版后不久,便以极快的速度攀上各大书店排行榜,成为年度最火爆的系列畅销小说。从2008年5月正式出版第一部到2011年,"藏地密码"系列小说已出版了10部。至今其全系列的销量已累计1 000多万册。中影集团联合好莱坞著名的电影公司,以超过5亿美元的巨额投资,分四部投拍系列电影《藏地密码》。

该系列丛书英文版权被数十家欧美出版社争夺,其中很多都是大家非常熟悉的全球顶级出版集团。作者何马以440万的版税,一举跻身2008年中国作家富豪榜第八名。凭借先进的营销理念,《藏地密码》营销团队战胜多家知名企业,荣获2009年中国营销界最高奖——中国杰出营销奖金奖。

【案例分析】

"藏地密码"系列图书的策划拉开了图书营销的序幕,开拓了系列图书营销的立体模式,为图书的营销积累了宝贵经验。具体表现在以下几个方面:

1. 营销策划从出书前开始,网络营销显效果

最初出版方对作者的书名不满意,于是他们在书名的策划上也下了功夫,在想出《藏地

---

① 宋雪莲.揭秘《藏地密码》:一本书的营销神话是如何制造的[J].中国经济周刊,2009(26):8-13.

密码》这个新名字后,出版方就利用网络开始大规模造势,在 200 多个论坛上连载《藏地密码》。网络点击率很快超过百万人次,效果立竿见影:有多家出版社留言表示要出版这本书。出版前一周,出版方又在新浪网读书频道推出"一起追寻西藏千年历史:《藏地密码》"专题。编辑有意把这本新书和《藏獒》《尘埃落定》两本既有品质又畅销的图书放在一起进行对比,给读者以强烈的心理暗示,让大家觉得这也是一本同样高品质的畅销书。

起初,传统媒体似乎对一本无名作者、知名度不高的书都不感兴趣。于是读客坚持每周都向不同的报纸、杂志发新闻,每次都从一个不同的角度和记者探讨刊发的可能性。同时,读客在网络上开展病毒式营销,在所有有"西藏"这个字眼的网站,都有《藏地密码》的宣传。据说曾经最多的时候一周之内在网上出现了上千篇《藏地密码》书评。通过几波强势推荐,这本书在未出版前就在网上红得发紫,很多读者产生了强烈的阅读期待。

2. 采用品牌寄生与共生的营销策略

西藏是《藏地密码》产品的核心,让对西藏感兴趣的潜在读者看到这本书,增加传播机会是其成功的关键。"我们的思路很简单——西藏是一个大品牌,是全世界关注的焦点,而《藏地密码》可以算作是依附于西藏这个大品牌之下的一个子品牌。"策划人说:"我们一直致力于做一件事情,就是要让人们一想到西藏,就想到《藏地密码》。这是一种品牌寄生与共生的营销策略。"品牌寄生的方式让《藏地密码》名声大震:通过三天的推荐,有 500 万人看到了《藏地密码》的海报;中华户外网发布的新闻和信息,覆盖人群也超过百万人次。

3. 细分读者,有针对性地进行精准营销

《藏地密码》运作团队将读者群体分为三类:一类是对西藏感兴趣的读者,一类是户外探险爱好者,还有一类是悬疑小说爱好者。细分读者后,他们先后与国内著名的三大户外用品专卖店和门户网站——中华户外网合作,以资源互换的形式,扩大《藏地密码》的宣传。针对喜欢悬疑小说的读者,他们在著名悬疑杂志《胆小鬼》上刊登图书广告,并以专题等形式在该刊上对《藏地密码》进行推荐。同时,邀请 50 多名知名悬疑小说作者撰写《藏地密码》书评,对《藏地密码》进行口碑营销。图书营销不是粗放式作业,投入讲求产出。QQ 群、搜索引擎等新式营销工具的使用,将最精确的读者群集中在一起。

4. 运用整合营销传播取得好效果

传统的出版业,策划、发行等各环节分离,而《藏地密码》突破了这一界限,从一开始就是整体策划。宣传、发行等领域相互配合,共同组成一个营销团队。从《藏地密码》可以看出营销成为整个环节的中心,图书的编辑、出版时间、封面设计等共同服务于营销,而营销的最终目的就是占领市场。

图书不断出版并畅销,其 IP 的开发也不断进行,该套图书又进行了相关衍生产品的开发,如电影、电视剧等,在营销上更是不遗余力,也取得了非常明显的成效。

【课后思考】

1. 什么是图书的营销策划?

2. 联系案例分析,如何根据图书的实际情况运用营销策划的方法?

3. 根据教材中列出的案例,请为一本书策划一个营销活动并写出方案。

【拓展训练】

对所在地区的图书零售市场进行一次调查策划,要求有对图书(报刊)销售人员的调查、文献调查、读者跟踪调查、网络调查。主要调查每家书店销售的某类细分市场的主要品种、价格水平、销售量及排序、购买者特点、出版单位运用的营销方法等,并在调查的基础上完成"某类图书零售市场调查策划报告",报告中要列举最少3种图书营销方法,并对其效果进行分析。

综合项目实训

项目编号	8	项目名称	少儿图书的策划与营销分析
实训背景			作为一名少儿图书策划人,请针对即将开启的全国书市,做出本社图书的参展营销预案
实训内容			1.请你选取当年的 5 本少儿类畅销书就选题特色作一次分析并写出分析报告; 2.就其中的一本图书针对少儿读者做一个暑期营销方案; 3.用全媒体营销思维策划一本文学图书的营销活动,写出营销思路与要点
实训目的			1.以少儿畅销书为例,分析图书选题策划特色; 2.了解少儿图书营销策划的市场背景、依据与手段; 3.掌握综合运用多种媒体营销方式进行全媒体营销的方法; 4.熟悉图书选题策划、营销策划的操作方法和程序
实训步骤			第一步:以小组为单位进行相关资料收集; 第二步:根据设定的实训内容,完成对少儿图书市场的分析; 第三步:每个小组写出分析报告和暑期活动策划书; 第四步:学生就图书实训情况进行演讲; 第五步:学生互评、教师点评,选出最佳方案
实训成果			1.少儿畅销书选题分析报告; 2.少儿图书暑期营销策划书; 3.文学类图书的全媒体策划方案要点; 4.个人实训小结
要求与考核			1.教师负责指导和答疑,学生之间可以进行讨论,但必须有自己的策划创意并表达出来,不得雷同,否则均记 0 分; 2.指导教师根据学生的参与态度和所交的实训成果打分,按 100 分评定成绩; 3.学生互评,教师总评,两项成绩按 3∶7 的比例计入总分

广播电视策划

学习目标

知识目标

1. 识记刊例、广告招商、真人秀、故事化叙事等广播电视领域的专业术语；

2. 了解新闻节目、生活服务类节目、娱乐休闲类节目等不同节目类型的特点及收视现状；

3. 掌握频道定位的方法和注意事项。

能力目标

1. 能运用节目策划的技巧和要点，对不同的节目案例进行评析；

2. 能运用节目策划的技巧和要点，从事不同节目类型的策划；

3. 能运用广告营销技巧，评价媒体的广告营销策略。

任务一　广播电视节目策划

【任务描述】

　　广播电视节目是广播电视传播的内容与形式相结合的基本单位,它有相对固定的时间长度、相对完整的内容和结构。所谓节目策划就是按照广播电视生产规律,对将要制作的节目的选题、摄录及其编辑制作、播出、销售等过程进行具体可操作的有创新意义的策划。但是,不同节目类型的策划具有不同的个性特点,本任务着重论述新闻节目、生活服务类节目和娱乐休闲类节目如何进行策划。

【案例导入】

《天下足球》:经典节目面临迭代创新

图9.1.1　《天下足球》节目片头和演播室采访截图

　　《天下足球》是CCTV-5在2000年开播的一档精品化、杂志化的体育节目,每周一晚播出,时长两个小时,对上一周国际足坛精彩赛事进行回顾、总结。在移动互联网尚未普及的时代,这档节目既能弥补年轻人因读书和工作无法看比赛直播的遗憾,又有总结,有回顾,有情怀,极具审美趣味,因而十分受中国球迷追捧。该节目那句宣传口号"最纯粹的足球,最高级的享受"绝非自我标榜吹嘘。由于欧洲足球强国很少收看外国足球赛事,他们的电视节目除了直播和现场调侃之外,并无《天下足球》这类全覆盖型足球节目,更没有中国球迷如此复杂的足球情结。《天下足球》的成功与国内很多综艺节目不同,没有国外节目模式可借鉴,其节目选题和环节设置、后期制作等完全是"中国制造"。

　　《天下足球》历经二十载仍然备受赞誉,其成功的关键首推演说辞、画面质量、配乐等几个因素。"绝对巨星"环节介绍世界足坛成名球星的成长经历,带有强烈的故事性。每个"绝对巨星"专题片的编导可以将自己的情感和对所编辑的球星的认识融入片子当中,这样就能够使观众在收看节目的时候产生共鸣。例如英格兰球星迈克尔·欧文退役时,《天下足球》的文案是这样写的:"那个曾经的追风少年,那个曾经的安菲尔德金童,那个曾经一战成名的英格兰新秀,那个曾经快如闪电的影子,那个曾经身披红袍打遍天下无敌手的英雄,那个曾经的金球奖得主,那个曾经的欧文,都将渐渐远去,滞留在我们每个人尘封的记忆中。"《天下足球》的"看球听歌"环节则总能将绿茵场上精彩的进球、激情的欢呼画面配上动听的音乐,其审美水平甚至被赞为一档"音乐节目"。例如,在迎接 2002 年世界杯之时,它向人们推荐了一首 *Here I am*,配上齐达内、罗纳尔多等多位球星共同演唱的画面,起到了非常好的战前动员作用;在贝克汉姆退役的节目画面上配的歌曲是 *Because of you*,向这位因高颜值和花边新闻而被低估了敬业和勤奋的球员致敬。这档节目画面质量高,特写镜头很抓人心,节奏和速度在快和慢之间自由切换,或动感激情,或抒情感伤。

但是随着近年中央电视台失去欧洲五大联赛转播权,主持人和其他核心员工离职,这档节目正面临它史上最困难时刻,如何创新成为节目能否重新焕发生机的关键。

【课程内容】

9.1.1　广播电视的传播特点和受众的视听习惯

1)广播电视的传播特点

(1)传播速度快,传播范围广,受众对象广泛

在现代化传播手段的支持下,新闻传播已经从"今天的事情今天报"发展到了"现在的事情现在报",广播电视的信息采集、处理与发布传播几乎可以做到与事实现场同步。这种即时性保障了新闻的时效性,所以当突发事件发生的时候,人们往往首先就会打开电视。广播电视的受众覆盖面也很广泛,从儿童到老人,从文盲到高级知识分子,基本上都能无障碍地接收广播电视传播的信息。大容量的信息、高自由的选择度让广播电视成为现代百姓日常生活的"亲密伴侣"。

(2)声情并茂,富有感染力

广播电视综合运用画面构图、线条、色彩、同期声、画外音等元素,利用距离和拍摄角度的变化、场景分割以及特写镜头等表现手法诉诸感官,使受众产生身临其境的感觉。电视画面带来的视觉冲击力比报刊媒体更强,更容易使新闻、纪实、谈话等节目的理性光辉与情感诉求相结合,收到更好的传播效果。

另外,电视新闻节目的安排是按照时间顺序进行线性编排的,媒介主动、受众被动,同时在整个传播过程缺少反馈环节。所以电视也应该特别注意做好新闻的预告、重复以及观众群体调查。

2)受众的视听习惯

受众的媒介心理影响消费态度(对某一具体媒介的倾向性反应)和消费行为,要想取得最佳的传播效果,就必须先了解受众的媒介心理。

（1）视听行为具有随意性

随意性主要指受众在传媒内容选择上有较大的随意性。有学者说，今天的电视节目如果在 10 秒钟以内不能抓住观众，那么就意味着失去观众了，因为中国电视观众平均每 4 秒就会调台一次，除了对某些具有特殊含义的节目感兴趣外，大部分观众坐在电视前的节目选择行为具有很强的随意性。遥控器在观众手里，看哪个频道，选择什么节目，看多长时间，谁也左右不了。

（2）视听心理具有交融性

受众在收视（收听）时，存在一种"情感按摩"现象，从中释放了喜怒哀乐等情绪。偶像剧广受欢迎是因为迎合了部分观众特别是女性受众的投射心理，女性往往喜欢把自己带入电视剧中的情节，从而与剧中主人公一起喜一起悲。

3）受众通过评价性反馈影响节目制作

一档节目如果视听率下滑，电视台就会面临被迫改版甚至停播的压力。所以节目和受众之间始终进行着"使用—满足"的拉锯战，当原本受欢迎的节目已经不能跟上受众的需求了，视听率下降了，栏目组就会通过改版等手段进行调整。受众的接收习惯往往是很难改变的，这就要求广播电视工作者通过调查研究，认真分析，创造性地策划更具有吸引力的节目。

9.1.2　广播电视新闻节目策划

新闻策划就是对已经发生或者即将发生的新闻事件进行分析和解剖，在充分占有资料信息的基础上，发掘"新闻眼"的一系列创造性活动。策划上档次，策划出精品，这已经成为展示节目编辑方针的一个重要手段。

1）新闻节目选题策划

一项出色的选题、一个优秀的策划不仅能使该节目有一个成功的开始，甚至还可能使该节目的播出引起电视文化市场的冲击波。一次成功的策划，能使一个栏目跃上收视率排行榜。长期的成功策划，就能成就一个名牌栏目。

（1）以时间为突破口的策划

在新闻报道中，时间是一个很重要的要素。新闻节目策划可以截取一个时间段，这个时间段有什么特点，可以与哪些新闻报道内容发生关联，策划者根据时间可以将报道内容分成若干个部分，再在这些部分中开展一场头脑风暴，最后从中找出最有新闻价值的那一个选题。节假日和纪念日等一些特定日就可以作为一种突破口，比如清明节、劳动节、国庆节、圣诞节、建党节、教师节、记者节、城市解放纪念日、灾难纪念日、国耻纪念日，等等。

（2）以地点为突破口的策划

在新闻报道中，地点也是一个很重要的要素。地点选择得恰当可能会产生强大的震撼力，起到意想不到的作用。在新闻地点的选择上可以从一一对应的角度考虑，也可以从反衬的角度考虑，还可以选择具有象征性的地点，如在我国，天安门是一个具有特殊意义的地点；在美国，世界贸易中心是一个特殊地点。

（3）以人物为突破口的策划

人物是新闻报道的核心要素，是新闻事件的主题。人物策划突出表现在对人物的选择上。一般可以考虑选择新闻事件当事人、典型人物、特殊人物（比如弱势群体、边缘人等）和权威人物等。通过对这些具有显著特征的人物的报道，可以增加接触策划立论的说服力。

（4）以事件为突破口的策划

以事件本身为突破口就是策划者选取有价值、有代表性或者能够展现事件内涵的几个事实分头报道，从各个侧面体现事件全貌的策划方式。这种策划方式特别适用于突发事件报道及其他大型新闻事件报道。

2）新闻节目播报策划

一个好的新闻策划不仅仅指内容选题有新意，而且可以在形式上进行某些技术性处理。具体来说，可以从以下 4 个方面进行突破。

（1）新闻节目播报方式策划

报道形式是多种多样的，结合广播电视新闻内容的丰富多变性，播出时段的不同，播报的形式也可以有所不同，如特别重要的新闻采取现场直播，有些重要新闻还需要采用地域交汇的形式进行多家媒体的联动播出；简短的重要新闻可以在普通新闻播报时进行插播，普通新闻可能汇编录播，新闻简讯则采用口播，等等。这些播报形式与广播电视媒体对新闻的评价分不开，媒体对新闻的处理影响受众对该新闻的关注和评价，广播电视策划人完全可以从以上几种播报形式的变化中进行思考。

［案例］

中国国际电视台（CGTN）成立于 2016 年，但由于其外语播出特色而在国内收视不够理想。2019 年 5 月，适逢中美贸易战，双方媒体都在针锋相对、据理力争。5 月 22 日，CGTN 知名主持人刘欣在一期评论短视频中有力驳斥了美国福克斯商业频道（Fox Business）女主播翠西·里根（Trish Regan）宣扬对华"经济战"的言论。翠西次日在其节目中用了 11 分钟做出回应。接着，她又在推特上和刘欣约辩！随后刘欣应约，中美两国女主播间的首次辩论自然吸引了国内外受众的眼球。这种卫星连线进行时事辩论的新闻形式在我国新闻界尚属首次，虽然过程和细节还不够完美，但能给新闻界以启发，它有可能在今后地球村和 5G 时代发挥更大的作用。

（2）新闻节目播报顺序和频次策划

综合性新闻节目的编排策划一直是一个比较薄弱的研究领域。一般来说，应首先把新闻节目排在视听率较高的时段或者排在具有高视听率节目前后，利用拉抬力量提高新闻节目的传播效果。另外，在新闻的排列中，最重要的一点就是精选头条，适度保持刺激频率。意义重大、群众关注率高的新闻往往排在前列，硬新闻和软新闻穿插组合，强弱结合，以维持受众的视听行为，避免中途"跳槽"。

（3）新闻节目画面策划

电视画面和广播语言都由具象符号的色彩、形象、动态、空间等要素与抽象语言组成，对画面细节的捕捉往往能够充实画面内涵,人物因细节而使人难以忘怀,事件因细节而动人。镇江电视台的 2019 年高考直播,跳出以往记者在某考场单一现场做单篇现场报道的模式,组织了多考点的连线直播。市区、丹阳、扬中 3 个考点的直播内容绝不雷同,时序上多个现场交替呈现,采用平行交错结构,避免了线性传播的单调,同时引入新媒体网络直播,并预先宣告,吸引网民关注,增强传播的覆盖面。

(4)新闻节目语言策划

综合性新闻节目播报策划还有一个重要方面就是对有声语言以及辅助语言的把握。这种技巧主要表现在播报语言的停连、重音、语气和节奏上,停连可以不受标点约制,重音重在强调核心意义。辅助语言是指表情、服饰等,这些语言常常通过无声的渲染、隐喻、暗示来表达媒体的态度与立场,辅助有声语言的表达。播报语言采用普通话还是方言,英语还是中英夹杂,"播新闻"还是"说新闻"等,都可以是新闻节目策划的一个突破口。扬州广播电视总台旗下的一档用方言播报的民生服务类节目《今日生活》有一个"做拦停"(扬州方言帮忙的意思)子栏目,帮忙记者说着方言,帮助居民调解情感和家庭琐事,凸显心理亲近感。

9.1.3　生活服务类节目策划

在新闻、电视剧、综艺三类节目一统天下的电视时代,近几年,生活服务类节目开始迎来新的发展机遇。与娱乐休闲类节目市场竞争的白热化相比,生活服务类节目只能是尚未拉满的弓,如何在蓄势待发的节目大军中突围,已成为摆在广播电视策划人面前的一个重要课题。

1)生活服务类节目的分类

生活服务类节目是指关注日常生活,针对生活中的具体需要进行指导、帮助、服务的一种节目形式。生活服务类节目按其功能维度可以划分为以下几类:

(1)饮食与健康类节目

凤凰卫视联手时尚美女主播沈星制作的《美女私房菜》节目以美食会友,倡导新的美食美色主义,用视觉和味觉分享生活的感动。《美食美客》是中央电视台唯一在黄金时段播出的大型美食娱乐节目,播出多年,开创了国内电视竞技美食之先,并已拥有大批稳固的收视人群,树立了良好的品牌。近年浙江卫视推出的《熟悉的味道》突破美食综艺的刻板模式,明星们不再是简单地做一道菜,而是以"委托人"的身份讲述背后的故事。

(2)旅游类节目

旅游类节目既可以介绍热门的旅游目的地,推荐旅游路线,也可以邀请旅游达人讲述旅游心得或交流旅游中的小常识。针对听众中较多的有车人士,旅游类节目还结合车友的特点,介绍一些自驾游方面的内容。广播旅游节目与电视旅游节目的很多元素都是可以互通的,山东电视台推出的《旅游 365》和北京电视台的《四海漫游》由专题板块、旅游资讯、线路推荐、出行参考、户外先锋等组成。2017 年中央广播电视总台央视财经频道《魅力中国城》将美食、美景、非物质文化遗产、民俗绝技、城市故事融合起来,既提供旅游信息,又引出旅游故事。

(3)汽车和交通信息类节目

随着中国城市居民汽车拥有量的不断增长,广播和电视媒体普遍开发了购车和养车知识栏目。《汽车天下》《爱车有道》《汽车管家》等节目就满足了听众对车辆保养、故障维修、保险求助等相关知识的需求。听众可以聆听汽车维修专家讲解汽车保养知识、分析常见的汽车故障成因等内容,深入地了解汽车保养知识,保证爱车在日常使用过程中更好地为自己服务。相应地,对于行驶在城市道路上的司机来说,他们希望在第一时间了解最新路况信息,从而有效避开拥堵路段,尽快到达目的地,所以交通信息服务类节目自然就受到他们的最大关注。

(4)家居与房产类节目

在各大城市,高房价是人们热议的话题之一,但是专门的购房类、家居类节目却并不多。长沙电视经贸频道的《陪你去看房》节目组不但带领有购房需求的观众去现场看房,而且帮忙砍价,帮助解决合同纠纷。房屋家居类节目通常是指介绍家居装饰、房产知识和提供购房帮助、验房服务等内容的节目类型。CCTV-2推出的《交换空间》节目曾大受好评。这档节目省去了演播室的环节,全部采用外景拍摄,用镜头真实记录两个家庭在设计师的带领下装修对方家居空间的全过程,成为喜爱家庭装修一族的首选节目。上海东方电视台推出的家装改造节目《梦想改造家》聚焦有住房难题的家庭,并委托设计师在有限时间里使用有限的资金为其房屋进行"爱心改造",给许多住房困难观众带来切实帮助。

(5)其他类型的生活服务类节目

除了上述类别特征相对明显的节目之外,还有一些生活服务类节目也具有较大影响力,如CCTV-1的《夕阳红》、CCTV-10的《半边天》等,专门针对老年人、妇女或者残疾人等特定群体的需求而播出的服务性节目;安徽卫视的《超级育儿师》以年轻父母为核心受众人群,关注年轻父母的教育困惑,以真人秀形式近距离观察、召开家庭会议、制定家庭规则、协助管教,帮助家长把"熊孩子"变成"好孩子",传递科学的家庭教育理念和方法。

2)生活服务类节目策划要点

生活服务类节目归根结底,是为受众的生活服务的,所以必须从受众的角度出发,细致体察目标受众的需求和困惑,从中寻求创意,继而展开节目策划。

(1)借鉴娱乐节目手段,寓教于乐

处于现代背景下的中国听众、观众需要的更多是轻松和快乐,而不太需要广播电视来复制生活之重、生活之累、生活之烦恼。因此,生活服务类节目应当以快乐的姿态出现在观众面前。

[案例]

2018年8月26日,由司法部办公厅与中央广播电视总台社会与法频道联合主办的《律师来了》节目正式开播。这个节目是2016年的《我是大律师》的升级版本,旨在为百姓提供面对面的法律援助,为电视观众普及法律知识。每期将邀请多位律师来到节目现场,主持人配合律师帮助当事人梳理案件脉络、辨析权益与责任。律师们对上场的当事人进行面对面的帮助,将案件的迷雾层层剥开,引导观众去看清案情的法律关系。在节目中,律师们的主要作用不是验证真相，而是帮助当事人梳理法律关系，让当事人明白怎样运用法律逻辑去思考问题。节目的现场还有观察员实时关注当事人的咨询情况，并对当事人的案例做出专业分析和判断。节目的核心竞争力是真实，所有案例都遵循真实性原则，且均是未立案的故事，以避免妨碍司法公正。

（2）故事化叙述

生活服务类节目大概是除影视剧之外，最需要把故事讲好的节目形态。一波三折的故事、跌宕起伏的情节、精彩节目的多集连播有时就像电视短剧，可以让观众放松心情，使观众形成收视期待。这种叙事方式的变化反映在节目上，就是利用悬念、细节、真实再现、角色扮演等技巧把各种叙事元素传递给观众。例如，北京电视台的《快乐生活一点通》，通过包装一个其乐融融的五口之家，以表演情景剧的方式把一个个生活窍门变成一个个故事，有效地拉动了收视并增加了节目的亲和力与贴近性。国内许多成功的交通电台节目往往也采用情景模拟方式，让某司机讲述遭遇的刮擦事故及后续理赔烦恼，主持人再为其"出谋划策"。

（3）选题主题化

选题主题化是指以时间为线索，配合目标受众的年龄、性别、职业等特征，从中找到契合点。例如，每年的9月10日是教师节，那么节目可以围绕教师展开，专门为教师"排忧解难"，或者邀请教师作为嘉宾。如果时值父亲节，那么该节目又可以邀请明星、专家等特殊"父亲"来到现场，为那些遭遇种种困难或困惑的普通父亲解难或解惑。

（4）由生活服务向心理或情感服务领域拓展

现代人在巨大的社会工作压力和众多的物质诱惑下，感情的背叛、逃避、误解越来越多，夫妻反目、骨肉分离等人间悲剧亦有发生。传媒抓住这些时代难题，为受众排忧解难，提供调解和沟通服务。天津卫视的《爱情保卫战》侧重情感调解，而湖南电视台推出的《寻亲记》则以纪录片的形式，讲述真实的寻亲故事。

9.1.4 娱乐休闲类节目策划

娱乐休闲类节目以轻松活泼的内容和灵活多变的形式吸引了大批受众，在多次视听调查中，均为最受欢迎的节目类型。娱乐休闲类节目不仅为人们的生活增添了乐趣和谈资，像《超级女声》等娱乐休闲类节目还对大众文化产生了重大影响。但是受众对娱乐休闲类节目的要求也在不断提高，如何提高娱乐休闲类节目策划水平已经成为摆在电视人面前的一个重要命题。

1）常见娱乐休闲类节目类型

（1）晚会类节目

这类节目以中央电视台的《春节联欢晚会》为代表，其典型特征是仪式隆重，搭配明星主持人，内容主要为综艺表演，一般格调高雅、庄重，强调审美，兼顾教育。这一类节目大多紧扣主题，创新较为困难。但中央电视台的3·15晚会仍然展现了强大的策划能力，为了避免维权类晚会过分严肃和沉重，大量穿插了戏剧表演环节，增强了维权类晚会的可看性。

（2）益智类节目

益智类节目的火爆首先是由中央电视台的《幸运52》和《开心辞典》引燃的。这类集知识传播、游戏娱乐、有奖问答于一身的娱乐节目迅速在荧屏走俏，收视率节节攀升，也引发了新一轮的复制与模仿。近几年兴起的益智类节目已经越来越"烧脑"，《最强大脑》《明星大侦探》《脑力男人时代》等都体现了这一趋势。

（3）游戏类节目

这类节目以湖南电视台的《快乐大本营》为代表，其典型特征是由才艺表演、互动游戏以及观众参与组成，娱乐性和竞赛性大于审美需求，明星效应被平民化的互动游戏取代。近年的游戏类节目多为引进国外节目模式后进行改编，东方卫视的《极限挑战》在游戏环节上极具开放性，并增加了"烧脑"的特点，配合优秀的嘉宾主持、节目剪辑，取得了极佳口碑。

（4）真人秀节目

电视真人秀节目以湖南卫视的《超级女声》为代表，主要环节有选区设置、互动表演、评委选秀、PK对决、明星加冕以及整合营销传播等。2012年夏天，浙江卫视推出的《中国好声音》以"真声音、真音乐"为唯一宗旨，回归音乐本质，掀起收视高潮。这种节目表现出的大众狂欢特点把中国娱乐节目推到了前所未有的繁荣阶段。近年真人秀进入慢综艺时代，湖南卫视的《花儿与少年》《向往的生活》《中餐厅》《小小的追球》等引领真人秀向观察型、谈话型转变，极具话题性。

（5）相亲类节目

由于工作和生活压力的影响，城市大龄未婚青年越来越多，从进入千禧年开始，湖南卫视《玫瑰之约》和北京卫视《今晚我们相识》引领了长达十年的电视速配节目风潮，但由于同质化严重，受众审美疲劳，从而集体被淘汰。不过由于剩男剩女现象的现实性，2010年以来，山东卫视《爱情来敲门》、湖南卫视《我们约会吧》、江苏卫视《非诚勿扰》等节目依然产生了较大的社会影响力。2018年以来，江苏卫视的《新相亲大会》、东方卫视的《中国新相亲》和中央电视台的《乡约》等节目都对节目形式进行了较大创新。尤其是《乡约》，它定位城乡婚恋问题，扎根农村，并尝试走出演播室，以乡村山水为背景，既消除了俊男靓女相亲节目窠臼，又使观众了解到不同地区的乡土婚俗，兼顾了民俗旅游推广。

（6）竞赛类节目

美国哥伦比亚广播公司推出的《生存者》，把真人秀做成了经典。竞赛类节目进入中国电视观众视野后，湖南电视台的《奥运向前冲》、江苏卫视的《星跳水立方》等节目都强调趣味性和体育竞技性，深圳卫视推出的《极速前进》同样也是走明星体育竞技路线。近年，竞赛类节目变得更为多元化，有竞赛表演类，如《演员的诞生》《声入人心》等；也有电子竞技类，如《加油！Dota》等；还有军营体验类，如《真正男子汉》；户外生存类，如《荒野求生》《决胜荒野之华夏秘境》等。

（7）谈话类节目

这类节目以凤凰卫视推出的《鲁豫有约》、中央电视台的《艺术人生》以及北京东方欢腾文化艺术发展有限公司制作的《超级访问》为代表，强调故事性，通过大屏幕播放外景镜头、插入历史资料、加入背景音乐等手段调动嘉宾和现场观众的情感，通过歌舞表演和现场接入电话等手段调节现场气氛。近年谈话类节目呈现多人交谈趋势，湖北卫视和黑龙江卫视联合播出的《非正式会谈》,爱奇艺公司制作的《奇葩说》都交出了优秀答卷。

2)娱乐节目策划的要点

虽然受众对娱乐节目的关注程度和参与热情都很高,但是目前娱乐节目同质化严重,受众审美疲劳,因而娱乐节目对创新的要求比其他节目类型更加急迫。

(1)体现创新性

娱乐节目的创新首先是指节目类型的创新,全新的节目类型能令人眼前一亮。全新的节目类型能给一个节目甚至一家媒体带来无限商机,同时也让受众感受到无限生机。创新是娱乐节目的灵魂。但是完全的创新并不容易,所以目前国内娱乐节目互相"学习"较多,而创新程度不足,已成为制约国内娱乐节目发展的瓶颈。在无法实现完全创新的情况下,从语言、环节设置和画面处理等角度进行局部创新是完全可行的。

[案例]

2020年1月,一场新冠肺炎疫情,把大量艺术活动"赶上云端",《见字如面》《天天向上》《我是大明星》《王牌对王牌》《嘿!你在干嘛呢?》等近20档综艺节目采取了"云录制"方式。这一看似无奈的应急之举,完全不同于传统演播室内热闹非凡的场景,却出人意料地令观众大呼获得了一种全新的审美体验。观众可以看到明星与普通人一样出现在虚拟世界里与朋友们交流。没有了演播室镁光灯和专业化妆师、后期剪辑师等专业包装,明星们与普通人一样出现在手机摄像头前,让观众感到新鲜、亲切。同时,"云录制"让制作变得更"简单",没有舞台灯光,没有现场观众,没有专业录音设备,节目嘉宾凭借一部手机在家里就可以参与,这使得节目的制作时间大大缩短,成本下降,跨屏互动,为娱乐节目策划提供了新选择。

(2)提高互动性

娱乐节目要善于调动受众的参与积极性,通过多种手段提高互动效果。娱乐节目如果少了受众的参与,就不能称为娱乐节目,充其量只是节目组成员在自娱自乐。因为随着时代的发展,人们的参与意识、自我表现的欲望、挑战自我的冲动都在日益增强,人们迫切希望得到更多人的注意、承认和接受。电视娱乐节目恰恰给了普通受众这样的机会,所以互动性强的选秀类节目一经推出就呈现出席卷之势。

在进行娱乐节目策划时,如何才能设计出更有效、更合理的方式来刺激观众(听众)的参与热情,将其吸引到节目中来呢?在节目现场,观众的参与热情是可以互相传染的。作为现场灵魂人物,主持人无疑在调动现场气氛方面起着举足轻重的作用。另外,演播室的色彩布置也需要考虑,娱乐节目讲究亲切感、舒适感。一般来说,蓝色在新闻节目中使用较多,但娱乐节目则不然,黄色使用更多。

(3)精心选择节目主持人

节目主持人不仅是后台导演意图的表达者,而且是节目情绪的调度者。甚至可以说,主持人是娱乐节目风格的体现者,是整台节目"形散而神不散"的关键所在。所以,节目主持人选择得当与否可能直接关系到这档节目是否受欢迎。一个成功的娱乐节目主持人跟该娱乐节目之间往往形成了某种对应关系,成为娱乐节目品牌的一部分:首先,好的娱乐节目主持人不一定要很漂亮,但是要全身心投入到节目中去;其次,好的娱乐节目主持人应该机敏幽默并能随机应变;最后,好的娱乐节目主持人需要展示比较全面的演艺才能、知识储备和语言功底。

（4）准确定位主持人与嘉宾的关系

娱乐节目的嘉宾选择可以不仅仅局限于演艺领域,政治人物、学界领袖、科学家等都可以成为娱乐节目的嘉宾。节目主持人对嘉宾不必过分彬彬有礼,从而产生距离感,应该尝试着让嘉宾穿着随意并言谈开放,甚至透露一点小隐私,出点小洋相。节目主持人和嘉宾之间适当地开点玩笑和"互相攻击"也有助于活跃气氛。《极限挑战》《极速前进》《奔跑吧兄弟》等许多娱乐节目已经大大弱化主持人的角色,甚至主持人只是充当了线索人物,把节目串联起来,嘉宾对节目笑点的贡献和节目节奏的掌控占据了主导地位。

（5）娱乐节目要有明确对象

在娱乐手段丰富多彩的当今时代,传媒已经高度细分,每一个娱乐节目都应该明确自身的目标受众,并对这些目标受众的年龄、性别、地域、受教育程度、兴趣爱好等做到心中有数。随着受众分层和圈层化发展,不同娱乐节目针对的年龄段、趣缘群体、职业群体等也要有所区分。

（6）要体现思想性,抵制恶俗炒作,规避伦理和法律禁区

娱乐节目虽然提倡形式活泼、内容丰富,但是作为一种强调参与性的新型传播形态,仍然不可推卸地承担着传播优秀文化、教育社会民众的功能。虽然娱乐节目强调环节设计的独特性、语言的幽默性和话题的开放性,但是也必须接受伦理和法律的约束。

【实战案例】

主动对接流行文化的文博类节目

传统文博类节目往往采取独白式的纪录片形式,或者采取"宝藏+鉴赏"的结构形式,而中央电视台综艺频道在 2017 年 12 月 3 日首次播出的《国家宝藏》则大胆创新,独辟蹊径,表现出非常强烈的把雅文化向流行文化推广,把受众从中老年人向青年群体推广的意图。

图 9.1.2 《国家宝藏》节目画面截图

以节目的第一期为例。这期节目介绍了故宫博物院藏品瓷母——"各种釉彩大瓶"。为了解释它的复杂工艺及其背后的故事,节目以小剧场形式讲述了一段"各种釉彩大瓶"前世传奇。由演员王凯饰演的青年乾隆帝因为执着于烧制一个 17 种釉彩的瓷器,而在睡梦中遇见了王羲之、黄公望及其父雍正帝。三位先人围着乾隆帝对其审美好一通数落、嫌弃、批评,指责他"浮夸炫技",而青年乾隆却迷之自信,显得人物形象萌态十足。诙谐的台词以及丰富

的人物心理刻画,使乾隆帝的个人形象跨越百年历史书写,不再刻板僵化,而非常接地气、立体、细腻。这一期节目非常契合当前流行文化中的"吐槽热",播出后,"乾隆的农家乐审美"这一话题迅速登上微博热搜,在网友中引发了一阵创作乾隆表情包和段子的热潮。

在语言上,《国家宝藏》摒弃以往枯燥冗长的旁白陈述,选择贴近生活的网络流行语,采用年轻人喜闻乐见的话语体系和演绎形式,将趣味性和娱乐性带入文物中,大大拉近了观众与历史的距离感。乾隆皇帝对瓷母的执念是源于"几千年来,中国匠人创造出多少奇迹,如此融合,怎会不美?这,才是我大清盛世的集大成者,这,才是盛世该有的风范和心态!鼎盛王朝就该海纳百川!"这样充满文化自信的语言和轻松幽默的表达相得益彰,展现了文博类节目策划的巨大潜力。

无独有偶的是,2018年1月1日在中央电视台纪录频道首播的《如果国宝会说话》也同样摒弃了用"长篇论述"呈现"大国重器"的方式,而是采用短小精悍的分集设置、精致的微纪录小视频去适应互联网时代的碎片化传播特征与节奏,让更多繁忙的现代人"快速充电",了解文物背后的文化意义。在《说唱俑:2000年前的rapper长这样》一集中,全篇以国宝的拟人角度描述说唱俑,以"笑如弯月""苹果肌""可爱的面容"等轻巧、生动、活泼的词汇自述,符合年轻人的语言方式,使文物与受众形成平等对话。虽然语言表达轻松搞笑,但其内容却充满正能量。

【案例分析】

中央电视台这两档文博节目充分考虑了年轻受众爱吐槽、爱流行语、爱短视频等特点,采用了讲故事、新媒体等形式,把"大雅"做成"小清新",同时注重中华民族精神内核的传承,对于培养青年一代的民族文化自信具有很好的推动作用。节目主创团队深谙融媒体时代的一个传播技巧"讲道理不如讲故事",因而运用了音乐剧、话剧等舞台艺术形式。为了更好地向"90后"和"00后""讲好中国故事",这个节目将文物、历史与戏剧三者融会贯通,把遥远的、抽象的、专业的文物通过亲近的、具象的、平民化的方式呈现出来,拉近了传统上摆在博物馆展窗后冷冰冰的文物与观众的心理距离。同时市场反应已经证明,创办收视率和满意度双高的文化节目是可以做到的。

【课后思考】

为什么观众对中央电视台《春节联欢晚会》总是不够满意?应该怎样创新?

【拓展训练】

1.撰写一份详细的民生新闻节目策划案,并说明利用了本任务中哪些知识点,为什么要这样做。

2.请根据本节内容,写一份大型婚庆节目策划案,并说明从哪些角度进行了创新和突破。

任务二　广播电视节目营销策划

【任务描述】

节目运作包括节目生产、购买、编排、播出、评价、推广等一系列环节,涉及频道的节目生产、购买、编排、播出、评价和推广等部门,这些部门必须在一个链条上紧密衔接。这就要求各部门协同合作,从受众的需求出发,按照市场规律办事,不断探寻节目营销的创新策略,从而提高频道的经济效益和社会效益。

【案例导入】

财经类广播节目《王冠红人馆》的营销创新

《王冠红人馆》是中央人民广播电台经济之声开发的一档财经类广播节目,被听众赞为"最动听的财经周刊"。众所周知,在新媒体时代,广播媒体在竞争中压力巨大,而财经类广播节目由于专业性较强受众面更窄。为此,该节目从受众调查、节目编播、发行和广告创新等方面做了相应调整,取得了令人满意的效果。首先,该节目的目标受众是学历层次与资产储备较高、认知较为成熟的 30～50 岁听众,即中年、中等收入和中流砥柱(价值观)人群。《王冠红人馆》节目组作为"蜻蜓 FM"等专业音频应用平台的入驻主播,还可以获取本节目在该网络平台上的用户点击、收藏、停留时间等数据。以用户行为的交互数据为依托,对受众喜好进行细分,进而实现对选题的精准把控。其次,传统广播节目编播都是线性传播,即在特定的时间段进行一次性播放,但《王冠红人馆》节目考虑到融媒体时代不仅可以调频广播,还可以网络广播,所以主动打破惯例,适应受众在网络平台回放、"再利用"。合理分配直播时间,减少广告对节目完整性的影响,保障广告主利益的同时,还对直播的音频进行二次加工,开发付费课程。可以说《王冠红人馆》节目作为一档财经广播节目,主动钻研如何化弱势媒体为融媒体,化知识节目为流行节目,逐渐形成了广播引流、微信互动、网络营收、智库深耕"四位一体"的新型广播经营模式。

【课程内容】

9.2.1　节目编排策划

每个频道设置什么节目,每个节目的性质、内容、时长怎么样,都应有明确的规定。频道还要注意节目的格调要和谐统一,并在此基础上着重培养几个重点栏目和节目,尤其是黄金时段的精品栏目。

节目编排是一门科学,也是一门艺术,还是一门技术性、操作性较强的学问。它必须依据受众的作息规律、习惯和兴趣、年龄结构、文化水平,季节因素、气候因素、经济因素以及传播规律等,在尊重节目播出的社会效益的前提下,通过一定编排手段和技巧,最大限度地获得节目视听率,争取社会效益与经济效益的双丰收。

常用的节目编排技巧有导入式编排、吊床式编排、搭帐篷式编排、正反类编排、横直类编排、季播制编排。

1)导入式编排

导入式编排是最普遍也是被分析得最为透彻的一种编排,是指正在播出的节目或专门安排的先导节目会对下一个节目的收视有很大的影响。如果前一个节目的收视率很高,那么接下来的节目无疑会受益于此;反之,如果前一个节目的视听率很低,那么接下来的节目同样会受到影响,这也叫作"沿袭效应"。

2)吊床式编排

吊床式编排是利用了"沿袭效应"。"吊床"策略是将一档较弱的节目安排在两档较强的节目之间,以拉抬这档收视较弱的节目。原则上讲,中间的节目会因第一个节目的高收视而获得一个相对较高的起点,同时,受众可能会考虑后一个节目的吸引力而停留在同一个频道上。这种编排方式形成一种类似吊床,两头高中间低的情形。使用这种策略时要注意,中间的较弱节目不可太差,否则会因中间节目的观众流失太多而无力唤回观众。

[案例]

某台是一家省级经济台,主打新闻、电视剧、娱乐节目,长期以来播完《新闻联播》后,在19:40—20:10安排自制节目,20:15播映电视剧。结果收视率数据显示,《新闻联播》时收视达到6.8%,自制节目6.5%,电视剧12%,很明显这家电视台的电视剧是收视率拉升的突破口。为了重点扶持本台着力打造的新节目《经济与信息新闻》,于是该电视台讨论分析后决定采用吊床策略,即在播完《新闻联播》后的19:45—20:40播放电视剧第1集,20:50—21:10播放自制节目《经济与信息新闻》,然后21:15—22:00再播放电视剧第2集。这样两集电视剧在两头搭一档自制节目,构成一种"高收视+不确定+高收视"的吊床效果,结果自制节目收视率如愿得到大幅提升。

3)搭帐篷式编排

搭帐篷式编排与吊床策略刚好相反,指的是把一个收视率高的节目安排在两个影响力相对较弱的节目中间,形成一个强档节目拉抬前后节目的局面。这一策略的假设是:观众害怕错过某一好节目,也许会提前转到此频道耐心等待,节目看完后,后一档节目也会享有前面强档节目的牵引效应。这种编排方式着眼于自身,运用纵向节目组合,力求在现有的节目资源下达到最佳收视效果。

4）正反类编排

正反类编排是跳出自身范围,将注意力延伸到媒介的大环境中,注重与其他电视台或频道间的竞争,考虑竞争对手情况来进行节目编排的办法,因而需要将竞争对手的节目播出、收视率、市场份额等指标都纳入自身节目编排的参考指标中。其中正向编排是指与竞争对手的节目放到同一时间段来"硬碰硬",反向编排则是回避竞争对手的优势节目,不正面交锋,而在对受众进行分析的基础上,发掘尚未被竞争对手占据的空白市场。例如竞争对手正在播出男人剧,则本台就在同一时段安排播放女人剧,彼此错开。

5）横直类编排

横直类编排与正反类编排不同,不是着眼竞争对手的情况,而是着眼自身受众的情况。横直编排是一种水平策略,主要利用受众每天的固定收视时间,把相同或相近的节目安排在该固定时间段播出,以吸引和稳住观众,帮助他们形成固定的收视习惯。

6）季播制编排

最早开创"季播"模式的是美国电视网,其《老友记》《迷失》等美剧、《幸存者》《美国偶像》等真人秀,被嵌入以不同受众群为主体的季播带中,根据市场反响情况来判断是否继续做下去,可以给制作人一定的创新空间,以便调整思路,以备再战。近几年"季播"概念在我国广播电视业中也渐成常态,《我是歌手》《极限挑战》《奇葩说》等许多综艺节目都是季播制,甚至《唐人街探案》等许多本土影视作品也开始尝试季播。可见季播策略是广电媒体对现有资源进行重新编排和整合,以整体打包的方式进行推广的新尝试。这种边拍边播的模式能根据观众的反应及时调整,互动性强,观众体验好,因而受到电视台的青睐。

9.2.2 节目发行策划

1）节目发行渠道策划

以电视剧和综艺娱乐节目为主的国内节目的发行,主要有自办发行渠道、电视节和节目交易会,以及常设性发行渠道等几种方式。

[案例]

粉丝经济时代,受传统节目发行渠道限制,影院和电视台出于商业价值考虑,多选择大众化内容进行播映,许多优质小众内容被拒之门外,无法到达观众。这样,大制作公司、大内容IP、大明星处于卖家市场,而小微型工作室、个人创作者、个性化长尾内容和缺少名气的影视新人虽然数量众多,但极缺机会和资源。为此,爱奇艺携华策影视、方慈文影视、完美动力、意外制作等多家影视、综艺、动漫、微电影等内容制作机构,在2012年3月启动"分甘同味"计划,为长尾内容中的优质产品提供上线机会,并提供营利机会。这些创作者中,与爱奇艺签署独播协议者可以获得大部分广告收入;非独播者可获一半收益。2016年以来爱奇艺每年投入 5 亿现金加大扶持力度,以网络院线形式扶植青年导演成长。

(1)自办发行渠道

从各种发行渠道的使用状况看,供需双方直接见面,供应商主动联系电台或电视台,通过人员拜访、资料邮寄、电话沟通、组织看片会等方式建立和保持发行渠道。这种方式使用比较广泛,制片公司中有 90% 以上采用此方式。

(2)电视节和节目交易会

1986 年内地首个电视节"上海电视节"创办,到现在我国主要的电视节和电视节目交易会有上海电视节、北京国际电视周、四川电视节、中国国际广播影视博览会等。每逢电视节期间,包括节目公司、境外媒体机构、国内电视台、视频网站等在内的多家机构齐聚电视节,公开选片,讨价还价。国际上还有美国洛杉矶国际影视展览会、戛纳电视节、匈牙利电视节、蒙特卡洛国际电视节等各种节目交易会。

(3)常设性发行渠道

全国省级电视台节目交易网是我国最早成立的省级电视节目交易平台,它最初是以物易物或者象征性收费的交易平台。另一个重要平台是中国广播电影电视节目交易中心,它旨在提供常年性节目开发、储备、宣传、交易和经纪代理等业务平台。随着互联网的普及,由著名导演尤小刚发起的北京电视娱乐节目交易网揭开了节目交易网络化的大幕。如今随着中国节目市场越来越繁荣,发行渠道也变得越来越多元化。

2)节目交易策划

(1)节目交易形式策划

电视节目的交易形式包括具有内部交易性质的委托生产、合作生产和具有外部交易性质的交换和购买。一项针对全国 100 家电视台的调查显示,无论电视台以委托生产的形式还是合拍的形式同社会制片公司或者境外电影公司一起生产节目,都存在定产定销的交易关系,即电视台向社会制片机构提供制作经费或广告时间,委托或联合社会制片机构进行创作,版权由电视台独享或两方分享。

[案例]

传统节目交易是针对节目成片进行的发行活动,近年来的交易对象逐渐转变为以节目模式为主。韩国 tvN 向美国 NBC 销售了《花样爷爷》版权,以色列向美国、英国、意大利、法国等老牌电视节目输出国出售了《冉冉新星》节目版权。欧美电视节目制作公司弗里曼陀传媒(Fremantle Media)、恩德莫(Endemol)、英国独立电视台、俄罗斯独立广播公司等已经与我国上海东方传媒集团有限公司(SMG)、浙江华策影视股份有限公司等建立长期合作,研发节目模式创新。近年全球电视节目模式交易市场每年的交易额高达 200 多亿元,还以 30% 的年增幅增长,节目模式引进费用也水涨船高,从过去每集几万元飙升到一季上千万元,甚至过亿元,如《奔跑吧兄弟》《中国好声音》《妈妈咪呀》等节目即是如此。

(2)节目交易价格和支付方式策划

节目交易价格受地区经济发展水平影响,我国西藏地区购买一集电视剧的平均价格仅几百元,而北京购买价格高达 6 万元。另外,节目价格还与节目质量、制片方信誉、频道和时段价值、视听率评估、节目购买预算等因素有关。节目从出品方销售到电视台、视频网站、电影院线等会经过艰苦的谈判,夺得版权者一般会在授权区域内进行二次分销,以降低其版权支出压力。例如中央电视台购得足球世界杯、欧洲五大联赛、欧洲杯等重要赛事转播权之后,往往分销给国内电视台和视频网站除直播之外的其他播放权益。奥运会的电视转播权谈判也在国际奥委会和各国重要电视台之间进行,交易价格和支付方式越来越多元化。

9.2.3　节目推广策划

销售推广要成功运作,进行有创意的策划是非常重要的。一般来说,可以使用以下几种推广方式。

1)策划广告宣传推广活动

通过在户外广告牌、公共汽车、行业期刊、宣传手册、直投广告以及其他广播电视媒体上进行广告投放,增加节目的知名度。例如,播放电台流行音乐主持人或谈话节目主持人通过对电台呼号和电台标志的重复呼叫,提高听众对电台的感知程度。

2)策划节目推广会或招商会

通过举办大型的节目推广会,可以把栏目记者、主持人等推向公众,塑造明星形象,并能在广大广播电视媒体面前展示自身节目的实力。光线传媒早期就是通过在北京梅地亚中心举办节目推广会而崭露头角的。

3)策划公共活动

公共活动和公益活动不涉及广告,但是通过对公共事务的参与能够提高受众对节目的认知和认可程度。特别是与有影响力的媒体共同承办公益活动,更能提高节目的知名度。

4)与广告商共同推广,互惠共赢

这种推广方式相对比较新颖,就是节目发行方与广告商在大型商场、超市等开展活动,用赠送优惠券、购买广告商品等方式吸引受众,如环保类节目可以与建筑材料商家一起促销,房产与家居类节目也可以与某家地产商共同开展活动。这种节目推广方式,因其目标受众定位精准,往往能够出奇制胜。

5)运用新媒体手段,整合推广

随着社交媒体和视频网站的迅猛发展,运用新媒体手段推广电视节目已经成为节目推广的新趋势。"台网联动"可以吸引不同年龄段的受众,同时也能克服电视播映时间的限制实现全天候播出,从而扩大节目的辐射面和影响力。

【实战案例】

中央电视台俄罗斯世界杯赛事转播权分销

世界杯电视转播权(包括赛事转播、赛事集锦和新闻报道3种类型)收入是国际足联(FIFA)最重要的收入来源。国际足联作为赛事主办方享有所有权和经营权。经过艰苦的谈判,2017年11月初,国际足联宣布将2018年俄罗斯世界杯在中国大陆地区的转播权则独家授权给中国中央电视台。

作为世界顶尖IP,世界杯赛事的转播权从1978年阿根廷世界杯录播开始已由中央电视台垄断了40年。从1990年中央电视台开始付费转播,外界预计,中央电视台为2018年和2022年世界杯独家全媒体版权花费大约3亿~4亿美元。对于中央电视台来说,花巨资拿下独家全媒体版权,看中的不仅是规模庞大、消费能力日益增强的中国观众,还有转播权带来的巨额广告收入和分销收益。

2010年南非世界杯,土豆、优酷等6家视频网站各以1 500万元从中央电视台获得新媒体转播权,以此计算,当时中央电视台仅版权分销即获利近亿元。2014年世界杯,中央电视台拒绝了各大网站的直播权报价,只是分销了点播回看权。

业内人士分析,对于中央电视台来说,是否分销世界杯转播权(包括直播、点播等),其实是在综合考量版权收入与广告收入之间的关系。"若分销+广告的收入超过独播+广告的收入,央视自然会选择将版权出售,反之则会独揽转播权,关键在于市场的反馈。"

2018年俄罗斯世界杯,中央电视台将新媒体版权授予了两家企业:5月22日,中国移动旗下咪咕视频宣布成为2018中央电视台世界杯新媒体及电信传输渠道指定官方合作伙伴,获得全部64场中央电视台世界杯赛事的直播和点播权;5月29日,优酷宣布和中央电视台达成合作,拿到俄罗斯世界杯赛事直播、点播、花絮等多项权益。虽然没有官方数据,但专业人士分析此次中央电视台分销版权价格或达10亿元。

【案例分析】

2018年世界杯,中央电视台在运营转播权方面再次创新,采用了分包设计的方法,将世界杯互联网转播权出让给优酷和咪咕视频,自己保留了电视转播权的运营。对中央电视台而言,将互联网转播部分进行分销,无疑大大降低了自己的运营风险,还打包了台标、解说、广告,增加了传播曝光,而且收视群体被分散的程度不会对自身收视份额冲击太大。这是因为:

首先,体育赛事与影视剧、小游戏、综艺节目等内容不同,它对画面清晰度和观赛气氛要求非常高。尽管手机可以收看,但人们仍然喜欢坐在沙发上,喝着啤酒,和亲朋好友共同在电视屏幕上享受世界杯。

其次,观看直播的人群和只看新闻或短视频的人群是不同的受众群体。收视数据印证了专业人士的预测,在世界杯揭幕当日,主打娱乐的优酷直播观看人数超过1 200万,咪咕凭借着重金打造的解说团队吸引了3 250万用户,而中央电视台全媒体观看人次则共计近2亿,从观看人数来看,中央电视台仍然占据中心地位。在外界普遍看衰传统电视媒体的当下,此次世界杯转播,中央电视台通过多终端策略,电视收视率全线飘红。在如何更好地利用新媒体平台进行传统体育电视节目的创新这一问题上,中央电视台给其他众多电视媒体同行做出了优秀的示范。

值得注意的是,中央电视台分销世界杯新媒体版权的时间非常微妙,5月份不仅距大赛开幕已不足一月,而且中央电视台电视广告招商已经结束。此时分销新媒体版权,虽然中央电视台平台的唯一性丧失了,受众在某种程度上被分散了,但在中央电视台投放的广告是央视画面的贴片广告,因此增加了曝光渠道,对广告商来说是意外之喜。

对于优酷来说,从中央电视台手中拿到2018年俄罗斯世界杯的网络传播权意义重大。优酷不仅可以运营广告获取更大收益,更重要的是它获得一次宝贵的逆袭机会。长期以来,视频领域呈现出腾讯视频、爱奇艺、优酷三足鼎立局面,优酷处落后地位,此次利用大IP实现了App下载量大翻身。尽管中央电视台吸引了大部分球迷,但是互联网渠道随时随地点播回看的优势可以帮助优酷吸引泛球迷群体,实现长尾经济效益。咪咕视频是中国移动公司旗下的内容提供商,此次获得2018中央电视台俄罗斯世界杯新媒体转播权,是电信运营商在体育赛事内容上的一大突破,同时也是对"终端+内容+网络+大IP"生态布局的加速推进。而且咪咕视频还推出了不同解说版本,网友可以选择性收听,也可以不听央视的解说版本,这个个性化选择设置进一步丰富了这一优质IP的内容创作空间。

除了以上渠道,往届世界杯期间,曾产生过网络电视、无线电视、录像厅、电影院、其他网络视频平台等各种观赛渠道,有些是授权的,有些则涉嫌侵权,中央电视台也曾诉诸法律维护自身合法权益。只是体育赛事转播权在各国法律体系中认定不同,而且对赛事的保护与对赛事转播权的保护也并不相同。我国法律界一般从著作权的邻接权和合同法的角度来进行保护。

从世界杯赛事转播权案例我们可以发现,奥运会和足球世界杯等大型体育赛事的产业链条很长,从赛事主办方到承办方、赞助商、主转播商、持权转播商、各地区分销后的转播商,其谈判和制播环节非常复杂,且大型赛事转播往往存在许多市场风险。事实上,由于美国未能进入2018年俄罗斯世界杯,福克斯公司虽然艰难通过了NBC和ABC、CBS等本国媒体的竞争抬价,争取到了赛事转播授权,但仍然难言成功。后期为了弥补损失,也把新媒体转播权分销给了Twitter。

【课后思考】

1. 广播电视节目的发行渠道有哪些?

2. 为什么电视台对普通动画片、综艺节目等仅愿意以每分钟几十元的价格购买,而对某些历史大片、战争片等却愿意天价购买?

【拓展训练】

如果你是某城市电视台的节目营销中心主任,请问你打算从影视剧、综艺类节目、体育节目、生活服务类节目、科教节目等类型中引进哪些类型? 分别通过哪些渠道向哪些组织购买? 资金费用如何分配? 现金支付还是广告支付? 请根据本任务的案例,做一份属于自身电视台的节目购买意向表。

任务三　广播电视广告策划

【任务描述】

　　新媒体的异军突起及广播电视市场的繁荣和竞争,使得各频道广告策划格外重要。随着人们生活水平和欣赏水平的不断提高,广大观众的消费需求也不断发生深刻变化。听众和观众对广播电视节目的需求越来越多样化,对节目形态创新要求越来越高,广播电视媒体在争取受众和广告客户的过程中受到了来自互联网等新媒体的激烈挑战,如何做好广告营销宣传变得越来越重要。在学习完如何策划一档符合受众需要的节目和如何宣传促销节目之后,本小节将围绕广播电视台如何制作刊例、创作广告、发布广告、广告招商以及广告谈判与管理等环节展开叙述。

【案例导入】

浙江卫视广告经营创新

　　2018 年,浙江卫视在广告经营方面有三大创新产品:一是蓝色星期五超级 5 折天,二是蓝朋友(中国蓝 10 周年十大品牌独家记忆),三是创意广告二十四节气。"蓝色星期五超级 5 折天"指的是联手多家顶级电商每周选择 5 个企业,每周五推出 5 折抢购活动,将电视、电商深度融合,资源引流。"蓝朋友"是联合 10 家合作品牌推出 10 部微电影,冠名中国蓝 10 周年生日庆典。"创意广告二十四节气"是指二十四节气前一天和当天推出 24 条 15 秒创意定制广告(创意+制作+拍摄),将中国传统文化精华注入品牌基因。

【课程内容】

9.3.1　广播电视广告创作形式策划

1)形象代言人策略

　　明星效应是最能在短时间内吸引注意力的宣传手法,很适合明星与产品形象契合的广告片。明星在受众中的良好形象可以帮助产品获得市场的好感,但是应该注意,如果产品和明星之间没有明显关系,而生拉硬套,则容易使人反感。另外,当明星因为个人原因形象受损或者产品因为质量原因形象受损时,明星和产品均会相关联地累及对方。

　　形象代言人也可以不请明星担任,而是根据产品需要,量身打造角色,这种情况下形象代言人就可以不受明星既定形象的限制,但是产品上市初期的吸引力也就相应减弱。例如,腾讯公司为即时通信工具 QQ 设计了独特的形象代言人——企鹅,现在已经非常深入人心,甚至整个腾讯公司都被网友戏称为"鹅厂"。

2) 广告歌曲策略

广告歌曲是利用韵律把产品名称或者产品特点直接演唱出来的广告形式,如果韵律优美,往往比普通广告词更容易加深消费者对产品的印象。2018 年《中国新说唱》就推出了这项服务,以广告歌曲形式将广告内容与品牌优势创作成说唱歌曲,让比赛选手采用说唱方式进行演绎。基于说唱的品牌表达,带给观众新意的同时,也更能被观众接受。

3) 示范策略

在广告中由风趣幽默的示范者,通过示范过程使消费者产生模仿行为的广告创意就称为示范策略。示范策略的应用已比较广泛,很难再对受众形成说服力。

4) 幽默策略

幽默的广告通常最受欢迎。在国际广告大奖中胜出的通常是幽默广告。幽默广告需要脚本创作者具有很强的幽默感,广告导演同时具备得当的技巧。主打年轻群体的百事可乐就经常采用幽默策略,讲述体育运动中的搞笑故事,经常博得运动爱好者会心一笑。

5) 感性诉求策略

感性广告通过诉诸消费者的情感来赢得好感。感性广告用得好可以触及人们的内心,产生难以名状的情感,但是用得不好,往往有矫揉造作之嫌,令人生厌。

6) 哲理策略

中国几千年来积累了很多的文化哲理,融汇于广告片中,能够令文化背景较好的消费者产生认同感。

7) 态度策略

年轻人很强调个性,传统的广告诉求方式很难调动他们的认同感,但是喊出他们生活感受的广告词,却很容易获得他们的欢迎。动感地带"我的地盘,我做主"的口号就是很好的例子。

8) 视觉震撼策略

每个人每天接触的广告几十上百个,视觉震撼就是一个可以在芸芸众生中脱颖而出的办法。它可以把观众的视线留住,并在脑海中形成印象。但是使用不当,也很容易引起观众的不安,所以要谨慎对待。

9) 故事策略

这是一种以不同的片段连贯成广告故事的创造手法,通常配以悦耳的音乐。这种创意虽然很常见,但是掌握得好,同样可以取得好的广告效果。2018 年上海东方卫视制作了与电视剧剧情深度结合的定制广告片,容易产生新鲜感、带入感,品牌更易被记住,便于线下二次传播。

9.3.2 广播电视广告发布形式策划与创新

发布形式是电视台为客户提供播放广告服务的方式,也是电台/电视台广告经营的主要项目和内容。随着专业化频道逐渐成熟,内容付费将成主要趋势,硬性广告"说服"模式越来越难以聚拢观众的注意。为了使客户更好地选择自己的广告播出时间,达到良好的广告效果,广告发布形式必须进一步软化。软化可以从广告的形式入手,如努力将广告制作得更为精美、更富含人文意蕴;也可以以赞助的形式,通过电视栏目的冠名权、有奖活动的主办单位资格、奖品提供商资格、电视购物等形式来进行;或者以公益广告形式出现,等等。总之,专业化频道时代,广告的形式将更为隐蔽和巧妙,广告将更多地立足于提升企业的整体形象,培养受众的认同感,而不仅仅只是产品的销售。

电视广告片发布的主要形式有以下 8 种。

1)特约播映广告

特约播映广告指电视台为广告客户提供特定的广告播出时间,客户通过订购这类广告时间,把自己的产品广告在指定的电视节目的前后或节目中间播出的一种广告宣传方式。

2)平播广告

平播广告是最常见的一种广告形式,是电视台在每天的播出时间里划定几个时间段,供客户播放广告的一种广告宣传方式。

3)冠名广告

冠名广告就是把厂家的名字放在节目名称前面来宣传产品品牌的一种广告形式,它通常伴有"本节目由×××冠名播出"字样,往往还在节目每章节开始时由主持人口播"欢迎准时来到×××"。冠名广告具有排他性,每档节目只有一个冠名广告,而特约广告可以由多家企业共同购买。

4)贴片广告

贴片广告是随公开放映或播映的电影片、电视节目加贴的一个专门制作的广告。电影贴片广告通常是在放映正片之前放映,中国的院线一般把贴片广告的时间限制在 5 分钟内。电视台的贴片广告通常在每集电视剧或每个节目播出前或播完后的广告时间内播映。

5)直销广告

直销广告指电视台为客户专门设置广告时间段,利用这个时间段专门向广大观众介绍客户生产或销售的产品和商品。

6）文字广告

文字广告是一种较早期的广告形式，只是在电视屏幕上打出文字并配上声音的一种最简单的广告播放方式。

7）公益广告

公益广告是一种免费的广告，主要是电视台根据各个时期的中心任务制作播出的一些具有宣扬社会公德、树立良好社会风尚的广告片。公益广告不仅可以提升电视媒体公信力，同样也可以进行经营，从而实现经济效益。

8）植入式广告

植入式广告是一种把产品及其服务具有代表性的视听品牌符号融入影视或舞台产品中的广告方式，能给观众留下相当深刻的印象，以达到营销目的。植入式广告是随着电影、电视、游戏等的发展而兴起的一种广告形式，它是指在影视剧情、游戏中刻意插入商家的产品或标志，以达到潜移默化的宣传效果。由于受众对广告有天生的抵触心理，把商品融入这些娱乐方式的做法往往比硬性推销的效果好得多。

9.3.3　广告招商形式策划

1）策划广告招商推介大会

广告招商活动是每个频道每年一度的大事，招商大会是广播电视台与广告客户的见面会和感情联络机会，是让广告客户认识、认可广播电视台并与之签订合同的重要方式。它区别于一般会展策划，由电视台主管经营的副台长带队，由广告部经理、明星主持人等组成工作小组，前往各工商企业集中的城市展开品牌攻势，邀请当地企业界人士前来洽谈业务，向他们展示本台实力，并向他们说明本台各档节目与不同商品间的呼应关系。

一般来说，电视台会在广告推介会上展示当年的收视成绩、观众特征、自办栏目竞争力、电视剧资源优势、节目编排的新变化和具体广告资源等几项内容，特别是广告资源调整的说明、广告优惠政策、广告环境与效果的优化、广告客户服务，必须在会上作出详尽而准确的说明。

[案例]

2019年江苏卫视广告招商会上，"荔枝主持天团"孟非、李好、李响、彭宇等人领衔，邀请了杨澜、陈妍希、陈晓、郭碧婷等明星嘉宾站台，吸引了包括客户代表、制作单位、各界媒体在内的上千名人士与会，氛围热烈。在广告招商大会上，江苏卫视方面突出强调了自身媒体的传播力、引导力、影响力、公信力，宣布索福瑞全国网观众规模突破11.1亿，高居卫视第二，在竞争最为关键

图 9.3.1

的 19:30—23:00 晚间黄金时段,江苏卫视表现尤为出色,而且江苏卫视追求正能量的传播力,能吸附中坚人群。在广告领域,江苏卫视成绩同样抢眼,逆势上扬了 13 个百分点,植入品牌数量、类型、时长、频次 4 项在省级卫视的角逐中全部夺冠。为了帮助品牌客户花最少的投入,收获最大的效果,2019 年,江苏卫视所有自制内容将在优酷视频同步播出,在扩大节目影响力的同时,所有合作伙伴的广告植入权益也将同时在江苏卫视和优酷双平台完整呈现,一次投入双频播出,效果加倍。

2)优势频道策划广告招标大会

广告招标活动是一种市场定价策略,用于招标的广告资源的价格不是由电视台根据收视率、传媒品牌形象等因素确定的,而是由买卖双方根据供需关系确定的。中央电视台就非常注意整合频道资源,共同推介,每年冬天均把第二年的所有稀缺资源,如新闻联播、世界杯、奥运会、春节联欢晚会等,通过举行广告招标大会来定价。这项大会不仅为中央电视台完成全年的广告经营目标打下良好的基础,而且其本身已经成为一种品牌活动,受到国内外企业的热烈追捧。广告标的物可以是每天的黄金时段广告、栏目承包广告,也可以是特殊资源广告,比如世界杯、春节联欢晚会、青年歌手电视大奖赛等。

广告招标大会的程序一般是首先做好招标的前期准备,将标的物、标底价、信用保证金(100 万元)交代清楚,然后由拍卖师宣布招标规则(明标或暗标),并且邀请明星献唱或主持人充分调动现场气氛,最后签订协议。近年来,由于网络媒体的强势崛起分散了受众注意力,加之健康饮酒观念逐渐深入人心,中央电视台广告招标热度稍降,标王不再总是被白酒企业天价购得,相反许多互联网产品的广告反倒频繁出现在中央电视台屏幕上。而招标形式也逐渐多元化,主要稀缺资源在现场招标,部分特别广告和特别节目资源在网络上招标,另外各频道具有一定市场需求的优质资源还可以签约认购,满足一揽子个性化需求。

【实战案例】

中央人民广播电台的品牌集群式情景广告创新①

广播广告与电视广告相比,具有很多不同之处,加之新媒体的竞争,广播电台在广告市场上压力很大。近年中央人民广播电台(以下简称"央广")"中国之声"和"经济之声"推出独创性品牌集群式情景广告系列或许对国内其他广播电台具有一定启发性。

常规广告文案创意要求体现单一品牌或产品的利益诉求点,传达品牌或产品优势,而在品牌集群式情景广告的定制生产过程中,与主题相关的生活情境和细节是文案创意的第一要义,选取文案内容时的优先考虑因素是听众对主题收听的情感体验,能够触发内心最柔软的部分品牌集群式情景广告,顾名思义就是提炼并还原听众现实生活中各个不同场景和情感诉求,通过营销事件和节假日等时间窗,把互不关联的多个品牌整合到一个文案中,形成有情怀、有趣味、易于接受的情景表现。

情景广告创意中的节假日包括元旦、春节、元宵节、五一劳动节、端午节、中秋节和国庆

---

① 赵东.央广品牌集群式情景广告的创新实践[J].中国广播,2019(3):17-20.

节等节日,营销类事件指的是"3·15"消费者权益日、"5·10"中国品牌日、"11·9"全国消防安全日、世界杯足球赛、韩国平昌冬奥会以及北京国际马拉松比赛等。

例如2018年春节品牌集群式情景广告——《生活则美》:

女:2018新春央广中国品牌联盟,带您领略生活的美好!

男:身无忧,心无忧,一米阳光换一天明媚;

女:创维有机电视,健康,生活则美!

男:守有方,进有度,一个坚守成一份大业;

女:北汽新能源汽车,匠心,生活则美!

男:近无险,远无愁,一缕春风化一种舒心;

女:中国人保,安心,生活则美!

男:行有运,施有道,一片真情汇一条爱河;

女:中国福彩,良善,生活则美!(统一尾版)

男:新春爱相随,品联常相伴!

合:2018中国品牌联盟陪您一起过大年!

该文案通过男播每一句哲理性的叙述引出女播与之匹配的品牌的价值内涵和语境,给听众留下趋同链接的回味空间。

2018年9月获得第25届中国广告长城奖的《中国品牌联盟之武林大会篇》就很有代表性。

男深沉旁白(配大漠感背景音乐):公元不知道多少年,七大门派汇聚此地,武林中有头有脸的人物都到齐了。

男(威风感):在下乃是拥有800年元明窖池的真藏实窖——口子窖教主!

男(仙骨感):鄙人属中国劲酒剑派,修炼保健之功!

女(英姿飒爽):师承酒韵古法,配桃花春曲,古井贡掌门是也!

男(明快感):本人大清花。

男(幽默感):我乃小清花。

男:江湖人称,衡水老白干!

男(口吃感):杏花村大弟子,排行老九,人称汾酒!

男(豪爽感):各位大驾光临,我迎驾贡这厢有礼了,迎宾非我迎驾贡莫属!

众人错落有致合:幸会幸会!多多指教,哈哈哈哈……

男旁白:文明饮酒,健康生活,2018央广中国品牌联盟——(众人齐声和)和你在一起!武侠世界里英雄与酒密不可分。

这篇为春季全国糖酒会营销事件创作的获奖作品,把源于"武林大会"的情景作为全篇广告创意点,把央广平台在播的酒类品牌通过不同的人物性格,以拟人化自我介绍的多角色演绎,幽默又不失稳重地把各品牌的诉求特点栩栩如生地表达出来,赋予了品牌鲜活的生命。标识尾版又以"文明饮酒、健康生活"的公益元素使立意和主题更加鲜明突出。同时,结合2018央广品牌联盟的营销策略,使"武林大会"与"品牌联盟"概念交相呼应,形成创意闭环。

品牌集群式情景广告在播出编排上也有不同于常规广告的排播方式。它摒弃常规广告一周固定在几个时间点播出的固化模式,根据驾乘人群的移动和碎片化的收听场景特点,在播出点位和播出频次上做到不同版本各有不同。在点位安排上,以一天一个单元渐次安排,播出周期内当天与前一天的点位迥然不同,这样可以有效覆盖碎片化收听人群。在播出频次上,因为该类型广告针对具体的事件、节假日主题,在短周期内播出适合采用全天高密度滚动铺排,营造出主题气氛。点位动态更替版本和高频次的播出安排,充分考虑听众在不同时段收听的新鲜度,通过不同版本的穿插播出、某一时间点位上的版本轮换播出等方式聚合使用,在营造集群密集感的同时,实现每一个收听场景、每一个碎片时间和听众感知效果的最大化,确保了精准营销的有效到达。

【案例分析】

融媒体时代,在广告产品和铺排方式等方面的设计和布置需要构建新生态情景,以期重构品牌与消费者的近距离接触,建立其对广告产品的好感度,提高目标受众的到达率和广告投放效率,从而提升媒体在广告价值上的优化作用。央广广告进行的品牌集群式情景广告生产实践通过这类耳目一新的系列短音频产品,充分发挥了国家媒体的传播引导力。随着AI智能音箱、车联网和移动终端等技术的迭代升级,广播的互联网化和短音频营销也提上了广播广告的议事日程。如何将短音频化的品牌集群式情景广告通过精心定位、设计和制作,以浸入式、切片化和贴标签的传播方式让用户产生好感、信赖和热爱,与用户融为一体,直至通过线上线下的联动智能化短音频布局,实现广播广告模块契合新收听生态,这是今后广播广告工作进一步的研究方向。

【课后思考】

1. 如果你是一部电影的制片人,你可以通过哪些方式植入广告?
2. 电视台应该如何利用收视率进行节目编排、购买和广告营销?

【拓展训练】

结合本任务所学知识,写一份关于家乡电视台广告经营情况的调查报告,要求分析存在的问题并提出对策建议。

综合项目实训

项目编号	9	项目名称	广播电视策划综合实训:节目策划和广告招商策划
实训背景			以本地电视台为服务对象,模拟推出一档婚庆节目
实训内容			1. 请你为本地电视台策划一档婚庆节目,撰写节目策划书(包括节目名称、节目类别、节目主旨、节目目标、节目定位、节目形态、节目内容与环节、节目风格、主持人、节目长度、播出时段、播出次数、节目集数、参赛者安排、参赛者服装以及化妆安排、节目宣传与促销手段、摄制要求等); 2. 请你为本地电视台策划一档婚庆节目,并为该栏目撰写广告招商策划书
实训目的			1. 掌握策划书写作的格式要求; 2. 掌握节目策划书写作的基本内容; 3. 掌握广播电视节目策划的基本方法; 4. 了解常规的广告招商方式; 5. 掌握不同电视台的广告价格水平,以及价格影响因素; 6. 掌握根据广告价目表和节目定位,设计和制作广告刊例的方法
实训步骤			第一步:以小组为单位进行相关资料收集; 第二步:根据设定的实训内容,完成对该节目的分析; 第三步:每个小组写出改进策划书; 第四步:班级进行公开讲评,选出最佳方案
实训成果			1. 节目策划书; 2. 广告招商策划书; 3. 广告刊例
要求与考核			1. 教师负责指导和答疑,学生相互间可以进行讨论,但所有素材不得共享,否则均记 0 分; 2. 指导教师根据学生的课堂表现和所交的作品进行打分,按 100 分评定成绩; 3. 按时交作品,若有特殊情况必须说明

项目十

新媒体策划

知识目标

1. 正确认识新媒体、网络媒体、社交媒体、自媒体的内涵;
2. 了解网络媒体、社交媒体、自媒体策划的方法和步骤;
3. 了解新媒体策划与传统媒体策划的区别。

能力目标

1. 能按照网络媒体策划的基本步骤进行网站的策划;
2. 能根据社交媒体、自媒体策划的要点,迎合市场需求,进行策划。

任务一　网络媒体策划

【任务描述】

新媒体是相对于传统媒体而言的,是报刊、广播、电视等传统媒体以后发展起来的新的媒体形态,是利用数字技术、网络技术、移动技术,通过互联网、无线通信网、有线网络等渠道以及电脑、手机、数字电视机等终端,向用户提供信息和娱乐的传播形态和媒体形态。

网络媒体是新媒体的一种,它是以互联网技术为基础的传播形态。基于网络媒体所依托的具体承载平台,网络媒体策划通常包括网站定位策划、网站内容策划、网站页面设计、网站技术策划、网站项目实施计划、网络运营策划等具体内容。

【案例导入】

基于 AI 梳理互联网的知识引擎——Magi①

2019 年 11 月,"Peak Labs"公司发布了其人工智能系统 Magi 的公众版"magi.com"。通过这一搜索引擎,用户输入关键词,即可获取 Magi 从互联网文本中自主学习到的结构化知识和网页搜索结果,每个结构化结果后面都会附上来源链接及其可信度评分,和我们以往使用的传统搜索引擎不同,传统搜索引擎返回的是一系列的链接,要解读问题,还需要自己去点击网页挖掘有用信息。Magi 是基于机器学习的信息抽取和检索系统,它不使用 HTML 标签等半结构化特征,无须预设领域和关键词,直接处理自然语言文本。它能够将互联网上的公开文本和企业内部的私有数据提取归纳为结构化知识,为用户提供自主更新的、可量化解析的、可溯源的知识体系,而且这个系统具有终身学习能力,能够开放地获取并自主学习互联网上的信息,不断增强自身对自然语言文本的处理能力。

【课程内容】

网络媒体是在新的技术支撑体系下出现的传媒形态,如 BBS、数字杂志、数字报纸、数字广播、网络视频、三维全景、桌面视窗等,以网络为载体,但不限于有线、无线网络,不限于手机、PC 等终端。作为数字化传播时代的新媒体,网络媒体已经有了越来越多的用武之地。它的优势和劣势都十分突出,一方面它有多媒体的资源优势,内容丰富,时效性强,能够实现即时互动,给受众高度的参与感和全方位的服务;另一方面,它又缺乏严谨性、深刻性和权威

---

① 参考 Magi 官方网站整理。

性,公信力也不足。网站(Website)是网络媒体所依托的具体承载平台。

10.1.1 网络媒体定位策划

明确的定位是网络媒体顺利发展的前提。这里的定位,主要指网站在网络上的特殊位置、核心概念、目标用户群、核心作用等。网站定位是网站建设的策略与导向,网站架构、内容、表现等都要围绕网站定位展开。

1)网站

网站,是指在因特网上,根据一定的规则,使用 HTML 等工具制作的用于展示特定内容的相关网页的集合。网站由域名(domain name,俗称网址)、网站源程序和网站空间 3 部分构成。根据不同的分类标准,网站的类型呈现多样化:根据网站所用编程语言分类有 asp 网站、php 网站、jsp 网站、asp. net 网站等;根据网站的用途分类有门户网站(如综合网站)、行业网站、娱乐网站等;根据网站的商业目的分类有营利性网站(如行业网站、论坛)、非营利性网站(如企业网站、政府网站)、搜索网站(如百度)等。

2)网站定位的原则

给网站定位的方法很多,侧重点也有所不同,但是总的原则大体上是一致的。

(1)身份明确

这里的"身份"指的是网站希望自己给外界、给读者和用户留下的印象,一个好的定位,必须能够回答用户或读者几个基本问题:这家网站到底是做什么的? 它能向我提供什么? 提供的产品内容质量如何? 如优酷网是用户视频分享服务平台,百度是中文搜索引擎,腾讯则是互联网综合服务提供商。

(2)追求独特性

如果一家网站在内容和经营上没有自己的特色,不能提供一些独特的东西,那么很快就会被淹没在互联网爆炸式蔓延的信息海洋里而无人问津。独特性源于填补市场空白的产品、有价值的服务、独特的页面编排与形式等。

(3)充足的生存空间

这是一个面向企业外部环境的定位原则,其要旨是网站定位必须考虑在目标市场是否拥有必要的存活、发展空间。

(4)与自身可控资源匹配

这一原则主要是针对企业的内部环境。任何一家企业,在其创办和发展的过程中,所必须遵循的客观规律都是做力所能及的事,必须严格审视自身所具备、可以掌控的内部资源。

10.1.2 网络媒体内容策划

网站的内容就是网站提供的所有产品、信息和服务。具体来说,栏目的设置、栏目的功能、网站的风格、颜色搭配、版面布局、文字图片、声音视频等都属于网站的内容。网站的内容是一个网站的灵魂。网站内容策划,就是策划网站需要什么样的内容,内容以什么样的方式产生、以什么样的方式来组织。

1）网站内容获取

目前,很多网站还无法直接靠其内容赢利。但是,这并不意味着网站内容毫无价值可言。事实上,内容是网络活动赖以生存的基础,互联网的重要性在于它是一种信息资源。信息社会,信息的重要性不言而喻,内容如何获得价值已经成为一种商业策略。

(1)原创——整合战胜原则

虽然网络时代的原创信息是必不可少的,但是对于传媒而言,资讯整合能力的重要性的确上升到了一个新的高度。比如没有传统媒体背景的新浪网没有新闻采编权,所以原创对其而言是不可能的任务,然而,在实际中它确实又是相当受欢迎的网络新闻获取平台,究其原因就是它出色的整合工作。上网时,读者喜欢看简短的文章,这和受众在传统媒体时代是一样的。所以写出一份现有材料的内容摘要,摘取其他网站或出版物的内容,灵活地运用"合理利用"这一版权法的核心内容,保证内容独家性的成本比从头撰写原创内容要低得多。

(2)链接

制作网站内容时,最省钱的方式就是链接。链接是网络存在的基石。在在线环境中,世界上最赚钱的网络公司都是一些搜索引擎公司,百度、Google、Yahoo 就是建立在链接基础上的成功内容网站的范例。

(3)以文易文

现代经济社会强调市场的双赢。与本网站没有直接竞争关系的网站互换内容,可以拓宽网站内容的来源渠道,实现资源共享。

(4)建立合作关系

如果网站需要的新内容数量相当大,而凭借该网站的实力,暂时又难以提供这么多内容,那么就很有必要和别的公司建立合作关系。最理想的合作伙伴是那些已经具备所要求的内容,而且又不是你的直接竞争对手的网站。这种合作关系宜通过签订正规协议来固定。

(5)购买

购买是指付版权费购买一些筛选出来的好的书籍和报告等媒体内容,这些内容可以为网站提供极有价值的内容。大量专业新闻也能通过这种方式获取,这将是网站内容发展的趋势。

(6)激励网站读者提供内容

客户提供的内容往往是由互动式的内容制作工具制作的,如邮件列表、聊天室评论、BBS 社区网站等就属于这种情况。另外,一些电子商务网站也通过这种方式获得内容,如美国最大的网络电子商务公司亚马逊(Amazon)就是一个典范,其提供的书评几乎都是读者自己撰写的。

2）网络频道与栏目策划

为了方便网友浏览,网络媒体对内容进行了划分,由此演变出频道与栏目。频道是拥有独立的二级域名,并把网络媒体中相同属性、相同题材的报道划分成单独的网络报道平台,栏目则是网络报道平台内容的细分归类,以满足受众不断变化的阅读需求。频道的策划包括内容策划、栏目的设立、页面的功能、页面的布局、页面设计、更新维护部署等内容。栏目的策划就是以同一模式在频道基础上的细分。

[案例]

"优酷"是中国最早和最具影响力的网络视频平台之一,是中国网络视频行业的领军品牌。目前优酷的频道主要有:资讯、剧集、综艺、少儿、电影、动漫、纪实、文化、体育、来疯、教育、游戏、直播、时尚、音乐、旅游、搞笑、汽车、亲子、娱乐、公益、生活、科技、财经、会员、发现、片库等,每个频道下设有不同的栏目,如资讯下有7个栏目:资讯爆头条、军迷必看、财经资讯、科技资讯、奇葩事、社会正能量、特别推荐;综艺频道下有15个栏目:热门网综、优酷牛人、脱口秀、真人秀、选秀、访谈、搞笑、时尚、晚会、理财、演唱会、曲艺、益智、音乐、舞蹈。

(1)频道内容板块划分原则

①属性相近原则。属性相近原则是指频道与栏目的内容板块划分可以按照内容属性进行,比如博客频道就是所有博客汇总、视频频道就是所有视频的汇总。

②内容相近原则。内容相近原则是指按照网络媒体报道的内容划分板块,如体育、娱乐、财经、科技、汽车等,这些内容通常会划归成单独运营的频道。

(2)频道内容架构

有了大致的板块划分后,即可开始搭建频道内容构架。搭建频道构架需要做一些前期准备工作。例如,频道编辑负责准备内容资源并策划新频道框图,组织安排好页面开发工作;频道外联人员则与相关媒体进行沟通,签署合作媒体协议,做好新频道上线前的推广计划,并落实到各家媒体。

频道的内容构架一方面指确定整个频道都由哪些内容和栏目组成,另一方面指要设计恰当的表现形式在页面上摆放这些内容和栏目。

3)网络媒体专题策划

网络媒体专题是互联网传播的特有方式,是指网络媒体报道新闻事件或新闻主题时,调动各种资源获取新闻资讯,通过对文字、图片、图表、视频等内容的编排组织,展现特定主题或事件的一组相关新闻信息。

(1)网络专题要具有独特视角、与时俱进

每一个选题都应该有新的构思,形成鲜明的个性特色,避免和已经出现的其他网站专题重复或雷同。只有这样,制作出来的专题才能给人留下鲜明的印象。

(2)网络专题所需素材的选择要客观全面

专题内容的选择要围绕专题的主题进行。网站专题尽管包容性大,但还是有限度。网站编辑对专题内容有充分的选择权利。真实的材料、有代表性的材料、未经加工的原创性材料、正反两方面的材料是选择时要侧重的。

(3)网络专题的栏目设置要合理、清晰

网络专题栏目是网络专题的主要框架,栏目的设定要从内容出发,要服务内容。栏目设置要合理,框架要清晰简练。专题包含的基本项目有:焦点区、数据区,基本栏目包括:新闻动态报道、图集、视频报道、评论、调查、专题内搜索等。

[案例]

人民网——国庆70周年专题

为庆祝中华人民共和国成立70周年,人民网提前策划、精心准备,推出了一系列形式多样、主题鲜明的融媒体专题。专题页面开设有滚动实时信息的最新报道、视频、直播、图片等频道,同时还设置了访谈、交互等栏目与网友们实时互动,内容形式涉及图文、直播、视频、MV、H5、快闪、手游、微电影、短视频等。这些作品弘扬主旋律、传播正能量,在线上线下激起了广大网友的爱国情、报国志。

4)网站内容管理

网络媒体的发展对网站的内容管理提出了更新、更高的要求。每个网站都有一套内容管理制度。一般而言,应当包括内容审核制度、内容监控制度、稿件签发制度、人员职责、奖惩措施等。网站内容管理制度是对网站内容进行有效管理的保证,是网络媒体巩固和发展的基础与重点,网络媒体策划必然要包括网站内容管理制度的建设。

10.1.3 网站页面设计与技术策划

用户界面设计是屏幕产品的重要组成部分,网站界面设计的"好"或者"坏"主要通过两个标准来衡量:一个是可用性标准,即传递信息的效率;另一个是美学标准,即生动的形象、吸引人的图形等。

1)界面设计的内容

通常来说,网站界面设计包含网站Logo、网站Banner、网站导航条、网站内容版式、图形图像运用、字体设计和主要色彩设计等。

2)界面设计分类

(1)结构设计
结构设计是对网站界面的布局进行配置的过程。整体架构应逻辑清晰,层次简洁。

（2）交互设计

交互设计是对产品及其使用者之间的互动机制进行分析、预测、定义、规划、描述和探索的过程，简单说，即设计和定义使用者如何使用某一产品达到其目标，完成某一任务的过程。"以人为本"是交互设计的理念。

（3）视觉设计

视觉设计是指网站界面风格和色彩的呈现方式，包括色彩、字体、页面等。视觉设计要达到让用户愉悦使用的目的。

3）界面设计的要点

（1）用设计吸引用户，用内容引导用户

界面设计的核心是让用户用尽可能少的时间获取所需要的信息，设计不能成为用户获取信息的阻碍，而应该成为用户与信息之间的桥梁。

（2）要具有广而告之的作用

网站 Banner 即广告条，主要用来传递一些信息，起到广而告之的作用。它一般有鲜明的色彩、极富号召力的文字并且占据突出的位置。

（3）导航条要直观醒目

导航条起着承前启后的作用。清晰、明了地反映访问者所浏览的层次结构是导航条的首要特点；其次，导航条的色彩须和网站整体风格相适应，并且需要拥有一个很好的展示空间。导航条应该独立于内容之外。

（4）所有的网页具有相同的主题或风格

一般而言，网站的主题与风格在整站中应该保持一致，这样才有利于网站形成整体风格，增强辨识度。

（5）形式选择要符合网络传播特点

一个好的网站应该具备的最重要的一项素质就是符合网络传播特点：简洁、明快、重点突出，尽量少占用网络资源。

（6）网站色彩必须与网站内容相协调

色彩是确立网站风格的灵魂，网站的类型多种多样，对于承载不同内容、面向不同受众的网站，在制作时必须根据不同的内容确立色彩的选择与搭配。如白色在所有色彩中亮度最高，给人一种特别轻快的感觉；红色象征着火，能强烈地刺激情感；橙色带给人的是朝气活泼、积极向上的感觉；黄色是唤起注意和警觉的代表色彩；棕色是广阔的大地和肥沃的土地等最基本的自然物的代表色彩；绿色传达一种清爽、舒适、温暖的感觉，是一种放松身心、舒缓心情的色彩；蓝色使人联想到天空和大海；紫色是高贵身份和品质的象征色；灰色是一种中性色，给人的感觉是柔和、细致、朴素、大方、优雅，具有智慧、斯文的气质；黑色传达着强烈的力量感，给人的感觉是现代、干练、神秘、严肃、庄重，另外也容易使人产生不安、绝望、悲哀、沉默、孤独等消极印象。

4）界面设计的原则

要设计一个美观实用的界面，以下 4 个原则是必须遵守的。

（1）对比

对比是页面中最重要的视觉吸引手法,对比的原理是避免页面上的元素过于相似。如果字体、颜色、大小、粗细、形状、间距等不完全相同,可以让它们各自迥异。

（2）重复

重复是指在整个作品中重复设计的视觉元素。重复突出了结构感,增强了整体性。

（3）对齐

各个元素都应与页面上的其他元素保持视觉上的联系。对齐可以产生一种洁净、精致、鲜活的效果。

（4）紧凑

相关的元素应该紧凑摆放。紧凑有助于组织信息,减少混乱,让读者感到结构清晰。

10.1.4　网站技术策划与项目实施

1）网站技术策划

网站的技术实现包括两个方面,一个是程序的开发,把网站策划的内容,包括规则和功能加以实现;另一个是网站的运行环境,网站的运行环境包括网站的硬件环境和软件环境,具体来说,包括服务器、编程语言、数据库的选择、网站安全保护、网站接入互联网的方式等。

2）网站项目实施

在网站策划完成之后,网站建设实施就提上了日程。事实上,从建设网站的意向确立开始,项目就已经启动,这里所说的项目开发主要指网站的开发实施、网站测试及上线。

网站的开发实施策划包括三方面的内容:时间策划、人力策划和预算策划。

网站程序开发完成后,要经过测试才能上线,这是为了保证网站或者产品能够正常运行,它包括:功能测试、用户操作测试、浏览器和操作系统测试、速度测试、负载测试和安全性测试。

经过测试后,网站就需要发布到互联网上。网站上线需要把网站的文件复制到 Web 服务器上,并对 Web 服务器进行配置,开通 Web 访问服务,然后互联网用户可以通过域名或者 IP 访问站点。

10.1.5　网络媒体运营策划

经营好一个网站,是网站能够走下去、走得远的关键因素。运营的目的就是不断解决矛盾,是一门需要用实践不断打磨的艺术。

1）网站的推广策划

如何让更多人了解网站并留下来使用网站的服务？ 推广是非常重要的一个方面。

进行网站推广需要策划,大致要考虑如下因素:分析网站目标用户群的行为方式、考察和评估其他网站的推广方式及网站推广方式的成本和收益的估算。最后,在综合考虑如上因素的前提下,确定最适合自己网站的推广方式。

网站的推广方式多种多样,主要有以下几种。

(1)搜索引擎推广

这是比较节省成本的网络推广方式,是利用一定的专业技术和方法,为被推广对象提供搜索引擎登录、搜索引擎优化服务,以便其获得理想收益的网络推广方式。其主要目的是被较好的搜索引擎收录,并使被推广对象在搜索引擎中得到较好的排名,增加被推广对象知名度和影响力,以此来获得高点击、高流量,最终带来较好的投资回报。

(2)网站目录登录推广

网站目录登录推广,是指在各大导航类网站、门户网站、行业分类及专业目录网站中登录被推广对象的信息,使其被收录,以增加影响力的一种推广方式。

[案例]

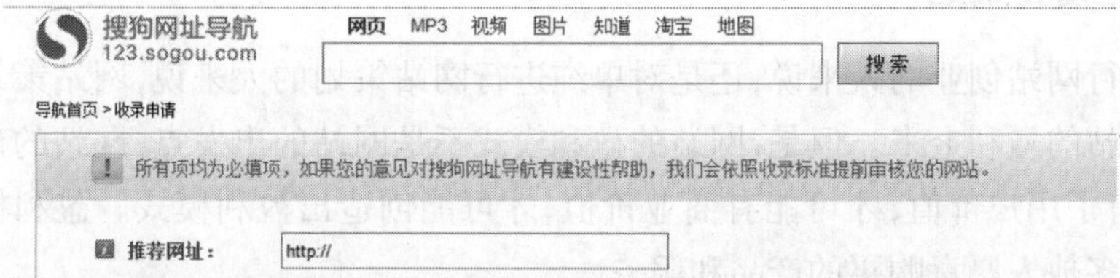

图 10.1.1　搜狗网址导航收录页面

(3)社区营销式推广

社区营销式推广就是利用社区平台的人群聚集,发布推广网站,或者利用社区的人际关系,达到口碑营销的效果。社区包括论坛、博客、微博、交友网站、聊天室、各种 Web 2.0 网站等。

(4)网络广告推广

网络广告推广是指通过在互联网站点上发布各种网络广告,达到推广目的的网络推广方式。有旗帜式广告、文本链接类广告、电子邮件广告、图片广告、视频广告推广等形式。

(5)IM(即时)通信推广

该类推广是指利用 QQ、MSN 等即时通信工具去完成对被推广对象的宣传与推广。方法通常包括:在聊天窗口中加载推广信息;在登录窗口中加载推广信息;在聊天工具的主界面加载推广信息;建立专用于宣传的群,如 QQ 群;在相关的"群"中发布宣传信息等方式。

（6）事件网络推广

通过网站对人们所关注的事件的宣传，让受众关注网站。如各大网站在北京 2008 奥运会期间精彩纷呈的奥运报道，都借助奥运新闻事件本身对自己的网站进行了推广。

（7）商业资源合作推广

商业资源合作推广有两种方式：一是线上资源合作，比如空闲广告位合作、网站内容合作、技术资源合作、友情链接等；二是开展与线下媒体合作。

（8）线下推广

线下资源如传统媒体，或者网吧、营业厅、报刊亭、便利店等都是很好的推广平台。

（9）其他形式的推广

如免费服务推广、B2B 网络推广、熟人推广、手机网络推广等等。

推广的形式是难以穷尽的，但好的创意、好的渠道是推广成功的核心。不管采用哪种方式，推广都要持之以恒，按照与自身资源相匹配的方式去推广。

2）网站的盈利模式策划

不管对试图进行网站创业的人来说，还是对单纯进行网站策划的人来说，网站策划的最终目的都要回到网站的赢利上来。但是，网站的盈利模式不是网站的出发点，网站的出发点是用户价值，只有有了用户价值，才可能有商业价值，才可能创造出盈利模式。盈利模式的本质就是创造出更多他人愿意购买的产品和服务。

（1）现有的网站盈利模式

现有的网站盈利模式主要的有 6 个：广告、信息内容收费、互联网增值服务、移动增值服务、电子商务、网络游戏。

①广告。广告是目前互联网最平常、最普通，但也是最大的一块蛋糕，几乎所有网站自然而然的盈利模式。迄今互联网广告发展已有 10 多年历史，据群邑商业洞察统计，2019 年全球互联网广告市场达 2 940 亿美元。2019 年，中国互联网广告总收入达 4 367 亿元人民币。①广告已成为互联网网站收入的最大来源之一。

②信息内容收费。信息内容收费是指网络媒体就自己或委托第三方收集整理或原创的内容进行收费。用户若想获得使用权或阅读权须先交纳一定费用。从目前中外网络媒体信息内容的营收模式来看，利用信息内容收费的形式大体有 3 种：为其他网站或媒体提供新闻和信息内容、提供付费浏览的内容、提供有偿数据库查询。

③互联网增值服务。互联网增值服务一般是指会员服务、社区服务、游戏娱乐、可视电话、语音聊天等基于互联网平台的增值服务。

[案例]

腾讯是中国三大互联网公司之一，与百度、阿里巴巴并称 BAT。根据其 2019 年发布的年报看，腾讯全年收入为 3 772.89 亿元，互联网增值服务收入为 2 000 亿元，同比增长 13%。

---

① 参考中国广告网。

增值服务收入 1 999.91 亿元。网络游戏收入 1 147.86 亿元,网络广告收入 683.77 亿元。电子商务云业务交易业务营收收入超 170 亿元。即时通信服务 QQ 月活跃账户数达到 6.47 亿,微信及 WeChat 合并月活账户达 11.65 亿,"QQ 空间"活跃账户达 6.027 亿。它的增值服务主要包括会员特权、网络虚拟形象、个人空间网络社区、网络音乐、交友等。腾讯在中国互联网增值服务上的成功充分说明了这个市场的巨大及发展的迅速,也说明了互联网增值服务是一个有潜力的模式。

④电子商务。以电子及电子技术为手段,以商务为核心,把原来传统的销售、购物渠道移到互联网上来。目前有 B2B、B2C、C2C、B2M、M2C(BMC)、B2A(B2G)、C2A(C2G)、SNS-EC(社交电子商务)10 类电子商务模式,等等。阿里巴巴、淘宝、京东、拼多多、当当等都是比较出名的电子商务平台。

⑤移动增值服务。移动增值服务行业也称为 SP 行业。这个行业通过互联网与电信行业结合,提供短信、彩信、彩铃下载等服务。互联网的短信和铃声下载为用户的手机带来了更多的精彩服务,同时,对于不知道如何将人气转换成利润的网站来说,这是难得的盈利模式。

⑥网络游戏。网络游戏是中国目前互联网收入最强劲的模式之一,造就了盛大、网易、九城、金山、巨人等大型互联网公司。中国网络游戏经历了从收费到免费的转变,这种方式也得到了市场的认可,但这并不意味着盈利模式的固定,相反,随着网络游戏用户的愈加成熟,中国网络游戏的盈利模式将迎来再次转变,收费模式将再次成为主流。目前主要的收费方式有道具收费、时间收费及客户端收费。

除了以上几类盈利模式外,还有一些网站提供各类有偿服务来赚取利润。

例如,为了吸引用户资源,大多数网站都将邮箱、主页空间等免费提供给用户使用。随着网络的发展,需求也开始呈现出不同的层次。于是,网站开始推出针对不同目标客户的服务,如各类收费信箱或其他 VIP 服务。另外,网站还可以将自己建设成合作平台,与传统企业或媒体合作,实现"双赢",也是一种前景无限的盈利模式。

(2)什么是好的盈利模式

①盈利模式应是与时俱进的。像广告盈利模式,从开始的条幅广告、图片广告,到现在变得更加多样的广告形式,如搜索广告、视频广告、分类广告信息流广告等,而未来广告的前途更倾向于软广告。

②好的盈利模式能够源源不断地获得利润收入。什么是好的盈利模式呢? 最好的盈利模式就是能够产生"印钞机效应"的模式。比如搜索引擎服务商在融合计算机科学、用户行为以及商业动机方面做得很成功,并且在此基础上产生了搜索市场的关键字广告,用户每一次点击,都间接向搜索引擎服务商付费,至于这种盈利模式是属于广告、网络游戏,还是移动增值都不重要,重要的是它本身的需求及其独特性。

当然关于盈利模式的好坏对不同的人来说是不同的。像电子商务网站,比如 B2C 的商业模式是好是坏很难明确地讲清,比如网上卖书的网站,因为这样的网站,模式很简单,可能并不一定是好的模式。而对于新华书店等传统的渠道商来说,建立网上商城可能是很好的商业模式。对于不同的人和组织来说,同样的商业模式是否为好的模式,结果是不同的。

（3）网站盈利模式策划

用户凭什么把钱支付给你的网站？这样的收入是否具有成长性和持续性？这是盈利模式策划需要关注的重点。

①发现客户需求。网站盈利模式策划，从根本上讲就是要发现你的客户，发现你的客户有哪些需求还没被满足。如何去发现呢？首先是需求，需求创造了客户。发现需求，要考虑如下几个因素：①需求的程度，或者说依赖性；②需求的规模；③需求的可替代性；④竞争对手。从终极意义上说，掌握了终端的用户数，其盈利模式是可以无限包容和创新的，这是盈利模式的王道。

②提供差异化的服务。大量用户聚集在一个网站之后，导致了展示资源的稀缺，这个稀缺可以通过会员服务的差异化和展示资源的差异化来达到用户付费的目的。

③针对用户需求，探索创新型盈利模式。

[案例]

美国的定制音乐零售商 MediaMouyh 公司在美国 Facebook 社区推出烧录个性化音乐存储的服务"音乐礼物"，这样 Facebook 可以刻录一个好友喜欢的个性化音乐存储（U 盘、光盘、音乐云等介质）送给好友，该公司每首歌收费 99 美分，可按用户需求刻录至不同容量，个性化音乐存储介质可寄送至用户家中。这对一直没有成功的中国的互联网音乐零售商来讲无疑是个很好的借鉴，像翻唱网站可与歌曲刻录公司合作，进行翻唱歌曲的成品制作等。

【实战案例】

小红书爆红背后，有可复制的内容运营策略

创办于 2013 年的小红书网站，借着"一带一路"的东风，让人们能以更接近原产地的价格，足不出户享受全世界的好产品。短短几年，其用户数已突破 2.2 亿，成为年轻人喜爱的集网站、社区、App、商城于一体的生活方式平台。2019 年，小红书正在撕下"美妆、女性"等既有标签，向泛知识、泛娱乐类内容方向迅猛增长，平台内容日趋多元，也获得了更多更丰富的用户群体追捧。

【案例分析】

小红书发展至今，经历了从冷启动时只服务于计划去香港购物女性用户，到对海外购买感兴趣的女性用户，再到足不出户购买跨境商品的网购用户，再到今天的生活方式分享的网站平台，其目标用户规模一直在扩大，内容方向也越来越广、越来越多。

怎么确定内容方向？内容方向确定后，怎么做话题和选题？什么样的内容才是优质内容？下面将从 4 个角度对小红书当下的内容方向进行分析：

1. 内容定位

（1）小红书的目标用户分析

根据艾瑞 App 指数提供的数据，我们可以看出，小红书的用户主要是来自一二线发达城市，爱美、追求精致生活的 90 后年轻女孩。

（2）小红书的内容定位

针对这样的用户群体，小红书的内容定位是为爱美的年轻女孩提供时尚、护肤、生活方式上的相关指南。

2. 内容话题

内容话题要与定位相关。目前小红书的内容覆盖时尚穿搭、护肤彩妆、明星等 18 个话题。与年轻女孩生活相关的内容，就是小红书的内容话题范畴。

从小红书的 slogan "标记我的生活" 就可以看出。目前小红书的内容覆盖时尚穿搭、护肤彩妆、明星等 18 个话题。这样的话题分类也不是一蹴而就的。一开始为了吸引喜欢购物的女性，只做美妆、护肤、时尚穿搭这些话题。后来，小红书根据平台的用户、内容数据分析，进行话题的增加和调整。

3. 内容选题

小红书的内容选题主要来自两个方面，一是围绕话题，用相关的关键词裂变选题；二是追热点。

（1）围绕话题用相关的关键词裂变选题

不同的话题之下，选题划分的维度也不同，有根据用户成长路径分的、有根据用户生活场景分的、有根据品类分的。以"时尚穿搭"话题为例，它下面的选题就是根据品类分的。例如，"值得买的包包""一周穿搭分享""冬天最美貌的裸靴""牛仔裙的夏日搭配公式""韩国最火的设计师品牌"等。

（2）追热点用热点结合选题制作内容

最近《动物森友会》游戏大火，小红书就做了很多相关的选题专题策划。如，#动物森友会#、#动物之森#、#森友的花卉杂交#等。由热点话题转向小红书社群内部的内容再造。

4. 内容单元

内容单元指的是一款产品中对用户产生价值的最小有用内容，可以是图文、视频，甚至是某种特定结构的内容。小红书的内容单元就是"笔记"和"视频"。一款优质的互联网产品，一定是有着自己优质的内容单元，小红书也不例外。小红书的内容单元首先符合以下两个特点。

（1）可解构

小红书的笔记和视频有十分清楚的结构，一方面便于用户阅读，另一方面也降低了用户的生产成本。新用户在发布笔记时，不需要思考放哪些内容，怎么放，因为小红书已经提供好模板了。

以笔记为例，笔记的内容结构包括：用户信息、图片、标签、标题、正文、赞、评论、收藏、相关笔记，部分笔记还包括可购买商品和类似商品推荐。

（2）可参与

作为一个用户生产内容（UGC）的分享平台，随着规模扩大，现在小红书的内容单元大部分都是由用户创建。UGC 是小红书的主要内容来源之一，每天都有大量的用户生产笔记，而小红书也有激励用户进行 UGC 的举措。小红书搭建了一个用户成长体系，从"尿布薯"到"皇冠薯"，一共要经历 10 个等级，而升级的要求中，就包括了"内容生产"。

【课后思考】

1. "新媒体具有传统媒体的所有优势,而且新媒体还具有传统媒体所没有的优势",你是如何理解这句话的?

2. 网络媒体策划的步骤有哪些?

3. 目前网站的盈利模式有哪几种?

【拓展训练】

1. 分析起点中文网的盈利模式,探讨这些模式给原创文学网站营销带来了什么样的启示。

2. 新浪执行副总裁陈彤:"'微博力',其力不仅在于微博对人们生活交流的改变,也在于对新的企业营销理念的渗透。微博可能是一款从根本上改变人们传递获取信息和沟通方式的互联网产品。"你是如何看这段话的?以网络为平台的新媒体形态微博的策划之路又是怎样的?

任务二 社交媒体策划

【任务描述】

社交媒体(social media)是一个新兴概念,也是互联网发展的新宠。相比之前的互联网媒体,社交媒体更强调参与和交流,有庞大的用户数据等优势。因此,社交媒体的策划与一般网站策划不同,有自己的特点。社交媒体的策划要考量的内容包括用户定位、服务内容、功能开发等;策划重点包括增强交互性,增加传播方式和打造移动平台。社交媒体的盈利模式则包括广告投入、增值服务等;社交媒体的盈利模式策划要注重挖掘用户数据实现精准营销,并积极开发新的盈利模式。

【案例导入】

全球最大的社交媒体 Facebook

Facebook 被认为是全球社交媒体之王,是一个可以通过各种方式发生互动,提供方便快捷的聚合功能的社交网络服务网站,网站的名字来自传统的纸质"花名册"。该网站于美国当地时间 2004 年 2 月 4 日上线。截至 2019 年 2 月,站内日活用户已达 12 亿。

Facebook 数据库中包含工作、学校、信用卡、显示用户名等信息数据,使用 LAMP(Linux、Apache、MySQL、PHP)作为技术架构。

Facebook 的主要功能如下:

(1)涂鸦墙(The Wall)。涂鸦墙就是用户文件页上的留言板。涂鸦墙的内容会被同步到各个朋友的首页,因此可以在自己的涂鸦墙上发表一些最新状态,也可以设置为不同步给所有好友。很多用户可以在涂鸦墙上留短信息或贴附件。

(2)礼物(Gift)。Facebook 在社交媒体中首开"礼物"功能。朋友们可以互送"礼物"——一些有趣的小图标。礼物从 Facebook 的虚拟礼品店选择,赠送时附上一条消息。Facebook 用户注册时免费获得一个礼物,以后的每个礼物 1 美元。

(3)戳(Poke)。"戳一下"是用户和朋友交互的一种方式。这个功能的目的是让用户能引起别的用户的注意。另有一些派生出来的新功能,如"X 我"和"超级 Poke",可以让用户把 Poke 替换成任何动作。

Facebook 还在孜孜不倦地开发新功能和研发新产品,如流媒体直播频道、音频直播、提问频道、应用程序接口,等等。

【课程内容】

10.2.1 认识社交媒体

1) 社交媒体的概念

1971 年,世界上第一封电子邮件的发出,被认为是社交性互联网时代的开始。到了 20 世纪 90 年代,各种社交媒体开始出现。1995 年,Classmates.com 网站上线,帮助怀旧的朋友重新找到失去联系的同学;1997 年,早期博客作者 Jorn Barger 创造了"博客"一词;1999 年,腾讯公司推出了 QQ 这种即时通信工具。

2000 年之后,随着信息技术的发展,宽带网络变得普及,社交媒体的发展进入井喷时代。目前最为人们所熟知的社交媒体很多都诞生于 21 世纪的第一个十年。2004 年,扎克伯格和他的朋友在学生宿舍中开发出了方便学生交流的 Facebook;次年,YouTube 诞生,这是一个全新的分享平台,供人们自由地上传视频并与朋友和家人分享;2006 年,Twitter 上线,140 个字的微型博客被人们接受。

中国社交媒体的发展也异常迅猛,其中知名的社交媒体有新浪微博、QQ、微信、抖音、知乎、豆瓣、YY 语音等。这些社交媒体都拥有巨大的用户数量,媒体功能也在快速地推陈出新。与此同时,一些新型的社交媒体还在源源不断地涌现。

不过社交媒体这个称呼 2008 年才出现。一般认为,社交媒体是人们用来分享意见、观点及经验的工具和平台。社会媒体和一般的社会大众媒体最显著的不同是,它让用户享有更多的选择权利和编辑权利,自行集结成某种阅听社群。社会媒体能够以多种不同的形式来呈现,包括文本、图像、音乐和视频。目前社交媒体主要包括社交网站、微博、微信、论坛社群、交友软件,等等。

2) 社交媒体的分类

欧洲商学院的学者们设定了"自我表达"和"社会存在"两个维度的坐标,通过测量不同社交媒体在这两个维度上的表现,对它们进行分类。"自我表达",在社交媒体上通常表现为使用者有意识或无意识地展示自己的个人信息,从而在他人心里构建自己的形象。"社会存在",简单来说,就是媒体能让使用者利用的传播方式更多更丰富,级别更高,例如,能传播视频的媒体级别就高于不能传播视频的媒体。在此基础上,我们将社交媒体分为以下 7 类:

(1)以强调自我表达为特点的微博与空间、博客

博客的正式名称为网络日志,音译为部落格,一般是使用者通过博客类平台在网络上出版、发表和张贴个人文章的形式。博客上的文章通常以网页形式出现,并根据张贴时间,以倒序排列。微博,即微型博客的简称,是一个基于用户关系的信息分享、传播以及获取的平台,用户可以组建个人社区,以 140 字左右的文字更新信息,并实现即时分享。最早也最著名的微博是美国的 Twitter。新浪微博是在中国用户最多的微博平台。

(2)以共同创作内容为特点的协作项目

这种协作项目称为维基(Wiki)。维基站点就像一个公共数据库,人们可以在上面添加

内容,或对现有的内容进行修订和增补。最著名的维基站点是维基百科——一本在线的百科全书。国内类似的百科有百度百科、互动百科、和讯百科等。

(3)**以用户间分享媒体内容为主的社区**

例如视频网站和短视频应用。美国的 YouTube 是全球用户最多的视频网站,国内的视频网站有爱奇艺、芒果 TV、优酷等。

(4)**论坛 BBS**

用来进行在线讨论的平台,通常围绕着特定的话题。论坛是最早出现的社会化媒体。在中国的很多高校都有用于学生讨论交流的 BBS。

(5)**社交网站 SNS**

人们可以在这类站点上建立个人的主页,在朋友之间分享内容并进行交流。国内的社交网站有人人网、QQ 空间、世纪佳缘等。

(6)**点评类社区**

国内如豆瓣网(电影、音乐等文艺类点评)、知乎、大众点评网(吃喝玩乐、店铺点评),这些点评类社区成为影响网民生活决策的重要渠道,也是口碑营销的重要媒体。

(7)**即时通信工具**

中国最早的即时通信工具是 QQ,而微信这个以即时通信为主要功能的应用,几乎已经完成了全面覆盖,形成了微信生态。现在,利用这些工具,用户可以通过手机、平板电脑和网页快速发送语音、视频、图片和文字。

3)社交媒体的特点

社交媒体作为一种鼓励用户参与,表达空间极大的新型在线媒体,具有以下特征:

(1)**参与**

社交媒体可以激发感兴趣的人主动地反馈,组成社区,讨论话题。用户可以形成自己的媒体来制造和传播信息。

(2)**开放**

社交媒体可以免费参与其中,鼓励人们评论、反馈和分享信息。参与和利用社交媒体中的内容几乎没有任何的障碍。Facebook 的创始人扎克伯格曾说:"我最关心的就是如何让世界更开放。"这就是社交媒体生存的重要意义。

(3)**交流**

传统媒体采取的是"播出"的形式,内容由媒体向用户传播,形成单向流动。而社交媒体的优势在于,内容在媒体与用户以及用户与用户之间传播,这就形成了一种多向交流。

(4)**社区**

在社交媒体中,人们可以很快地形成一个社区,并以各种共同感兴趣的内容作为话题,进行充分的交流。

(5)**即时**

一般而言,根据节目内容的规模,传统媒体常有几天、几周、几个月的制作时间;社交媒体因为偏好短小的图文发布,所以制作时间减少至一天、几小时、几分钟。在社交媒体中,鼠标一点,信息便在用户中如野火延烧般传播。比起传统网络时代,信息流速似乎又经历了一场看不见的革命。

（6）便捷

微信或者 QQ 等聊天工具现在都有语音和视频聊天功能,这是传统网站和早期的社交工具所没有的。Facebook 推出和电话一样的及时通话功能,唯一不同的是,此功能对用户是免费的。这将对传统通信商产生难以估量的打击。

除了以上的优点,社交媒体也有备受争议的地方。其中最受人们关注的就是社交媒体容易泄露用户隐私的问题。在一些社交媒体上,人们填写了自己的详细信息,但是难以删除,这加大了隐私泄露的可能性。人们还担心信息没有经过用户的同意,而被随意卖给第三方或者需要数据的机构。Facebook 就曾发生由于用户联络信息数据库出现技术性错误,600万用户的电话与电子邮件地址遭到外泄,用户数据遭不当分享的事件。

这些问题在全球范围内都存在,需要各国加大立法来保护用户的隐私和权益。

10.2.2　社交媒体策划

目前,社交媒体层出不穷,但是竞争也十分残酷。客观地说,只要社交媒体无法吸引人们使用,那么即使媒体背景再大,资金投入再多,宣传再卖力,它还是会立刻消亡。因此,社交媒体策划十分重要。

1）社交媒体策划的内容

（1）定位策划

无论是做小型团体内的社交媒体,还是像微信这样用户量巨大的社交媒体,定位都是必不可少的。而定位的首要任务就是用户群定位。

Facebook 和人人网的定位是老朋友,微信的服务人群是熟人,豆瓣网的核心用户群是具有良好教育背景的青年。用户群的细化分类,是社交媒体策划的关键。例如,在上海高校和成都高校中使用的社交媒体"易班",就是针对高校在校学生推出的一个社交媒体产品。根据高校学生这一用户群特点,该产品融合了论坛、社交、博客、微博等应用,提供教育教学、生活服务、文化娱乐等服务内容。

社交媒体产品用户群的分类依据,包括年龄、地区、性别、职业、兴趣、上网习惯等,这些要素也是媒体商业价值考量的必备条件。尽管是针对同学群体,但 Facebook 2012 年又更加细化了用户群,推出了 13 岁以下儿童版本。在这个版本中,有专门为儿童设计的游戏和其他娱乐程序,需要父母付费购买。

从分类和细化中确定核心用户群,根据核心用户群设计媒体版面、产品内容与功能,才能找到媒体的商业价值、盈利模式和市场潜力。

（2）内容策划

如果把社交媒体概括为人、信息内容、关系 3 个要素,那么信息内容便是社交媒体差异化的核心。社交媒体的信息内容,决定了媒体提供的产品和服务,以及媒体的功能等。

每一类社交媒体都有自己的主题,这是媒体分类的依据之一。微博、开心网等把各种信息作为社交内容,在豆瓣网上人们则讨论关于书籍、电影和音乐的主题,街旁将地理位置作为社交内容,在蘑菇街和美丽说上用户讨论的是购物产品的话题。社交媒体的每一个社交活动也与某个特定主题相关。因此,内容策划显得尤为重要。

[案例]

以书评作为切入口的豆瓣网

豆瓣网是一个提供关于书籍、电影、音乐等作品信息的网站。豆瓣网最开始从生僻书的书评起家,是一个典型的"满足小众需求"的业务模式。对于书,特别是比较冷门的书,爱好者相对较少,但是爱书者多为文化精英,喜欢表达、交流与评论,原创度高。独树一帜的内容和用户的号召力使得豆瓣网站稳脚跟,并发展起来。之后豆瓣的产品延伸到文化各类别。2019年6月,豆瓣月活跃用户达481万人,已成为书籍、电影、音乐作品的评分风向标。

从豆瓣网的例子可以看出,要策划一个有某种主题的社交媒体,应该做到以下两点:

首先,充分地调研市场后,选择合适的内容作为媒体的主题,内容必须引起特定用户的兴趣,为媒体带来价值。豆瓣虽然以小众、生僻的图书作为最开始的内容主题,但是这个内容是独一无二的,能吸引文化精英用户,这些用户聚集起来,人数不少,社区也很活跃,而且他们的号召力对媒体的口碑很重要。试运营后,效果不错。这为之后豆瓣的主题向文化各类别内容延伸奠定了良好的基础。

其次,媒体在设计用户资料填写和信息发布框时,应以鼓励用户发布信息为原则。通过用户提供的信息来了解需求,策划社交产品内容。在"豆瓣读书"栏目里,除了设计简单的"想读""在读""读过"等操作标签外,还有为深度用户设计的"写笔记""写书评"等操作。这些丰富的内容为策划媒体各种产品和活动的主题提供了依据。

(3)功能策划

Facebook公司每隔数月就要举行一场黑客大赛。鼓励工程师和实习生们开发出下一项重要而优秀的功能,由此可见社交媒体功能的重要性。强大的功能是社交媒体生存和进化的必要条件。根据用户群和服务内容的特点,社交媒体需要设计出受用户欢迎的功能。这些功能必须方便使用,为用户提供更好、更有效的服务。社交媒体的功能必须具有以下特点。

①服务性。媒体必须想方设法地开发出方便用户创作、交流、出行、购买的功能,这些功能要实实在在地为用户服务,否则就毫无意义。例如生活类社交媒体——大众点评网不仅为网友提供商户信息、消费点评及消费优惠等信息服务,还提供了团购、电子会员卡及餐厅预订等交易服务,受到了用户的青睐。

②独特性。如果社交媒体的功能过于雷同,那么同质化竞争将会非常激烈。因此开发独特的、更适合核心用户群的功能是社交媒体生存的必备条件。

[案例]

"钉钉"的"钉一下"功能

钉钉(DingTalk)是阿里巴巴集团基于企业和组织内部打造的一款沟通和协同的多端平

台,其涵盖 PC 端、Web 端、手机端全覆盖,支持手机和电脑间文件互传。2020 年 4 月 8 日上午,阿里钉钉正式发布海外版 DingTalk Lite,支持繁体中文、英文、日文等多种文字和语言,主要包括视频会议、群直播、聊天、日程等功能,疫情期间面向全球用户免费。

"钉钉"相比于其他基于关系网的社交同类产品开发了一个"钉一下"功能,形成强提醒来使"DING 消息"必达。无论接收手机有无安装钉钉 App,是否开启网络流量,均可收到 DING 消息,钉钉发出的 DING 消息将会以免费电话、免费短信或应用内消息的方式通知对方,实现无障碍的信息必达。当接收人收到 DING 消息提醒电话时,号码显示为发送方的电话号码,接收方接听电话听到发送方的语音信息后,如果是文字信息,系统会将文字播报给收听方,接收方即可直接进行语音回复,发送方便可及时收到回复。

③新颖性。新颖性能使用户持续关注和乐于使用社交媒体。事实上,每个社交媒体都在不断地推出新的功能,而用户对功能的体验和感受被迅速传播,这会使媒体搜索引擎的排名提高,媒体从而变得更加吸引人和强大。

例如,扎克伯格的得意之作——Facebook 中的"戳一下"功能。这个功能让用户能引起别的用户的注意,此功能一出,大获好评。跟人人网、新浪微博个人首页的打招呼相比,"戳一下"不需要文字、表情,它只是一个简单的动作,不过它含义模糊,想象空间大,非常适合网络社交。之后此功能被各社交媒体模仿。

2)社交媒体策划的重点

[案例]

微　信

微信是腾讯公司推出的一款即时语音通信软件,这款软件提供语音、视频、图片和文字等方式来帮助用户交流,用户可以通过手机、平板和网页来使用微信。

微信的交友方法较之前的即时通信工具也有创新。微信提供公众平台、朋友圈和消息推送等功能,用户可以通过摇一摇、搜索号码、搜索附近的人、扫描二维码等方式添加好友和关注微信公众平台,同时微信会帮助用户将内容分享给好友以及将用户看到的精彩内容分享到微信朋友圈。

根据社交媒体的发展趋势,社交媒体的策划应该着重注意以下几点。

（1）加强与用户的互动

早期的互联网媒体也能与用户互动,但是互动的持续性差。而社交媒体先天的平等性和沟通的便利性使得用户乐于互动,自愿贡献内容。因此,社交媒体要使用各种手段鼓励用户参与,促使用户之间以及用户与媒体之间加强互动,增强社交关系。用户的参与度越高,主动创作和传播的内容也就越多。这些内容对于媒体来说是信息和数据,也是宝贵的财富。

（2）为用户提供更丰富的传播方式

早期的社交媒体,以文本信息传播为主,传播手段较为单一,因为每个人创造音频、视频的能力有限。现在基于移动网络技术的迅猛发展,人们通过手机和其他设备都可以创造音频和视频内容。因此,社交媒体要加强音视频内容交互的功能,使用户能够利用的传播方式更多,级别更高,这样用户将乐于在媒体上创作和分享,为媒体创造价值。

(3)**打造移动平台使社交更即时**

信息传播越快,媒体的价值就越大。所以,社交媒体最好能被随时握在手中。社交媒体的特性和手机的便捷性,使二者成了最佳搭档。目前社交媒体都在研发在手机上使用的移动平台。这种移动平台需要打造 Web 浏览器,使社交媒体更好地与手机集成,为用户提供易于访问并且构建精良的移动站点。

10.2.3 社交媒体的盈利模式

社交媒体在不断寻找能为自己赢利的方式。除了传统的广告之外,社交媒体还使用了传统媒体无法做到的盈利模式。

1)社交媒体现有的盈利模式

(1)**广告**

社交媒体除了信息之外,最多的媒体内容就是广告,广告收入便是社交媒体收入的主要来源。如中国本土的社交媒体新浪微博以及腾讯 QQ 等,其广告收入占收入的主要地位。

(2)**虚拟货币**

虚拟货币本指非真实的货币。在虚拟跟现实有连接的情况下,虚拟的货币有其现实价值,主要运用在虚拟游戏中。

人们最熟知的虚拟货币就是腾讯公司的 Q 币。价值定位为:1 元人民币兑换一个 Q 币。用户付费之后,就可以通过电话、网络获得等面值的 Q 币,以此购买虚拟世界中所需要的一些产品。腾讯公司将所有的服务虚拟货币化,用户用现金买来 Q 币,然后换取这些服务。虚拟货币市场惊人,以 Facebook 为例,它的虚拟货币推出不到两年,总收益便将近 40 亿美金。

(3)**向应用程序开发商收取佣金**

如果把社交媒体看成网店,那么应用程序开发商就是上面免费租赁店面的商家,他们兜售自己的产品,吸引用户来使用。开发商可以去做游戏、网络招聘、机票预订、电子商务、产品推广等一系列的活动,而社交媒体向商家收取佣金,推出置顶等增值服务。

(4)**网络金融**

[案例]

微信支付

微信支付是由腾讯微信及财付通联合推出的移动支付产品,在线交易规模仅次于支付宝。用户只需在微信中关联一张银行卡,并完成身份认证,即可将装有微信 App 的智能手机变成一个全能钱包,之后即可购买合作商户的商品及服务,用户在扫码支付和被扫支付时只需在自己的智能手机上输入密码,无需任何刷卡步骤即可完成支付,整个过程简便流畅。

网络金融是以网络技术为支撑的金融活动。目前,中国各大网站都在试水网络金融这棵巨大的"摇钱树"。而社交媒体则由于它的用户数量巨大,以及移动终端使用的便捷性,而在网络金融业上有一定的优越性。

除微信支付这样的支付产品外,社交媒体将来还会销售基金、保险等金融产品。这种社交媒体金融模式将对传统的银行业造成冲击。

(5)服务收费

对一些增值服务收取费用是社交媒体正在尝试的盈利的模式之一。目前部分社交媒体推出了给名人发私信的收费项目,还有一些媒体对企业和机构的公众服务号收费。

2)社交媒体盈利模式策划

(1)挖掘用户数据实现精准营销

市场营销中,数据是最核心的资源。对于传统的互联网广告,广告客户一般要耗费高昂的成本在互联网上跟踪目标用户的行为痕迹,去推测他们的性别、年龄、爱好、消费能力等信息。而在这方面,社交媒体有天生的优势。社交媒体个人资料设计中鼓励用户填写更完整的信息,这就为社交媒体提供了庞大而新鲜的客户数据。这些数据为企业提供它们所需要的信息,同时也大大降低了营销成本。

社交媒体还可以基于用户个人档案实现最精确的目标人群定位。广告客户可以有针对性地调整自己的受众。例如投放只面向居住在城市、收入5 000元以上、30岁以下女性的广告。通过媒体提供的计算服务工具,广告客户立即可以看到自己的目标用户有多少。相对于一般的网络媒体,社交媒体为广告提供的算法得到了巨大改进,广告的发布又可在这个基础上变得更加智能。

(2)提供增值服务探索新的盈利模式

话费充值、酒店预订、优惠券等,通过移动端便捷地为用户提供服务才能为社交媒体创造价值。因此,社交媒体要尽可能多地开发服务项目,以获取新的盈利模式。

名人营销是社交媒体正在尝试的一种增值服务之一。不过目前,全球的社交媒体在名人营销上都处于试水阶段。微信也作出了自己的尝试。

[案例]

陈坤试水微信营销

演员陈坤是中国在社交媒体上营销的第一个名人。在微信公众号刚开始推广测试时,陈坤在微信上售卖自己的"微世界"内容,其中有写真、书籍、音乐等。要阅读这些内容必须加入会员,加入会员的办法是缴纳会员费。按照标价,粉丝缴纳18元就可成为陈坤微信平台月度会员,168元则可成为年度会员,不过目前微信方面没有公布营销的提成分配方案。随后,越来越多的名人、大V纷纷转战盈利变现模式相对成熟的社交媒体生态。

连接网购服务正成为社交媒体新的盈利模式,各商家不再自己建立网站而直接在社交媒体上开通账号,设立页面,使媒体用户在社交媒体站内就可以购买产品。所以主流社交媒体将成为未来网上购物的主要渠道之一。

【实战案例】

新浪微博"赢"响网络行销实效之道

2019年10月14日,备受瞩目的第十二届金投赏年会于上海举行。"金投赏商业创意奖"旨在奖赏最具创意的品牌和企业,是鼓励各公司在创意领域中用最小的预算获得最大市场回报的奖项,截至2019年已经是第十二届,共有参赛公司691家,参赛作品3310件。从获奖情况看,社会化媒体营销案例在"金投赏"年会中大放异彩,获得多项全场大奖,在参赛作品中,我们发现几乎所有作品都涉及以新浪微博为代表的社会化媒体,新浪微博、微信、抖音等平台正引领着社会化媒体营销的潮流。

在产业链层面,新浪为用户、广告主、第三方公司搭建沟通、展示平台,驱动着整个社会化营销的价值链形成。从本届金投赏获奖案例来看,社会化媒体营销趋势依然不可挡。新浪凭借其丰富、立体、开放的媒体平台及其"微博、视频、移动"多领域组合,成为快消、汽车、IT等行业广告主广告投放的最佳选择。

社会化浪潮正驱动全球数字营销走向新的方向。据国际市场调研公司Zenith预计,到2020年全球社交网络广告总收入可近502亿美元。

【案例分析】

新浪微博不断实践着各种盈利模式,力图改变中国社交媒体集体"烧钱"的现状。据了解,微博2019年报营业收入为17.67亿美元,净利4.95亿美元。接下来我们一起来分析一下新浪微博的盈利模式。

1.大数据时代的社交营销

(1)为客户提供用户群数据,实现精准营销

新浪微博开放平台为客户公开的商业API文档中,客户可以自主获取用户原始数据、分析用户数据、营销运营数据,根据这些可以定制专属的营销数据。

• 原始数据。获取用户的全量粉丝ID列表;获取用户行为数据每日变化趋势;获取30天用户粉丝的变化趋势数据。

• 分析数据。获取用户的全部粉丝的前几个微博语义标签;获取用户粉丝的性别细分数据;获取用户粉丝的地区细分数据。

• 营销运营数据。获取当前用户收到的最新通知列表;搜索含某关键词的微博。

这正是社交媒体营销的优势,社交媒体创造了真正的"大数据时代",而这些无比庞大的数据为广告主提供了前所未有的精细营销数据,广告主不用再请第三方公司提供数据,这也节约了广告主在社交媒体上投放广告的成本。

新浪微博推出"粉丝通"服务,是基于微博海量的用户,把企业信息广泛传送给粉丝和潜在粉丝的营销产品,他会根据用户属性和社交关系将信息精准地投放给目标人群。同时微博"粉丝通"也具有普通微博的全部功能,如转发、评论、收藏、点赞等功能。随着"粉丝通"等致力于精准营销工具和广告投放工具的推出,微博广告客户正逐步扩展到中小企业和网上商户。

（2）精细化数据的变现

不但如此，新浪微博的"数据财富"本身也可以出卖，并且价值不菲。投行就从社交网络上购买一些数据，先人一步用其预判市场走势，而且取得了不俗的收益。医药公司、保险公司等很多机构都把这些数据视若珍宝。因此，亚马逊前任首席科学家 Andreas Weigend 说"数据是新的石油"。

2.联手电商实现全域营销

目前，新浪微博除开自身的广告收入和增值服务，联手强大的电商平台形成了从流量到转化的全过程，早年间就携手阿里巴巴实现新浪微博与淘宝在账户互通、数据交换、在线支付、网络营销等领域进行深度合作，微博商业化进入加速阶段。基于用户账户互通和数据交换而开发的"微博淘宝版"，卖家可以利用微博平台进行社会化营销。数据显示在阿里巴巴入股后，越来越多的电商企业开始在微博上进行营销活动，而基于中小企业的信息流广告也增长迅速。新浪微博盈利水平有了显著提升。2018 年 6 月，新浪微博发布了一项基于客户端的新功能"U 微计划"，主要是通过联动微博 & 阿里平台，打通平台数据，打破品牌社交"种草"与电商"拔草"之间的消费者障碍，助力品牌实现全域营销。

除了上述盈利模式外，新浪微博还尝试了其他一些盈利模式，例如，开发网络游戏、开发在线付款等软件。不过从目前看来，使用者不多，盈利效果不是很明显。

和其他社交媒体一样，新浪微博将尝试更多的盈利模式，这其中肯定有成功和失败。但是社交媒体必须找到最合适的模式，并且不断创新，才能在激烈和变化多端的竞争中生存。

【课后思考】

1.你经常光顾的社交媒体有哪些？能说出他们的区别吗？

2.你去社交媒体的目的是什么？经常发布怎样的话题？你觉得哪些话题会使你获得更多的关注？

【拓展训练】

请为你所在的学校策划一款以生活服务为主题的点评类社交媒体，用户群是在校学生，请写出你的策划方案。

任务三　自媒体策划

【任务描述】

　　自媒体是伴随着互联网和数字技术发展而来的一个概念,最早由两位美国学者谢因·波曼和克里斯·威理斯提出,他们对"We Media"这一概念进行了严谨的定义。至此,"自媒体"这一概念真正地进入大众的视野。当然也随着互联网的变化而逐步发生变化,它区别于传统媒体的是信息传播渠道、受众、反馈渠道等方面,根据自媒体平台不同的属性和特点,自媒体的策划也各有不同。当然无论使用自媒体的哪个平台或产品,我们都要做好运营目的、精准受众分析、用户定位、服务内容、功能开发等方面的策划工作;了解自媒体的盈利模式,并针对不同的平台和产品选择不同的盈利组合方式。

【案例导入】

自媒体"日记"刷屏全网①

　　2020 年疫情暴发时,上百名媒体记者第一时间直击战"疫"前线,走进医院、病房、物资捐赠等现场,获取最新的疫情动态。然而,在这个人人皆是自媒体的时代,当记者在前方"冲锋陷阵"时,自媒体内容创作者们开始按捺不住,以第一视角的日常记录向外界传输最新的"一线"实况。春节期间,各大社交平台一时间涌现了大量以"武汉日记""封城日记"为题的图文以及视频内容。在微信搜一搜、豆瓣上输入"武汉日记",你就会发现不少用户及公众号主在连载自己的疫区日记,例如"阑夕""小引诗歌"等都是武汉日记的记录者。

　　除了图文日志,Vlog 的普及让视频日记在此次疫情信息输出中占据了重要位置。在 B 站搜索"封城日记",其中逾 659 条视频都是 up 主以个人视角记录的疫情生活。他们中不乏自媒体人、护士、外卖小哥、演员等,Vlog 成为他们在封城、宅家日子里对外分享情绪符号的直接形式。

【课程内容】

10.3.1　认识自媒体

1)什么是自媒体

　　自媒体的概念最初来源于一份联合发布的研究报告 *We Media*,由美国学者谢因·波曼

---

① Ceci. 从公众号到 B 站,"武汉日记"何以走红? [EB/OL]. [2020-03-04]. 站长之家.

与克里斯·威里斯提出,报告中明确提出"自媒体"的定义:"普通大众经由数字科技强化、与全球知识体系相连后,一种开始理解普通大众如何提供与分享他们本身的事实和新闻的途径。"自媒体与传统媒体存在信息传播方式的不同,自媒体将传统媒体时代的机构主导信息传播活动过渡到由普通大众主导,由单方面"点到面"的传播方式,转化为"点到点""单点对多点""机构对个人"的传播方式。

随着自媒体业态的不断发展和变化,自媒体从意义上可以分为广义自媒体与狭义自媒体两个概念。狭义自媒体一般是指内容创作主体以单个的个体存在,进行内容创造且拥有独立用户号的媒体。广义自媒体则是指私人化、平民化、普泛化、自主化的传播者,以现代化、电子化的手段,向不特定的大多数或者特定的单个人传递规范性及非规范性信息的新媒体的总称。因此,在宽泛的语义环境中,自媒体不单单是指个人创作,群体创作、企业自建渠道都可以算是自媒体。

2)自媒体的特点

(1)传播主体大众化、个性化

自媒体无论是形式还是内容,都给予传播主体大众化、平民化、个性化选择的空间。传播主体不再限于传统媒体,每个人都由传播过程中的"旁观者"转变为"当事人",每个人都可以搭建一个自己的媒体平台,每个人都可以利用自媒体来表达自己的观点,传递价值认同,构建社交网络。

(2)传播内容多样化、碎片化

自媒体传播内容的多样化可以直接体现在内容的形式上,除了文字、图片、音视频外,它还支持动画、SVG、HTML5 等多种形式。正是因为自媒体内容呈现上的丰富,促进了内容创作上的丰富和多样。碎片化则是整个社会信息传播的趋势,受众越来越习惯和乐于接受简短的、直观的信息,所以在自媒体内容创作和传播时更多的是顺应碎片化的趋势。

(3)传播速度迅速、交互性强

随着数字科技的发展,自媒体没有了空间和时间的限制,自媒体运营者在任何时间、任何地点都可以完成内容的创作和发布,内容信息通过网络能够迅速传播,时效性大大增强。作品从制作到发表整个过程高效且迅速,是传统媒体形式无法企及的。自媒体能够迅速地将信息传播到受众中,受众也可以迅速地对信息传播的效果进行反馈。在传播速度快且及时的同时还能做到实时有效反馈,既能为用户展示自我创造有利的条件,也为自媒体创作和运营者及时了解用户的意见。

3)自媒体的分类

自媒体其实不像很多人以为的那样,注册一个账号、写点东西、拍点视频就是自媒体,自媒体的内容创作与运营有着规范的标准和流程。自媒体按照表现方式来分类,有图文类自媒体、视频类自媒体、语音类自媒体、直播类自媒体,当然,其最大的特点分别是图文写作、视频呈现和语音播放。

(1)按运营者分类

如果按照运营者来分类,自媒体大致可以分为个人自媒体、商业自媒体、传统媒体衍生自媒体三大类别。

①个人自媒体。以个人或个人联合、合作的团体形式来运营的自媒体,这类自媒体的风格通常比较个体化、鲜明化,在内容组织和创作上有大致的定位和内容侧重,受到的限制较少,内容呈现上比较活泼、接地气。

②商业自媒体。一般是以公司、企业等商业组织的形式来运营的自媒体,分为两种:一种是把自媒体当成创业项目或者是创业项目的重要部分来做的自媒体;另一种是商业组织本身已经成熟,不以自媒体为中心,只是作为经营的辅助手段来做的自媒体。无论是哪种,商业自媒体的风格通常带有组织印记,内容组织和创作比较严肃、规范,但同样的,往往也会因此丧失很大的吸引力。

③传统媒体衍生自媒体。传统媒体衍生自媒体主要是各种传统媒体因转型需要而诞生的子平台。严格来说,大多并不具备自媒体的风格,只是作为其内容的补充传播、发布渠道而已。

[案例]

腾讯布局自媒体"新玩法",视频号来势汹汹

2020年1月22日凌晨,微信团队通过官方公众号宣布,微信视频号正式开启内测,这也是腾讯第二次进军短视频领域。无论是微视还是微信视频,腾讯都给外界传达出了一个明确的信号——短视频战场绝对不能失守。3月中旬以后,微信视频号开始大规模开放内测,开通之后的视频号不仅能发布视频,还可以附带位置信息和微信公众号链接,但暂时还没有开通直播、购物车、广告等功能。从微信视频号频繁扩大内测邀请不难看出,微信视频号正借助微信这个超级流量平台狂飙猛进。

(2)按平台类型分类

如果按平台类型来分类,大致可以分为图文类自媒体、视频类自媒体、语音类自媒体、直播类自媒体几个类别。

①图文类自媒体。就目前而言,图文类自媒体依旧还是主流,不仅图文内容的实用性、适应性都更广,准入门槛也更低,可分为文字类、图集类、问答类、微文类。文字类通过以文字为主的图文混合形式进行传播和展现;图集类一般以图片合集的方式来呈现,是图多于文字的一种类型;问答类通过在平台上回答问题来获得曝光度和关注;微文类则是通过发布类似朋友圈的形式展示自己的内容,具有强曝光、高转化的特点。当然,图文自媒体的缺点在于,相较于视频和语音,感染力会差很多。

②视频类自媒体。视频类自媒体的主要特点是直观、鲜活,非常适合搞笑内容(如暴走大事件)、深度内容(如吴晓波财经分析)、严肃内容的创作。目前,以轻巧形式火爆于市场的抖音、快手等短视频平台正当风口,长视频为代表的腾讯、爱奇艺、优酷等视频网站除了能够自由上传内容以外,还开通了自视频或自栏目以便自媒体人的创作,在这方面,腾讯视频、搜狐视频、今日头条视频等平台都非常不错,而且微信公众号事实上也支持视频播放,只不过链接地址必须来源于腾讯视频罢了。

③语音类自媒体。语音类自媒体比较适合情感类、故事类等深体验的内容,其特点主要

是富于感染力、能够营造气氛,语音自媒体平台主要是喜马拉雅 FM、荔枝 FM、蜻蜓 FM,微信公众平台也支持语音形式的内容创作。

④直播类自媒体。这类自媒体是以直播内容为主的自媒体,除了专业的直播平台,各种短视频音频平台也都有开通直播的功能,涌现大批网红,粉丝基本都已过百万。

以上单独分型的自媒体类型在实际运用中各类型的自媒体平台之间是可以产生合力的,如多种自媒体平台和产品的组合拳式运营,更多的专业机构则在流量稳定后思考和布局更多、更大、覆盖更广泛的自媒体矩阵(图 10.3.1)。

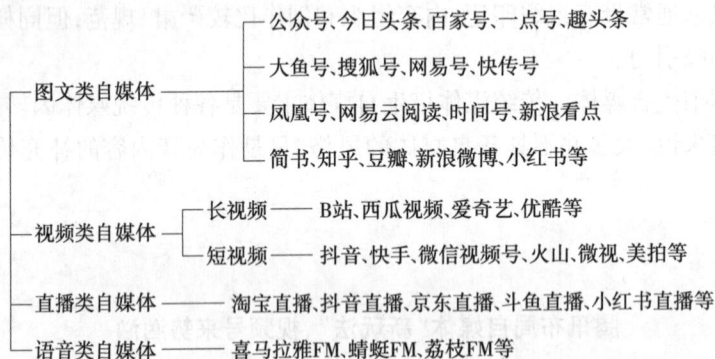

图 10.3.1　自媒体矩阵分类图

10.3.2　自媒体策划

自媒体总是随着技术的发展而发展的,它的策划不在于选择哪个平台和哪种产品形式,其仍然是媒体本身的策划,如微信推出的公众号,字节跳动推出的抖音、火山等,这些都是当下自媒体热门的平台和形式,大众根据自己的知识背景、文化素养、生活体验等,利用自媒体平台创作内容。随着互联网的发展,企业等组织机构更多地利用自媒体对潜在的商业客户进行网络营销与宣传,往往带给受众耳目一新、创意无限的感觉。下面我们选择微信公众号来具体分析自媒体如何进行策划。

1)自媒体策划的内容

(1)运营目的

运营一个公众号前要先思考为什么要做这个公众号。首先公众号的运营可以提高公司的品牌影响力、知名度,建立良好的口碑,挖掘潜在客户。同时对实体行业来说,相较于传统的线下地推模式,借助微信生态的巨量用户,也可以开辟新的信息传送渠道,解决实体店面与外部市场高效率链接,实现产品和服务更好体验感与更高满意度的达成。

(2)受众分析

弄清楚运营目的之后,接下来就要思考这个公众号今后要服务于哪些对象。对服务对象进行分析,这也就是我们平时说的精准受众分析,所以在公众号定位时,我们要先对受众的行为、习惯、喜好进行深入分析。

(3)定位策划

对公众号进行定位,其实就是给公众号贴标签的过程,策划运营者要明白受众是谁,要为这些受众提供什么内容,可以为受众解决什么问题或带来什么好处;同时还要思考即将要开设的公众号的整体风格和调性是什么,有什么独特之处。

其实在做细致的定位时,我们还可以通过同类比较等方法来辅助做好公众号的定位,比如关注同类号和定位明确的公众号,通过观察和分析可以很清楚地知道这个公众号提供什么内容,有什么特色,可以提供些什么,如表10.3.1所示。

表10.3.1　公众号定位示例

公众号	定　位
创业家	为创业者指引方向。创业者真实创业心路历程,创业宝贵经验分享,死磕优质原创内容,吸引了一大批有创业想法或者正在创业的年轻人
丁香医生	提供与健康相关的内容,读者可以从这里了解健康常识和医学知识
36氪	提供新锐深度的商业报道、互联网行业资讯

定位明确的公众号,都是专注一个领域的内容,所以你不会看到36氪安利美妆,不会看到一个做PPT的公众号讲Excel。定位就是当大家说起你的时候,对你有很清晰的认知。就好比你给朋友推荐一家好吃的饭店时,你会说:"嗨,那家店呀,做粤菜的,肠粉做得特别好,价格实惠,环境也不错。"做公众号也一样,明确的定位就是当大家提起你的时候,知道你是做什么的,可以提供什么有价值的内容。

（4）类型选择

经过上述几个流程后,接下来就是对公众号的类型进行选择,微信公众平台分为订阅号和服务号两种类型。究竟如何选呢? 服务号旨在为用户提供服务,订阅号主要为用户提供信息和资讯。公众号只有一次机会可以选择成为服务号(订阅号)和相应的公众号名称,选择之后不可修改。服务号注册成功后拥有基础接口功能(可二次开发)和自定义菜单功能,自定义菜单更能丰富用户体验,增强用户黏性,也体现了服务的特点,同样的服务号也需要额外的服务器资源,稳定性和响应速度比订阅号的更好,互动也会更频繁一些。二者的具体区别如表10.3.2所示。

表10.3.2　公众号类型区分表

类型	对话框显示	推文频次	申请主体	微信支付	认证
订阅号	折叠在订阅号二级目录里,需要点击进入	1次/天	个人或媒体、组织	需要嫁接功能来实现支付功能	个人订阅号不可认证
服务号	直接出现在一级目录	4次/月	一般申请者是企业或组织,申请需要提供相应的证明材料	可以申请微信支付	认证后,功能开发接口丰富

（5）形式策划与包装

这个阶段已经是具体实施公众号的搭建,在选择账号类型后便开始了对公众号名称、简介、微信号、引导等总体性的设置。

①公众号名称。在账号的命名上表达要明确，要让受众从名称上就能大致了解这个账号的运营主题，一般可以采取描述具体场景、强调目标用户、突出功能价值、展示品牌内涵等方式来对账号命名。

②账号头像。账号头像是用户对一个公众号的第一印象，已有品牌可直接用品牌 Logo，也可根据账号名称来设计以字形为主的 Logo 式头像，辅助公众号可更为形象，便于识记。

③微信号。公众号的微信号往往是容易被忽视的地方，它一般出现在公众号推广时，和公众号的名称相比，公众号的微信号才是用户在精准搜索时的唯一凭证，中文名称在检索时容易产生误搜，所以，在推广导流时除了要标注公众号的中文名称、二维码外，还应该标注公众号的微信号，而这个微信号一般由英文字符、数字构成，可在公众号设置中单独设置。

④公众号简介。这是一个重要的流量入口，受众因为推广产生关注行为时，公众号简介则展现在账号详情页面上，用户可以很直观地看见，帮助用户考量关注与否。所以，在公众号简介上需要围绕公众号定位来进行编写，明确介绍公众号的定位或功能描述。

⑤关注引导。当用户关注某公众号后，一般都会接收到来自该公众号的欢迎语，这是第一次主动推送，可以在首次关注回复当中添加，完成对用户关注后的问候、引导和指示等。

⑥排版风格。依据公众号的风格和定位，尽快设计一套符合受众习惯和喜好的排版风格，具体可以落脚在每期推文的每个结构上，注意尽量统一排版主题色、风格及 Slogan 等，形成统一、固定的排版风格。

⑦记忆点的运用。在账号内通过在不同处的露出及不断的重复能让用户记住平台的特质，从运营的角度来说找到重复的元素，如统一形式的首图、正文开头部分引导、正文结尾部分标注等，对于传播和留存用户是很重要的。

(6) 内容策划

无论是以文字、图片为主，还是以音视频为主的自媒体产品或平台都是以内容的策划和运营为核心的，每天具体推送什么内容，应该从运营账号的风格和定位上入手，结合精准受众的喜好来策划内容。好内容需要好运营，好运营必须以好内容为基础。内容策划和运营已经成为自媒体产品角逐市场的根本。

目前自媒体的内容策划主要有以下 3 个方面的问题：一是内容趋同，相互转载，缺乏优质原创生产；二是为吸引受众哗众取宠，内容低俗肤浅；三是手段粗暴，高频次推送广告，忽视用户心理感受。另外，还有一个很普遍的问题就是，大多数自媒体产品的内容策划都停留在观点层面。投入成本低、生产简单容易等，使得观点型的内容比比皆是，造成了受众审美疲劳，因此很难增强受众的黏性。

内容趋同、低俗肤浅、手段粗暴以及生产停留在观点层面等，是目前自媒体内容策划的几大困境。一个自媒体产品要想在众多公众号中脱颖而出，好的内容策划运营则是关键，我们将从内容、互动、渠道、时间几个层面来分析和运用：

①内容价值化。优质的内容总是更容易受到用户的关注和喜爱，于用户而言，一个自媒体产品能不能带给自己有用、有趣的信息至关重要，有价值的信息也更容易得到传播并提升打开率、持续时长，想要将内容价值做好，就得从标题、内容策划以及关键词匹配上下功夫。

②账号 IP 化。一个差不多的平台、一篇差不多的文章，用户为什么选择关注你，而不是别人？这其中最关键的就是自媒体产品的人格化属性，把账号打造出人样来，而不是简单的

图文、音视频输出,可以根据自媒体产品的用户需求和内容,将自媒体产品 IP 化,从人格设定、语言风格、内容风格、价值观等方面进行统一塑造。

③服务多样化。除了内容服务外,运营者们还需要开发稳定留存用户的增值服务,做好与用户的互动,及时处理用户提出的需求及问题,特别是满足个性化的需求,以此快速提升用户的活跃度和依赖度,如积分制的打卡服务、VIP 会员制,等等。

④时间碎片化。当前的互联网发展时代,用户早已追求的短、平、快的生活节奏及工作模式,所以自媒体产品在运营时应该符合用户情况,持续输出高质量的内容,选好时间节点,符合时间碎片化需求。

2)自媒体的功能策划

如果说内容推送是运营自媒体平台的日常工作,那么自媒体的功能策划和开发则是提升运营效果的方法和手段。如将过往内容资源通过功能的开发实现内容的重组变得可查询、可关联;为提高用户黏度而开发的签到打卡、会员服务、互动小游戏等,都有利于盘活自媒体平台和产品的用户活跃度,达到用户的高留存。下面我们将以微信公众号为例来说明如何进行功能的策划。

(1)建立垂直内容的知识库

针对图文型自媒体平台后台功能,我们可以根据需要利用平台原生功能建立起垂直内容的知识库,这样就构建成了垂直内容的一站式服务,提高了运营账号的价值。就微信公众号而言,它的后台基础功能大致分为自动回复、自定义菜单、页面模板、消息管理、素材管理、用户管理等,通过自动回复、自定义菜单、页面模板这些功能模块,我们就可以构建出一个清晰的知识库体系。

①自动回复、关键词回复。自动回复是微信公众平台后台管理中的子功能,它包含了首次关注回复、关键词回复等,运营者通过制定关键词规则和编辑回复内容,当用户在交流时触发关键词,系统则能自动回复已设置好的内容。构建完整度较好的关键词库能更好地增加与用户的互动,以便用户自助处理一些常有的查询和疑问,如图 10.3.2 所示。

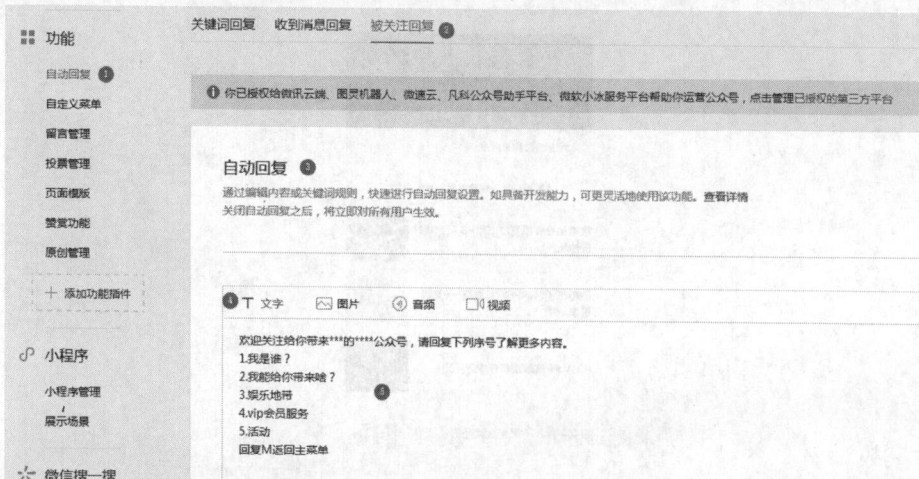

图 10.3.2　自动回复设置示意图

②自定义菜单。公众号可以在会话界面底部设置自定义菜单,最多支持创建3个一级菜单、15个子菜单,运营者可以按需设定菜单项和响应动作。用户通过点击菜单项,可以收到已设定的文字、图片、音视频、合集消息等,除此之外,运营者还可以在菜单上设置跳转链接、小程序链接,以扩展更多功能呈现。

图10.3.3是一个行业或垂直类公众号自定义菜单的结构图,它的核心是视频内容,通过内容的整合重组在菜单上进行栏目化分类的二次传播,同时在菜单上还构建起了基于内容的知识库和用户交互的功能区。

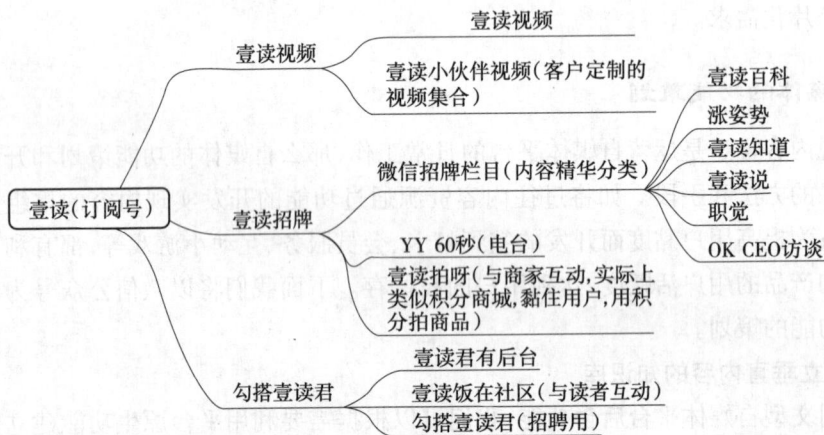

图10.3.3 自定义菜单结构示意图

③页面模板

页面模板的主要功能体现在可以将以往已推送过的内容按类别整理重组为合集,它有4种可选模板:由图文、视频组成的列表式页面的列表模板、由封面与多内容组成的综合模板(图10.3.4)、当前页面播放模板和详情页播放的视频模板。这4种模板基本满足不同情境下的内容组合。

图10.3.4 页面模板(综合模板)示意图

（2）建立增加互动的增值功能

一般而言，自媒体平台或多或少都会开放一些接口，提供给运营者们进行更个性化和更深入的功能开发，比如微信公众平台，根据账号类型的不同开放了语音识别、客服、安全支付、OAuth 2.0 网页授权、参数二维码、LBS 获取用户地理信息、获取用户基本信息、上传下载多媒体文件等高级接口，以便运营者基于基础功能开发出更多符合自己账号定位的互动增值功能。当然在不同的自媒体平台和产品上开放的接口各有不同，我们可以通过各平台和产品的帮助中心来快速了解接口和权限。

10.3.3　自媒体的盈利模式策划

现有的自媒体在不断尝试能为自己盈利的方式。除了最传统的广告之外，自媒体还根据自身特点产生了传统媒体无法做到的盈利模式。

1）广告分成

这个是自媒体常见的盈利模式，自媒体运营者做好内容策划和运营获得较高阅读量、有效点击后，平台在较高曝光量的内容页面投放广告，从而自动换算给予广告分成，文章、视频的阅读量和播放量越高，平台收益相对也就越高。比如说微信公众平台的流量主计划、头条号、百家号、抖音原创计划等平台都是广告分成的模式。

2）平台额外收益

除了广告分成，平台为了鼓励原创内容，会针对运营者开设一些类似于原创计划的活动来补贴额外收益，如百家号为支持原创作者会有针对文章的保底补贴。此外，各平台还会对优质内容增设奖励，每个平台都有不一样的平台奖励计划，比如常见的百+计划、大鱼计划、千人万元、百万年薪等。

3）原创收益

各大平台基本都建立起了原创和非原创的差异，通过对运营账号的持续关注和分析审核，给各账号分发原创资格。原创收益则体现在原创账号得到各项扶持的比重要高很多，如广告收益中原创账号的单价是非原创账号的 2~5 倍，另外原创账号能有更多机会获得平台各项活动的分成。

4）虚拟货币收益

直播类的自媒体平台，其产品中一般都设有虚拟货币、虚拟礼物用于增加用户与播主之间的互动，用户可以通过购买虚拟币、礼物来打赏给自己喜欢的播主，播主们又可以按一定比例在平台中兑换成收益。

5）植入式广告

植入式广告指的是一种在自媒体内容作品中融入企业品牌、产品因素的广告营销模式，用户在观看作品的时候,很难察觉到自己所接受的内容实际上是企业的广告,常见的方式有图文类型的自媒体内容从写作方法上入手融入广告信息,视频直播类型的自媒体内容则是将产品实物或品牌 Logo 植入现场布景中,通过特写等方式频繁露出。

6)自营广告

自营广告常见方式是通过售卖内容作品中的广告位来获得盈利,如公众号文章作品的前后开辟广告位,以广告图的方式呈现;直播类作品常以带货的方式通过播主口播推荐的方式出现;短视频类作品则是直接悬浮购买链接的方式直接转化,卖出率越高佣金收益就越高。

7)知识付费

知识付费模式是指自媒体运营者们通过高质量、高价值的内容作品来吸引用户付费获得收益。比较常见的有音频类自媒体,如以音频内容授课的产品,用户可以免费试听几节,后续内容如果要继续获取则需要付费,这种方式也常见于问答类平台。

8)社群付费

当前自媒体盈利模式已下沉至用户本身,运营者们通过高质量的内容作品吸引人,通过功能和增值服务稳住人,通过日常交互产生情感留住人,早已是针对用户层面的精细化运营,而在商业变现中自媒体运营者也常通过建立社群的方式来活动收益,如育儿账号通过长时间产出高质量的内容,获得了用户的认可和信任,运营者建立了育儿社群积累垂直粉丝,提供交流平台,提供有偿服务。

【实战案例】

同道大叔——"星座"类自媒体的超级 IP

同道大叔最初因为在微博以独立自媒体账号发布一系列星座吐槽漫画而走红。从早年的自媒体博主到 IP 新文创公司,目前,同道大叔全网坐拥 6 000 万核心粉丝,并正逐步调整商业模式推动 IP 化运营的进一步转型。2019 年 8 月 21 日,同道大叔获"年度十大最具商业价值动漫 IP"奖项。

【案例分析】

同道大叔经过对用户和内容的定位,摸清市场需求,成为以自媒体为形态的优质内容 IP,我们一起来分析一下同道大叔的运营之道:

1. 精细化的内容定位

如何在热度本来就很火爆的星座内容红海闯出一片天地?同道大叔做了深入的调研和分析,传统运营星座内容的 IP 几乎都是做预测和星盘等专业化的内容,同道大叔一直思考着如何做得与传统做法有区别、有差异,做什么样的内容才会赢得大家的喜欢,做什么样的内容才能快速在粉丝里面产生好的效果快。很快,同道大叔团队开始了精细化的内容定位,并形成内容特色：①内容娱乐化；②让粉丝有参与感；③漫画风格。基于这3个鲜明的特点，有了后面我们看到的同道大叔的漫画说星座。

2. 巧妙的选题取材方式

什么样的漫画选题才更受粉丝们喜欢？同道大叔在选题时会与粉丝们良性互动，先进行全网搜索，判断什么样的内容、什么样的话题大家会喜欢，基于这样的话题在微博等自媒体平台上进行传播，直接让粉丝在评论中以 UGC（用户生产内容）的方式反馈给运营者来填充内容，然后再做 PGC（专业团队生产内容）分析，针对反馈结论再去创作漫画内容，最后在自媒体平台上发布出来。这样的一个取材方式从一开始就让粉丝介入，巧妙地把内容选题打磨得更为精准，成为内容创作的风向标。

3. 多维度的星座 IP 化进程

无论是平台还是公众号、微博等，通过什么样的方式可以在整个行业里面不间断地吸引用户？同道大叔想到了把星座 IP 化。基于星座文化的热度和传统符号辨识率低两个维度，同道大叔开始了 IP 化的进程：

（1）创作了同道大叔和十二星座卡通形象，里面的每一个形象都是基于对于整个星座的认识和认知来创作的。以天秤座为例，因为天秤座最大的问题在于纠结，八字胡的设计表达了天秤座的纠结；正是这样可爱和细致的创意设计，一推出便受到粉丝们的广泛认可和追捧。

（2）以星座话题和卡通形象完成 12 星座形象的衍生品的开发，完成了 IP 设计之后，同道大叔思考除了内容创作的表达更具辨识度之外，还需要一个什么样的载体让星座 IP 在大众的认知里扎根更深，他们选择了做衍生品，让 IP 形象落地，花了半年时间开发出了上百个单品，涵盖文具、毛绒、服饰等。

（3）星座展览——潮爆星座嘉年华，衍生品开发之后，同道大叔做的第二件事情是线下的星座展览。这种方式可以把同道大叔的 IP、形象、商品快速传达给每个用户，让大家感觉到同道大叔不仅是一个段子手，它还要成为一个品牌，同时它还能赢利。

【课后思考】

1. 列举你知道的自媒体平台和产品，它们的表现形式和特点有哪些？

2. 谈谈你对自媒体井喷时代的看法。分析传统媒体和自媒体的优劣和各自的发展方向。

【拓展训练】

请根据你的兴趣和喜好，选择自己熟知的领域，进行垂直类微信公众号的策划。

综合项目实训

项目编号	10	项目名称	策划微信公众号
实训背景			自媒体策划
实训内容			1.通过分析自身优势,进行市场细分; 2.了解市场对选定的垂直领域进行用户行为、喜好、习惯的分析; 3.结合以上分析,对自己即将筹建的微信公众号进行平台定位与运营主题分析; 4.思考并列举这个公众号将要开发的功能和作用; 5.分析该公众号的优势及盈利模式
实训目的			1.了解自媒体的类型与市场细分; 2.理解自媒体用户定位及内容定位; 3.深入了解微信公众号的策划流程; 4.体验策划自媒体产品的过程
实训步骤			第一步:调研与分析,以小组为单位通过摸排周边市场和精准用户,开展微信公众号的策划和分析; 第二步:明确定位,通过小组讨论确定即将筹建的微信公众号的类型、名称、运营主题、平台定位和功能预设; 第三步:探讨与研究,针对该公众号的运营和维护,探讨研究其推广手段与盈利模式; 第四步:完成微信公众号策划案,并做好产品汇报PPT
实训成果			1.微信公众号策划案; 2.产品汇报PPT
要求与考核			1.教师负责指导和答疑,学生相互间可以进行讨论,但所有素材不得共享,否则均记0分; 2.指导教师根据小组的汇报情况和所交的作品进行打分,按100分评定成绩; 3.按时交作品,若有特殊情况必须说明

参考文献

一、中文书目

[1] 彭兰.网络传播学[M].北京:中国人民大学出版社,2009.

[2] 陈宪奎,陈泽龙.从大众传播到自媒体:当代美国社会传播简论[M].北京:中国社会科学出版社,2019.

[3] 帕维卡·谢尔顿.社交媒体原理与应用[M].张振维,译.上海:复旦大学出版社,2018.

[4] 吴晨光.自媒体之道[M].北京:中国人民大学出版社,2018.

[5] 李良荣.网络与新媒体概论[M].2版.北京:高等教育出版社,2019.

[6] 刘志.出版理论与实务研究2015[M].北京:中国人民大学出版社,2015.

二、中文论文

[1] 周嘉琳.社交网站用户自我呈现研究[D].上海:上海交通大学,2014.

[2] 郭颖.融媒体时代编辑记者如何转变新闻报道的策划意识[J].新闻研究导刊,2020(2):145-146.

[3] 秦明瑛,杨建桉.融媒体时代地市级媒体发行营销观念的变革[J].新闻前哨,2019(4):86-87.

[4] 刘宗辉,马煊."策划+技术+美学"的新媒体视觉叙事解析[J].中国记者,2019(3):125-127.

[5] 谭天,张子俊.我国社交媒体的现状、发展与趋势[J].编辑之友,2017(1):20-25.